企 财 险 经 营 百 科 全 书

The Practice of
Property Insurance

企业财产保险
实务

林德雄　林泽翔　著

中国金融出版社

责任编辑：王效端　王　君

责任校对：孙　蕊

责任印制：王效端

图书在版编目（CIP）数据

企业财产保险实务/林德雄，林泽翔著.—北京：中国金融出版社，2021.10
ISBN 978-7-5220-1377-0

Ⅰ.①企…　Ⅱ.①林…②林…　Ⅲ.①企业—财产保险—中国
Ⅳ.①F842.681

中国版本图书馆CIP数据核字（2021）第225180号

企业财产保险实务

QIYE CAICHAN BAOXIAN SHIWU

出版
发行　**中国金融出版社**

社址　北京市丰台区益泽路2号
市场开发部　（010）66024766，63805472，63439533（传真）
网上书店　www.cfph.cn
　　　　　（010）66024766，63372837（传真）
读者服务部　（010）66070833，62568380
邮编　100071
经销　新华书店
印刷　河北松源印刷有限公司
尺寸　169毫米×239毫米
印张　26
字数　415千
版次　2022年1月第1版
印次　2023年10月第2次印刷
定价　95.00元
ISBN 978-7-5220-1377-0
如出现印装错误本社负责调换　联系电话（010）63263947

The Practice of
Property Insurance
企业财产保险实务

［ 序 ］

2020 年以来，中国保险业在经历了改革开放四十年的高速发展后，进入了一个深度调整期。这个调整期呈现出两个重要特征，或者说是"关键词"：一是困顿，二是分化。

所谓"困顿"，是指在我国进入全面深化改革时期，粗放式的发展方式难以为继；同时，防风险和强监管也进一步压缩了违规和套利的空间，使得行业面临着发展、盈利和合规的三重压力，"何去何从"成为了行业和企业的"必答题"，也使行业陷入了一种"集体困顿"，而专业能力的不足，无疑是导致"困顿"的重要原因。

所谓"分化"，是指在"三重压力"下，我国保险业将面临一场"大浪淘沙"式的根本性分化。这种分化，意味着行业将告别旧的发展理念、经营模式和管理能力，实现思想、理念与行为的深度分化；行业将回归并提升专业能力，推动经营、管理、产品和服务的全面进化，以及高质量发展的转型升级。

回顾我国保险业这四十年的发展历程，取得的成绩是显而易见的，我国已成为了全球第二大保险市场。但存在的问题也不容忽视，我国保险业与"全球第二"的称号是否名副其实，可谓是"冷暖自知"，这需要行业深刻反思与自省。在我们分析困顿原因，面对分化挑战的时候，都不难得出这样的结论：专业能力，既是问题根源，也是出路所在。因此，崇尚专业，真正认识并践行"专业创造价值"是行业发展重要的，乃至决定性的因素。

就保险行业的专业能力建设问题而言，存在的一个突出问题是知易行难。究其原因，一方面，不同企业的风险各不相同，同时，风险管理和保险需求也存在较大差异；另一方面，随着保险的专业化发展，无论是保险条款的拟定，还是保险方案的制订，均呈现精细化和个性化的趋势，因此，要求保险从业人员有更加全面的专业知识，特别是实践经验的积累，同时，从业人员的专业能力还面临着"与时俱进"的任务。

与此同时，一直以来，困扰我国保险业专业能力提升，特别是保险教育和培训的一个重要问题是：大多数的教材"泛泛而谈"和"知识老化"，与行业的业务现实"相去甚远"。这一点，在市场、业务和技术快速发展的背景下，显得越发突出。行业特别缺乏贴近业务、行业和市场实际，具有较强实操性和指导性的教材，这在一定程度上制约着我国保险业专业能力的全面和系统性提升，因此，行业亟须解决"实务型教材"建设问题。

《企业财产保险实务》的作者之一林德雄，是我国保险业的一名"老兵"，也是同行敬重的一位"前辈"，他不仅长期在业务一线从事财产保险业务实际工作，还曾赴英国进修，可谓是兼具国际和国内视野，以及实践经验的积累。他不仅是一位保险业务人员，也是一名保险教育者。林德雄先生长期从事保险的教育培训工作，倾注了大量心血与热情，更重要的是，他擅长将理论与实践相结合的教学方法，使得"实操性"成为了课程的显著特色，得到了同行的广泛认同和高度赞誉。另一位作者林泽翔，曾经在英国攻读保险专业，获得保险及风险管理硕士学位，成为英国特许保险学会的会员（ACII），拥有20多年的从业经验，并"子承父业"，继续热心于保险教育培训工作，可谓是行业专业领域的"新秀"。

记得早年在《工程保险》的写作过程中，我就与本书的两位作者深入讨论过如何让保险教材"更接地气"的问题，我们达成了一致共识。一是要突出基于实操的讲解与理解，不仅要让读者"知其然"，更要让读者"知其所以然"，解决好知行合一、学能致用的问题。二是注重实操细节，突出实际动手能力的培养，特别是逻辑、方法和工具，给读者一些"方便"和"捷径"，特别是给读者一些实用工具。当时我们就有一个约定，我先写《工程保险》，他们将接着写《企业财产保险实务》。

《企业财产保险实务》的最大特点是"实操性"：无论是总的篇幅，还是具体内容，均突出并体现了较强的"实操性"。该书难能可贵的是许多内容采用"手把手"的传授方式，即作者将他们在长期从事具体业务中的经验体会（也包括了可能出现的难题及解决思路和方法）进行总结提炼，给读者一种"身临其境"的、极具可操作性的学习体验；这种学习方式不仅能够加深印象，更能够在领会实质、把握真谛的基础上提升专业能力。

诚挚地希望本书的出版能够为我国的保险教育和培训事业，为我国保险行业专业能力的提升添砖加瓦，更希望有更多一线的保险从业人员，能够加入保险教育和培训事业中，特别是"实务型教材"体系的建设中。

博士

曾任中国人民财产保险股份有限公司执行副总裁

英国特许保险学会荣誉院士 Hon FCII

国务院"政府特殊津贴专家"

中国保监会重大决策专家咨询委员会委员

国家大数据发展专家咨询委员会专家

中国保险学会常务理事、副秘书长

中国精算师协会副会长

国家减灾中心特聘专家

国务院学位委员会全国保险专业学位研究生教育指导委员会委员

兼任 20 多所大学的客座教授

2021 年 12 月

The Practice of
Property Insurance
企业财产保险
实务

［前　言］

　　作为改革开放后成长起来的一代保险人，我们见证了财险市场的蓬勃发展，经历了加入世界贸易组织后财险市场的欣欣向荣。长期以来，车险业务在财险中占有主导地位（长期占比超过70%），占用了财险公司较大部分的资源，导致非车险业务发展乃至人才培养的落后。具体表现为：粗放经营，对规模的考核多于对承保利润的考核；对短期结果的考核重于对长期结果的考核；承保结果不尽如人意。特别是近年来，经济形势因素对保险市场提出更高的挑战，财险市场也从增量市场逐步转变为存量市场；竞争日益激烈，甚至已经形成恶性竞争，财险公司企业财产保险（以下简称企财险）业务大面积亏损。企财险是财险公司经营的传统险种，也是非车险业务的骨干险种，靠专业经营来改善企财险的经营状况迫在眉睫。

　　此外，企财险业务的亏损又对非车险人才的储备产生了负面影响。在保险人才极度"内卷"的环境下，保险人才对市场竞争条件的关注多于对专业知识的关注，坚持专业化发展的人才越来越少。财险市场规模急剧扩大，但从业者的专业发展却没有跟上业务发展的进程，导致保险争议案件频发，行业形象受损。因此，广大从业者需要靠专业服务提升保险行业自身形象。

业内交流的时候，很多人感叹人才断层严重。近10年来，笔者在各类培训班讲课，深感年轻从业者专业知识缺乏；在一些大学保险专业讲课时也发现实操性强的教材比较少。事实上，财险业务的非标准性导致人才培养主要靠师傅的传、帮、带；这种方式耗时费力，还可能导致学习进程的中断。如果保险从业人员想自学，市场上又缺乏实操性强或者可以作为工具书的专业书籍。笔者从其他专业转行从事保险工作，深知从业者对实操类书籍的渴望。因此，笔者将过往几十年的经验梳理出来，形成一个相对标准化的知识体系，供从业者参考；希望能为行业的专业发展贡献一份力量！

本书共七章，涵盖企财险经营过程的多个方面，从风险分析，到业务拓展、招投标、核保管理、理赔管理、售后服务以及团队建设等。这些内容都是实践经验的总结，希望帮助读者对企财险实务操作有全面的了解。本书附件则是各类与企财险实务有关的条款、标准文件样本等，供从业者参考。

只有懂条款、懂风险才能展现专业性。笔者特别推荐仔细阅读的是本书中财产一切险的主条款和常用附加条款的逐条解释，这些条款被市场广泛使用。除此之外，笔者根据多年的实践经验，还列举了条款主要的争议点供读者们参考。这些内容可帮助业务一线人员在设计方案的时候知其然，知其所以然，而非拿着一个标准模板套用在不同的客户身上。懂得条款，在跟客户解释的时候也能解释清楚，切实履行告知义务，减少未来可能产生的争议。与此同时，也让承保管理者明白条款背后带来的不仅仅是赔付的风险，还有合规风险、行政成本等。

希望本书能成为广大从业者的工具书，帮助从业者少走弯路，少交一些不该交的学费。让我们共同努力，在工作中体现保险行业的专业形象，以此促进行业的长期良性发展！同时，也欢迎广大从业者与我们就企业财产保险实务进行更多的交流，我们特申请了用于和读者交流的微信号（二维码见前勒口），您可以添加微信与作者交流，也可以将您的意见发送至作者邮箱（邮箱地址是 SEANLAM@FOXMAIL.COM）。

由于我们的水平有限，书中难免有疏漏之处，恳请专家、学者和同行不吝赐教、指正。

林德雄　林泽翔

2021 年 9 月

The Practice of
Property Insurance
企业财产保险
实务

[目 录]

The Practice of
Property Insurance

企业财产保险
实务

[第一章]

财产保险概述

按照我国《保险法》的规定："财产保险业务，包括财产损失保险、责任保险、信用保险、意外伤害保险等保险业务。"由此可分析出，财产保险不同于人身保险；财产保险在发展中派生出各种保险，我国有保险学者将财产保险细分为企业财产保险、机器损坏保险、利润损失保险、家庭财产保险、工程保险和农业保险等。在实务当中，财产保险的承保标的一般包括一切动产、不动产，固定的或流动的财产，以及在生产品或产成品等有形财产和有关利益，也包括运输费用、预期利润、信用及责任等无形财产和相关利益，这些都面临着各种自然灾害和意外事故的风险及其他不可预料的风险。何谓财产保险？本章作为财产保险的概论，首先从广义上分析财产保险，它是以物质财产及与之有关的经济利益和损害赔偿责任为保险标的的保险，其保险标的包括各种有形的物质财产，也包括在物质财产基础上派生出来的财产相关利益、责任和信用。然后，再从狭义上分析财产保险，它是以物质财产为保险标的的保险。因为，财产保险的范围广泛，其各个领域相对独立。通常人们认为财产保险就是指企业财产保险，因此，本书将在后面的章节研究企业财产保险的主要问题。

第一节 企业财产及企业财产存在的风险

一、企业财产

企业财产是金钱、财物及民事权利、义务的总和，按其形式可分为有形财产和无形财产。有形财产指具有实物形态的财产，如金钱、房屋、道路、桥梁、土地、河流、湖泊、地下水、矿藏、厂房、机器设备、产成品、运输工具、衣物等；无形财产是没有实物形态的财产，如预期利益、权益、责任、信用、名誉、著作权、版权、发明权、专利权、商标权、营业许可证及商业秘密等。有形财产（又称物质财产）按法律属性可分为动产和不动产。动产指能自由移动而不改变其性质、形态的财产，如现金、有价证券、应收账目、仓储物品、家具、设备、汽车等；不动产是不能移动，移动后会引起其性质、形态改变的财产，如楼宇、建筑物、土地、河流、湖泊、地下水、矿藏、农作物、道路、桥梁等。财务上把财产通常记录为资产，财务把资产分成固定资产和流动资产。按用途可将企业财产分为企业生产用的财产和消费用的财产。

二、企业财产存在的风险

按照不同的分类方法，企业财产存在的风险可分为不同的类别，从保险的角度来看，企业面临的财产风险一般包括可保财产风险和不可保财产风险，分析如下。

（一）楼宇或建筑物

楼宇或建筑物最基本的构成因素是这些建筑物的建筑结构、使用的性质以及这些财产所在的地点。楼宇或建筑物存在的风险主要是自然灾害和意外事故。潜在风险的大小在很大程度上取决于所采取的控制措施，如一栋工业楼宇配备了有效自动喷淋系统，这栋楼宇比没有配备自动喷淋系统的楼宇在遭受重大火灾时发生损失的机会少得多。

楼宇与建筑物存在的风险有如下特点：

1. 可能由于火灾或其他自然灾害造成重大损失。

2. 遭受火灾或其他自然灾害后营业收入损失需要在建筑物完全修复后甚至

更长的时间后才能恢复。

3. 这些风险可以通过保险得到保障（绝大多数风险可通过财产综合险或财产一切险得到保障）。

（二）现金和有价证券

其存在的风险主要是偷窃和其他自然灾害或意外事故，这类财产在财产保险项下是不可保的，需通过其他保险来保障。随着移动支付和电子支付的发展，现金保险逐渐减少。

（三）应收账目

应收账目对一家企业来说十分重要，如遇风险，除了可能发生物质损失外，更可能由于账目记录被毁而影响应收账款的回收，这是不可保的风险。应收账目本身属于信用风险，需要在信用保险中承保。

（四）仓储物品

仓储物品的风险范围非常广泛，包括自然灾害和意外事故，除了在仓库所在地可能发生风险以外，在运输途中同样也面临广泛的风险。而且仓储物品的价值是可变的，其成品价值与半成品价值不易确定，安排保险时要特别注意足额保险。例如，三资企业的原材料、辅料，其在海关报关的价值与实际价值可能相距甚远。仓储物品可以通过财产保险得到保障。

（五）机器设备

机器设备价值高，折旧期往往较短（真正的折旧是指技术落后而非财务上的折旧）。除了自然灾害以外，还会发生机器损坏，机器损坏还可导致收入中断，收入中断期间的损失可能十分惊人。机器设备可以通过财产保险及机器损坏保险得到保障。

（六）装置、系统及办公设施或用品

这类财产的特点是种类繁多，而价值不太高，除了自然灾害和意外事故外，还会发生盗窃。这类财产更换比较快，因此难以保存准确的记录，但可列入财产保险以获得保障。需要注意的是有些低值易耗物品会被记录为费用而不是资产。

（七）计算机设备及其软件资料

现代企业公司在经营运作过程中，在计算机方面投入的资金越来越大，不仅是硬件投资，软件开发投资的金额也越来越高。除了通常的自然灾害会造成硬件设备损失或停机，以及由此引起营业中断损失外，意外事故同样会造成计算机程序中断运行，还可能因雇员恶意扰乱程序而造成损失，以及技术罪犯通过计算机窃取金钱而造成损失等。一般企业的计算机硬件设备可在财产险保险项下承保，软件、资料制作费用的承保要通过特约加保，但其信息价值无论在何种情况下都是不可保的。如果承保标的是大型计算机中心，则应通过专门的电子设备综合保险单予以承保。

（八）文件、账册、票据、档案

这里指的是储存在计算机以外的企业生产和经营的商业文件以及账册、票据、档案等，这些文件及账册、票据、档案等对企业的运行十分重要，很容易丢失、损毁，有些是长时间累积起来的，重新制作的费用难以估计，而且费工费时。这类文件及账册、票据、档案等在财产保险中是不可承保的，需通过其他特别约定承保，但只能承保其材料价值，不能承保其商业价值。

（九）无形资产

企业的无形资产包括其预期利益、权益、责任、信用、商誉、版权、专用技术、工业产权、专利、商标、商号名称、营业许可、土地使用权以及商业秘密等。无形资产的显著特点是不存在物质实体，这些无形资产有时很容易被忽略，但这些无形资产有时给企业带来的利润会比有形资产产生的利润还要大，因此更要设法防止这些无形资产的损失。有些无形资产，如公司的商誉，可以通过购买保险的方式间接得到保障，如酒店可以通过旅馆综合保险，包括公众责任险，使顾客的人身安全及财产损失得到保障，从而维护酒店的良好声誉。但一般的无形资产是不可保的，起码不可能用一个一般的费率来承保，只能通过非保险技术来解决。

（十）非被保险人拥有的财产

这部分财产有受委托管理的财产、租赁财产、代加工财产、受托销售财产等，这些财产存在的风险由谁承担，要视有关的受委托合同、租赁合同及委托合同而定，一般租赁合同要求租用人承担资产风险，由租用人购买保险。当然，有保险利益的人都可投保此类财产险。委托和受委托双方应该约定清楚，避免出现漏保或重复保险。

第二节　财产损失引起的后果

由于自然灾害或意外事故造成企业财产的损失，会产生以下后果。

一、财产价值的减少

企业有形财产发生物质损失时，直接影响该项财产的价值，甚至使财产价值减少至零。同样，如某公司的商业秘密被窃取，该公司无形财产的价值也会减少。

二、产生更换受损财产的额外费用

一般情况下，更换受损财产的费用会超过财产受损前的价值。

三、产生清理费用

有形财产发生损失后，企业需对财产或场地进行清理，会产生一部分清理费用。

四、产生营业中断

企业财产发生损失引起营业中断会产生以下营业收入的损失。

（一）正常情况下可得到的收入。

（二）继续支付财产损失后企业尚需支付的费用，如税款、不可撤销合同所需费用、借贷本金利息、部分员工工资等；如果不发生损失，这部分费用可以从企业收入中抵支。

五、产生继续营运的额外费用

当营业中断时，企业为减少中断收入的损失，就需要设法维持企业的部分运作，如另外租用临时办公室、生产场地、仓库、营业场地，则需要支付额外的费用。

六、相关联的企业营业中断

有些企业完全依赖单一的供应商供货，如果供应商因财产损失导致营业中断，切断了原料供应或销售渠道，这些企业则无法生存，生产停止。

七、产生租金损失

商业楼宇是靠租金收入来维持运营的，如发生自然灾害或意外事故而遭受损失，业主将失去租金收入。

八、借贷费用增加

如果企业抵押给银行的财产发生损毁，抵押人可能失去这笔贷款，如重新安排借贷的利率高于过去的利率，则又产生新的费用。

九、无法恢复应收账目或其他账目

如发生火灾，所有应收账目被烧毁，该公司有可能无法全部收回债务人应付的账款。

十、内部装修的损失

近年来，许多租用商业楼宇以及旅馆的企业都投入巨额资金用于内部装修，一旦发生损失，租户可能失去租约余下期间内使用这些内部装修的机会。

十一、拆毁建筑物费用及增加重建费用

根据政府的规定，建筑物损失到一定程度就要将整个建筑物全部拆毁，这就会产生如下几项费用。

1.拆毁建筑物的费用。

2.将建筑物未受损失部分拆毁，而且还要支付这部分建筑物的拆毁费用。

3.政府要求建造更高标准建筑物所产生的额外成本。

十二、在生产产品改变性质

如洪水淹坏了冷冻机，冷冻食品因温度上升而变质；化工厂、制药厂因自

然灾害而停水、停电，以致正在生产的产品因温度变化而变质等。

十三、成对、成套设备的损失

有些设备必须成对/成套一起使用，一旦其中一个部件损坏，成对/成套设备可能报废。

十四、其他损失或额外费用

如果发生灾害事故，企业的商誉降低导致收入减少，或由于财产损失而引起诉讼纠纷，需支付一定的法律费用等。

第三节　财产保险

一、财产保险的定义

《中华人民共和国保险法》（以下简称《保险法》）第九十五条规定："保险公司的业务范围：

（一）人身保险业务，包括人寿保险、健康保险、意外伤害保险等保险业务；

（二）财产保险业务，包括财产损失保险、责任保险、信用保险、保证保险等保险业务；

（三）国务院保险监督管理机构批准的与保险有关的其他业务。

保险人不得兼营人身保险业务和财产保险业务。但是，经营财产保险业务的保险公司经国务院保险监督管理机构批准，可以经营短期健康保险业务和意外伤害保险业务。

保险公司应当在国务院保险监督管理机构依法批准的业务范围内从事保险经营活动。"

从以上规定可以看出，我国《保险法》将保险划分为两大类：人身保险和财产保险。

财产保险，从广义上讲，是以物质财产以及有关的经济利益和损害赔偿责任为保险标的的保险，其保险标的包括各种有形的物质财产，也包括在物质财产基础上派生出来的财产相关利益、责任和信用；从狭义上讲，它是以物质财产为保险标的的保险，如火灾保险等。财产保险所保障的范围日益扩大，除了人身的生、老、病、死、残以及失业等给付保险金的人身保险以外，其他各种保险都可纳入财产保险的范畴，也就是说，财产保险业务包括了财产损失保险、责任保险、信用保险等保险业务领域。习惯上，人们将企业财产保险简称为企财险。根据《保险法》的规定，同一保险人不得同时兼营财产保险业务和人身保险业务。国际上，一般根据各种保险业务的性质和经营规则，将整个保险业务划分为非寿险和寿险。非寿险业务是指寿险以外的一切保险业务的总称，包括广义上的财产保险业务和短期人身保险业务（主要是短期人身意外保险和短期健康保险）。英美等西方国家的保险著作中一般对财产保险概念只做狭义解释，不把财产保险、责任险、信用和保证保险等统称为财产保险；而我国、日本等国家和苏联时期的保险著作中一般对财产保险概念做广义解释。我国保险业务的分类尽管与国际上流行的分类存在着差异，但是这种差异不会造成对财产保险性质等方面的认识偏差。

二、财产损失保险

财产损失保险，是以投保人（一般指企业）存放在固定地点的财产物资及有关利益作为保险标的的财产险业务，即保险标的存放地点相对固定且处于相对静止状态，它是我国财产保险业务中的主要险种，提供保险保障的主要条款有：财产一切险条款、财产保险综合险条款和财产保险基本险条款、机器损坏险条款、利润损失险条款等。财产损失保险业务量大、技术含量高、经济效益好，在各个保险主体的经营业务中占有十分重要的地位。

（一）适用范围

财产保险是对企业的各类财产提供风险保障的保险，适用于各种经济性质的企业以及机关、团体、企事业单位，因此，凡具有法人资格的从事生产、流通和服务性活动的独立核算经济单位都可以向保险人投保财产保险。

（二）保险标的范围

依照我国《保险法》第十二条的规定，财产保险的标的是财产及其有关利益，具体包括：（1）企业有形的动产、不动产权利，如房屋、车辆、机器设备等；（2）企业无形的财产权利，如预期利润、知识产权、土地使用权等；（3）有关利益，指"基于权益而产生的现有利益，基于权益或现有利益而产生的期待利益，以及基于责任而产生的消极利益"。在保险市场上，对于价值难以评估、损失率难以测算、道德危险大的物品，通常被列为不可保财产，在保险合同中被列为除外标的。行政责任、刑事责任等在责任保险合同中被列为除外标的；属于非法占用、使用的财产也被列为财产保险合同的除外标的。

凡是被保险人所有或与他人共有而由被保险人负责的财产，由被保险人经营管理或替他人保管的财产，其他具有法律上承认的与被保险人有经济利害关系的其他财产都可以作为保险标的。换言之，被保险人必须对其投保的财产具有可保利益，否则是不能投保的。

1. 可保财产

可保财产是指保险人根据保险条款规定认为可以接受承保的财产。这类财产通常可用两种不同的方式加以反映：第一，用企业会计科目来反映，如固定资产、流动资产（存货）、专项资产、投资资产、账外资产；第二，以企业财产项目类别来反映，如房屋、建筑物、机器设备、材料、包装物、低值易耗品、产成品、在产品、商品物资；等等。

2. 不可保财产

不可保财产是指保险人不予承保的财产。保险人规定若干财产不能投保，其原因主要是：（1）有些企业财产不属于一般性的生产资料或商品，它们中有的要么不会损失（如土地使用权）或不易遭受损失，要么危险较大以致难以估计；（2）有些财产缺乏价值依据或很难鉴定其价值；（3）有些财产承保后会产生不良社会影响或与政府的有关法律法令相抵触；（4）由于种种原因，暂时不能承保的财产；（5）必然会发生危险的财产；（6）可以由其他险种承保的财产。

3. 特约保险财产

某些财产的价值不易确定，或在一般情况下，因遭受保险事故而致损的可能性小，诸如金银、珠宝、玉器、首饰、古玩、古书、古画、邮票、艺术品、稀有金属和其他珍贵财物，牲畜、禽类和其他饲养动物，堤堰、水闸、铁路、道路、涵洞、桥梁、码头、矿井等。上述财产经保险双方特别约定后，在保险单明细表上载明其品名和金额，可由保险人予以承保。

三、财产保险的发展

财产保险起源于海上保险，是一种发展较晚的险种，它是在火灾保险的基础上演变，不断扩大保险责任范围并加以简化而形成的。因此，许多财产保险的基本概念、原则、定义和条款都与火灾保险有关。

（一）外国火灾保险的产生及发展简况

据保险单资料记载，海洋运输险已有 500 多年的历史，15 世纪，欧洲一些国家海外贸易发展很快，尤其向海外发展，掠夺海外殖民地，刺激了海外贸易和航运的发展，到 16 世纪买卖保险契约（即海运保险单）已经很普遍。而财产保险的发展历史要晚得多。现将主要发达国家财产保险的发展情况做简要介绍。

1. 德国

中世纪的德国，随着城市的兴起以及工业、商业的发展，产生了弥补火灾损失的需要。16 世纪初，德国出现了类似火灾保险的互助组织，其目的是在其会员遭遇火灾时，能得到必不可少的物资援助。到了 1676 年，为了充实资金力量，汉堡市 46 家合作联社联合成立了世界上第一个国家火灾保险组织——市营的火灾合作社。1701 年，各城市都联合起来，组织了火灾保险合作社。接着，全国都实行了强制火灾保险的特别条例。德国的保险业相当发达，尤其是再保险业，全德国共有 28 家专业再保险公司，世界前 15 家大型的再保险公司中德国就有 5 家，它是欧洲大陆最大的再保险中心。

2. 英国

1666 年 9 月，伦敦发生了大火灾，烧毁了全市 85% 以上的房屋，损失估计为 1,000 万至 1,200 万英镑，无家可归的人在 20 万以上。灾后余生的人们对火灾保险有了强烈的要求。第二年，一位名叫尼古莱·巴蓬（Micholas Barbon）的医生在伦敦开始经营房屋火灾保险。18 世纪末，英国完成了工业革命，物质财富大量增加，并且高度集中，火灾风险也随之增加，于是火灾保险得到迅速发展，火灾保险公司大量涌现，1861 年至 1911 年 50 年间，英国的在册火灾保险公司竟达 567 家之多。1909 年，英政府颁布了保险公司法，刹住了滥设公司之风，促进了原有的公司合并，到 1933 年，只剩下 150 家火灾保险公司。另外，还有 70 家外国保险公司和加入劳合社的个人保险业者。正是这些保险公司和保险业者的热心经营，才使英国的火灾保险事业具有支配国际保险市场的巨大力量。

19 世纪初期，火灾保险公司之间缺乏相互联系，但这种情况不久后有了改观。首先，经常出现几家火灾保险公司共同承保一项业务的情形，即实行业务共同保险；其次，1932 年伦敦的 10 家保险公司把多余的救火队联合起来，成立了伦敦救火协会；再次，1860 年伦敦成立了火灾保险公会，市场上有了火灾保险统一费率；最后，1864 年英国政府取消了海上保险再保险的禁令，使再保险业务得到了大发展。与此同时，火灾保险的承保标的也从最初的建筑物、房屋、楼宇（不动产）扩展到机器设备、工具、存货、家具等室内财产（动产）；承保的责任范围也从单一的火灾风险扩大到暴风、地震、暴动、偷窃等其他风险。

科技的进步和发展及其在生产中的应用，不断出现的新的工业、新的生产方法，都带来了新的危险，于是财产保险新险种应运而生，而且首先出现在英国。

3. 美国

殖民地时期，美国保险业务主要由英国保险公司在美国的分支机构承保。1752 年美国人本杰明·富兰克林创办了第一家火灾保险社，投保人只要缴付一次保险费，就能长期得到火灾保险保障，实际上该组织是一个相互保险组织。1792 年，美国第一家股份制保险公司在费城成立，开始经营火灾保险业务。19 世纪以后，美国经济迅速发展，纽约、芝加哥、波士顿等一些大城市先后发生了多次特大火灾，火灾保险公司经受了严峻考验，同时，火灾保险业务也得到大发展。进入 20 世纪后，美国发生了多起巨灾，如 1906 年旧金山大火造成 3.5 亿美元的财产损失，1950 年东海岸的暴风索赔案多达 150 万件，1970 年一场飓风的保险赔款高达 7.5 亿美元，使美国火灾保险的发展进入了一个新的阶段。

在美国火灾保险发展的早期，保险公司各自设计和使用自己的火灾保险单，并附有种种限制性条款，十分冗长，保险市场上没有统一的火灾保险单。1873 年，马萨诸塞州首先制定了标准火险单。1886 年，纽约州通过了类似的法律，并于 1918 年和 1943 年对标准火灾保险单进行了修订，并为 46 个州采用。其余 4 个州制定了自己的标准火灾保险单，但其基本内容与纽约的标准火险单内容相同，只是在细节上存在一些差异。因为各种财产具有不同的特点，个人和企业对保险的需要也不相同，标准火险单的保障显然是不充分的，它必须加上适当的附属保单和批单。因此，综合保险单和一揽子保险单越来越多地在市场上使用。

（二）我国火灾保险的发展情况

新中国成立之前，我国的火灾保险条款一般都采用西方国家通用的火灾保险条款。新中国成立后，中国人民保险公司于1951年1月制定了自己新的火灾保险条款，条款的责任范围除了火灾、雷电、爆炸风险外，还包括了地震、地陷、崖崩以及在发生责任范围内的灾害事故时遭受的盗窃损失。1954年、1955年又先后两次对火灾保险条款进行了修订，简化承保，扩大了保险责任范围。因为"火灾保险"的名称已不符合保险的实际内容，故改换了名称，即财产保险。

1979年，国务院批准恢复办理国内保险业务，同年，中国人民保险公司颁发《企业财产保险条款》，1988年，又进一步修订并颁布了新条款。1996年，根据《中华人民共和国保险法》，中国人民保险公司将原企业财产保险条款调整为《财产保险基本险》和《财产保险综合险》两个条款。上述两条款经中国人民银行批准，于1996年7月1日开始在我国各保险公司执行。

原企业财产保险条款，以及财产保险基本险和综合险一般只适用于国内企事业单位。

1958年国内业务停办，并由中国人民银行进行清理工作。中国人民保险公司专营国际业务，主要经营进出口货物运输险、海外业务，同时发展了国际分保业务。1979年，中国人民保险公司参照国外火灾保险条款，制定了财产保险条款和财产一切险条款。财产保险脱离了火灾保险的局限，综合了火、水、风及附加险别，与其他国家的同类险相比，具有责任范围比较广泛的优点，而财产一切险条款基本与国外的财产一切险条款相同。上述两个条款适用于中外合资、合营和外商独资经营的企业和来料加工、补偿贸易、租赁或使用外汇贷款引进的机器、设备，以及驻华使馆、领馆及外商机构租用的房屋、办公用具和外国在华人员的个人财产。这两个保险业务为促进我国对外经济技术合作发展和外汇资金积累起了重要作用。

随着我国市场经济和保险业的发展，原来的条款由于措辞和做法与国际市场产生了差距。1993年起，中国人民保险公司以面向市场、面向国际、面向未来为指导思想，对上述两个条款进行修改，并且报经当时的保险监管部门中国人民银行审批，1995年8月1日正式由我国各保险公司及在华注册的外资保险公司执行。新的财产险和财产一切险保单既适应当时保险市场竞争的需要，又兼顾保险业未来的发展。

根据 2009 年 10 月 1 日起生效的《保险法》的规定，国家保险监督管理机构要求各保险主体科学、合理地设计保险条款、费率和相关单证，确保合同的形式、内容与法律法规保持一致，既要规范严谨又要利于投保人的阅读理解。受国家保险监督管理机构的委托，中国人民财产保险股份有限公司将 1995 年版财产保险产品及其他的财产保险产品修订整合为现行的财产保险产品，即 2009 年版财产险产品，包括财产保险的三个主险条款和三大类附加险条款，同时重新厘定了财产保险主险和附加险的费率，加上此前国家保险监管部门批准的纯风险损失率条款和费率，国内保险市场形成了一个较为科学、合理的财产险产品体系。

第四节　财产保险与相关险种的关系

一、财产保险与机器损坏险

（一）从机器损坏险的保险标的分析

机器损坏险所承保的是"机器"的"损坏"风险，其承保对象应以符合定义和分类的"机器"为主，承保标的以企业固定资产明细表中的"机器设备"科目为主，也可以包括企业未入账的租用机器设备与账外自有机器。机器损坏险的保险标的分为如下几类。

1. 机器。机器即机械设备，是指零件、部件间有确定的相对运动，用来转换或利用机械能的机构或装置。机器一般由零件、部件组成一个整体，或由几个独立机器构成联合体。

2. 设备。设备是各种机械的统称，指由若干零部件装配起来，在一种或几种动力驱动下，能够完成生产、加工、运行等功能或效用的装置。典型的机器设备主要由原动机部分、传动部分和工作部分三部分构成。

3. 机械。凡符合下述三项条件的，则定义为机械：（1）它是物体的组合，假定力加到机器各个部分也难以变形；（2）这些物体必须实现互相的、单一的、规定的运动；（3）把施加的能量转变为最有用的形式，或转变为有效的机械功。

4. 设施。设施是用于生产经营的厂房、道路、各种管道、电力等的总称，是成系统的，由多套设备组成。如配套设施是除主体工程以外的设施，包括环保设施、通信设施、供电设施、供水设施等。

5. 机器、设备与机械、设施之间的区别。

机器：机器是机械设备，多为金属件；执行机械运动，用于变换或传递能量、物料或信息；由原动部分、传动部分和执行部分组成，另外还有控制和机架两部分。

机械：机器和机构的总称。具体的某机械可能是机器，也可能是机构，还可能是机器和机械的组合。

设备：是各种机械的统称，有各种各样的材质，设备是用于生产、经营的机械和工具。

设施：是用于生产经营的厂房、道路、各种管道、电力等的总称。

而财产保险的保险标的通常比较多而广，机器设备仅仅是其中的一部分。

（二）从机器损坏险的责任范围分析

机器损坏险是从财产保险中分离出来并对其加以补充的一个险种，责任范围与财产保险的责任范围互为排斥、互为补充，其主要保险责任如下：（1）设计、制造或安装错误、铸造和原材料缺陷；（2）工人、技术人员操作错误、缺乏经验、技术不善、疏忽、过失、恶意行为；（3）离心力引起的断裂；（4）超负荷、超电压、碰线、电弧、漏电、短路、大气放电、感应电及其他电气原因；（5）除本条款中"责任免除"规定以外的其他原因。从其责任范围的描述看，机器损坏险也是"一切险"，之所以在条款中列出几项风险，主要是突出其特点。现解释如下。

1. "错误"是指应该按规定做好的事情而没有做好。"缺陷"是指材料、设备的质量、工艺水平未达到规定的标准。

2. 在确定保险责任时应掌握以下几点：（1）该行为必须是非被保险人或其代表授意、暗示或默许的，否则，保险公司有权拒赔；（2）该行为结果必须构成一次意外事故，并产生实际的物质损失或费用；（3）工人或技术人员必须经过严格的技术、安全技术规程、本工种操作规程和有关规章制度方面的培训，经考试合格并获得上岗证书以后方能上岗操作。

3. 造成高速运转中的机器设备断裂或主轴开裂、变形的原因，除了离心力的作用以外，还有扭矩和自重引起的弯应力、温度梯度和温度变化的热应，以及金属疲劳损坏、低频热应力作用、运行不当等因素，在必要时可请专家鉴定。

4. 其他风险。

（1）超负荷：电流超过额定的数值，电器负荷过高，致使电气设备的实际容量或功率超出额定容量或额定功率。

（2）超电压：指电压超过允许的浮动范围（一般在额定电压上下 10% 范围内浮动）。

（3）碰线：指电源线相互接触。

（4）电弧：指导体与导体之间产生的放电现象。

（5）漏电：指配电系统中的电气设备因接触不良或损坏产生的现象。

（6）短路：指由于正负极接触产生的现象。

（7）大气放电：指大气中带电体的电荷消失而趋于中性的现象。

（8）感应电：指通电导体周围产生磁场从而发生的带电现象。

（9）电气原因：简单来讲指一切与电有关的原因，如电力设备、输变电线路、仪表、无线电波、电压、电流等。

财产保险主要保障的是因自然灾害和意外事故等外来的风险使机器设备遭受的损失和损坏，而机器损坏险主要保障在其使用、运行或处于静止状态时因设计错误、材料缺陷、制造瑕疵等内在原因及操作不当等造成的损失和损坏。只有同时投保了财产保险和机器损坏保险，才能获得较为完善的保障。财产保险的保险责任范围详见下文条款解释。

综上所述，两种保险所承保的风险不一样，机器设备既可以作为机器损坏险的保险标的，也可以作为财产保险的保险标的。

（三）从机器损坏险的保险金额分析

财产保险的保险金额确定方法有多种。"保险标的的保险价值可以为出险时的重置价值、出险时的账面余额、出险时的市场价值或其他价值，由投保人与保险人协商确定，并在本保险合同中载明。""保险金额由投保人参照保险价值自行确定，并在保险合同中载明。"

在机器损坏险条款中，没有保险价值的定义，但明确机器设备的保险金额应为设备的重置价格，即重新换置同一厂牌或相类似型号、规格、性能的新机器设备的价格，包括出厂价格、运保费、税款、可能支付的关税以及安装费用等。但根据财产一切险条款第二十六条"赔偿处理"的规定，保险金额低于重置价值的，需要进行比例分摊，这暗含了机器损坏险保险价值只能为"出险时的重置价值"，因为比例分摊中的"比例"来源于保险金额与保险价值之比。所以，机器损坏险中不存在与财产保险类似的对保险价值确定方式进行选择的情况。

机器损坏险强制使用重置价作为价值确定基础的原因是机器损坏大多数情况是部分损失，零配件基本是以旧换新，很少找到二手配件。

（四）机器损坏险与财产险可能重复之处

尽管保险人努力分清两个险种之间的责任范围，但事故的原因是很复杂的，有的时候比较难分清，比如：

1. 错误的设计、演算、蓝图、规格、制造或安装施工，材料和铸造工艺的缺陷。即使在测试和试运行过程中运用一流的测试技术，也很难发现此类问题。这种问题通常是在供应商或制造商的保证期期满之后才被发现，双方在合同责任上达成特别约定或各自作出某种承诺。

2. 操作错误、技术不善、个人疏忽、恶意行为及维修不当等问题。即使采取了一切预防措施，操作和维修问题在任何时候都可能发生并导致严重的损失，过去几十年间此类原因造成损失的严重程度和频率日益增加。

3. 离心力造成的破裂。离心力可以造成机器本身的严重损坏，也可能造成其相邻（周围）建筑物和机器设备的损坏。

4. 短路和其他电力原因造成的损坏。电力设备可能由于短路、超电压、不良绝缘、光环放电或电流造成机械应力。

5. 蒸汽锅炉缺水。操作错误、测量仪表的显示器错误或锅炉进水系统和警告信号的故障都可能导致蒸汽锅炉缺水。蒸汽锅炉一旦缺水，轻则导致管线过热和损坏，重则导致锅炉整个管线系统损坏。

6. 物理性爆炸。如同气体或水蒸气会膨胀一样，加压容器爆炸时容器中外泄的气体、水蒸气或其他液体由于突然降压可能产生强大的爆炸力。化学反应造成的爆炸不在此列，化学性爆炸一般在财产保险中承保，除了可能在机器损坏险项下承保的锅炉烟道气体（Flue Gas）爆炸。

7. 暴风、严寒、结冰。户外机器设备最易受这些因素影响，但即使是放置于建筑物内的机器也可能因为暴风或冰雪损毁建筑物的屋顶而受到损坏。如装卸装置、高压线路、空中索道等设备，容易受到暴风雪的破坏（此损失属于财产保险责任）。

二、财产保险与营业中断保险

营业中断保险又称利润损失保险，或间接损失保险，有突出的依附性，企业投保利润损失保险或营业中断保险的前提条件是必须有一个基础险种存在，例如财产保险、机器损坏保险，所以投保营业中断保险的前提是先投保财产保险和机器损坏保险，营业中断保险赔偿的前提是物质财产发生事故并构成了财产保险或机器损坏保险项下的责任，也就是说，企业的财产遭受保险责任范围内的损毁后，被保险人在一段时间内需要重置或修复受损财产，因此造成停产、停业或经营受影响而损失的预期利润及必要的费用支出属于保险的赔偿范围。财产保险的保险标的是有形的，而营业中断保险的保险标的是无形的。

营业中断保险可以根据对应的物质财产损失保险合同，分为财产保险项下的营业中断保险和机器损坏保险项下的营业中断保险两类。物质财产损失保险的风险增加，则营业中断保险的风险必定增加。比如，营业中断保险或利润损失保险增加附加条款，利润损失保险承保的风险有所扩大，即使主险没有发生索赔，利润损失保险项下仍有可能发生索赔。

（一）营业中断保险保险利益与保险金额

企业在经营活动中，利润是衡量企业财务损益状况的指标，利润为正值，证明该企业有盈利，反之则为亏损。保险人将企业年度内的营业利润、维持费用作为保险标的，审计师费用、员工的工资也作为保险标的，并在保险单明细表中列明。而财产保险或机器损坏保险的保险金额是完全不同的（详见条款解释部分）。企业的营业中断保险保险金额，可参考企业正常年景的营业收入来确定（见图1-1）。

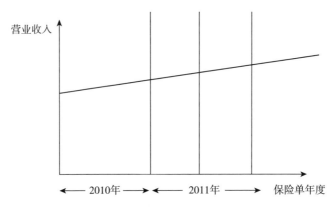

图 1-1　企业营业收入与营业中断保险保险金额

图 1-1 是某家企业正常年景的营业收入图，横轴为保险单年度，即时间；纵轴为营业收入。可以看出，该企业在 2010 年和 2011 年连续两个年度投保营业中断保险，营业收入呈现逐步上升的趋势。在确定保险金额时应充分考虑经营趋势的因素，否则可能导致保障不足或过高。

（二）营业中断保险的责任范围

营业中断保险的责任范围是企业的财产被损毁后，被保险人在一段时间内，因重置或修复受损财产造成停产、停业或经营受影响而损失的预期利润及必要的费用支出。条款规定企业发生实际损失的原因必须属于财产保险的责任范围。但是营业中断保险的责任范围不同于财产保险的责任范围，比如，财产保险条款中将恐怖主义活动和地震、海啸等巨灾风险列为责任免除，不属于财产保险责任范围内危险事故造成的营业中断损失，保险人不负责赔偿。

在营业中断保险条款项下，保险合同当事人可以根据企业的经营需要和面临的风险，扩展承保某些责任，比如：（1）扩展承保"基本责任风险"保险单（主保险单）中被列为除外责任的风险；（2）根据投保人的特殊要求，将企业上下游的客户列入保障范围，扩展承保因企业的这些供应商或用户自身的物质损失事故而导致该企业营业中断或利润损失的风险。

（三）营业中断保险的保险期限与赔偿期限

企业投保营业中断保险时，应注意保险期限与赔偿期限的不同之处，关键要注意营业中断保险中的几个"时间点"：（1）企业的会计年度；（2）保险单年度；

（3）赔偿期限；（4）恢复期（事故发生日至生产恢复正常的时间段）。

财产损失保险（包括财产一切险和机器损坏险）的保险期限为12个月，营业中断保险的保险期限通常与财产保险的保险期限是一致的，如果某一时间段内发生承保风险事故造成物质损失，由此导致的企业营业中断损失属于保险责任范围。赔偿期限是本保险约定对于被保险人因承保风险造成企业的营业中断损失承担责任的最大期限，也称最大赔偿期限，一般以月份为单位计算，如3个月、6个月、12个月、24个月等。赔偿期限的长短由保险合同当事人根据企业的实际情况协商确定并在保险单明细表中载明。如果发生保险事故损失，保险人的最大责任范围如图1-2和图1-3所示。

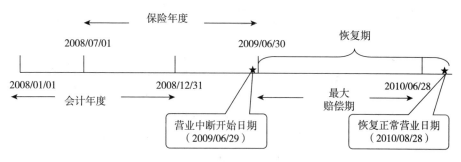

图1-2　恢复期大于最大赔偿期

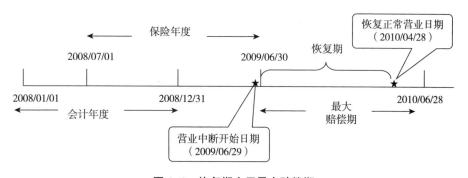

图1-3　恢复期小于最大赔偿期

三、财产保险与工程保险保证期保险

工程保险中的保证期保险需要投保人另行提出申请，经保险人同意，一般与主保险单同时安排，加贴相应的批单或附加条款。工程保险的保证期保险与项目投产后的财产险、机器损坏险在期限上重叠，但其责任范围不同。与工程项目有关的险种的保险期限如图 1-4 所示。

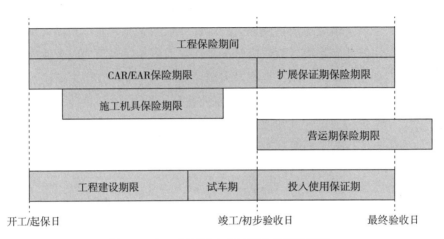

图 1-4　与工程项目有关的险种的保险期限

建筑 / 安装工程一切险的条款规定，从工程所有人对部分或全部工程签发完工验收证书或验收合格，或工程所有人实际占有或使用或接收该部分或全部工程之日起，即临时完工证书颁发之日起工程进入保证期（12 个月或更长时间）。与此同时，根据工程承包合同的有关规定，项目正式移交给业主以后，财产一切险保险单、机器损坏险保险单正式生效。以某电厂工程项目为例，我们可看出工程险保证期内风险与营运期内一切险的衔接和财产保险的生效日。

施工合同规定，在顺利完成如下程序，满足工程合同条件后，财产一切险和机器损坏险开始生效：（1）包括试车在内的机械完工；（2）试车和测试；（3）在全厂控制下稳步实行设计能力 100% 满负荷不间断性能测试，测试时间最少 72 小时（或 48 小时）；（4）工程正式移交之后，被保险人将毫无保留并且不放弃保证条件正式接收项目，即不存在任何未决的影响装置整体性运行的设备缺陷或验收单条目，并且未遗留任何临时结构和改进工作。

以下是保险人通过加批的形式承保的建筑安装工程保险保证期条款，其措辞为："兹经双方同意，本保险单扩展承保以下列明的保证期内因被保险的承包人为履行工程合同在进行维修保养的过程中所造成的保险工程的损失，以及在完工证书签出前的建筑或安装期内由于施工原因导致保证期内发生的保险工程的损失。"有的条款还特别强调保险人既不承保直接或间接由于火灾、爆炸以及任何人力不可抗拒的自然灾害造成的任何损失，也不承保任何第三者责任。

从上述条款分析，保险人在工程保险保证期内的责任仅限于承包商的合同责任，但必须具备以下条件：（1）承包合同载明的保证期内承包人履行维修保养义务过程中发生意外造成保险标的损失；（2）事故发生在保证期内；（3）事故原因追溯到工程建设和设备安装期。

在保证期限内，工程保险被保险人之一的承包商不承担工程合同中业主应承担的责任。一般的合同规定，"缺陷责任"是指在合同期满之时或之后，为使施工文件及工程符合合同要求的条件，按照工程所有人的指示，承包人负责对合同期内已完工的工程进行修正、重建和补救缺陷或损害。

一般来说，业主承担的风险主要是设计错误、运行期间的操作错误、自然灾害，以及业主其他责任引起的损失，或者事故虽然发生在保证期内但事故原因追溯到工程建设和设备安装期开始之前，所有这些风险由业主安排的财产一切险、机器损坏险负责。总而言之，两种保险从保险责任范围上各负其责，财产一切险、机器损坏险保障工程承包合同项下业主应承担的风险，工程保险保证期内根据承包合同规定应由承包商承担的风险则由工程保险负责。

为了避免争议，业主在安排营运期保险时，要求保险人扩展如下风险：

（1）部分财产一切险、机器损坏险扩展承保本保险单明细表中列明的保险财产在保险期限内由于工程险项下被保险人（承包人）在履行工程承包合同规定的义务过程中造成已交付业主使用的财产的损失，但保险人的责任以一定的金额为限。

（2）财产一切险、机器损坏险亦扩展承保工程保证期内因被保险人在完工证书签出前的建筑或安装期内由于施工原因导致保证期内发生的保险工程的损失，但保险人的责任以一定的金额为限。

（3）当工程险的保证期内保险人的责任与财产一切险、机器损坏险的保险人的责任发生冲突时，则事故造成的损失将由工程保险与财产一切险、机器损坏险各分摊50%，但保险人的责任以一定的金额为限。

就两个险种而言，其差异还在于如下几个方面。

工程保险是从财产保险中派生出来的一个险种，两者主要区别如下。第一，两者在保险标的上有很大区别：财产保险主要承保的是各类可保的财产和费用，而工程保险主要承保的是在建设过程中的工程项目及其第三者责任，但有的时候，某些小型的在建工程也可以作为财产保险的特约标的承保。财产保险中"在建工程"指工程在形态上已施工完毕，但还未验收或履行交付手续，在财务账册上尚未转为固定资产，仍表现为在建工程科目的工程项目，与工程保险中的"在建工程"不同。第二，在保险期限上两者也有不同：财产保险的保险期限一般是一年或是一个固定的起止时间，而工程保险的保险期限起始时间有多种情况，具有不确定性。第三，两者在保险金额确定上也有所不同：财产保险的保险金额在投保时已经确定，工程保险保险价值处于一个动态变化过程，通常随着工程量变动而有所变化，在期末以最终工程总造价或工程决算为基础进行调整。第四，财产保险的保险责任主要是自然灾害和意外事故，工程保险的保险责任除了自然灾害和意外事故，还包括人为风险，如工人或技术人员缺乏经验、疏忽、过失等。

四、财产保险与建筑质量保证保险

（一）建筑物的特性

建筑物无论从外表还是从内部装饰都各有不同，对于投资者来说，投资兴建一座建筑物是一笔长线投资（Long Term Investment），重要的是在财务上吸入资金。对于建设者来说，每一座建筑物都是原型建筑（Prototype），设计机构要根据建筑物坐落地点特定的土壤条件采用特殊的设计，并使用新型建筑材料和新的施工工艺和方法。比如，大家所熟悉的澳大利亚悉尼歌剧院 [由丹麦建筑师约翰·伍重（Jorn Utzon）设计]，就是典型的边勘察、边设计、边施工的工程，从 20 世纪 50 年代开始构思兴建，1955 年起公开征集世界各地的设计作品，至 1956 年共有 32 个国家 233 个作品参选，共耗时 16 年，斥资 102,000,000 澳大利亚元建造，最后在 1973 年 10 月 20 日正式落成；2007 年 6 月 28 日入选《世界文化遗产名录》。既然每一座建筑物都是原型建筑，对于建设者来说就具有挑战性，项目实施过程中，公司内部必须统一协调和组织，工地上施工人员众多，可能未经足够的专业培训；除此之外，施工过程会遭遇恶劣的气候条件，建筑零失误或零缺陷难以达到，新建筑项目的损失难以避免，但这种损失不会即时显现，比如，建筑物的外观缺陷和使用设备的缺陷或建筑物存在的结构性缺陷可能要数年后才会显现。建筑物面临的风险不可避免、难以控制。法国戴高乐机场顶棚坍塌事故就是最好的例证：该建筑造价为

750,000,000 欧元，有关方为了在该机场 2E 航站楼的正中央开一条直通主楼的衔接通道，将部分建筑物内部掏空，削弱了该航站楼的承压能力；同时，航站楼的玻璃外表使该建筑面临的温度变化较大，虽然外观漂亮，却留下了安全隐患；航站楼投入使用不久，其顶棚架抗不住温度变化而产生裂缝，使航站楼的水泥顶棚与圆柱形金属支柱连接处出现穿孔，最终导致顶棚坍塌。在大多数情况下，对建筑物的缺陷负有责任的相关方是建筑设计师、设计顾问机构、承包商和设备制造商。

（二）建筑质量存在的风险与保险

建筑工程质量涉及规划、勘察、设计和施工各个阶段，主要风险有自然灾害，社会、经济和技术风险。通过政府监督管理、施工监理、参建方负责工程质量及施工图审查、实行工程质量保修制度等，风险将减少。但质量风险是客观存在的。

我国实施《建设工程质量管理条例》后，涉及重大安全质量的事故逐年减少，但是民众对建筑工程质量的投诉仍居高不下。

建筑工程各个阶段的主要风险来自如下各方面。

1. 勘察失误。勘察布点不符合规范要求，对土层性质判断失误，引起基础方案与地基土不相适应，以及勘察取样与试验结果评价有误，造成地基不均匀沉降，引起结构安全的损伤。

2. 设计错误或疏漏。新型结构体系的不断出现、各类结构性能理解上的偏差、结构细部构造的疏忽等会造成结构损伤。

3. 施工过程中质量控制不严。所用建筑材料之间的适用性及其是否满足有关规范要求，建筑工程施工工序、质量是否满足要求，深基坑施工时是否对周围建筑采取了保护措施等都关系着建筑能否达到质量要求。

4. 工程竣工后，若开发商和施工单位已不复存在，建筑工程的维修将难以实施。

上述风险在项目施工过程中和竣工验收时均无法或者难以发现，而是在建筑物使用一段时间之后才暴露出来。根据我国有关法律法规和项目合同条款的规定，有关当事人对于建筑物存在的缺陷及其造成的损失依法应当承担经济赔偿责任。建筑物质量保证保险（Inherent Defect Insurance，IDI）是以建筑物存在的固有或潜在的缺陷导致其在使用过程中发生的损失为标的的保险，从实质上看，该项保险是以建筑工程质量作为保险对象的一种保证保险，保险合同生效条件严格。

（三）建筑物质量保证保险的保险标的

一般细分为如下几项：

（1）结构工程（占建筑物造价的 61.6%）；

（2）非结构工程（占建筑物造价的 33.6%）；

（3）外观工程（占建筑物造价的 4.8%）。

其中，建筑物的地基造价占总造价的 15%~25%，考虑上部结构、负荷、地质、地下水位、施工条件及经济指标等。整栋建筑物（含非结构和其他设施）都成为保险标的。

相比之下，财产保险的保险标的就复杂得多，建筑物仅是其中一部分。

（四）建筑物质量保证保险的保险责任

1. 保险单明细表中列明的建筑物，在正常使用条件下，因设计、材料和工艺方面的潜在缺陷在保险期间内发生下列质量事故造成建筑物的损坏，保险人负责赔偿修理、加固或重新购置的费用。潜在缺陷是指在竣工验收时未能发现的引起建筑物损坏的缺陷，包括勘察缺陷、设计缺陷、施工方法和工艺缺陷或建筑材料缺陷。

2. 责任免除。保险人不负责赔偿下列各项引发的损失：

（1）战争、类似战争行为、敌对行为、军事行动、武装冲突、恐怖活动、罢工、骚乱、暴动；

（2）核反应、核子辐射和放射性污染；

（3）国家机关的行政行为或执法行为；

（4）雷电、暴风、台风、龙卷风、暴雨、洪水、雪灾、海啸、地震、崖崩、滑坡、泥石流、地面塌陷等自然灾害；

（5）火灾、爆炸；

（6）外界物体碰撞、空中运行物体坠落；

（7）建筑物的附近施工；

（8）被保险人的故意行为；

（9）被保险人使用不当或擅自改动结构、设备位置和装修不当。

上述责任免除包括建筑质量保证保险和财产保险共同的除外责任及外来原因造成的损失。

保险人也不负责赔偿下列损失：

（1）被保险人在本保险期间开始日之前发现的损坏；

（2）在对建筑物进行修复过程中发生的功能改变或性能提高所产生的额外费用；

（3）任何人身伤亡；

（4）在入住后添置的包括装修在内的任何财产的损失；

（5）任何性质的间接损失；

（6）本保险单明细表中列明的免赔额。

其他不属于本保险责任范围内的一切损失、费用，保险人不负责赔偿。

财产保险将保险标的的内在或潜在缺陷，包括其设计错误、原材料缺陷或工艺不善造成保险标的本身的损失均列为除外责任，而这些除外责任正属于建筑质量保证保险的责任范围。

（五）建筑物质量保证保险的保险期间

建筑物质量保证保险的保险期间自建筑物竣工验收合格之日（一般是建筑物的保修期满）起满一年；建筑物结构性质量事故的保险期间为十年；其他质量事故的保险期间为五年。而财产保险的保险期限一般为一年（12个月），根据实际情况也可是短期。保险责任从约定起保当天的零时起至期满日24时止，起保日应在投保人填写投保险单的次日或若干日之后。

（六）建筑物质量保证保险的保险金额

被保险人在建筑物实际竣工日（及本保险开始生效日）向保险人申报的建筑物的重置费用，被作为建筑质量保证保险的保险金额，保险金额可划分为总保险金额、单位建筑面积保险金额和每一张保险凭证的保险金额，有的保险人接受第一危险方式的金额作为本保险的保险金额。

在签订保险合同时，投保人／被保险人按保险人的书面应收保费通知书预付一定金额的保险费（具体金额由合同当事人商定），其差额须在本保险单开始生效之日缴清，在本保险项下投保人／被保险人实际缴付的保险费总额是按该建筑工程最终的承包合同价进行调整的，在十年的保险期间内不需要再缴付任何保险费。

（七）技术检验服务（Technical Inspection Service，TIS）

建筑质量保证保险的主要特征是投保人和保险人共同商定聘请独立的咨询工程师对建筑工程施工进行检验，保证建筑的设计、材料使用和施工方法、工艺符合国家规定或行业协会制定的技术标准。咨询工程师一般由被保险人挑选，但需经保险人同意，工程师的检验费用由投保人/被保险人承担。这也是建筑质量保证保险与其他商业保险不同的地方。

国际上有的保险人还对咨询工程师的主要工作职责做具体的规定：

1. 在建筑工程设计和施工的各个阶段对工程实行监控；

2. 不参与施工过程管理，但应定期对施工现场进行巡查，特别是对工程的施工图设计、建筑材料和施工方法进行管控，并出具检验报告；

3. 建筑工程实际竣工时，咨询工程师出具工程质量评估报告；

4. 必要时，在建筑工程竣工后 12 个月内，咨询工程师对现场进行检验并出具防风雨/防水合格证明书。

（八）保险人放弃追偿权利

根据保险原则，在一般的商业保险中，保险人向被保险人支付了赔偿款之后，有权向对保险事故负有责任的第三者进行追偿，但在建筑质量保证保险中，保险人事先约定：保险人对有关方履行了保险赔偿责任之后，将不再向保险单明细表中列明的责任方追偿，因为这种保险本身属于保证保险性质，其收益人是投保人/被保险人，比如建筑物的勘察/设计单位、材料供应商和施工的承包商和分包商。

五、财产保险与运输保险

企业在经营和生产活动中面临众多种类的风险，其中运输风险是其面临的主要风险之一。在经营和生产过程中企业的经营者，包括其客户，面临着采购物资（原材料）或出售的产品在运输途中由于自然灾害或意外事故可能遭到损坏和灭失的风险。因此，企业需要合理安排货物运输保险。

（一）运输风险的承担主体

从承担风险的主体分析，运输保险与财产保险的不同之处在于：在财产保险中，企业的业主或经营者自行承担其在生产和经营过程中面临的风险，而在运输保险中，从采购合同的角度看，运输风险承担的主体可以是企业的业主或经营者（即买方），也可以是材料或设备的供应商（即卖方）。具体确定的依据是相应的合同条件，即采购合同中的价格条件。当企业经营者从国外采购原材料或设备时，在进口材料或设备合同中，若是以 CIF 价格条件成交的采购合同，则由材料或设备的供应商承担设备由生产厂家运输到目的港或者买主（企业的业主或企业经营者）生产和经营处所期间的运输风险；若是以 CFR 或FOB 价格条件成交的采购合同，则是由买主（企业的业主或企业经营者）承担设备由出运港口至目的港或者买主生产和经营处所期间的运输风险。当企业经营者在国内采购原料或设备时，通常双方是以合同规定的交货地点确定运输风险承担主体：若以企业生产和经营所在地为交货地点，则由卖家（供应商）承担运输风险；反之，若买家（企业经营者）自行提货，运输风险则由买家承担。为此，企业的业主或企业经营者在签订采购合同时应当意识到价格条件背后的风险责任，注意控制价格条件，并通过价格条件转移运输风险。同理，企业经营者对外销售其生产的产品时，也应考虑通过价格条件来转移运输风险，合理安排运输保险计划。

（二）运输风险分类

运输风险按照风险区间可以分为标的在装卸环节的风险、运送环节的风险和储存环节的风险。

运输风险按照风险的性质可以分为自然灾害风险、意外事故风险和人为因素风险。

运输风险按照运输方式一般可以分为铁路运输风险、公路运输风险、水路（内河、沿海）运输风险、海洋（远洋）运输风险、航空运输风险和邮包运输风险等。

在财产保险中，其保险标的被放置在固定的场所内，而在运输保险中，其标的是移动的，因此，标的物面临的风险均与运输工具密切相关。

（三）运输风险与保险的衔接

企业经营者在考虑材料和设备的采购或生产产品销售所面临的运输风险时应当注意的一个问题是保障的相互衔接，即保险的连续性。上文提及企业在经营和生产过程中运输活动十分频繁，其财产的实质是一种物的位移，而这种位移是以一个期间的形式体现的。在这个期间可能采用不同的运输方式，如陆运、海运和空运，在运输期间不同的运输方式之间的衔接是风险管理的一个重要内容。例如，在进口材料和设备的运输风险管理过程中，人们往往容易忽视了从港口到企业生产和经营场所这一段的运输风险，结果恰恰就在这一段发生了损失。这就要求企业在生产和经营过程中注意财产的运输风险管理，考虑各个阶段保障的相互衔接，特别是运输保险的标的转为本企业的资产时的风险衔接，及时向财产保险人申报本企业所增加的保险财产及其价值，补交保险费，避免出现保障的"真空"。

（四）货物运输保险的种类

货物运输保险基本可以分成两大类：国内货物运输保险和进出口货物运输保险。

国内货物运输保险分为国内水路货物运输保险、国内铁路货物运输保险、国内公路货物运输保险、国内航空货物运输保险等四类。这些险种又根据保障范围的不同分为基本险和综合险两个险别。

进出口货物运输保险分为海洋货物运输保险、陆上货物运输保险、航空货物运输保险和邮包保险等四类。其中海洋货物运输保险根据保障范围的不同分为平安险、水渍险和一切险三个险别。

（五）保险期限与保险责任

财产保险的保险期限一般为 12 个月（参见主条款所解释），在运输保险中，保险期限完全不同。

1. 国内水路、陆路运输货物保险的保险期限。国内水路、陆路运输货物保险的保险责任起讫期，是自签发保险单（或保险凭证）和保险货物运离起运地发货人的最后一个仓库或储存处所时起，至该保险单（或保险凭证）上注明的目的地收货人在当地的第一个仓库或储存处所时终止。但保险货物运抵目的地后，如果收货人未及时提货，则保险责任的终止期最多延长至以收货人接到到货通知单后的 15 天为限（以邮戳日期为准）。国内航空货物运输保险的保险期限也是如此规定。

2. 海洋运输货物保险的保险期限采用"仓至仓"条款（Warehouse to

Warehouse Clause，W/W），规定保险人对被保险货物所承担责任空间的范围是从货物运离保险单所载明起运港发货人的仓库时开始，一直到货物运抵保险单所载明的目的港收货人的仓库时为止。

在正常的运输情况下，海洋运输货物保险的责任起讫以"仓至仓"条款为依据，即保险责任从被保险货物运离保险单所载明的起运地仓库或储存处所开始生效，直至该项货物到达保险单所载明的目的地收货人最后仓库或储存处所时为止。一旦货物到达收货人的最后仓库，保险责任即行终止。

进出口货物运输大多采用海洋运输的方式，投保人一般投保海洋运输货物保险，在保险市场上，通常采用中国保险条款（China Insurance Clause，CIC）或者英国协会货物保险条款（Institute Cargo Clause，ICC）承保。在保险实务中，由于被保险货物所运往的目的地有时在卸货港，有时在内陆，因此，保险人对保险责任的终止也有不同的规定。当然，保险人的责任和保险期限在不同条款中的规定也不尽相同，在此不详细说明。

（六）保险金额

财产保险项下的保险金额是保险人承担赔偿或者给付保险金责任的最高限额，也是保险人计算保险费的依据。保险金额可由投保人参考保险财产的保险价值自行确定，并在保险合同中载明。此约定表达两层含义：一是投保人有自主确定保险金额的权利；二是提示投保人保险金额的确定可参考保险价值。而在运输保险中，海洋运输货物保险和国内水路、陆路运输货物保险分别对各自的保险金额作出不同的规定。

1. 海洋运输货物保险的保险金额通常是以货物价值、运费、保险费、经营费用及预期利润的总和为基础，适当进行加成确定的，即以 CIF 价格（成本加保险费加运费价格，也称到岸价）为基础，加成一定比例后作为保险金额。按照国际商会制定的《国际贸易术语解释通则》和《跟单信用证统一惯例》中的有关规定，一般加成比例为 10%。当然，根据不同货物、不同地区进口价格与当地市价之间的不同差价、不同的经营费用和预期利润水平，保险人也可以与被保险人约定不同的加成率，但一般不超过 30%。

由于海洋运输货物保险金额是以 CIF 价格为计算基础的，因此，在以 CFR 或 FOB 价格条件成交的情况下，有必要将 CFR 价格或 FOB 价格换算成 CIF 价格，然后再加成计算保险金额。

（1）CFR 价格换算成 CIF 价格的计算公式是：

$$CIF = \frac{CFR}{1-（1+加成率）\times 保险费率}$$

（2）FOB 价格换算成 CIF 价格的计算公式是：

$$CIF = \frac{FOB \times（1+运费率+保险费率）}{1-（1+加成率）\times 保险费率}$$

2. 国内水路、陆路运输货物保险的保险金额通常按照起运地货价或起运地货价加运杂费确定。其中，货价是指货物发票价格，是购货方为取得货物所有权付出的代价；运杂费则包括运输费、包装费、搬运费及保险费等。这些费用的实际金额如果计算有困难，亦可用估计数，即在货物购进价的基础上酌加一定的比率作为保险金额。货物运输保险的保险金额一经确定，即是投保货物的保险价值，也是保险人承担赔偿责任的最高限额。

The Practice of
Property Insurance

企业财产保险实务

[第二章]
财产保险主条款的介绍

第一节　财产保险主要条款的修改和整合

一、现行财产保险条款推出的背景

《中华人民共和国保险法》（以下简称《保险法》）是 1995 年公布的，2002 年为履行加入世界贸易组织承诺曾做过部分修改。《保险法》对规范保险活动，保护保险活动当事人的合法权益，促进保险业健康发展和我国金融体系的完善，发挥了重要作用。2002 年后，由于我国保险业快速发展，保险业的内部结构和外部环境都发生了很大变化，出现了一些新情况、新问题，原有《保险法》已不能完全适应当前保险业改革发展的需要，需要进行修改以进一步规范保险公司的经营行为，加强对被保险人利益的保护，加强和改善保险监管机构对保险市场的监管，有效防范和化解保险业风险，促进保险业持续稳定快速健康发展。

全国人民代表大会常务委员会又一次对《保险法》进行修改并于 2009 年 10 月 1 日正式生效，根据国家保险监督管理机构的要求，针对市场和业务发展的实际需求，要求各个保险经营主体科学、合理地设计保险条款、费率和相关单证，确保合同的形式、内容与法律法规保持一致，既要规范严谨又要利于投保人的阅读理解。国家保

险监督管理机构要求各家保险公司必须严格按照新《保险法》的立法精神和基本要求，规范合同条款，在遵循公平原则的基础上明确双方的权利和义务，切实保护投保人 / 被保险人的合法权益，真正发挥保险的风险管理和社会保障功能。后根据保险行业的变化，全国人民代表大会常务委员会又分别于 2014 年 8 月 31 日、2015 年 4 月 24 日对《保险法》进行了修正。

2009 年，根据《保险法》的规定，受国家保险监督管理机构的委托，中国人民财产保险股份有限公司将原来的财产保险产品修订整合为现行财产保险产品，即 2009 年版财产保险产品，包括三个主险条款和三大类附加险条款，同时重新厘定了主险和附加险的费率，加上此前国家保险监督管理机构批准的新纯风险损失率条款和费率，国内保险市场形成了一个较为科学、合理的财产保险产品体系。

二、财产保险产品体系及其特点

修改和整合后新版的财产保险条款仅有财产基本险、财产综合险、财产一切险三个条款。财产保险条款作为行业条款统一使用，对规范市场管理、建立行业统一运行标准起到积极作用。新版财产保险条款有如下几个特点。

（一）解决了财产保险多套条款并存，操作成本高的问题

条款修改和整合之前，国内市场上使用的几套条款在适用对象、承保方式、保障程度、理赔规程及费率选择等方面有明显差异，在市场上比较混乱并给客户带来误解，同时给保险人的经营带来技术故障，增加了经营成本。新版财产保险主险条款设计所体现的继承性和科学性、责任范围大小、保障梯度，体现了产品之间的层次和差异；附加险条款更加丰富，极大地满足了投保人的需求。

1. 主险条款

将 1995 年版涉外业务使用的财产保险条款、财产一切险条款，1996 年版国内业务使用的财产基本险条款、财产综合险条款，2005 年版的财产基本险条款、财产综合险条款、财产一切险条款整合为现行的三个企业财产保险条款。

2. 附加条款

按照条款性质和内容将附加条款体系分为扩展、限制及规范等三大类，广泛采用目前国内外市场上通用的各类财产保险的附加条款。

3.条款的体例和措辞

除保险责任和责任免除（除外责任）有差异之外，条款的其他部分基本一致。

（二）保证产品合法合规，为规范保险市场秩序营造良好的基础

对原条款中存在的一些与《保险法》规定相抵触、措辞不严谨的内容进行修改，使之合法。财产保险主要险种已成为行业示范性条款，为规范市场竞争奠定了较好的基础。

（三）既有标准化的主险条款，又增加了个性化附加条款

投保人涉及不同类型的企业、事业、机关、学校、社会团体，如何设计一个清晰或简洁的产品系列来满足投保人的需求，始终是个难题。条款修改时充分考虑到了这一点。

第二节　国内通行的财产保险条款的构成

一、主险条款

根据保险条款保障范围的差异，现行财产保险条款包括三个主险条款，分别是财产基本险条款、财产综合险条款和财产一切险条款。目前上述三个条款为我国财产保险的通用条款。

财产基本险采用列明风险的方式确定保险责任，其保险责任范围包括火灾、爆炸、雷击、飞行物体及其他空中运行物体坠落等风险，为企业提供最基本的保险保障。

财产综合险亦采用列明风险的方式确定保险责任，其保险责任包括雷击、暴雨、洪水、暴风、龙卷风、冰雹、台风、飓风、暴雪、冰凌、突发性滑坡、崩塌、泥石流、地面突然下陷下沉等自然灾害和火灾、爆炸、飞行物体及其他空中运行物体坠落等意外事故造成的财产的物质损失。

财产一切险采用的是列明责任免除的方式，即除责任免除以外的任何自然灾害和意外事故造成的财产的物质损失均属于保险责任范围。条款虽然对保险责任有明确的描述，但其实质上仍属于"一切险"，因为条款表述采用"一切"

加"除外"的形式，即除了保险合同责任免除范围列明的风险和损失之外，其他一切由于自然灾害和意外事故造成的财产的物质损失保险人将负责赔偿。

三个主险从保险人的责任范围大小来看具有一定的梯度：基本险的保障范围最窄，综合险的保障范围为中等，一切险的保障范围最宽，体现了产品间的层次和差异性。

二、附加险条款

为了满足投保人／被保险人的特殊需求，保险人根据投保企业的实际情况，增加部分财产保险的附加险条款。据不完全统计，目前在国内保险市场上通用的条款，按照其性质不同分为三大类，即扩展类（140个）、限制类（9个）和规范类（28个）。其中扩展类又分为六小类，即一般扩展责任类（43个）、特定标的扩展责任类（33个）、扩展费用类（23个）、扩展标的地点类（16个）、扩展标的类（16个）和扩展赔偿基础类（9个）。

扩展类附加条款是指在投保主险的基础上，针对特定的风险、特定的标的、特定的费用以及特定的地点等的扩展，是对保险人承担的保险责任的扩展或增加。

限制类附加条款是承保责任的缩小，此类条款将一部分风险或责任从财产综合险或一切险中剥离出来。保险人在承保时应根据风险评估的情况，适当控制承保风险。

规范类附加条款中，有些是对主险条款中某些约定加以明确，有些是对主险条款措辞所做的特定补充，有些是约定被保险人的某些义务或保证。保险人使用此类条款主要是为了使保险合同尽可能地完备、严密，规范双方的权利义务，避免误解和争议。

第三节　财产保险主条款的解释

财产保险基本险、财产保险综合险和财产一切险的保险单条款除保险责任之外，其余部分是相同的。在本节中，笔者将从保险单的构成、投保人与被保险人、保险条款总则、保险标的与保险利益、保险责任、责任免除、保险价值与保险金额、保险期限、保险人与投保人／被保险人义务、赔偿处理、争议处理和法律适用、其他事项和相关释义等十三个方面对财产一切险条款进行解释和说明。

一、保险单的构成

保险单一般由封面、引言、明细表、保险条款、特别条款、附加条款或批单组成。与国际上通行的财产保险单的形式是相一致的。

有的保险单在"引言"中简要地说明了保险合同当事人之间的关系，扼要地概括了保险合同的基本内容。

次页说明构成保险单的几个组成部分，任何一部分都不可偏废，所有这些部分都应理解为一个保险合同的内容。同一词汇无论出现在保险合同的哪一部分，其释义都是相同的。

"明细表"列明了保险单的所有数据，包括：被保险人名称及其地址、营业性质、保险期限、保险财产地址、保险项目及保险保额、司法管辖、地域范围、每次事故免赔额、费率、总保费、付费日期、特别约定和／或特别条款。因为保险条款是格式化的、标准的、可以批量印刷的，因此明细表就是使每一份保单区别于其他保单的重要部分。明细表非常重要，很多的特别约定会在明细表中体现。特别约定的效力要优于标准条款。明细表中列明保险标的时应注意，保险合同对保险标的分为两类。

第一类：保险人对其所保的同一地点、同一所有人的各项财产，确定一个总的保险金额。万一发生保险事故损失，不区分损失财产的类别，只要在总保险金额限度以内，保险人承担保险责任。

第二类：保险人对其所保的同一地点、同一所有人的各项财产，均逐项分别列明保险金额。万一发生保险事故损失，保险人对各项损失财产承担保险责任，但保险人对各项损失财产的赔偿责任不超过各自的保险金额。

保险人在实际操作中须注意保险合同组成部分的一致性。如果上述组成部分的内容出现相互矛盾或冲突，处理原则如下：

1. 投保单与保险单或者其他保险凭证不一致，以投保单为准。但是两者不一致的情形系经保险人说明并经投保人／被保险人书面同意的，以保险人签发的保险单或其他保险凭证载明的内容为准。

2. 非格式条款与格式条款不一致的，以非格式条款为准。

3. 保险凭证上记载的时间不同，以形成时间在后的为准。

保险凭证如有手写和打印两种方式，以双方签字、盖章的手写部分的内容为准。

二、投保人与被保险人

投保人与被保险人的字眼出现在保险单明细表中。企业财产保险的投保人与被保险人不仅仅是国有企业、集体所有制企业、"三资"企业，还包括了各类社会团体，如学校、机关、事业单位等。因此，凡具有法人资格的从事生产、流通和服务性活动的独立核算的经济单位都可以向保险人投保财产保险。

（一）按企业的性质分类

1. 国有企业，包括工业企业、厂矿、商业企业、供销、物资供应，农、林、牧、渔业企业。

2. 集体所有制企业，包括股份制企业，城市、街道和乡镇企业以及各种形式的经济联合体等。

3. 私营、民营企业，即企业资产属于私人所有的经济组织。

4. 在我国注册的外国企业、中外合资企业、中外合作企业及外国驻我国使领馆、办事机构等。

财务制度不健全的单位、个体工商户以及家庭财产不适用上述财产损失保险条款。

（二）按企业的风险特点分类

1. 工业企业或生产性企业：工业企业的类型多、行业广、工艺繁多，按国家的有关规定，可将工业企业划分为一至七级工业企业。

2. 商业企业：主要是商品流通领域的企业。

3. 仓储企业：主要是物流企业。这些企业拥有储存和放置物品的场所或建筑物，其储存的物品种类多、储存方式多样、设备和技术条件复杂。

4. 饭店宾馆。现代化的饭店宾馆装修豪华、各种设施齐全。

5. 交通运输企业：现代交通运输系统包括铁路、公路、水路、航空和管道运输，企业拥有大量运输工具，如轮船、火车、汽车、飞机等，同时拥有相应的站场，如客货车站、客货码头、飞机场及泵站等。

6. 文化娱乐行业：如图书馆、博物馆、展览馆、影剧院、歌舞厅等。

（三）按企业对财产的可保利益的大小分类

1. 对保险财产拥有所有权或与他人共有者，如房屋的业主、货物的所有人。

2. 对保险财产负责经营管理或受托管理财产者，如财产的保管人、各类承包人或承租人等，对其保管、占用、使用的财产负责。

3. 其他具有法律上承认的或与被保险人有经济利益关系者，如财产抵押、质押或留置等。

三、保险条款总则

第一条 本保险合同由保险条款、投保单、保险单或其他保险凭证以及批单组成。凡涉及本保险合同的约定，均应采用书面形式。

【解释】

有人会感到奇怪，为什么保险单由保险人签发并且保险单只要求保险人的盖章，而没有投保人的盖章？这跟一般的合同需由合同双方在合同上盖章的要求很不一样。有些投保人要求在保险的"保险合同"上盖章。在实际操作中，特别是在大型企业财产保险承保过程中，保险人应投保人的要求，确实会制作一份"保险合同"由合同双方（或多方）都在合同文本上签名和盖章。

事实上，保险单并不是保险合同，仅是保险合同的组成部分，也只是保险人出具给投保人的保险凭证。而保险合同是由以上条款所列的众多文件共同构成的，包括投保单，投保人提交给保险人的各类文件均是保险合同不可分割的组成部分。例如，如果保险人通过电邮询问投保人过往的损失记录，而投保人书面回复的有关信息也构成保险合同的组成部分。如果有虚假的成分，保险人可能会根据投保人的此项回复主张保险合同无效或拒绝赔偿。

四、保险标的与保险利益

保险标的是保险合同权利义务指向的对象，这里主要是指作为保险对象的财产及其相关利益。保险标的一般在保险单中列出。

第二条 本保险合同载明地址内的下列财产可作为保险标的：
（一）属于被保险人所有或与他人共有而由被保险人负责的财产；

（二）由被保险人经营管理或替他人保管的财产；

（三）其他具有法律上承认的与被保险人有经济利害关系的财产。

【解释】

我国《保险法》规定，被保险人对保险标的应具有法律上承认的利益，否则保险合同无效。也就是说，被保险人对保险标的必须有可保利益，否则不能投保。可保利益，也称保险利益，指经济权益拥有人在某物上所拥有的经济利益，包括现有的或者预期可以得到的经济权利和利益，如果该物安全无损，其经济权益所有人就可从中得益，反之，他就受到损害。不同险种被保险人的可保利益不同。在财产保险中，可保利益是指被保险人对保险标的具有所有利益、共有利益，或经营管理人对他人财产所负有的责任以及债权人享有的利益等。可保利益必须具备以下三个基本条件：一是被保险人所具有的利益必须是合法的；二是可保利益必须是确定的，客观存在的；三是可保利益必须具有经济价值。有的学者将保险利益定义为：保险利益是投保人或被保险人对于保险标的所具备的，可以用货币计算方式计算的，不为法律所禁止的，确定的经济利益。

在保险实操过程中，"与他人共有"和"替他人保管的财产"是可能被忽视或引起争议的。例如，股东单位将资产交给控股或控制的单位使用。又例如，买方将原材料甚至机器设备等财产交给卖方，委托卖方代加工，卖方仅收取加工费。那这些原材料和机器设备一般在卖方的场所中，也就是在卖方的保管之下，但又没有记录在卖方的财务账册中，这类财产的投保往往被忽略。万一出现上述情况，这类财产是否被投保了，可能会产生争议。因此，保险人应当提示投保人在投保过程中，需要对账外资产尽量约定清楚。

一般而言，在财产保险中，保险利益在保险合同订立之时不必存在，但是在保险事故发生之时必须存在。2009 年修订的《保险法》顺应保险业的发展，规定被保险人在保险事故发生时，对保险标的应当具有保险利益。可以试想一下，如果保险利益在保险合同订立之时存在，但是在保险事故发生之时已经丧失，则投保人或被保险人与保险标的已经没有利害关系，自然也就无丧失利益与赔偿可言。

第三条 本保险合同载明地址内的下列财产未经保险合同双方特别约定并在保险合同中载明保险价值的，不属于本保险合同的保险标的：

（一）金银、珠宝、钻石、玉器、首饰、古币、古玩、古书、古画、邮票、字画、艺术品、稀有金属等珍贵财物；

【解释】

财产保险系不定值保险，但对某些贵重物品或难以确定市价的财产，可通过双方特约商定价值列为保险财产，保险人通过在保险单中加贴"定值保险条款"承保，并在保险单明细表上列明保险标的的价值。也有的保险人采用专门的艺术品保险保单承保上述标的，作为定值保险承保。如果标的是小额的艺术品，也可以约定一个小的分项限额在财产险中承保，保险人一般需要加贴批单，列出承保标的清单并约定赔偿基础。

（二）堤堰、水闸、铁路、道路、涵洞、隧道、桥梁、码头；

【解释】

这类资产是特别的大型基建项目，需要特别说明其建造费用，甚至进行风险查勘后才能承保。承保时，保险人通常需要做大量的特别约定。但是，有时候这些大型项目中，类似标的在投保财产中占比并不高，投保人在投保时容易忽略，出险时对上述标的是否属于保险标的，有没有约定承保产生争议。例如，某些大型度假村是综合型物业，修建在海边或河边，这就涉及小堤堰、小码头，其园林景观部分又可能涉及小桥梁。因此，保险人应对所承保的标的物做清晰的描述，并约定清楚其保险金额或赔偿金限额。

（三）矿井（坑）内的设备和物资；

【解释】

此类财产面临特殊的风险，尤其需要进行特别风险评估和描述。

（四）便携式通信装置、便携式计算机设备、便携式照相摄像器材以及其他便携式装置、设备；

【解释】

此类便携式标的体积小、价值大、时常需要移动，风险难以控制。保险人一般不予承保。但在风险可控的情况下，例如，被保险人固定在被保险地址内使用，又有分项限额的情况下，可以在财产险项下扩展承保。扩展条款措辞详见附加的专用条款。承保时，保险人一般会约定一个较高的免赔额，较小的赔偿限额并同时限定在被保险人地址内发生的损失才予以赔偿。

> （五）尚未交付使用或验收的工程。

【解释】

一般在建工程需要由专门建筑 / 安装工程保险承保。但是有时工程竣工并投入使用后，财务部门并没有立即做财务处理，没有将工程转入固定资产并向保险公司申报。万一出险，就可能导致争议，被保险人认为虽然财务记录为在建工程，但工程已经验收并交付使用。实际操作中，对"验收"也有不同层次的规定，例如，在消防验收后工程可能交付使用了，但综合验收往往在消防验收很久以后才能进行，在综合验收后财务部门才做转固处理。在时间差内是否属于保险标的可能存在争议，也需要保险双方特别约定清楚。

有的投保人 / 被保险人在保险期限内开展一些小型工程作业，例如，装修、加建、改建、扩建等，可以在财产保险下扩展承保（详见后文相关条款解释）。

企业扩建或改建工程中对已经存在的位于新工程施工工地或其周围的财产，可向保险人申请在原有的财产保险合同中扩展该项财产在工程施工期间面临的风险。因为此类财产属于被保险人所有，但又不构成工程合同中的标的组成部分，企业作为项目的业主也可申请在工程保险合同中加保此项财产。

值得注意的是，我们在开展业务过程中，往往从财务报表中提取数字以获取相关的数据进行投保，但在描述投保标的时却"忘记"描述或约定，这就导致承保过程存在瑕疵。虽然出险时可以查账，但资产账册未必描述得非常清楚。

> **第四条** 下列财产不属于本保险合同的保险标的：
> （一）土地、矿藏、水资源及其他自然资源；
> （二）矿井、矿坑；
> （三）货币、票证、有价证券以及有现金价值的磁卡、集成电路（IC）卡等卡类；
> （四）文件、账册、图表、技术资料、计算机软件、计算机数据资料等无法鉴定价值的财产；
> （五）枪支弹药；
> （六）违章建筑、危险建筑、非法占用的财产；
> （七）领取公共行驶执照的机动车辆；
> （八）动物、植物、农作物。

【解释】

本条款中列出了不可保险的财产。不可保险的财产由被保险人自保或投保其他险种。以上所列物品不得作为保险财产的主要原因如下。

1. 土地、矿藏、水资源及其他自然资源难以衡量其数量、价值甚至所有权，因此一般不能作为保险标的。

2. 矿井及矿坑属于特殊的风险，一般需要特别的矿产保险承保而不在一般企业财产保险中承保。

3. 货币、有价证券、票证及有现金价值的磁卡等标的不是一种物资，其风险比较特殊，应投保现金保险。

4. 文件、档案、图表、技术资料、计算机软件或数据等标的的价值在于其所载有的信息，难以用货币衡量其价值或利益。若其受损，被保险人可重新复制或重新绘制。

5. 枪支弹药、爆炸物品属于国家严格管制或不受法律保护的标的，保险人不接受此类标的的承保。

6. 根据《保险法》第四十八条规定："保险事故发生时，被保险人对保险标的不具有保险利益的，不得向保险人请求赔偿保险金。"保险人认为被保险人对违章建筑、非法占用的财产不具有保险利益，不接受此标的的承保。在业务实践中，保险事故发生后，发现保险标的系违章建筑，被保险人对保险标的是否具有保险利益，保险人向被保险人履行保险责任后是否有权向第三方行使代位追偿权，也存在争议。

7. 用于公共交通或领取行驶执照正常运行的机动车辆另有机动车辆保险承保；动物、植物、农作物等成长着的标的属于特殊形式的财产，不同于普通的生产资料或商品，其数量和价值不易估量，另有农业保险承保。

8. 便携式通信装置、电脑设备、照相摄影器材及其他贵重物品等标的，体积小、价值大、风险难以控制，并有一定道德风险，万一发生损失，难以判定其实际损失情况，保险人通常不接受此类财产的承保。

五、保险责任

财产保险的保险责任指在约定的期限内因保险合同约定承保的保险事故发生致使保险标的遭受损失或损坏，保险人承担的经济补偿责任。保险人的责任以保险标的的保险金额为限度。

财产一切险的保险责任范围介绍如下。

第五条 在保险期间内，由于自然灾害或意外事故造成保险标的直接物质损坏或灭失（以下简称损失），保险人按照本保险合同的约定负责赔偿。

前款原因造成的保险事故发生时，为抢救保险标的或防止灾害蔓延，采取必要的、合理的措施而造成保险标的的损失，保险人按照本保险合同的约定也负责赔偿。

第六条 保险事故发生后，被保险人为防止或减少保险标的的损失所支付的必要的、合理的费用，保险人按照本保险合同的约定也负责赔偿。

对自然灾害和意外事故的相关释义如下。

【相关释义】第四十一条 本保险合同涉及下列术语时，适用下列释义：

（一）火灾

在时间或空间上失去控制的燃烧所造成的灾害。构成本保险的火灾责任必须同时具备以下三个条件：

1.有燃烧现象，即有热有光有火焰；

2.偶然、意外发生的燃烧；

3.燃烧失去控制并有蔓延扩大的趋势。

因此，仅有燃烧现象并不等于构成本保险中的火灾责任。在生产、生活中有目的用火，如为了防疫而焚毁玷污的衣物、点火烧荒等属正常燃烧，不同于火灾责任。

因烘、烤、烫、烙造成焦糊变质等损失，既无燃烧现象，又无蔓延扩大趋势，也不属于火灾责任。

电机、电器、电气设备因使用过度、超电压、碰线、弧花、漏电、自身发热所造成的本身损毁，不属于火灾责任。但如果发生了燃烧并失去控制蔓延扩大，才构成火灾责任，并对电机、电器、电气设备本身的损失负责赔偿。

（二）爆炸

爆炸分物理性爆炸和化学性爆炸。

1.物理性爆炸：由于液体变为蒸汽或气体膨胀，压力急剧增加并大大超过容器所能承受的极限压力，因而发生爆炸。如锅炉、空气压缩机、压缩气体钢瓶、液化气罐爆炸等。关于锅炉、压力容器爆炸的定义是：锅炉或压力容器在使用中或试压时发生破裂，使压力瞬时降到等于外界大气压力的事故，称为

"爆炸事故"。

2. 化学性爆炸：物体在瞬息分解或燃烧时放出大量的热和气体，并以很大的压力向四周扩散的现象。如火药爆炸、可燃性粉尘纤维爆炸、可燃气体爆炸及各种化学物品的爆炸等。

因物体本身的瑕疵，使用损耗或产品质量低劣以及由于容器内部承受"负压"（内压比外压小）造成的损失，不属于爆炸责任。

（三）雷击

雷击指由雷电造成的灾害。雷电为积雨云中、云间或云地之间产生的放电现象。雷击的破坏形式分直接雷击与感应雷击两种。

1. 直接雷击：由于雷电直接击中保险标的造成损失，属直接雷击责任。

2. 感应雷击：由于雷击产生的静电感应或电磁感应使屋内对地绝缘金属物体产生高电位放出火花引起的火灾，导致电器本身的损毁，或因雷电的高电压感应，致使电器部件的损毁，属感应雷击责任。

（四）暴雨：指每小时降雨量达 16 毫米以上，或连续 12 小时降雨量达 30 毫米以上，或连续 24 小时降雨量达 50 毫米以上的降雨。

（五）洪水：指山洪暴发、江河泛滥、潮水上岸及倒灌。但规律性的涨潮、自动灭火设施漏水以及在常年水位以下或地下渗水、水管爆裂不属于洪水责任。

（六）暴风：指风力达 8 级、风速在 17.2 米 / 秒以上的自然风。

（七）龙卷风：指一种范围小而时间短的猛烈旋风，陆地上平均最大风速在 79 米 / 秒 ~103 米 / 秒，极端最大风速在 100 米 / 秒以上。

（八）冰雹：指从强烈对流的积雨云中降落到地面的冰块或冰球，直径大于 5 毫米，核心坚硬的固体降水。

（九）台风、飓风：台风指中心附近最大平均风力 12 级或以上，即风速在 32.6 米 / 秒以上的热带气旋；飓风是一种与台风性质相同，但出现的位置区域不同的热带气旋，台风出现在西北太平洋海域，而飓风出现在印度洋、大西洋海域。

（十）沙尘暴：指强风将地面大量尘沙吹起，使空气很混浊，水平能见度小于 1 公里的天气现象。

（十一）暴雪：指连续 12 小时的降雪量大于或等于 10 毫米的降雪现象。

（十二）冰凌：指春季江河解冻期时冰块漂浮遇阻，堆积成坝，堵塞江道，造成水位急剧上升，以致江水溢出江道，漫延成灾。

陆上有些地区，如山谷风口或酷寒致使雨雪在物体上结成冰块，呈下垂形状，越结越厚，重量增加，由于下垂的拉力致使物体毁坏，也属冰凌责任。

（十三）突发性滑坡：斜坡上不稳的岩土体或人为堆积物在重力作用下突然整体向下滑动的现象。

（十四）崩塌：石崖、土崖、岩石受自然风化、雨蚀造成崩溃下塌，以及大量积雪在重力作用下从高处突然崩塌滚落。

（十五）泥石流：由于雨水、冰雪融化等水源激发的、含有大量泥沙石块的特殊洪流。

（十六）地面突然下陷下沉：地壳因为自然变异，地层收缩而发生突然塌陷。对于因海潮、河流、大雨侵蚀或在建筑房屋前没有掌握地层情况，地下有孔穴、矿穴，以致地面突然塌陷，也属地面突然下陷下沉。但未按建筑施工要求导致建筑地基下沉、裂缝、倒塌等，不在此列。

（十七）飞行物体及其他空中运行物体坠落：指空中飞行器、人造卫星、陨石坠落，吊车、行车在运行时发生的物体坠落，人工开凿或爆炸而致石方、石块、土方飞射、塌下，建筑物倒塌、倒落、倾倒，以及其他空中运行物体坠落。

（十八）自然灾害：指雷击、暴雨、洪水、暴风、龙卷风、冰雹、台风、飓风、沙尘暴、暴雪、冰凌、突发性滑坡、崩塌、泥石流、地面突然下陷下沉及其他人力不可抗拒的破坏力强大的自然现象。

（十九）意外事故：指不可预料的以及被保险人无法控制并造成物质损失的突发性事件，包括火灾和爆炸。

【解释】

财产一切险的保险责任分两类：一类是自然灾害，另一类是意外事故。除了保险单列明的除外责任以外，自然灾害和意外事故造成保险财产的直接物质损失和灭失均属于本保险的责任范围。现行的通用条款对自然灾害和意外事故规定了明确的释义。自然灾害是人力不可抗拒的破坏力极大的自然现象，释义部分对常见的自然灾害加以列明，并对各主要灾害类别做了释义。

意外事故是指被保险人不可预料的以及无法控制并造成损失的突发事件。构成意外事故有三个因素：一是被保险人不可预料且无法控制；二是必须存在直接的物质损失；三是事故的突发性，而不是渐变性。意外事故包括火灾和爆炸。定义如上文。

对于火灾，释义部分相关条款规定："电机、电器、电气设备因使用过度、超电压、碰线、弧花、漏电、自身发热所造成的本身损毁，不属于火灾责任。"但如果发生了燃烧并失去控制蔓延扩大，才构成火灾责任，并对电机、电器、电气设备本身的损失负责赔偿。

对于爆炸，锅炉爆炸是常见的爆炸类型。一般而言，锅炉爆炸属于锅炉保险的范围，是一种特殊保险，理论上应该在机器损坏险项下承保（事实上机器损坏险就是从早期的锅炉保险演变发展而来的）。注意，释义部分相关条款规定"因物体本身的瑕疵，使用损耗或产品质量低劣以及由于容器内部承受'负压'（内压比外压小）造成的损失，不属于爆炸责任"，由此看来，仅仅是"负压"爆炸才除外。

笔者认为，在主条款文末的"释义"部分出现的这些火灾及爆炸特定情形的"除外"也可能存在争议。因为这种除外没有体现在"除外责任"章节，也没有用黑体字标注，用于提醒投保人注意。在实际操作过程中，被保险人可能以保险人没有尽到告知义务为由提出抗辩，要求赔偿。

此外，更激烈的争论来源于对各种自然灾害的释义，因为保险单中列举了各种自然灾害并作出释义。于是，理赔过程中，保险人常常要求被保险人举证损失原因属于某类自然灾害，并且要符合释义规定要求才予以赔付。如大风、大雨导致了损失但未达到释义中说明的风速或降雨量，一些保险人往往据此予以拒赔，或者被保险人不能提供气象部门出具的暴风或暴雨证明，有些保险人就予以拒赔。笔者认为这些做法有违"财产一切险"的精神。如果需要被保险人去举证属于某项自然灾害，这跟财产基本险和财产综合险有何区别呢？

"财产一切险"是舶来品，源自于英文"Property All Risk"。但一切险并不意味着"一切"风险都承保。它只是相对基本险、综合险等"列明责任"的风险而言的，其意图是除了"除外的"都予以承保。是否属于"除外责任"，举证的责任在于保险人。也就是说，如果保险人不能举证损失是除外责任引起的，那就是保险责任。一般而言，索赔时举证，是"谁提出谁举证"。但财产一切险却是举证责任倒置的，这正是财产一切险的精髓所在，因此被称为"一切险"，这是与列明责任保险（Named Perils）的根本区别。

因为除外责任是有限的，各种不可预测的风险是无限多的，因此财产一切险的承保风险是非常大的。国内引进财产一切险的时间是 1995 年，条款基于伦敦保险市场上常用的伦敦承保人协会条款（ABI Form），主要用于涉外业务。因为改革开放早期，很多外商来中国投资，他们及其保险顾问熟悉国际市场的操作，一般要求这类"一切险"保障，因为其保障范围宽。他们也愿意为此类宽泛的保障范围支付相对应的高保费，而不愿意采用国内常用的列明责任的条款。随着保险业务竞争加剧，越来越多的业务不分内资外资，都开始使用财产一切险条款。随着费率的下行，以往列明责任的财产险也逐渐使用财产一切险的条款。但同时这种融合也把列明责任保险的做法带到了财产一切险的理赔处理中，即出险后要被保险人举证。事实上，当年引进该条款的时候，条款起草小组非常担心国内的投保人不理解除了"除外的"都承保这种逻辑，又或者在责任范围只看到承保自然灾害和意外事故，因此特意做了举例说明，帮助投保人理解条款。但在实操中这种举例变成了责任范围。

因此在大型的涉外项目中，这种主条款往往被要求修改，使用经纪人定制的条款（Manuscript Policy Wording）或国际公司的条款，如美国美亚公司（AIG）的条款。这些条款见本书附件，读者可以看到其保险单结构与常见保险单条款的差异非常明显。

六、责任免除

责任免除是指保险人依照法律规定或合同约定，不承担保险责任的范围，是对保险责任的限制。

财产保险在约定保险责任的同时规定了责任免除，主要有两方面原因。一是为了剔除部分保险责任。责任免除里列明的原因导致保险责任中列明的事故，或者发生保险责任范围内的事故后导致责任免除中列明的损失和费用，通过责任免除的约定，保险人都可以不负责赔偿。二是为了避免误解。由于某些危险不属于保险责任，也未在保险责任中列明，但容易与保险责任混淆从而导致误解，通过在责任免除中列明则能有效地避免这种误解的产生。

责任免除，亦称除外责任。财产一切险的除外责任有针对原因的除外，也有针对损失和费用的除外。除外主要分三类：第一类是绝对除外责任，这类风险是在任何情况下都不可承保的；第二类是通过扩展责任方可承保的风险，这类风险在财产一切险中列入除外责任，但可以通过增加保险费或提高承保条件加以扩展承保；第三类是通过其他险种予以承保的风险，这类风险在财产一切险中被列入除外责任，但可以由其他险种如机器损坏险、锅炉爆炸险来承保。

财产一切险不能扩展承保机器损坏险和锅炉爆炸险。

保险合同中的免责条款，从性质上讲是绝对的、无条件的。所有列为除外责任的标的、风险和损失，保险人都将不承担保险责任，除非保险人另有约定或加批。保险人应当在保险单或者其他保险凭证上对有关免责条款作出足以引起投保人注意的提示。

第七条 下列原因造成的损失、费用，保险人不负责赔偿：
（一）投保人、被保险人及其代表的故意或重大过失行为；

【解释】

保险人承保的是意外物质损失，故意行为和重大过失造成的必然损失应予除外。但是一般工作人员的故意行为和重大过失，只要不是被保险人指使或授意的，不在此限。

被保险人及其代表一般指一个单位或公司的法人代表、董事长、副董事长、执行董事、总经理、副总经理、总会计师、总工程师或上级单位派驻该公司或单位的代表。

诚然，很多意外事故的发生涉及人为疏忽，但犯错的往往是操作层面的雇员，不是公司的高级管理人员（即可能的被保险人及其代表）。实操过程中有些理赔人员往往把所有员工列入"被保险人的代表"，据此予以拒赔，这是草率、不专业的行为。如何证明操作层面人员疏忽或过失是由于管理层的故意及重大过失所致，也非常难以举证。

故意行为指明明知道自己的行为会导致灾难性的结果，仍希望或放任这种结果发生的行为。它是一种可预见的道德危险，不是意外事故。

【相关释义】（二十）重大过失行为：指行为人不但没有遵守法律规范对其较高要求，甚至连人们都应当注意并能注意的一般标准也未达到的行为。

在实际操作过程中，不少理赔人员常常轻率地使用"重大过失"予以拒赔是非常不专业的做法。事实上，"重大过失"的举证责任在保险人。司法实践当中，保险人成功举证并被法庭认可的机会非常小。因此保险人在引用本条除外的时候要非常小心谨慎，不要轻易使用。轻率地使用本条除外已经导致另一种极端情况：被保险人在投保或续保时，要求保险人将此条删除。一些企业的法律部门在审核保单条款的时候，也觉得"重大过失"的定义可能过于含糊，理赔时对被保险人非常不利，也要求保险人删除。有时投保人是一个大型企业，保险人又不得不"屈服"于业务压力而删除本条。删除本条其实也是一种显失公平的做法。

保险财产发生损失，特别是发生巨大损失的时候，国家安监机构可能会介入调查事故原因和损失程度。如果是较大的损失，国家安监机构出具的事故责任认定文件也可能会指明公司管理层存在管理疏忽。有的保险人就据此认定企业管理层存在"重大过失"而拒赔。这也是不严谨、不专业的做法。当然，如果发生重大损失，国家安监机构的安检报告中的确可能出现"重大过失"的字眼。保险人据此是不是就能成功拒赔呢？这在司法实践中也并不是十拿九稳的事情。总之，保险人在使用"重大过失"拒赔时，应该慎之又慎。

（二）行政行为或司法行为；

相关释义（二十四）行政行为、司法行为：指各级政府部门、执法机关或依法履行公共管理、社会管理职能的机构下令破坏、征用、罚没保险标的的行为。

【解释】

政府的行政行为导致的财产损失属于非常性的行政措施，一般是从国家、社会整体的利益出发或维护更大的利益，由政府有关部门作出的决策，不属于财产一切险承保的意外事故风险范畴，也超越保险人的承受能力。同理，司法行为也一样。

（三）战争、类似战争行为、敌对行动、军事行动、武装冲突、罢工、骚乱、暴动、政变、谋反、恐怖活动；

【相关释义】（二十一）恐怖活动：指任何人以某一组织的名义或参与某一组织使用武力或暴力对任何政府进行恐吓或施加影响而采取的行动。

【解释】

战争风险属于政治原因的风险，在所有财产保险合同中均是绝对除外的，由其造成的任何损失，无论是直接造成的，还是间接造成的，保险人均不负责赔偿。至于罢工、暴动、民众骚乱等风险，使用扩展条款承保。恐怖活动这些年在国内也逐渐变成一种风险，需要单独的保单或扩展条款承保。

（四）地震、海啸及其次生灾害；

【相关释义】（二十二）地震指地壳发生的震动。

（二十三）海啸：海啸是指由海底地震，火山爆发或水下滑坡、塌陷所激发的海洋巨波。

【解释】

本条所列的风险是一种异常的巨灾风险。地震、海啸所引起的无论是直接损失还是间接损失或费用，保险人均不负责赔偿。其理由如下：一是发生地震、海啸的区域有限，风险难以分散；二是地震海啸发生的频率及其造成的损失程度难以预测，费率难以厘定；三是这种巨灾风险超越了商业保险公司的承保能力。

本条除外责任可以通过扩展条款的形式扩展承保。保险人在承保管理中要注意合约的限制及地区累计风险的控制。

（五）核辐射、核裂变、核聚变、核污染及其他放射性污染；

【解释】

此项风险属灾难性的风险，其可能造成的损失范围和程度，就目前的技术水平而言，难以确定，在所有财产保险合同中均是绝对除外的，由其造成的任何损失，无论是直接造成的，还是间接造成的，保险人均不负责赔偿。

（六）大气污染、土地污染、水污染及其他非放射性污染，但因保险事故造成的非放射性污染不在此限；

【解释】

污染属于渐变式的风险，不属于意外事故风险范畴，此项风险造成的损失范围和程度难以准确测定。故这类风险造成的损失在财产保险合同中是除外的。但该除外责任不包括保险责任范围之内的风险造成的污染引致的财产损失，保险责任范围之内的风险所造成的非放射性污染实质上是一种突然性的、不可预料的风险，由此造成的财产损失，保险人负责赔偿。

（七）保险标的的内在或潜在缺陷、自然磨损、自然损耗，大气（气候或气温）变化、正常水位变化或其他渐变原因，物质本身变化、霉烂、受潮、鼠咬、虫蛀、鸟啄、氧化、锈蚀、渗漏、烘焙；

【解释】

本条所列内容都是自然原因及保险财产的各种缺陷或其本身的物理性或者化学性变化，不具有偶然性，或由于被保险人对保险财产保管不善等原因导致的损失，属于人为的而非意外事故造成的损失。

经常引起争议的是这里的保险标的是否仅仅指其"本身"还是指所有的保险标的。笔者认为应该指其"本身"。举例来说，如果因老鼠咬电线或者某段电线损耗老化导致短路，从而引发火灾，火灾烧毁了整个工厂，那是否可以套用本除外拒赔呢？按照近因原则推演，的确可以推导到老鼠咬或短路是造成火灾的原因。但笔者认为这个原因还应结合标的做具体分析。此项除外责任应该仅限于标的"本身"，如果把本条作为除外原因套用在这个事故上，导致整个火灾事故都除外，这是显失公平的。

（八）盗窃、抢劫。

【解释】

需要注意的是，1995 年版条款仅仅除外"被保险人的亲友或雇员的偷窃"（因为雇员的偷窃属于雇员忠诚保证保险范畴），而一般的外盗行为可以归为意外事故从而得到赔偿。但 2009 年版将所有的盗窃及抢劫都列为除外责任，主要是考虑到"盗窃、抢劫"风险较为特殊，个体差异较大，在主条款中包含此类内容不利于风险管理及定价。如果需要投保应该特约或通过附加条款购买相应的保障。

第八条 下列损失、费用，保险人也不负责赔偿：
（一）保险标的遭受保险事故引起的各种间接损失；

【解释】

财产保险只承保直接的物质损失，间接的财务损失一般通过营业中断保险承保。

（二）设计错误、原材料缺陷或工艺不善造成保险标的的损失；

【解释】

这里所列的风险是指保险财产在其建设或制造时就已存在的或其固有的设计上的错误和原材料缺陷、工艺不善等，分别属于设计师的职业责任保险及制造商的产品质量保证保险所承保的范畴，本保险列为除外，可以通过其他险种承保此类风险。

但需要注意的是，本除外仅针对保险标的"本身"。常见的争议是如何定义"本身"。以一个变压器为例，如果被烧毁，可能是变压器内部其中一相中的某一组线圈出现问题。那么"本身"是指线圈，还是线圈所在那一相，还是整个被烧毁的变压器？

（三）广告牌、天线、霓虹灯、太阳能装置等建筑物外部附属设施，存放于露天或简易建筑物内的保险标的以及简易建筑，由于雷电、暴雨、洪水、暴风、龙卷风、冰雹、台风、飓风、暴雪、冰凌、沙尘暴造成的损失；

【解释】

简易建筑指符合下列条件之一的建筑：（1）使用竹木、芦席、篷布、茅草、油毛毡、塑料膜、尼龙布、玻璃钢瓦等材料为顶或墙体的建筑；（2）顶部封闭，但直立面非封闭部分的面积与直立面总面积的比例超过10%的建筑；（3）屋顶与所有墙体之间的最大距离超过一米的建筑。

条款描述的此类标的不具备基本的抵御风险的条件。本条除外的目的在于限制保险人对容易损坏的外部设施、露天堆放的或存放于简易建筑物内的财产的责任。这类财产所列的存放状况不具备财产一切险所要求的基本承保条件。这类财产倘若没有必要的防护措施，很容易遭受本条所列的风险引起损失，除非特别约定，否则保险人不负责赔偿。

建筑物外部附属设施、存放于露天或简易建筑物内部的保险标的以及简易建筑本身受自然灾害影响较大，个体差异明显，可以通过加贴批单或附加条款，并单独评估定价扩展承保此类风险。

笔者认为此处对于简易建筑的定义过于复杂。业务人员甚至投保人很难迅速判断某类建筑是否属于简易建筑。正常建筑附属的设置或结构是否会被认定为简易"建筑"也常常引起争议。

（四）锅炉及压力容器爆炸造成其本身的损失；
（五）非外力造成机械或电气设备本身的损失；
（六）被保险人及其雇员的操作不当、技术缺陷造成被操作的机械或电气设备的损失；

【解释】

以上三条将锅炉、压力容器爆炸造成其本身的损失、非外力造成机械或电气设备本身的损失以及被保险人及其雇员的操作不当、技术缺陷造成被操作的机械或电气设备的损失列为除外责任。此类损失应通过更专业的条款予以解决，如机器损坏险条款或附加锅炉、压力容器扩展条款。但是，因爆炸而造成其他财产损失则属于保险责任。

（七）盘点时发现的短缺；

【解释】

盘点时发现的短缺不构成意外事故，其起因往往难以确定，可能是企业账目的错误，也很有可能是被保险人管理上的过失造成的，因此予以除外。

（八）任何原因导致公共供电、供水、供气及其他能源供应中断造成的损失和费用；

【解释】

导致公共能源中断有多种原因，由此造成的损失也非商业保险公司所能处理的，这种损失属于供电、供水、供气部门的责任。财产一切险的除外责任中将任何原因导致的公共"三停损失"予以除外，因其是列明除外的一切险责任，而企业自有设备的"三停损失"仍属于保险责任。

本条除外责任通常可以通过扩展条款扩展承保。

（九）本保险合同中载明的免赔额或按本保险合同中载明的免赔率计算的免赔额。

【解释】

保险单列明的免赔金额是被保险人自己应承担的损失金额。保险人计算赔款时应把免赔金额扣除后将余额赔付给被保险人。

七、保险价值、保险金额与免赔额

保险价值是指保险标的在某一特定时间以货币估计的价值总额，是确定保险金额的基础和确定损失赔偿计算的基础。被保险人自行确定保险标的的价值。条款规定的保险标的的保险价值确定方法如下文所释。

保险金额是投保人对保险标的的实际投保金额，也是保险人计算保险费的依据和承担赔偿责任的最高限额。《保险法》第十八条规定："保险金额是指保险人承担赔偿或给付保险金责任的最高限额。"

第九条　保险标的的保险价值可以为出险时的重置价值、出险时的账面余额、出险时的市场价值或其他价值，由投保人与保险人协商确定，并在本保险合同中载明。

【解释】

保险标的的定值基础非常重要，也是实践过程中常常被忽略的约定。约定不清或没有约定，不但会引发很多理赔争议，甚至还会导致许多法律诉讼。这些都是因为没有理解定值基础，保险人在销售过程中也没有给投保人解释清楚。理解"重置价值"、"账面余额"和"市场价值"需要一些财务基础知识。另外，保险人使用的这些术语，跟财务人员习惯使用的术语有所不同，也要注意。

对于保险标的，财务人员称为资产，对应投保的标的，主要分为固定资产（保险人习惯分为建筑物和机器设备等）和流动资产（保险人习惯定为存货）。对于固定资产，价值有原值和净值的区别。固定资产原值是"固定资产原始价值"的简称，亦称"固定资产原始成本"、"原始购置成本"或"历史成本"。固定资产原值反映企业在固定资产方面的投资和企业的生产规模、装备水平等，它还是进行固定资产核算、计算折旧的依据。固定资产原值指企业、事业单位建造、购置固定资产时实际发生的全部费用支出，包括建造费、买价、运杂费、安装费等。固定资产净值也称为折余价值，指固定资产原始价值或重置完全价值减去已提折旧后的净额，它可以反映企业实际占用固定资产的金额和固定资产的新旧程度。这种计价方法主要用于计算盘盈、盘亏、毁损固定资产的损益等。固定资产净值＝固定资产原值－累计折旧。

如果简单处理，固定资产（相应保险标的，如建筑物及机器设备）的原值与重置价值接近，其净值与市场价值接近。但实际情况是比较复杂的，往往不能简单地画上等号。比如，购入建筑物，其市价往往包含了地价，因此不能简单用其购置价即原值作为重置价值，需要剔除地价。又比如，购入二手设备，其原值其实是折旧后价格，是市场价格，因此其原值与实际的重置价格（新机购置价格）也是有差异的。有些固定资产，如建筑物，因为通胀的缘故往往重建价格会升高，因此其重置价格会高于原值。但有些固定资产，如机器设备，由于技术进步，其新机购置价反而会降低，其重置价格会低于原值。因此不能简单地认为原值就是重置价格。但精准地估计重置价格往往非常困难或资产评估价格高，因此在实操过程中，也有将账面原值约定为重置价值的做法。

账面余额是指某科目的账面实际余额，不扣除作为该科目备抵的项目（如累计折旧、相关资产的减值准备等）。固定资产的账面余额其实应该是它的原值。流动资产（存货）一般不折旧，存货的价格一般以其成本价确定。财产综合险条款解释中明确规定，流动资产（存货）的账面余额应当按取得时的实际成本核算。出险时的账面余额一般很难取得，这主要是因为出险是突发事件，而财务核算的存货账面余额在月度结账时才能反映，平时一般不反映这一财务指标。因此笔者认为以账面余额确定保险价值并不科学，而以重置价值或市场价值来确定建筑物和机器设备等固定资产的价格，以成本价来确定存货等流动资产的价格比较合理。

出险时存货受损的程度不一，有可能全部受损，也有可能部分受损；出险时实物形态各异，有材料形态，有成品形态，也有半成品（在产品）形态，账面余额不可能把每类存货的余额一一反映出来。而存货中的在产品、半成品取得时的实际成本核算就相当复杂，特别是规格型号多、加工工序多的产品，要把每个品种、每种规格型号、每道工序在出险时所耗用的原材料、投入的人工工资及相关的制造费用核算出来，操作上确实相当复杂，工作量相当大。因此存货的定损往往是理赔工作中的难点和争议点。

若需要约定以重置价值投保，需要加贴"重置价值扩展条款"。如果以市场价值（即折旧后的净值）投保，出险后可能没有足够的资金重建或购买新的资产。为了获得充分的资金，投保人 / 被保险人会选择用重置价值投保。细心的读者可能提出异议，出险的时候明明是已经使用过的保险标的，如果以重建价格或新机的购置价格进行赔偿，这不是违反了保险补偿原则（Indemnity）吗？根据补偿原则不应该是修旧如旧吗？怎么变成了以旧换新（New for Old）？这不是不当得利吗？事实上，重置价值（Reinstatement Value）承保就是对补偿原则的违反，重置价值保障就是以旧换新的保障（New for Old Cover）。但以重置价值投保是保险双方的自愿行为，投保人以较高的重置价值投保，出险时获得充分的保障，这是公平的。看似有得利，但这不是不当得利，而是被保险人的适当得利，因为其保费为这种风险支付了对价。

如果以重置价值投保，就要估计标的重建或新购的价格。但基于上文提到的多种价值变动原因（有些升值，有些贬值），事实上，精确的重置价值很难取得，企业也不会经常做资产评估，因此不少企业用账面原值代替重置价值，保险人往往也接受。但这样做的风险是万一实际重置价值远高于账面原值，那么在灾后重建或重置的时候就得不到充分保障。在资产升值或特殊情况之下重置价值可能会远高于账面原值。某些重型机械，例如，火电站有大量的非标准设备，这些设备可能因为物价上升而使重置成本显著提高。又例如，风电厂在整体施工时单机成本是比较低的，但单机损坏的时候，为了修复而单独租赁的施工车辆、施工船舶等特种设备的费用会比整体施工时高很多。再例如，2011年泰国大洪水导致很多企业遭受灭顶之灾，在重建时企业发现重置成本远高于保险金额，原因包括灾后的物价飞涨以及不得不考虑重新选址、易地重建等。因此，一些谨慎的企业除了进行资产评估之外，还会参考最新造价指数估计重置价值，或根据物价指数在原值的基础上加乘一定的比例来投保。

以重置价值投保充分保证了被保险人的利益。但同时保险人也要防范可能的道德风险。例如，有些工厂的设备可能已经非常旧了（有可能在账面上折旧后价值接近零），但因为仍有使用价值，所以继续使用，甚至大多数的设备都属于这种情况。如果发生事故，被保险人可能可以趁此机会大量以旧换新，那么会疏于风险防范，甚至故意不施救。谨慎的保险人可能就会对非常旧的机器设备或重置无望的机器设备除外承保，或者约定不以重置价值承保。

还要注意的是，有些标的，如机器设备，在财务处理上折旧后价值已为零，但因为仍可使用，就继续使用。在投保取值的时候如果根据账册中数据取值，可能会因为这些仍然有使用价值的机器的账面价值为零而没有被估值并列入投保金额。那么在出险时，对于这些受损的标的到底是不是保险标的就会存在争议。这是保险人需要提醒投保人注意的地方。

第十条　保险金额由投保人参照保险价值自行确定，并在保险合同中载明。保险金额不得超过保险价值。超过保险价值的，超过部分无效，保险人应当退还相应的保险费。

【解释】

超额保险无效。典型的例子是购入不动产的时候，购置价往往包括地价，以购置价入账的原值作投保金额就可能出现保险金额超过保险价值的情况。正确的做法是以不动产的重置价格投保。难以取得重置价格时，也要估计一个地价予以剔除，不然出险时会产生争议。

> **第十一条** 免赔额（率）由投保人与保险人在订立保险合同时协商确定，并在保险合同中载明。

【解释】

保险人和投保人事先约定，保险事故发生时，保险人根据保险单的条件作出赔偿前，由被保险人自行承担的损失金额或比例，保险人不负责赔偿。免赔额数额根据财产保险金额、投保企业面临的风险、标的损失的频率和程度、被保险人的风险管理情况及保险条件等确定。免赔额的扣减仅限于保险财产发生部分损失的情况。免赔额的形式分为绝对免赔额和相对免赔额两种。

何谓绝对免赔额？即保险事故发生时，保险人按保险单中条件规定不必承担的保险财产损失的限额。保险标的损失超过约定的金额，保险人对超过部分的损失承担赔偿责任；如果损失在约定的限额以内，保险人不必负责赔偿。例如，某火力发电厂财产一切险的免赔额为"250,000美元每次事故"，如发电厂的保险财产损失不超过250,000美元，被保险人自行承担；如果保险财产损失为300,000美元，被保险人仍自行承担250,000美元，保险人在扣减250,000美元后只赔偿被保险人50,000美元。

何谓相对免赔额？保险事故发生时，财产损失必须达到保险单约定的金额，保险人才按保险单中的规定承担保险财产全部损失；如保险标的损失未达到保险单中约定的金额，则保险人对保险财产的全部损失不负责赔偿。例如，如果上述火力发电厂的财产一切险保险单中约定被保险人承担的相对免赔额为300,000美元，当保险财产损失为250,000美元时，被保险人自己仍承担250,000美元；当财产损失为300,000美元甚至更高金额时，保险人负责赔偿被保险人300,000美元甚至更高的金额。

免赔额可以针对保险标的设定（如存货），也可以针对损失原因设定（如火灾、水损）。如果同时并存（如货物水损），需要适用金额高的那个免赔额。

八、保险期间

> **第十二条** 除另有约定外，保险期间为一年，以保险单载明的起讫时间为准。

【解释】

保险期限一般为1年。期限短于1年的，需要按短期费率收取。期限也有长于1年的。例如，大项目分段或分标的施工，致使其由工程期转入营运期的时间有先后，保险标的的保险期限有长有短，加上这些大项目的续保谈判比较复杂，因此会特意调整续保日期，避开年底的续保高峰，设置1年半的保险期限。也有些特殊原因也会导致保险期限延长，例如，战略合作或曾经出险需要双方展现长期合作意向，双方也签订多年合同。但受再保险合约限制，这种多年的协议，其实更多是合作协议，保险单需要每年出具，只是条件固定或按理赔率高低约定进行调整。在再保险合约续转条件差异不大的情况下，这样做的风险不大。但如果非水险合约续转可能存在问题的情况下须谨慎。

九、保险人与投保人／被保险人义务

保险合同是双务性合同，也就是说合同当事人双方都享有权利和承担义务，一方的权利即为另一方的义务。新《保险法》颁布之后，保险人及时对财产险条款进行了适法性修改。在所有财产险条款中均加入了保险人和投保人／被保险人义务的内容，对其应尽义务和不履行义务带来的严重后果进行了详细说明。

（一）保险人的义务

《保险法》第十条第三款规定："保险人是指与投保人订立保险合同，并按照合同约定承担赔偿或给付保险金责任的保险公司。"根据《保险法》的规定和保险行业习惯，本条款对保险人应当承担的义务做具体约定。现逐条说明如下。

1. 保险人明示告知义务

> **第十三条**　订立保险合同时，采用保险人提供的格式条款的，保险人向投保人提供的投保单应当附格式条款，保险人应当向投保人说明保险合同的内容。对保险合同中免除保险人责任的条款，保险人在订立合同时应当在投保单、保险单或者其他保险凭证上作出足以引起投保人注意的提示，并对该条款的内容以书面或者口头形式向投保人作出明确说明；未作提示或者明确说明的，该条款不产生效力。

【解释】

本条款约定了保险人的明示告知义务。财产保险具有一定的专业性，投保

人 / 被保险人为企业的财产投保时，保险人提供的一般是格式条款，即其事先制定的条款，投保人 / 被保险人只能就承保条件进行商议，而对于保险单条款的措辞，特别是条款中的责任免除、赔偿处理和其他限制保险人责任的条款，虽然保险人可以通过加贴附加条款或批单的形式对保险合同进行修改或调整，满足投保人 / 被保险人的特殊需求，但是，条款中使用了大量的保险专业术语，内容复杂，投保人 / 被保险人难以理解，甚至产生误解。为了避免日后的纠纷，保险人作为合同的起草者应当向投保人 / 被保险人解释清楚保险合同的主要内容，充分保护投保人 / 被保险人的知情权及选择权。

条款和《保险法》规定保险人应当对合同条款进行说明的同时，也规定了保险人提供的投保单中应当附有保险格式条款，投保人以此为基础作出是否投保的决定。

《保险法》规定："对保险合同中免除保险人责任的条款，保险人在订立合同时应当在投保单、保险单或者其他保险凭证上作出足以引起投保人注意的提示，并对该条款的内容以书面或者口头形式向投保人作出明确说明；未作提示或者明确说明的，该条款不产生效力。"保险法将明确说明义务的范围从"责任免除条款"扩大到"免除保险人责任的条款"，责任免除条款的意义在于允许保险人免除本应承担的保险责任，即保险人的保险责任已经构成，却因免责条款的存在，不用保险人实际承担责任。但是"免除保险人责任的条款"涵盖的范围有多大？一些根本就不属于保险责任范围，本来就不需要保险人承担责任的条款是否属于《保险法》中"免除保险人责任的条款"的范畴，这是有争议的。比如，较高的免赔额的设置，被保险人违反保证条款导致保险人的免责，双方事先特别约定导致的免责，援引法律规定导致的免责等情形。

还有另外几种情形，例如，有些大型的企业投保机构配备专业的法律人员，投保人通过经纪公司选择保险人并代为订立合同，在保险招投标中，保险合同直接由投保人起草或委托专业人士起草。在上述情形中，投保人 / 被保险人是否同样可要求保险人承担明确说明义务？

保险人对保险条款的明确说明应当是在缔约之前或缔约之时，只有在合同签订之前，保险人通过说明解释的方式让投保人了解合同的内容，才能体现对投保人知情权及选择权的保护。

对于免除保险人责任的条款，保险人除应当尽到明确说明义务外，增加了保险人应当在投保单、保单或者其他保险凭证上作出足以引起投保人注意的提示义务。

保险人如何证明已经尽到说明义务？

法院在审理保险诉讼案件中，对保险人以投保人及被保险人义务或免责条款拒赔的，无论原告是否以"保险人条款未尽如实告知义务"作为抗辩理由，法院将主动援引保险法加以审查，保险人无证据证明已履行"明确告知义务"的，免责条款一律不生效。目前，国内保险公司较为通行的做法是在其印制的投保单上"投保人声明"栏中载明"贵公司已向本人详细介绍了保险条款，并就该条款中的有关责任免除和投保人、被保险人义务及本投保单中付费约定的内容做了明确说明，本人接受上述内容，自愿投保本保险。"同时，要求投保人在投保人声明栏签名或盖章，据此，保险公司就已履行了明确说明义务。

有的保险人则通过描黑、加粗字体的方式对投保人进行提示，保险人在"投保人的声明"栏中载明"本单位或本人已经仔细阅读保险单条款，特别是黑体字部分的条款内容，并对保险人就保险条款的内容说明和提示，完全理解，没有异议，申请投保"，要求投保人在"投保人声明"栏手写签名证明保险人已经明确说明免除保险人责任条款的内容及其法律后果。投保人在"投保人的声明"栏签章处加盖公章，即确认声明内容为其真实意思表示。

对于保险人的做法，国内有各种的议论和看法，包括司法界也有不同的看法。归纳起来有如下三种意见。

（1）认为投保人在保险人印制好的投保单上"投保人的声明"栏中签字确认即是表示对免责条款的概念、内容及其后法律后果均已明了。一般应认定保险人已履行提示和明确说明义务。但投保人若有证据证明保险人未实际进行提示或明确说明的除外。

（2）认为鉴于实践中这类声明多是保险人印制好的格式条款，仅依据该声明尚不足以认定保险人履行了明确说明义务。

（3）认为保险合同在责任免除的告知形式上采取"投保人的声明"的方式写入概括性告知内容，仅能起到提示投保人注意的作用，不足以证明保险人尽到明确说明的义务；在这种情况下，该免责条款不产生效力。如果此类声明是投保人手写，则可认定保险人履行了明确说明义务。

在实际的业务活动中，存在着不同程度的问题，比如，有的保险人投保单"保险人提示"栏载明的内容中只字未提"免责条款"事项，而且提示栏的内容并不足以引起投保人对免责条款的注意，保险人仅仅让投保人在载有格式条款的"投保人的声明"栏盖章。有的保险人在印制保险合同时，字体太小，使投保人无法辨清内容或者免责条款部分的字体未做特殊处理，不足以引起投保人的注意。有的保险人只要求投保人在投保单签名处签名或盖章，却无免责条款的提示内容。

那么投保人在投保单"投保人的声明"栏签字确认能否认定保险人履行了明确说明义务？最高人民法院法官刘竹梅、刘海权在《保险合同纠纷审判实务疑难问题探讨》①中说，保险人如何证明其向投保人履行了明确义务呢？实践中有保险人制作投保声明书，其上声明保险人已向投保人履行了明确说明义务，投保人在其上签字盖章的，即应视为保险人履行了明确说明义务。如果对投保声明书上投保人的签字盖章不予认可，将导致其守法成本高于违法成本，反而不利于激励保险人主动履行明确说明义务。当然，这种认定并不是绝对的，如果投保人能够提供证据推翻以上结论，如能够证明保险合同订立时未提供保险单或者保险代理人作为证人证明未进行明确说明的，则除外。

笔者认为保险人对保险合同中有关免除保险人责任条款的概念、内容及其法律后果，以书面或口头形式向投保人作出通常人能理解的解析说明后，投保人在投保单"投保人的声明"栏签字，即可视为投保人已经实际理解了合同中免除保险人责任条款的概念、内容及法律后果，同时也证明保险人已履行明确说明义务。如果投保人、被保险人认为保险人未履行明确说明义务，则举证之责在于投保人、被保险人。

笔者查阅了广东省高级人民法院裁判的有关案例资料，广东省高院依据最高人民法院《关于适用〈中华人民共和国保险法〉若干问题的解释（二）》第十三条规定"投保人对保险人履行了符合本解释第十一条第二款要求的明确说明义务在相关文书上签字、盖章或者以其他形式予以确认的，应当认定保险人履行了该项义务"，认可免责条款的效力。仅有一例是被保险人有充分的确凿证据证明保险人没有履行明确说明义务。其他一些省市高院也有类似的裁判案例。

2021年1月1日起，《中华人民共和国民法典》（以下简称《民法典》）开始实施，保险合同也受其影响。保险合同条款是一种典型格式条款。在保险合同纠纷案件中，关于格式条款中免责条款的认定及法律效力问题一直是最常见的争议焦点。《最高人民法院关于适用〈中华人民共和国民法典〉时间效力的

---

① 载于《法律适用》2013年第2期。

若干规定》第九条规定,《民法典》关于格式条款的规定对于《民法典》生效前的保险合同具有溯及力。关于《民法典》实施后并在《保险法》修订前,保险合同中格式条款的提示说明义务如何履行的问题值得关注。

《民法典》第三编第四百九十六条在原《中华人民共和国合同法》第三十九条的基础上,将原条文"提请对方注意免除或者限制其责任的条款"的表述修订为"提示对方注意免除或者减轻其责任等与对方有重大利害关系的条款"。修改重点如下。

1. 将原条文表述的"提请"调整为"提示";

2. 将"限制其责任"调整为"减轻其责任";

3. 新增加"等与对方有重大利害关系的条款"的兜底性规定。

可以说,《民法典》进一步扩大了格式条款提供方履行提示义务的适用范围,即格式条款提供方对包括但不限于"免除"或"减轻"责任的所有"与对方有重大利害关系的条款"均有"提示对方注意"的义务。我们知道,除免除保险人的责任条款外,格式保险条款中还存在大量与投保人、被保险人有重大利害关系的其他条款。

因此,在《民法典》实施后,保险合同中明确说明义务的内容应该会进一步扩展。

前面提到,格式条款中的"免除保险人责任的条款"与其他"与对方有重大利害关系的条款"均涉及提示义务,保险人现行的做法是对相关部分的字体采取加粗、加黑、加下划线等方式来提醒投保人注意。由于重大利害关系的条款范围扩展较大,如果统一使用这样的方式进行处理,将会使"免除保险人责任的条款"与其他"与对方有重大利害关系的条款"以及其他普通条款之间无明显区分。因此,保险人在实际履行提示义务时应当充分考虑上述实际情况,将"免除保险人责任的条款"、其他"与对方有重大利害关系的条款",以及普通条款按照提示义务的重要程度进行合理和有效的区分,选取不同的方式进行提示,以达到足以引起投保人注意的目的。

2. 及时签发保险单或保险凭证

> **第十四条**　本保险合同成立后,保险人应当及时向投保人签发保险单或其他保险凭证。

【解释】

本条明确签发保单是合同成立后保险人的义务。我们知道保险单只是保险合同凭证之一，保险合同通常包括投保单、保险单、附加条款和／或批单、各种附件等，签发保险单只是保险人履行合同义务的行为。

很多人认为保险单签发是保险合同成立的时点及标记，认为保险单的签发意味着保险人对投保人的要约作出了承诺，即保险人已经接受承保；如果保险人没有签发保险单，就不能证明保险人已经同意承保，将以此作为向保险人索赔的有效凭证。但实际上，投保人展示了真实的投保意愿并履行了如实告知的义务，保险人或其代表以书面、口头或其他形式作出同意接受承保的表示，保险合同才告成立。

本条款实际上是将双方就合同条款进行协商的过程排除在合同的订立过程之外，对保险人在承保时应尽的审慎义务提出了更高的要求，对双方是否协商合同条款并且是否达成协议则不过问，这也符合国际惯例。如果保险人未尽审慎义务就同意承保，在合同生效前又发现保险标的不符合承保条件，保险人承担缔约过失责任。因此，保险人通常采取如下措施。

（1）在订立合同时，严格履行保险人审慎的审查义务，在对投保人、被保险人资质全面进行审查以及对相关条款全面了解的基础上再作出是否承保的意思表示。

（2）加强保险代理人管理，要求在展业过程中不可擅自对投保人作出同意承保的决定。

（3）可充分行使法律赋予保险人的权利，在合同订立时双方权利、义务并未完全明确的情况下，为保障保险人权益，可对合同附生效条件，约定合同自该条件成就时始发生效力，自合同生效之日起保险人始承担保险责任。

（4）保险人可对合同附生效条件，特别是在保险费缴纳与保险责任承担等重要事项上作出约定。

如果所附条件未发生或者所附期限未到来，则合同虽已成立但并未发生效力，一旦保险标的在合同生效前发生保险事故，保险人无须承担赔偿责任。

3.保险人对保险合同解除权的行使

　　第十五条　保险人依据第十九条所取得的保险合同解除权，自保险人知道有解除事由之日起，超过三十日不行使而消灭。自保险合同成立之日起超过二年的，保险人不得解除合同；发生保险事故的，保险人承担赔偿责任。

保险人在合同订立时已经知道投保人未如实告知情况的，保险人不得解除合同；发生保险事故的，保险人应当承担赔偿责任。

【解释】

本条款的核心内容归纳起来有如下几条。

（1）本条款将投保人未履行如实告知义务的主观过错仅限定在故意和重大过失范围内，而一般过失则不包括在内。

（2）投保人未履行如实告知义务，无论是因故意还是重大过失，只有造成足以影响保险人决定是否同意承保或者提高保险费率的后果时，保险人才可以行使合同解除权。

增加了保险人行使解除权时，投保人因故意未履行如实告知义务造成一定结果的要求，限制了保险人行使解除权的范围。

（3）条款明确规定了保险人行使解除权的除斥期间，自知道有解除事由之日起30日内行使，否则权利丧失。

（4）该项权利的行使还要受到保险合同期限的限制，即只能在合同成立之日起2年内行使，超过2年没有行使则解除权自动消灭。

（5）30天的除斥期是保险法的一项新规定，但在保险实务中，如果保险人知道投保人违反告知义务，但有的保险人为占据保费，并不行使解除权。一旦发生保险事故，保险人立即提出违反告知义务的事实，从而拒绝给付保险金。实际上，保险人永久地掌握着解除权。

保险人在接受承保时，持谨慎态度并采取如下措施：

（1）在订立合同时，对于影响保险人本身是否承保或者费率等重要因素的情形，尽量安排严格的现场查勘，认真审核投保人／被保险人的资质，防止出现投保人不如实告知的可能；同时对于已知的投保人未如实告知的信息，应及时向投保人反馈核实，保证信息的真实性。

（2）在合同成立以后，对于可能存在投保人未如实告知情形的，必须在2年内进行认真调查或者审核，并且在知道确切的解除事由之日起30日内一定行使解除权。

（3）《保险法》中的规定仅是为了防止保险人滥用解除合同的权利，保护投保人／被保险人的权益。当然，保险人一般不随意行使此项权利，而是加强专业培训，提高一线展业人员认识风险的技能，根据投保人的要求和保险标的的风险情况，进一步完善保险合同条款，继续履行合同。

4.保险人应及时理赔的义务

本项保险人的理赔义务，由第十六条、第十七条和第十八条三条构成，现逐条解释如下。

> **第十六条** 保险人按照第二十五条的约定，认为被保险人提供的有关索赔的证明和资料不完整的，应当及时一次性通知投保人、被保险人补充提供。

【解释】

本条款约定了被保险人向保险人提出索赔时应提供证明资料的事项。保险事故发生后，被保险人在提出索赔时，应当向保险人提供充分的有效证明资料，如事故现场照片、受损财产的财务记录、检验部门的检验报告、公估人的现场查勘报告等。若保险人认为被保险人提供的有关索赔请求的证明和材料不完整，应当"及时一次性书面"通知被保险人补充提供，以避免保险人以此为由拖延理赔时间。

实践中，投保人、被保险人或者受益人请求保险人赔偿或者给付保险金时，按要求向保险人提供其所能提供的有关证明和资料；若上述证明和资料不完整，保险人应当及时通知其补充提供。但是，有的保险人故意每次只通知投保人等补充提供一部分资料，并以证明和资料仍不完整为由多次要求投保人、被保险人或者受益人补充提供，借此拖延赔付时间。

根据《保险法》的规定，本条款明确和规范了保险理赔的程序、时限，解决了理赔难的问题，约束保险人要求被保险人补充索赔材料的行为。

> **第十七条** 保险人收到被保险人的赔偿保险金的请求后，应当及时作出是否属于保险责任的核定；情形复杂的，应当在三十日内作出核定，但保险合同另有约定的除外。
>
> 保险人应当将核定结果通知被保险人；对属于保险责任的，在与被保险人达成赔偿保险金的协议后十日内，履行赔偿保险金义务。保险合同对赔偿保险金的期限有约定的，保险人应当按照约定履行赔偿保险金的义务。保险人依照前款约定作出核定后，对不属于保险责任的，应当自作出核定之日起三日内向被保险人发出拒绝赔偿保险金通知书，并说明理由。

【解释】

本条款明确核赔期限和通知义务，对保险人处理案件的时效性做了特别约定。保险人收到被保险人索赔请求后，应当及时作出核定；"情形复杂的，应当在 30 日内作出核定，但合同另有约定的除外"，保险人应当将核定结果书面通知被保险人或者受益人。本条款对保险人核赔的时间进行了限定，以督促保险人及时受理索赔，及时核定责任。

对不属于保险责任的，条款要求保险人说明拒赔理由，增加了保险人对拒赔案件的说明义务。首先，核赔人员应当树立案件发生之后，第一时间及时、全面了解案件情况的意识。其次，加强培养核赔人员的法律思维，提高迅速甄别案件焦点问题的能力以及学会把握证据对于案件事实认定的作用。财产保险理赔案件的处理具有一定的复杂性，尤其是对所承保的大型企业而言，如果保险人预估将来核赔时可能需要较长的时间，那么可以在合同中约定核赔时间，从而排除法律中关于"及时"与"30 日"的规定，争取更多的理赔时间，避免违反本条款的规定。

第十八条　保险人自收到赔偿的请求和有关证明、资料之日起六十日内，对其赔偿保险金的数额不能确定的，应当根据已有证明和资料可以确定的数额先予支付；保险人最终确定赔偿的数额后，应当支付相应的差额。

【解释】

本条款对保险人支付保险赔款的时限做了约定。事故发生后，投保人 / 被保险人总是希望尽快获得保险赔偿款，修复受损标的，恢复生产经营活动，但是保险人需要对造成事故的原因进行调查，甚至会聘请专业机构勘查，判定是否属于保险责任范围。如果事故认定后属于保险责任范围，则保险人应尽快确定赔偿金额，及时向投保人 / 被保险人支付赔款。

本条款规定，如果保险人暂时无法确定具体赔偿金额，则应该在收到被保险人提供的有关资料起 60 日内，对于已经明确赔偿金额的部分，先行赔付，待最终确定赔偿金额后，再支付差额。

上述条款是根据《保险法》的规定确定的。实践过程中往往因为保险人解释不到位，承保管理出现漏洞，甚至没有取得投保单，导致发生争议时无法证明保险人履行了告知义务，最终使保险人处于不利的境地。与投保人及其代理人员的往来应以书面形式进行，以免在发生争议时举证困难。

（二）投保人／被保险人的义务

《保险法》第十条规定："投保人是指与保险人订立保险合同，并按照合同约定负有支付保险费义务的人。"《保险法》第十二条第五款规定："被保险人是指其财产或者人身受保险合同保障，享有保险金请求权的人，投保人可以为被保险人。"

被保险人严格履行其义务，是保险赔偿的先决条件。被保险人只有履行了这些义务要求，才能期望保险人如约履行其赔偿责任。根据《保险法》的规定和保险行业的特点，对投保人／被保险人应该承担的义务约定解释说明如下。

1. 如实告知的义务

> **第十九条** 订立保险合同，保险人就保险标的或者被保险人的有关情况提出询问的，投保人应当如实告知，并如实填写投保单。
>
> 投保人故意或者因重大过失未履行前款规定的如实告知义务，足以影响保险人决定是否同意承保或者提高保险费率的，保险人有权解除合同。
>
> 投保人故意不履行如实告知义务的，保险人对于合同解除前发生的保险事故，不承担赔偿责任，并不退还保险费。
>
> 投保人因重大过失未履行如实告知义务，对保险事故的发生有严重影响的，保险人对于合同解除前发生的保险事故，不承担赔偿责任，但应当退还保险费。

【解释】

本条规定了投保人应当履行的告知义务。《保险法》第十六条第一款和第二款规定："订立保险合同，保险人就保险标的或者被保险人的有关情况提出询问的，投保人应当如实告知。投保人故意或者因重大过失未履行前款规定的如实告知，足以影响保险人决定是否同意承保或者提高费率的，保险人有权解除合同。"

保险合同是指保险双方为了实现保险的目的，约定双方权利义务关系的具有法律效力的协议。保险合同对当事人的诚信要求远高于其他经济合同的要求，要求当事人遵循"最高诚信"原则，尽可能详细和准确地告诉保险人有关保险标的的所有重要事实。投保人／被保险人对本企业保险标的的风险的了解远超过保险人，在某种程度上讲，保险人是处于极为不利的地位的。因此，根据《保险法》第十六条的规定，被保险人在投保时有义务对投保申请书中列明的事项及保险人提出的其他事项做真实、详尽的说明和描述，不如实申报有关保险标的的事实，被保险人将丧失获得赔偿的权益。

（1）未能履行告知义务的后果

保险合同订立之前，保险人一般根据投保人/被保险人告知的情况和提供的资料来评估保险标的的风险，确定保险的费率条件。如果投保人/被保险人未履行前款规定的如实告知义务，则应承担如下后果：投保人故意或由于重大过失未履行如实告知义务，足以影响保险人决定是否同意接受承保或以更高的费率条件承保的，保险人有权解除保险合同。第一种情形，投保人本身存在恶意，明知后果严重仍然故意不履行如实告知义务，保险人对于保险合同解除之前发生的保险事故，不承担赔偿或给付保险金的责任，并不退还缴付的保险费；第二种情形，投保人本身存在重大过失，未履行如实告知义务，其主观上并不存在违反告知义务的意愿，但其行为确实对保险事故的发生有严重影响，保险人对于保险合同解除前发生的保险事故，不承担赔偿或给付保险金的责任，但将退还缴付的保险费。

（2）履行如实告知义务的有关方

① 投保人。《保险法》规定，如实告知是一种先契约义务，投保人作为保险合同的当事人，在投保时就应当负有如实告知义务。

② 被保险人。我国《保险法》没有明确规定被保险人作为如实告知的义务人，对此，保险市场上和学术界的专家们有多种说法，归纳起来有如下三类：一是投保人和被保险人都是如实告知义务的履行主体，被保险人对标的的危险最为熟悉，因此将被保险人作为告知义务的人才符合告知义务原则的本质；二是我国 2009 年修订的《保险法》第十六条规定，投保人为如实告知的义务人，因此，被保险人不承担如实告知的义务；三是在财产保险合同中，投保人和被保险人一般同为一人，仅投保人负有如实告知义务即可。

笔者认为，在实践中，保险人接受投保人投保时，一般会询问投保人是不是被保险人及构成被保险人的其他方。如果投保人和被保险人不是同一主体，保险人将问明原因，要求被保险人也必须履行如实告知义务。有的保险人也可按投保人的请求，在保险单中加贴"多个被保险人"批单，只要其中有一方向保险人如实告知，则其他方没有告知也不违反告知义务。

（3）告知的方式

国内外保险市场上，如实告知的方式有两种：第一种，投保人/被保险人向保险人投保时应主动将保险标的的风险和本企业的经营情况及其他有关保险的情况尽可能详细地告知保险人，这就是我们常说的"无限告知"；第二种，投保人／被保险人向保险人投保时应如实回答保险人所提出的问题，也就是所谓的"有限告知"。我国现行的《保险法》和本条款规定，投保人／被保险人必须如实回答投保单或风险询问表中的问题或保险人其他形式提出的问题，保险人没有询问的，投保人可以不问答。也就是说，我国实行的是询问告知制度，即保险人询问，投保人有义务告知。由此看出，保险人的询问十分重要。在订立保险合同时，保险人应对投保人做深入的了解，凡涉及保险标的风险的事项，应制定详细的风险问询表，让投保人作答，必要时派专业人员对现场进行查勘，然后确定保险标的的保险费率。对于保险人的询问，需要注意的是：

① 根据《保险法》的司法解释的规定，投保人的告知义务限于保险人询问的范围和内容。

② 保险人对询问的范围及内容负有举证证明责任。

③ 保险人对投保人的询问内容应当具体和明确，不得以概括性问题进行询问。

④ 询问方式除了问询表及投保单外，往来内容应以书面形式记录。

（4）如实告知的事实

一般情况下，投保人应当如实告知保险人与财产保险有关的事实，《保险法》没有明确规定投保人需要如实告知的事实应当是重要事实。在实践中，对投保人的如实告知义务是有限制的，如实回答保险人的询问即可。

① 投保人告知重要事实。

按照《保险法》的规定，如果投保人未能履行如实告知的义务，足以影响保险人决定是否同意承保或提高保险费率的，保险人有权解除合同。国际保险市场通常这样认为：如果投保人的告知诱导一个理性的保险人签发了保险合同或者以低费率承保了某个标的，则该项告知被视为重要事实。换言之，如果投保人未如实告知，保险人就不会承保或者不会以低费率承保。

② 投保人在订立合同时告知。

如实告知是投保人应履行的一项先契约义务，其目的是让保险人据此决定是否承保或以何种费率承保，因此，投保人所告知的事实必须是在保险合同签订之前了解或应当知道的。

按照我国司法解释的规定，保险合同订立时，投保人知道的与保险标的或者被保险人有关的情况，可以理解为就是投保人"应当如实告知"的内容。

至于保险合同签订之后发生的与保险风险有关的重要事实，应为投保人所了解或应当知道，是由"危险增加"通知义务所约束，而不属于投保人如实告知的义务。

③投保人告知的范围。

投保人告知的范围只能是投保人或者被保险人对保险财产所了解或知道的事实，不是其他事项。

④投保人告知的必定是未披露的事实。

如果是已经公开的事实，如上市公司发布的公告，无须投保人如实告知；保险人没有询问的，投保人或被保险人也无须告知。当然，在实践中，需要保险人尽量仔细地进行询问，再决定是否接受承保或厘定费率。

（5）中介人的告知

一般情况下，投保人／被保险人委托的保险中介人，即保险代理人或者保险经纪人，应视为如实告知的义务人。在实践中，保险的中介人应当仔细了解委托人（即被代理人）的每一项重要情况，但不能豁免被保险人如实告知的义务。

（6）如实告知的例外规定

我国《保险法》对于如实告知事实的限制作出如下规定：保险人在合同订立时已经知道投保人或被保险人未如实告知情况的，保险人不得解除合同；发生保险事故的，保险人应当承担赔偿责任。上述规定既是最大诚信原则的体现，也是禁止反言制度的体现。因此，如果保险人对保险标的不做谨慎的风险评估就接受承保，并且在合同生效之前就发现保险标的不符合承保条件，则保险人应承担缔约过失责任。

2.缴付保险费的义务

第二十条　投保人应按约定交付保险费。

约定一次性交付保险费的，投保人在约定交费日后交付保险费的，保险人对交费之前发生的保险事故不承担保险责任。

约定分期交付保险费的，保险人按照保险事故发生前保险人实际收取保险费总额与投保人应当交付的保险费的比例承担保险责任，投保人应当交付的保险费是指截至保险事故发生时投保人按约定分期应该缴纳的保费总额。

【解释】

条款规定，投保人应当按约定缴付保险费。保险合同是双务性合同，当事人双方都享有权利和承担义务，一方的权利即为另一方的义务，保险合同的投保人负有缴付保费的义务，保险人负有在保险事故发生时赔偿或给付保险金的义务，这就形成一种保险合同中的对价关系，所以投保人／被保险人缴付保险费是保险人承担保险赔偿责任的先决条件。

保险费的缴付方式分为两种：一是投保人／被保险人按约定的日期一次性付清应缴付的保险费；二是投保人／被保险人按与保险人约定的期限，分期缴付保险费。对于一些大型企业，保险财产的保险金额巨大，应缴付的保险费金额相应也大，通常采用分期缴付保险费的方式，具体分期期数、缴付日期和每期缴付的金额由合同当事人协商并在保险单明细表中列明。

《保险法》第十四条规定，保险合同成立后，投保人应按照约定缴付保险费。本条款规定了只有被保险人支付了保险费，保险人才能根据保险合同对保险标的承担赔偿责任，保险合同才生效。投保人／被保险人不缴付保险费，则不具有获得赔偿的权利；本条款还规定投保人／被保险人可按与保险人约定期限，分期缴付保险费，如不按期缴付保险费，保险人将按照保险事故发生前实际已经收取保险费总额与投保人／被保险人应当缴付的保险费之比例承担保险赔偿责任。当然，保险人有权根据情况要求投保人按期缴付应付的保险费。如不按期缴付保险费，保险人可以根据情况要求其缴付保险费及利息或终止保险合同。保险人如果终止保险合同，对终止合同前投保人欠交的保险费及利息，仍有权要求投保人如数交足。为了避免合同纠纷，保险人可在保险合同中附加"合同生效条件"，或者就保险费的缴付与保险责任承担的关系作出特别约定，将保险费的按时缴付作为保险人履行保险赔偿责任的先决条件。

3. 防灾防损的义务

第二十一条 被保险人应当遵守国家有关消防、安全、生产操作、劳动保护等方面的相关法律、法规及规定，加强管理，采取合理的预防措施，尽力避免或减少责任事故的发生，维护保险标的的安全。

保险人可以对被保险人遵守前款约定的情况进行检查，向投保人、被保险人提出消除不安全因素和隐患的书面建议，投保人、被保险人应该认真付诸实施。

投保人、被保险人未按照约定履行其对保险标的的安全应尽责任的，保险人有权要求增加保险费或者解除合同。

【解释】

本条款规定投保人／被保险人履行防灾防损的义务和未按照约定履行防灾防损需承担的后果。

《保险法》第五十一条规定：被保险人应遵守国家有关消防、安全、生产操作、劳动保护等方面的规定，维护保险标的的安全。本条款要求被保险人在保险期间做好防损工作，不管有没有保险，被保险人都有义务按规范做好防火及其他安全防范工作，对各种灾害、事故隐患采取合理的预防措施，不能因为财产已参加保险而放松安全工作，放弃本应承担的义务，更不会豁免其防止灾害发生和采取措施减少损失这一不可推卸的责任。企业在生产和经营活动中绝不能违反国家有关消防、安全、生产操作和劳动保护的规定，必须恪尽职守，积极采取科学的管理方法和合理的防灾防损措施，尽可能防止灾害事故的发生。

条款还规定保险人有权在适当的时间对投保的标的进行风险查验，对保险标的的安全管理提出意见和建议，被保险人应将保险人或其代表提出的建议认真付诸实施，因采取防灾防损措施所产生的费用由被保险人自行承担。

如果投保人／被保险人未履行本项义务，保险人有权根据标的的风险程度增加保险费直至解除保险合同。

在实际操作中，保险人可能会进行风险查勘并出具查勘报告及风险改善建议。但有时候改善建议过于宽泛，或不具有可操作性，或者被保险人出于成本考虑未执行或完全执行改善建议。如果万一整改不到位，又发生了相关的损失，这会出现理赔争议。但被保险人未履行被保险人的义务未必就一定导致保单失效。保险双方均应严肃对待查勘后的整改建议。从保险人的角度考虑，如果风险防控情况恶劣，则应该尽快决定是否注销保险单。如果明知被保险人未改善此前恶劣的风险防控状态，也不采取行动，则在理赔时将处于不利的境地。

4.保险标的转让通知的义务

第二十二条　保险标的转让的，被保险人或者受让人应当及时通知保险人。

因保险标的转让导致危险程度显著增加的，保险人自收到前款规定的通知之日起三十日内，可以按照合同约定增加保险费或者解除合同。保险人解除合同的，应当将已收取的保险费，按照合同约定扣除自保险责任开始之日起至合同解除之日止应收的部分后，退还投保人。

被保险人、受让人未履行本条规定的通知义务的，因转让导致保险标的危险程度显著增加而发生的保险事故，保险人不承担赔偿责任。

【解释】

本条款说明保险标的转让的法律后果及危险程度显著增加时的处理。

我们从如下三个层面理解本条款。

（1）保险标的转让之后，由标的的受让人继续承担被保险人的权利义务，当发生保险事故时，受让人作为标的的所有权人有权要求保险公司赔偿。

（2）标的转让的，原所有权人应当通知保险人，但是没有通知的，保险人并不能因此而拒赔，只有当保险人有证据证明标的的转让会导致危险程度增加的，方可依据保险合同的约定要求增加保费或者解除合同。

（3）对于在保险事故发生时，原所有权人对标的转让未通知保险人的，如果保险人有证据证明该事故的发生是由于标的转让使危险程度增加而直接导致的，保险人可以不承担保险赔偿责任。

在实践中，我们一般认为同样的保险标的掌握在不同的人手中，其危险程度可能有很大的不同，保险人的承保风险会因保险标的的转让而发生变化，保险人如果能够证明保险标的的转让致使危险程度显著增加，那么法律赋予了保险人可依据保险合同的约定增加保费或者解除合同的权利。当然，保险人也有权确定是否继续承保或变更原费率或附加某些条件。

本条款实际上增加了保险人对于标的转让而导致危险程度增加的举证责任，即使投保人转让保险标的时没有通知保险人，只要保险人无法证明标的的转让导致危险程度增加，那么在事故发生后，保险人就必须承担保险赔偿责任。

5.保险标的风险变化通知的义务

第二十三条 在合同有效期内，如保险标的的占用与使用性质、保险标的的地址及其他可能导致保险标的的危险程度显著增加的，或其他足以影响保险人决定是否继续承保或是否增加保险费的保险合同重要事项变更，被保险人应及时书面通知保险人，保险人有权要求增加保险费或者解除合同。

被保险人未履行前款约定的通知义务的，因保险标的的危险程度显著增加而发生的保险事故，保险人不承担赔偿责任。

【解释】

本条款规定保险标的的风险增加时应及时告知的义务。

对于被保险人来说，所谓危险程度增加的重要事项难以判断；对于保险人来说，保险标的的占用和使用性质、保险标的所在处所及其周围环境等重要情况是保险人决定是否接受承保或提高保险费率的基础，应视为重要事项。如果上述情况发生变化可认定危险程度增加。在实践中，投保人/被保险人在投保申请书和风险询问表中按要求逐项填写的事项应视为重要事项，如果这些事项发生变化也应视为危险程度增加，说明投保标的风险发生了实质性的变化，保险人承担的责任必然增加，保险人收取较低的保险费，承担较高的保险责任，不符合订立保险合同的公平、等价、有偿的原则，因此，在投保标的风险发生变化时，投保人必须及时通知保险人。

危险程度增加的原因错综复杂，有的因为投保人/被保险人疏于管理，保险标的存放地点不合适，使用方法改变，保管措施不完善等，有的因为保险标的的周围环境发生了变化或自然灾害因素的影响，这与投保人/被保险人的行为无关。但无论危险程度的增加是何种原因所致，被保险人都应以书面形式及时通知保险人。

投保人/被保险人应及时将保险标的的危险程度增加这一重要事项变化情况通知保险人，保险人有权根据风险程度决定是否增加保险费或解除保险合同。如果被保险人违反本应履行的义务，因保险标的危险程度增加而导致保险事故发生的，保险人不承担保险赔偿责任。如果被保险人已经履行通知义务，保险人对此不进行反馈或者知道危险程度增加后仍然按照原约定的费率继续承保，则应视为保险人默认或确认保险合同继续有效。这种情况下因保险标的危险程度增加而导致保险事故发生的，保险人不得以危险程度增加为由拒绝承担保险赔偿责任。

需要强调的是，履行告知义务是一个持续的过程。因此对于风险的变化，被保险人应及时告知保险人。实际操作过程中，被保险人可能会疏忽这一问题，甚至出现了保险标的发生重大变化的时候，例如，大面积装修，建筑物改建、扩建、加建，改变营业性质，增加保险地址，新增资产等，忘记通知保险人的情形，出险时就会产生争议。

6.损失通知的义务

> **第二十四条** 知道保险事故发生后，被保险人应该：
>
> （一）尽力采取必要、合理的措施，防止或减少损失，否则，对因此扩大的损失，保险人不承担赔偿责任；
>
> （二）立即通知保险人，并书面说明事故发生的原因、经过和损失情况；故意或者因重大过失未及时通知，致使保险事故的性质、原因、损失程度等难以确定的，保险人对无法确定的部分，不承担赔偿责任，但保险人通过其他途径已经及时知道或者应当及时知道保险事故发生的除外；
>
> （三）保护事故现场，允许并且协助保险人进行事故调查；对于拒绝或者妨碍保险人进行事故调查导致无法确定事故原因或核实损失情况的，保险人对无法核实的部分不承担赔偿责任。

【解释】

《保险法》赋予了保险人对保险标的进行查验的权利，而允许并配合保险人合理查验是被保险人的义务。本条规定，在发生或可能发生保险事故时，被保险人应做到以下几项要求。

（1）保险标的发生保险事故时，被保险人应采取一切必要的措施来抢救财产，减少财产损失，并对受损财产进行保护和妥善处理。同时明确规定保险人拒赔的范围仅限于扩大的损失；对被保险人因此产生的合理费用，保险人可予以赔偿。这在某种程度上免除了被保险人的通知义务，督促保险人尽快进入理赔程序。

（2）立即通知保险人，就是要求被保险人知道或应当知道保险事故已经发生后，应在尽可能短的时间内通知保险人。"立即"非常重要，让保险人及时知道保险事故的发生有几点好处：一是保险人可迅速展开对事故现场的查勘，掌握事故发生的原因和财产损失的真实情况，不至于因为调查的延误而丧失有关证据，从而影响对保险责任和损失程度的判定；二是保险人能够及时指导和协助被保险人开展施救行动，防止保险财产的损失进一步扩大；三是保险双方可尽早协商并采取有效的对策，应对可能发生的第三者责任项下的索赔或法律诉讼；四是保险人有充分的时间筹措赔偿准备金。

"立即"的重要性还在于，如果不立即通知保险人，扩大了损失程度，会影响被保险人索赔的权益。随后，被保险人必须在规定的时间内提供保险人认为必要的、详细的损失经过和资料，这个时间限制的目的是要求被保险人在一个合理的时间内提供详细的事故经过报告。

本条款还规定了投保人/被保险人故意或因重大过失未履行告知义务造成的法律后果。如果被保险人未及时通知保险人，导致保险人无法认定事故原因或无法核实损失程度，保险人将不负赔偿责任，但保险人的拒赔范围仅限于无法确定事故原因或无法核实损失部分。

事故现场的第一手资料是确定保险责任和损失金额的重要依据。因此本条款要求被保险人在保险人的代表或检验人进行查勘之前，保护现场、保留物证，是为了保证保险人的代表或检验师能准确查明损失的原因、范围、程度，妥善处理损余物资，核定损失金额，及时赔付。如果被保险人关闭事故现场是施救或抢险的需要，可先行与保险人沟通或征得保险人同意，但无论如何，在保险人对事故原因和损失程度的核定工作未完成前，被保险人不得毁坏或销毁事故现场及现场内的任何证据。对有意阻拦查勘破坏现场及实物证据的，保险人有权拒赔。但保险人的拒赔范围仅限于无法确定事故原因或无法核实损失程度的部分。

7.提交索赔资料的义务

> **第二十五条**　被保险人请求赔偿时，应向保险人提供下列证明和资料：
>
> （一）保险单正本、索赔申请、财产损失清单、技术鉴定证明、事故报告书、救护费用发票、必要的账簿、单据和有关部门的证明；
>
> （二）投保人、被保险人所能提供的与确认保险事故的性质、原因、损失程度等有关的其他证明和资料。
>
> 投保人、被保险人未履行前款约定的单证提供义务，导致保险人无法核实损失情况的，保险人对无法核实的部分不承担赔偿责任。

【解释】

本条款对被保险人提交的索赔资料进行了详细的说明。

被保险人向保险人发出事故通知并不等同于向保险人提出索赔申请。保险事故发生后，被保险人必须按要求提供证明事故属于保险责任和损失程度等的资料。除了提交索赔报告外，被保险人还须根据保险人的要求，提供作为索赔依据的文件、资料、单证及本条款规定必须提供的其他证明材料，以便保险人核赔。保险人在收到保险索赔材料后，应及时进行认真审核，如果涉及火灾，被保险人要提供消防部门出具的火灾原因认定书及火灾责任认定书。如保险财产遭受盗窃或恶意破坏涉及社会治安和犯罪问题，应向公安部门报案并取得公安部门的证明材料。如果对损失程度有异议，可能要得到第三方权威机构的监测证明，如质量监测站、研究所出具的证明。为避免争议，监测前应双方同意。如果保险人对损失的原因或损失程度存有任何疑问，或认为被保险人提供的证明和资料不完整的，应当一次性通知被保险人补充提供所需证明和资料，被保险人有责任按要求补充准备和提供进一步的证据和资料。如果被保险人无故不提供或提供假单证，保险人不能以此为由拒绝承担全部赔偿责任。本条款明确规定保险人的拒赔范围仅限于无法核实损失程度的部分。

《保险法》相关条款规定，被保险人准备索赔材料所发生的费用，如上述鉴定和监测所需的费用及其他费用，一般应由被保险人承担。

十、赔偿处理

本条款规定了财产保险赔偿的原则，内容包括保险利益的确定、保险人赔偿的方式、保险标的的残值处理、保险赔款的计算、被保险人为减少损失而采取必要措施所产生的费用的赔偿，以及发生赔偿后保险单项下保险金额的技术处理问题等十个方面。中心内容是说明根据保险赔偿的原则，保险赔偿的目的是在保险标的发生损失之后，将被保险人的财务状况恢复至与保险标的受损失之前基本一致的程度，被保险人不能因保险财产损失而从中不当获利。现逐条解释如下。

（一）确定保险利益

第二十六条 保险事故发生时，被保险人对保险标的不具有保险利益的，不得向保险人请求赔偿保险金。

【解释】

被保险人对保险财产是否拥有保险利益经常存在争议，如股东是否有保险利益、能否作为被保险人。又如物流公司是否有保险利益为其控制之下的仓库存货（属于客户的）投保。对此，法律界有不少争议，目前相关的司法解释尚未出台。

保险利益是保险的核心问题，本条款明确规定保险利益的主体不是投保人，而是被保险人，保险利益享有的时点不是投保人向保险人投保时，而是保险事故发生之时。保险人接受承保时应准确判断享有保险利益主体、时点等问题，对于不符合法律强制性规定的，依法作出不予承保的决定。《保险法》规定，财产保险的被保险人在保险事故发生时，对保险标的必须具有保险利益。因此，如果被保险人对保险标的不拥有保险利益，就无法向保险人索赔。如果保险标的的所有权发生变更或转让了保险财产，被保险人应及时通知保险人加以批改，避免丧失对保险标的的保险利益，从而无法继续索赔。

（二）保险赔偿方式

第二十七条　保险标的发生保险责任范围内的损失，保险人有权选择下列方式赔偿：

（一）货币赔偿：保险人以支付保险金的方式赔偿；

（二）实物赔偿：保险人以实物替换受损标的，该实物应具有保险标的出险前同等的类型、结构、状态和性能；

（三）实际修复：保险人自行或委托他人修理修复受损标的。

对保险标的在修复或替换过程中，被保险人进行的任何变更、性能增加或改进所产生的额外费用，保险人不负责赔偿。

【解释】

本条款规定保险赔偿的方式由保险人决定。具体赔偿方式如下。

（1）向被保险人支付现金。保险人根据保险标的的受损程度，核定具体的损失赔偿金额，以现金的方式支付给被保险人。这种方式一般是在被保险人不打算修复或重置受损的保险标的的情况下使用。

（2）向被保险人赔偿实物。保险人向被保险人提供受损标的的实物，但该实物应具有保险标的出险前同等的类型、结构、状态和性能，这种方式在技术上容易产生争议，一般比较少采用。

（3）向被保险人支付修复费用。对于可修复的受损保险标的，被保险人可以自行修复或委托其他专业机构修复，修理费用由保险人承担。保险人将根据恢复受损财产的原状所实际需要的修理或修复费用计算应该支付的赔款。

以上三种赔偿方式一般由保险人根据损失情况与被保险人协商后选定其中一种方式赔偿。

但是，应注意的是，在保险理赔中，保险人的赔偿责任是被保险人将受损保险标的恢复至其受损前的状态，不是恢复到与原保险标的相同的状态。即在"合理"和"可能"的情况下，恢复到与该项保险标的的原状相似或类似的状态，既不差于也不好于事故发生前的状态。这就是被保险人"不可额外获利"的原则。但保险人不负责赔偿的部分仅限于"保险标的在修复或替换过程中，被保险人进行的任何变更、性能增加或改进所产生的额外费用。"至于被保险人无法按照"原状"修复时，例如，该设备已停产，原厂家被兼并或收购，原厂家经营不善而破产，只能改用其他厂产品替代，其功能以原受损标的为基准，也可以由双方协商选择最接近的方案进行修复。

因为事故前的状况在事故后是无法复制的，所以无论进行何种修复重置皆无法与事故前的状况完全一样。所以，保险理赔时，受损标的在修复替换后是否存在性能增加，或者增加了多少往往存在争议。评价受损标的修复后是否存在性能增加可以参考如下标准。

（1）修复后运行成本是否更低，维修频率和维护成本是否更少；

（2）采用不同材料进行修复，性能指标也许没有改善，但使用寿命到期后残值可能差别很大。

（三）保险标的的残值处理

　　第二十八条　保险标的遭受损失后，如果有残余价值，应由双方协商处理。如折归被保险人，由双方协商确定其价值，并在保险赔款中扣除。

【解释】

本条款规定保险标的的残值处理方式。保险事故发生后，有时候保险标的全部损毁，有的时候保险标的只是部分损毁，其残余部分可回收利用。残余部分是指财产受损后尚有经济价值的残留物资，即残值。如何处理保险标的的残值，一般由合同双方协商处理，若经协议作价折归被保险人所有，则保险人将在向被保险人支付赔款时扣除残值，防止被保险人因保险事故发生而额外获利。

残值价值及处理也是理赔中重要的环节，时常出现争议。通常需要保险公估人或其他专业机构多方询价取得较好的报价，也可以通过其他第三方机构询价或拍卖。有些损余物资的处理需要及时，未必需要等到理算完毕、责任认定完毕。如果不及时处理可能造成损余物资贬值，这就导致损失扩大了。

（四）保险赔款的计算方式

第二十九条　保险标的发生保险责任范围内的损失，保险人按以下方式计算赔偿：

（一）保险金额等于或高于保险价值时，按实际损失计算赔偿，最高不超过保险价值；

（二）保险金额低于保险价值时，按保险金额与保险价值的比例乘以实际损失计算赔偿，最高不超过保险金额；

（三）若本保险合同所列标的不止一项时，应分项按照本条约定处理。

【解释】

保险金额是由投保人/被保险人投保时根据保险标的的价值或其他方式确定的。保险期间，标的的保险金额可能有一定变动，如果保险事故发生时，保险财产的其中一项或全部的保险金额低于对应的应保险的金额，就构成了不足额保险，保险人将根据保险金额与保险价值的比例来计算赔款，按比例承担赔偿责任。本条款体现了财产保险的补偿原则。假设保险财产受损当时的市价实际上为保险财产的保险价值，当市价低于保险金额时，视为超额保险，赔偿金额按市价计算；当市价高于保险金额时，视为不足额保险，赔偿金额按保险金额与市价的比例计算。计算公式如下：

$$赔偿金额 = 损失金额 \times \frac{财产保险金额}{财产实际价值} - 免赔额$$

假设保险财产是以其他方式确定保险价值，赔偿金额也将按以上公式计算。

对于按比例赔偿的问题，需要说明的事项如下。

（1）如果保险标的项目不止一项，赔款是按本规定逐项计算，因此，保险人接受投保时，应要求投保人提供分项的保险金额并在保险单明细表中列明。

（2）比例赔偿方式不适用于定值保险的保险财产，以及以第一危险方式承保的保险标的和费用，如清理残骸费用和专业费用等。

（3）无论投保人以哪一种方式确定其保险标的的价值，投保人／被保险人在投保时，应按保险标的的实际价值投保，足额投保，保险人还应提醒被保险人时常关注保险标的的保险金额是否足额，分析保险标的的价值可能发生变化的影响因素，如物价上涨或资产增加等，及时调整标的的保险金额，并通知保险人批改本保险项下有关保险标的的金额，补缴保险费，以充分保障自己的利益。

（4）不足额投保是非常常见的，这导致在理赔时被保险人往往得不到充分的赔偿。固定资产、流动资产（存货）、账外财产和代保管财产的赔偿金额一般根据会计明细账、卡分项计算。赔偿金额分别以各项财产出险时的重置价值或账面余额为最高限额，即不超过保险价值。

（5）关于上文的内容，笔者对保险标的的定值基础做过介绍，保险人或保险中介人需要跟投保人解释清楚，确保客户准确提供数据。特别需要注意的是存货，提醒被保险人注意高峰的存储量，提供此部分保额的时候要预测到高峰的量，而不是年平均值。同时，在保险期间内如果资产增加，要及时提醒保险人办理批改。

（五）施救费用的计算

第三十条 保险标的的保险金额大于或等于其保险价值时，被保险人为防止或减少保险标的的损失所支付的必要的、合理的费用，在保险标的损失赔偿金额之外另行计算，最高不超过被施救保险标的的保险价值。

标的的保险金额小于其保险价值时，上述费用按被施救保险标的的保险金额与其保险价值的比例在保险标的损失赔偿金额之外另行计算，最高不超过被施救保险标的的保险金额。

被施救的财产中，含有本保险合同未承保财产的，按被施救保险标的的保险价值与全部被施救财产价值的比例分摊施救费用。

【解释】

《保险法》第五十七条规定，被保险人为避免或减少损失所支付的合理费用由保险人承担。本条款规定的施救、抢救、保护费用的赔偿与保险标的的损失赔偿，两者应分别计算，即施救、抢救、保护费用与保险标的的损失金额，可以分别按两个保险金额计算，均以不超过保险财产的保险金额为限。本条款对被保险人发生的施救费用也做了明确的规定，施救费用的用途是减少保险责任范围内的损失，保险人应支付该项目费用，但应注意以下几点。

（1）施救费用必须是保险事故后，被保险人为减少损失自行施救所支付的费用。

（2）损失发生前，被保险人所支付的防灾防损费用不在此列。

（3）支付的费用必须是必要、合理的，保险人鼓励被保险人在发生损失时积极抢救受损财产，但要求其不能盲目支出施救费用。

（4）该项费用在保险标的的损失金额以外另行计算。如果保险财产是足额投保，保险人赔偿施救费用以合理为前提，但不能超过该项保险财产的保险金额；如果保险财产不是足额投保，保险人将按比例赔偿所发生的施救费用；如果被保险人施救的财产既有投保财产，又有未投保的财产，则保险人也将按比例支付所发生的施救费用。

（5）对事故损失后的场地清理费用，如果被保险人事先投保了该项费用，保险人可承担赔偿责任。否则，保险人不予负责。

（6）在条件允许的情况下，支付施救费用须经保险人书面同意。

（六）免赔额的扣减

> **第三十一条** 每次事故保险人的赔偿金额为根据第二十九条、第三十条约定计算的金额扣除每次事故免赔额后的金额，或者为根据第二十九条、第三十条约定计算的金额扣除该金额与免赔率乘积后的金额。

【解释】

本条款规定免赔额的扣减依据和方法。保险单列明的免赔金额是被保险人自己应承担的损失金额。保险人支付赔款时将把免赔金额扣除后将余额金额赔付给被保险人。

如果保险单载有多个免赔额约定，在适用条件重叠的情况下适用高者。应当注意的是集团统保大保单的处理。如果只有一张保单、一个保单号，那么处理时只扣除一次免赔额。但如果（对集团不同子公司、不同地址）有多张保单、多个保单号，尽管是由同一事故（如横扫标的所在地区的台风）引发的损失，可能需要扣除多个免赔额。为了避免争议，事先应约定清楚。

（七）重复保险的处理

> **第三十二条** 保险事故发生时，如果存在重复保险，保险人按照本保险合同的相应保险金额与其他保险合同及本保险合同相应保险金额总和的比例承担赔偿责任。
>
> 其他保险人应承担的赔偿金额，本保险人不负责垫付。若被保险人未如实告知导致保险人多支付赔偿金的，保险人有权向被保险人追回多支付的部分。

【解释】

本条款明确规定财产保险的重复保险的赔偿处理方式。

重复保险指投保人对同一保险标的、同一保险利益、同一保险责任同时分别向两个或两个以上的保险人投保同一风险，订立保险合同，其总保险金额往往超过该财产的可保价值或实际保险价值。重复保险有多种处理方法：有的保险人在保险合同中约定只要有重复保险存在，本保险将按本合同与其他所有保险合同的保险金额之和的比例承担赔偿责任，无论其他保险是否赔偿；有的保险人则根据保险赔偿原则，将按照比例分摊损失，承担各自应付的赔偿金额，其总赔偿金额以该财产的实际损失金额为限；有的保险人约定，如果有重复保险存在，本保险不承担任何赔偿责任；有的保险人对被保险人应履行的义务提出更严格的规定，如果被保险人未能履行有关的义务，保险人将拒绝承担赔偿责任。由此看出，重复保险对投保人/被保险人是毫无益处的，多支付了保险费，却不能达到预期的效果。根据保险的补偿原则和《保险法》的规定，被保险人不可因为保险事故发生而获利，如果投保人投保多份保险而获得多份损失赔偿金，则被保险人将被认定不当得利。

本条款进一步规定，本保险人将不为其他保险人承担保险赔偿责任，也不会为其他保险人垫付赔偿金；如果被保险人隐瞒其他保险存在，导致本保险人多支付赔偿金，保险人则可向被保险人追回多支付的赔偿款项。

重复保险的存在和按比例计算应承担的责任可能非常复杂。例如，货主为储存在第三方物流仓库中的货物投保了财产险。与此同时，物流公司也为仓库中的存货购买了财产险。在这种情况下是否存在重复保险呢？如果洪水造成了损失，是否需要按比例分摊损失？如何找不同的保险公司分摊呢？

笔者认为，在此案例中，货主的保险利益来源于货物的所有权，而物流公司的保险利益来源于对货物的保管责任，根据双方签订的合同，其有义务保证仓储货物的安全。而损失原因是洪水，可能属于"不可抗力"，而不可抗力通常在（保管或物流）合同里是免责的。也就是说，物流公司并不需要承担责任，那么他也就没有相关保险利益，因此就不存在"同一保险利益"这一要件了。因而，也可能就不存在重复保险了。

重复保险分摊的案例可能各种各样，情形不同，在此不赘述。

（八）保险金额的冲减与恢复

第三十三条　保险标的发生部分损失，保险人履行赔偿义务后，本保险合同的保险金额自损失发生之日起按保险人的赔偿金额相应减少，保险人不退还保险金额减少部分的保险费。如投保人请求恢复至原保险金额，应按原约定的保险费率另行支付恢复部分从投保人请求的恢复日期起至保险期间届满之日止按日比例计算的保险费。

【解释】

本条规定保险标的遭受部分损失经赔偿后，保险人应出具批单，注明该保险单的保险金额减去赔偿金额后尚余的有效保险金额。保险人对该有效保险金额继续负责至保险期满为止。已经赔偿的保险金额部分，因保险人已履行其义务，故不再退还保险费，这是保险合同中规定的权利义务对等的一种体现。根据合同的对价原则，合同当事人之间必须存在相对给付的关系，一方当事人在享有合同规定的权利的同时必须承担某种作为或不作为的义务，在保险合同的执行过程中，保险人收取保险费和承担保险赔偿责任是对应的。保险事故发生后，如果保险标的发生全部损失，保险人按保险合同的条款规定履行赔偿责任，并终止保险合同，收回保险单；如果保险标的遭受部分损失，被保险人获得赔偿后，保险人一般出具批单减少保险单项下相应部分保险金额。同时为使被保险人有一个充足的保障，保险人应及时通知被保险人恢复原有的保险金额，并按规定缴付一定的保险费。应补缴保险费的计算公式如下：

$$应缴保险费 = 恢复部分的保险金额 \times 原费率 \times \frac{自恢复之日至保单终止日天数}{365天}$$

恢复部分的保险金额按标的损失金额或保险人支付的赔偿金额来计算，该部分的保险期间是从受损的保险标的的"恢复之日"起算，而不是从保险标的

"发生损失之日"起算。保险人应该提醒被保险人受损的保险标的在修复过程中仍然面临着风险，保险金额的恢复是在标的修复日之后，也就是说保险人对于受损标的在修复过程中由于风险造成的损失，不承担赔偿责任。因此，被保险人应在保险标的发生损失后及时恢复该部分的保险金额，或在保险合同订立之时，在保险单中加贴"保险金额自动恢复"附加条款或其他特约批单。

（九）代位求偿

> **第三十四条** 发生保险责任范围内的损失，应由有关责任方负责赔偿的，保险人自向被保险人赔偿保险金之日起，在赔偿金额范围内代位行使被保险人对有关责任方请求赔偿的权利，被保险人应当向保险人提供必要的文件和所知道的有关情况。
>
> 被保险人已经从有关责任方取得赔偿的，保险人赔偿保险金时，可以相应扣减被保险人已从有关责任方取得的赔偿金额。
>
> 保险事故发生后，在保险人未赔偿保险金之前，被保险人放弃对有关责任方请求赔偿权利的，保险人不承担赔偿责任；保险人向被保险人赔偿保险金后，被保险人未经保险人同意放弃对有关责任方请求赔偿权利的，该行为无效；由于被保险人故意或者因重大过失致使保险人不能行使代位请求赔偿的权利的，保险人可以扣减或者要求返还相应的保险金。

【解释】

代位求偿是保险人减少自身损失的重要手段，本条款规定保险事故发生后代位求偿的原则。

在财产保险中，如果保险标的发生保险责任范围内的损失是由于第三方侵权行为造成的，被保险人即拥有对其请求赔偿的权利。如果保险标的的损坏属于本保险的责任范围，则保险人将按照保险合同的约定给予赔偿之后，即可取代被保险人的地位，获得在该损失项下要求责任方给予补偿的权利，以被保险人和自己的名义向负有民事赔偿责任的第三方提出索赔。

我国《保险法》第六十条第一款规定如下："因第三者对保险标的的损害而造成保险事故的，保险人自向被保险人赔偿保险金之日起，在赔偿金额范围内代位行使被保险人对第三者请求赔偿的权利。"法律赋予保险人代位求偿的权利，其目的是：（1）防止被保险人获得重复赔偿，这也是民法公平原则的体现；

（2）补偿保险人因保险事故而支付赔偿金的相关损失；（3）不能放纵造成事故的实际责任人（第三方），维护社会正义。有的人认为这是民法债权转让制度在《保险法》中的运用，这将涉及《民法典》的规定，笔者不作进一步的阐述。

代位求偿时应该注意的事项如下。

（1）保险人支付了赔偿金方可获得代位求偿权，并在赔偿金额范围内行使其权利。

（2）《保险法》规定保险人不得对被保险人的家庭成员或其组成人员行使代位请求赔偿的权利。

（3）被保险人有义务向保险人提供必要的文件和所知道的有关情况。

（4）被保险人违背其义务的后果：一是被保险人放弃对第三方请求赔偿权利的，保险人不承担赔偿责任；二是保险人支付了赔偿金后，如果被保险人未经保险人同意放弃对第三方请求赔偿权利的，则该行为无效；三是如果被保险人故意或因重大过失致使保险人不能行使对第三方请求赔偿权利的，保险人可扣减或要求返还已支付给被保险人的相应的保险赔偿金额。

（5）被保险人已经从第三方获得赔偿金，应如实告知保险人，保险人有权扣减被保险人已从第三方取得的相应的赔偿金额。

在业务实践中，被保险人有时认为可以从保险人处获得赔偿，因而轻易地放弃了对有关责任方的赔偿请求权。这就侵犯了保险人的权利，因此本条款强调了被保险人不可以这么做。在日常经营过程中，被保险人可能会与各行各业的第三方签署各类的合同，如物流合同、保管合同、供货合同、装修合同等。双方在合同中会列明各自的权利与义务，特别是如果第三方对被保险人的财产造成了损失，追偿责任不可以轻易地被免除。否则被保险人的权利在本保险中会受到严重的损害。被保险人对供应商合同的管理，是风险管理中重要的一环，而这一环节往往被忽略。有经验的从业者，如保险经纪人应该提醒客户注意这一点，以体现其风险服务的专业性。

（十）赔偿诉讼有效期限

第三十五条 被保险人向保险人请求赔偿保险金的诉讼时效期间为二年，自其知道或者应当知道保险事故发生之日起计算。

【解释】

本条款明确了理赔时效的性质和索赔时效计算，与《保险法》中的规定是一致的。此条所规定的被保险人的索赔期限，即被保险人向保险人正式提出书面索赔要求的期限，自保险事故发生之日起两年以内，都具有法律效力。如果保险人同被保险人就赔偿处理问题达不成一致意见而诉请法律，只要初次起诉是在规定的两年时效内，即使法院过了两年以后才判决，索赔仍然有效。

被保险人或者受益人请求给付保险金的期限的性质是"除斥期间"还是"诉讼时效"一直存在很大争议。《保险法》将索赔期限性质明确为"诉讼时效"平息了争议，与《民法典》诉讼时效的规定保持了一致。诉讼时效属于法律强制性规定，合同当事人不得通过合同约定的形式加以排除适用，也不得增加或缩短。理赔索赔时效被明确为"诉讼时效"后，适用《民法典》关于诉讼时效中断、中止和延长的规定，被保险人或者受益人理赔索赔时效期间延长了，如果保险条款中仍存在关于索赔期限的约定，2009年10月1日，《保险法》实施之后，投保人或被保险人即使违反此约定，也不会导致索赔权利的丧失。

还要注意的是，被保险人两年索赔时效的起算日是被保险人知道或应当知道保险事故发生之日，在财产保险中，被保险人知道保险事故发生之日与保险事故实际发生之日是重合的或者说是一致的；而在责任保险中，两个时间点可能会有偏差，被保险人知道保险事故发生的时间可能迟于保险事故实际发生的时间。

根据2021年1月1日开始实施的《民法典》，一般的合同纠纷诉讼时效为3年。诉讼时效期间，自权利人知道或者应当知道权利受到损害以及义务人之日起计算。这对被保险人权利的保护更为充分。

十一、争议处理和法律适用

第三十六条 因履行本保险合同发生的争议，由当事人协商解决。协商不成的，提交保险单载明的仲裁机构仲裁；保险单未载明仲裁机构且争议发生后未达成仲裁协议的，依法向人民法院起诉。

第三十七条 与本保险合同有关的以及履行本保险合同产生的一切争议，适用中华人民共和国法律（不包括港澳台地区法律）。

【解释】

这两个条款约定了法律适用及争议处理。

上述条款有三层内容：首先强调了友好协商解决争议的方式，其次也明确了可以通过仲裁解决争议，最后是通过诉讼的方式解决争议。上述条款实际上是一个司法管辖权条款，《中华人民共和国涉外经济合同法》对此也有类似的规定。

按照契约自由原则，在保险合同中，合同当事人享有选择解决争议方式的权利。

（1）非诉讼解决方式：协商、调解和调停。调解或调停协议书没有法律约束力，若当事人反悔或推翻有关决定或协议，可将协议提交仲裁机构或法院解决。

（2）诉讼解决方式：仲裁或诉讼。仲裁裁决和法院判决具有强制性。所谓仲裁，指根据合同当事人之间的协议，由一定的机构以第三者的身份，对双方发生的争议，在事实上作出判断，在权利义务上作出裁决的一种法律制度。这种裁决是具有法律效力的。一俟仲裁庭作出裁决，则裁决是最终的，当事人必须予以执行。在诉诸法院解决争议时，在一审法院作出判决后，如果当事人没有上诉，则法院的判决有强制力；如果双方或一方不服一审判决则提出上诉，终审法院的判决也具有强制力，合同当事人必须予以执行。

纠纷发生后，当事人只能在仲裁和诉讼中选择一种解决方式，二者互相排斥。本条款约定合同当事人应事先在保险合同上明确约定并列明争议处理方式和适用的法律。

十二、其他事项

第三十八条　保险标的发生部分损失的，自保险人赔偿之日起三十日内，投保人可以解除合同；除合同另有约定外，保险人也可以解除合同，但应当提前十五日通知投保人。

保险合同依据前款规定解除的，保险人应当将保险标的未受损失部分的保险费，按照合同约定扣除自保险责任开始之日起至合同解除之日止应收的部分后，退还投保人。

第三十九条　保险责任开始前，投保人要求解除保险合同的，应当按本保险合同的约定向保险人支付退保手续费，保险人应当退还剩余部分保险费。

保险责任开始后，投保人要求解除保险合同的，自通知保险人之日起，保险合同解除，保险人按短期费率计收保险责任开始之日起至合同解除之日止期间的保险费，并退还剩余部分保险费。

保险责任开始后，保险人要求解除保险合同的，可提前十五日向投保人发出解约通知书解除本保险合同，保险人按照保险责任开始之日起至合同解除之日止期间与保险期间的日比例计收保险费，并退还剩余部分保险费。

【解释】

本条款赋予保险合同中双方退保的权利，但投保人要求退保和保险人退保，各有不同。

保险责任开始后，投保人要求解除保险合同的，自通知保险人之日起，保险合同解除，保险人按短期费率计收保险责任开始之日起至合同解除之日止期间的保险费，并退还剩余部分保险费。

保险责任开始后，保险人要求解除保险合同的，可提前十五日向投保人发出解约通知书，保险人按照保险责任开始之日起至合同解除之日止期间与保险期间的日比例计收保险费，并退还剩余部分保险费。

第四十条 保险标的发生全部损失，属于保险责任的，保险人在履行赔偿义务后，本保险合同终止；不属于保险责任的，本保险合同终止，保险人按短期费率计收自保险责任开始之日起至损失发生之日止期间的保险费，并退还剩余部分保险费。

【解释】

本条款赋予保险合同双方解除保险合同的权利。

本条款规定保险人与被保险人双方都有权申请解除保险合同，所不同的是，保险人若解除保险合同，必须提前十五天通知被保险人，以便被保险人有足够的时间另行安排保险。无论是保险单注销还是保险单终止，或解除保险合同，保险人都应出具批单并收回出具的保险单。

合同当事人中的任何一方申请解除合同，保险人在不同情形下退还保险费和手续费的计算方法各不相同。具体规定如下。

（1）保险责任开始之前，投保人有权申请解除合同，保险人有权要求被保险人支付一定的退保手续费；保险人要求解除合同时，应当退还保险费，并且不能以其进行核保、出单或必要的现场查验为由向投保人收取手续费。

（2）保险责任开始之后，投保人仍然有权申请解除合同，保险人按照日比例收取相应的保险费；保险人也可按照《保险法》的有关规定，在特殊的情况下解除合同，但应提前通知投保人/被保险人并退还剩余部分保险费。

（3）保险标的发生全部损失，保险合同赖以存在的基础消失，保险合同随之终止。如果损失属于保险责任范围，保险人履行了赔偿义务后，保险合同终止，保险人将不退还合同未到期的保险费；如果损失不属于保险责任范围，保险合同也将终止，因为保险人承担了合同终止前的风险，所以按短期费率计算保险费用后，退还未到期的保险费。

《保险法》的第三十六条、第四十二条也有明确的规定。

十三、相关释义

条款中释义一共有二十八条，其中第一条至第二十五条和第二十七条已经在主条款中做了解释，本部分仅对两个特殊的释义做解释。

【相关释义】（二十六）自燃：指可燃物在没有外部热源直接作用的情况下，由于其内部的物理作用（如吸附、辐射等）、化学作用（如氧化、分解、聚合等）或生物作用（如发酵、细菌腐败等）而发热，热量积聚导致升温，当可燃物达到一定温度时，未与明火直接接触而发生燃烧的现象。

【解释】

自燃造成的保险标的的本身损失在1995年版财产一切险条款里是除外的。但在2009年版条款里没有将自燃造成保险标的本身的损失列为除外责任。那么自燃造成的损失是否可以归结为意外事故予以承保呢？似乎没有明确的答案。自燃在一些行业是比较常见的，如造纸、纺织、化工等行业。由于自燃引发的火灾可能会导致巨大的损失，行业的一贯做法是除外自燃导致的保险标的本身的损失。但实操过程中对于"本身"缺乏定义或认定标准。在使用1995年版财产一切险条款的时候，有些保险人往往将自燃导致的火灾引发的损失全部拒赔，因此导致了大量的诉讼。这显然把本身损失扩大为全部保险标的损失，这是不合理的做法。目前国内保险市场使用2009年版条款，没有对"自燃"的除外作出明确约定，是否意味着保险人承保了该项损失？笔者认为，对于容易自燃的标的的本身损失似乎是不合理的。保险人可以引用除外责任中第七条第（七）点中的"其他渐变原因"予以拒赔。但因为没有将自然清晰列明在除外责任中，而是在"释义"里作出说明，不可避免地会产生争议，这需要保险合同双方在订立合同时根据标的的具体情况作出特别约定。

【**相关释义**】（二十八）水箱、水管爆裂：包括冻裂和意外爆裂两种情况。水箱、水管爆裂一般是由水箱、水管本身瑕疵或使用耗损或严寒结冰造成的。

【**解释**】

与上条同理，在财产一切险的除外责任中不包括水箱、水管爆裂。类似冻裂这样的本身损失是否赔付呢？保险人可以将冻裂归为除外责任第七条第（七）点"保险标的的内在或潜在缺陷""大气（气候或气温）变化""其他渐变原因"。条款将水箱、水管爆裂单列释义，不可避免地会产生争议，如果说冻裂可以除外，那么意外爆裂如何处理？这需要保险合同双方在订立合同时根据标的的具体情况作出特别约定。

The Practice of
Property Insurance

企业财产保险
实务

[第三章]

附加条款的介绍及其使用说明

第一节　附加条款概述

财产保险的条款分为两类，即基本条款（也称主条款）及附加条款（也称特约条款）。基本条款的种类较少，各家保险公司区别不大，广大读者已经比较了解。相对而言，附加条款种类繁多，有些使用起来较为复杂，而且还在不断地推陈出新，所以附加条款是保单中变化最快、最有活力的部分。本章将对附加条款作简要的解释并对其使用加以说明。

在业务活动中，通常有下列两种情形。其一，保险单中必须加入附加条款对保险单进行补充说明，使其成为完整的保险合同；如果没有保险财产的详细说明，则企业财产保险合同有缺陷；同理，假设没有流动资产的价值确定，则保险合同也是有缺陷的。其二，对于完整的保险合同，有时需要变更其保险责任范围，例如，在保险单中，通过附加条款增加承保风险和保险财产；同时，亦可附加条款缩小保险责任范围；或者，在保险单生效后，被保险人和保险人欲对其内容进行更改，如保险金额的增加或减少、保险地址变更、增加保险财产等。所谓附加条款，顾名思义就是附在基本保单之后的条款，按照《保险法》的规定，附加条款的效力超过基本（主）

条款的效力，如果附加条款与基本条款的内容相冲突，要以附加条款内容为准。附加条款的英文表达可以是 endorsements（批单）、memoranda（备忘条款）、special clauses（特别条款）、special provisions（特别规定条款）等。有时也用 extension clauses 表示，这种表述可能会引起误解，因为并不是每一项附加条款都起到扩展的作用，有的条款只是使基本保单中内容的含义更加明确，例如，保费分期支付或赔偿基础；有的则会起到限制或约束被保险人行为的作用。虽然这些名称表述不同，内容却大体相同。

国内保险市场上，由于基本险、综合险和财产一切险的保险责任范围不同，使用的附加条款是不同的。

（一）按照出处，附加条款可以分为总颁条款与非总颁条款

按照大多数保险公司的规定，业务中应尽量使用总颁条款，对于经纪业务和招投标业务，也要坚持采用总颁条款及扩展条款，这样做是为了便于控制承保风险（总颁条款经过总公司专业法律顾问审核）和方便合同分保（总公司分保合同是基于总颁条款之上）。如果需要，须在保险单上明确保险争议的处理办法。

（二）按照功能，附加条款可分为四大类

1. 扩大保险单承保风险。

2. 改善保险单保险保障，即扩展承保"可以承保，但是原来没有加入保单范围的风险"，或者"由承保风险引起，但属于除外责任的风险"。

3. 明确赔偿基础。一般赔偿基础为现金赔付、重建、维修、置换。

4. 制约被保险人行为。

一般情况下，第 1、第 2 类附加条款扩展了承保风险，应收取附加的保险费；第 3、第 4 类附加条款不影响风险（如重置价值），或有利于风险控制，无须加收保费。附加条款还可分为足额保险、保险金额及其他规范性条款。主险条款和附加条款的使用直接影响到保险人在核保时对保险标的的定价。选择合适的主险条款和附加条款也是保险人进行风险管控的重要步骤和手段。

第二节　常用附加条款的解释及使用注意事项

在承保财产一切险时，除财产一切险保单所提供的主体保障外，有时客户认为保单保障不充分，会要求增加附加的保障。保险人了解清楚投保人的具体要求后，可选用下列附加条款，并出具批单作为财产一切险的附加保障。在使用附加条款时，值得注意的是，因为财产一切险的保障范围已经非常宽，因此有些责任并不需要增加扩展条款；有些条款仅适用于列明责任的财产基本险、财产综合险，财产一切险不可随意附加扩展条款，否则就是画蛇添足，甚至起到缩窄保险责任的反效果；有些扩展条款表面上看是扩展了风险，但其中隐含着某些除外责任或约束被保险人的行为。下面以目前市场上被广泛使用的中国人民财产保险股份有限公司的报备条款为例进行解释。其他公司使用的扩展条款与之类似。

一、扩展承保风险的附加条款

（一）恶意破坏扩展条款

> 兹经双方同意，鉴于被保险人已缴付了附加的保险费，本保险扩展承保本保险单明细表中列明的保险财产因他人的恶意破坏所致的损失，但不包括作为建筑物组成部分的玻璃破碎损失或任何室外招牌的破碎损失，也不包括偷窃损失（破门而入偷窃损失除外）。

【解释】

本条款承保保险财产因他人恶意破坏所遭受的损失，但不包括政治原因引起的损失，以及作为建筑物组成部分的玻璃破碎损失或任何室外招牌的破碎损失，也不包括盗窃损失等。建筑物组成部分的玻璃破碎损失由玻璃破碎险负责承保，室外招牌的破碎损失由于风险难以控制，故在此项下予以剔除。保险人在承保时注意建筑物是否闲置，对闲置的建筑物一般不予承保此风险，同时考虑保险财产所在地区的社会治安情况是否良好从而确定加费的幅度。此风险可与罢工暴动或民众骚乱风险合为一起承保，保险人接受承保时将设赔偿限额和单独的比较小的免赔额。

本条款一般不适用于财产一切险。

（二）自动喷淋系统水损扩展条款

兹经双方同意，鉴于被保险人已缴付了附加的保险费，本保险扩展承保本保险单明细表中列明的保险财产因喷淋系统的突然破裂、失灵造成该财产的水损（或水污损失）。

但本公司不负责下列原因造成的水损：

1. 爆炸、地震、地下火或因火灾受热；

2. 建筑物闲置期间的严寒；

3. 喷淋系统闲置或废弃。

本保险单所载其他条件不变。

【解释】

本条款主要承保保险财产因建筑物内安装的喷淋消防装置突然破裂、失灵造成的水损（或水污损失），并规定了三条除外责任。本条款一般适用于安装了喷淋消防系统的楼宇。承保时注意了解该系统安装是否符合消防部门的要求，产品质量保险以及被保险人对该系统维护保养情况。保险人承保此风险时将加收保费并订立单独赔偿限额和每次事故免赔额。

在我国北方地区的冬季，如果被保险人不及时维修保养，严寒容易导致水管的爆裂造成财产的水损。又如有些物业是分期开发，工程部分完工，部分接收使用。未完工或开发的部分如果缺乏维修保养，也会造成损失。

本扩展条款不适用于财产一切险。

（三）玻璃破碎扩展条款

兹经双方同意，鉴于被保险人已缴付了附加的保险费，本保险扩展承保本保险单明细表中列明的玻璃破碎损失，但不包括下列原因造成的损失：

1. 火灾；

2. 地震。

本保险单所载其他条件不变。

【解释】

钢化玻璃自爆的主要原因是钢化玻璃内部的硫化镍膨胀，玻璃经钢化处理后，表面层形成压应力，内部板芯层呈张应力，压应力和张应力共同构成一个平衡体。玻璃本身是一种脆性材料，耐压但不耐拉，所以玻璃破碎大多是张应力引发的。钢化玻璃中硫化镍晶体发生相变时，其体积膨胀，处于玻璃板芯张应力层的硫化镍膨胀使钢化玻璃内部产生更大的张应力，当张应力超过玻璃自身所能承受的极限时，就会导致钢化玻璃自爆。根据上述分析，钢化玻璃自爆不符合保单"爆炸"的责任定义，不构成保险责任。而且"自爆"多是由于产品本身缺陷、气温变化等保单除外原因造成的，所以保险人一般认为，玻璃"自爆"造成的玻璃本身损失，基本险、综合险和一切险都是不负责赔偿的。现代建筑大量使用玻璃幕墙或玻璃建筑材料或装修时大量使用玻璃，因此玻璃发生损坏属于相对高频的损失。玻璃破碎损失尽管金额不大，但是否赔付，什么情况下可以赔付，在实操过程中也常常引发争议。

因此，为了避免争议，需要扩展承保。保险人承保此风险时将加收保费并订立单独赔偿限额和每次事故免赔额。另外需要注意，本扩展条款又有单独的除外责任。

（四）罢工、暴乱或民众骚乱扩展条款

兹经双方同意，鉴于被保险人已缴付了附加的保险费，本保险扩展承保本保险单明细表中列明的保险财产在列明地点范围内由于罢工、暴乱或民众骚动造成的损失，包括在此期间罢工人员在本保险单列明地点范围内的行为造成的损失，以及在罢工、暴乱或民众骚动期间，因发生抢劫造成保险财产的损失。但本扩展条款对由于政府或公共当局的命令、没收、征用或拆毁造成的损失以及因罢工人员或任何人故意纵火造成的损失不负责赔偿。

本保险单所载其他条件不变。

【解释】

本条款主要保障保险财产在罢工、暴动和民众骚乱及恶意行为过程中所遭受的损失，包括有关当局镇压或阻止这些活动过程中造成的保险财产损失，同时还规定了除外责任。保险人承保此种风险时需考虑投保企业的经营、劳资关系和公共关系等是否正常，保险财产所在地社会治安情况及企业内部管理情况是否良好，然后决定是否承保以及附加收费的幅度。如果保险标的是在境外，保险人承保此种风险时一般比较谨慎。

（五）扩展恐怖主义风险责任条款

兹经双方同意，鉴于被保险人已交付了附加的保险费，本保险单扩展承保保险单明细表中列明的保险财产在保险期限内、因恐怖主义活动引起火灾、爆炸或空中运行物体坠落而导致的灭失或毁损。但是，本扩展责任不包括：

1. 精神损失及其他间接损失；

2. 公共当局没收、临时或永久征用所致的损失；

3. 由于建筑物临时或永久被非法占据所致的损失；

4. 由于核辐射、核爆炸、核污染及其他放射性污染所致的损失。

本条款所称恐怖主义活动系指：任何组织或个人非法使用暴力破坏财产或者危害人身安全，致使社会公众处于恐慌状态，威胁或胁迫政府以达到其政治目的的行动。

每次事故赔偿限额为分项保险金额的70%。

每次事故免赔额不得低于人民币10万元。

保险人可解除本附加条款项下的责任，但须提前48小时向投保人签发解约通知书注销本条款。

本附加条款与主条款内容相悖之处，以本附加条款为准；未尽之处，以主条款为准。

【解释】

恐怖活动是所有财产险条款中的列明除外责任，特别是美国"9·11"事件以后，各家保险公司都谨慎承保此类风险。本条款的约定比较全面、清晰。保险人在承保此风险时，需特别注意如下事项。

（1）保险人另行加收费、单独设置赔偿限额和免赔额；

（2）各家保险人的总部直接控制此项风险，分支公司须每笔单独上报总部审批；

（3）目前不能放入分保合同，一般难以在再保市场上寻找到感兴趣的再保人支持。

（六）盗窃、抢劫险扩展条款

兹经双方同意，由于使用暴力手段进出保险标的坐落地址或被电子监测系统记录的，并经公安部门证明确系盗窃或抢劫行为造成保险标的的损失，保险人按照本保险合同的约定负责赔偿。但下列损失，保险人不负责赔偿：

1. 被保险人雇员、家庭成员及寄宿人员直接或间接参与盗窃及内外串通、故意纵容他人盗窃或抢劫所致的损失；

2. 放置在室外的保险标的遭受的盗窃损失；

3. 保险标的坐落地址发生火灾、爆炸时保险标的遭受的盗窃损失；

4. 无合格的防盗措施、无专人看管或无详细记录情况下发生的损失；

5. 营业或工作期间、进出库过程中发生的盗窃损失；

6. 盘点时发现的短缺。

保险人履行赔偿义务后破案追回的保险标的，应由双方协商处理。如归被保险人，被保险人应将已获赔款退还保险人；对被追回保险标的的损失部分，保险人按照本保险合同的约定进行赔偿。

本附加条款与主条款内容相悖之处，以本附加条款为准；未尽之处，以主条款为准。

【解释】

盗窃险主要承保保险财产在保单明细表上列明的存放场所（不包括室外）因抢劫、偷窃或盗窃、暴力侵入后抢劫所致的灭失或损坏。条款同时规定了除外责任。盗窃险一般不单独订立保额，财产保险的保额即盗窃险的保额。但如果投保人特别要求单独另立盗窃险的保额，也可以满足客户需要。不论以哪种形式承保，都应按费率表规定加收保费，并订明每次事故免赔额。保险人在承保时需注意财产的性质，其周围地区环境、社会治安、被保险人内部管理、信誉情况、防盗设施等。特别是承保金银、珠宝、玉器等贵重财物，承保前需详细了解被保险人的安全防盗措施以及账务是否健全、保管手续是否完善，定值基础等，再确定是否承保。承保这类特殊的贵重财产甚至需要清单，以避免争议。从风险控制的角度看，这类财产的占比不应太高。如果纯粹做这类财产的仓储保险，应考虑单独的珠宝保险，这类保险有专门的条款。

特别要注意的是，本扩展条款的目的是保外盗，内盗（如员工、家庭成员、住宿人员等参与的盗窃）不属于责任范围。容易引起争议的是第三方机构人员（如工业园的保安，负责被保险人场所周边安全的人员）及外派人员（包括外派保安人员）的盗窃行为。这些人的盗窃行为属于外盗还是内盗，可能会有不同的理解。笔者倾向于将其定性为内盗。

另外，判定保险责任时需要考虑是否存在暴力行为，是否有记录，至少是痕迹等。保险人在理赔时一般需要被保险人提供公安部门的证明材料。

（七）碰撞扩展条款

> 兹经双方同意，由于非被保险人及其雇员所有的或管控的动物、车辆及船舶等交通工具的碰撞造成保险标的的损失，保险人按照本保险合同的约定负责赔偿。
>
> 本附加条款与主条款内容相悖之处，以本附加条款为准；未尽之处，以主条款为准。

【解释】

碰撞条款主要承保非被保险人及其雇员所拥有或控制的各种车辆、牲口碰撞被保险人的围墙、围栏、栅、房屋建筑等直接引起的物质损失。对于其他东西的碰撞，不予负责。在承保时应注意保险财产周围环境，是否处于市区、处于交通要道或道路狭小地段。根据当地实际情况，风险小者，可不加收保费；风险大者，则应加收保险费。

本扩展条款一般不适用于财产一切险。

（八）供应中断扩展条款

> 兹经双方同意，由于供应电、水、气及其他能源的设备遭受保险事故致使供应中断造成保险标的的损失，保险人按照本保险合同的约定负责赔偿。
>
> 本附加条款与主条款内容相悖之处，以本附加条款为准；未尽之处，以主条款为准。

【解释】

财产一切险主条款将"任何原因导致公共供电、供水、供气及其他能源供应中断造成的损失和费用"列为除外责任，可以通过扩展条款的形式将此部分责任扩展承保，条款如上所列。

在国内保险市场上，本扩展条款有多个版本，有些仅限于"保险标的地址内"的设备，或扩展到保险标的地址外，但要求是"属于被保险人所有的设备"。本文所列的条款是最宽泛的措辞，没有限定设备在保险地址内还是外，是否属于被保险人所有。当然，如果公共设施不属于被保险人所有，而是相关政府部门所有，那么中断的原因是难以确定的，更难以确定是否属于"保险事故"范围，例如停电，很难知晓是自然灾害导致的还是供电部门的过错。因此在实践过程中容易引发争议。

承保时也要注意风险评估，一些高技术性工厂或高科技企业在生产过程中对能源供应的稳定性要求非常高，甚至电压的波动可能都会对在制品造成损失，损失金额可能会非常高。这值得保险人警惕，接受承保时需要了解这类高科技工厂的能源供应安全性和稳定性。

二、改善保险保障附加条款

（一）临时移动条款

兹经双方同意，鉴于被保险人已缴付了附加的保险费，本保险扩展承保的保险财产因为清洁、维修、修理或其他类似目的而临时移动时，从本保险单明细表中列明的场所移至中华人民共和国境内的任何地方，由陆路、水路、铁路和航空往返运输途中因承保的风险所导致的物质损失。

1. 被移动保险财产的赔偿金额不得超过该项财产在本保险单明细表中列明的保险金额，也不得超过本保险单项下总保险金额减去所承保的建筑物和仓储物品保险金额的10%。

2. 若另有其他保险存在，则本扩展条款不适用。

3. 本扩展条款不适用于本保险单项下承保的各类仓储物品或商品，上述物品若因移动而遭受损失，本公司不负责赔偿。

4. 本扩展条款不适用于下列财产：

（1）领取交通执照的机动车辆和汽车底盘；

（2）他人委托被保险人管理的财产；

本保险单所载其他条件不变。

【解释】

本条款主要承保除仓储物以外的保险财产（一般是机器设备）为了清洁、维修、修理或类似目的时在保单上注明的存放场所或在规定的地域范围内来往运输途中因承保的危险所致的物质损失。

本条款方便客户移动申报财产时不必每次都进行申报，但受以下四个条件限制。

（1）被移动的保险财产的损失赔款不能超过其若未经移动遭受损失的赔款，也不能超过保单项下总保额扣除楼宇和仓储物保额后的10%，比例也可以大一些，但一定要有一个限额。

（2）受损财产若另有保险存在，一概不适用本条款。

（3）本条款不适用各种仓储物品或商品。

（4）本条款不适用领取公共行驶执照的车辆及除机器设备以外由被保险人托管的财产。

在运用本条款时，保险人通常会在合同中规定适当的地域范围（一般均限制在本地），列明可能被移动的财产名称、种类，并根据设备的风险适当加收保费。

（二）运输条款

兹经双方同意，鉴于被保险人已缴付了附加的保险费，本保险扩展承保在本保险单明细表中列明的地域范围内，保险财产于运输途中及临时储存期间遭受的损失。

本保险单所载其他条件不变。

【解释】

本条款主要承保保险财产在规定的地域范围内，在运输途中及临时存放期间遭受的损失。制定本条款的初衷是方便被保险人的小量的、频繁的、在有限范围内的货物运输，应注意下列事项。

（1）保险人将规定一个承保地域范围。一般以保险标的所在地区为限，所在区域不应无限扩大，如扩大到全国，甚至全球；并应了解保险财产一般会存放在什么样的场所及保险标的的装卸情况。

（2）了解运输工具情况，是自运还是委托他人运，以便控制所承保财产的风险。

（3）订立每次事故赔偿限额。

（4）保险人只对因承保的危险所致的物质损失负责。

（5）此条款不可取代陆上运输货物保险。

（三）公共当局扩展条款

兹经双方同意，本保险扩展承保被保险人在重建或修复受损财产时，由于必须执行公共当局的有关法律、法令、法规产生的额外费用，但以下列规定为条件。

1. 被保险人在下列情况下执行上述法律、法令、法规产生的额外费用，本公司不负责赔偿：

（1）本条款生效之前发生的损失；

（2）本保险责任范围以外的损失；

（3）发生损失前被保险人已接到有关当局关于拆除、重建的通知；

（4）未受损财产（但不包括被保险的地基）的修复、拆除、重建。

2. 被保险人的重建、修复工作必须立即实施，并在损失发生之日起十二个月（或经本公司书面同意延长的期限）内完工；若根据有关法律、法令、法规及其附则，该受损财产必须在其他地点重建、修复时，本公司亦可赔偿，但本公司的赔偿责任不得因此增加。

3. 若在本保险单项下保险财产受损，但因保险单规定的赔偿责任减少时，则本扩展条款责任也相应减少。

4. 本公司对任何一项受损财产的赔偿金额不得超过该项目在保险单明细表中列明的保险金额。

本保险单所载其他条件不变。

【解释】

本条款主要承保保险财产由于所承保的风险造成损失之后，被保险人根据政府有关当局的指令，必须拆除或重建时所产生的额外费用，但以不超过各自的保额为限。这与恢复基础赔偿条款没有矛盾，它只是增加了一种风险，即因执行有关当局的指令法规而产生的附加费用。而且保险人对本保险生效前已发生的损失、非本保险承保责任范围的损失、损失前被保险人已接到当局通知拆除重建以及非受损财产的拆除重建费用等，均不负赔偿责任。本条款还规定恢复工作须立即进行，并在12个月内或保险人同意延长的期限内完成，受损财产也可在异地重建，但不论在哪里重建，保险人的赔偿责任不得因此增加。本条款将受按比例分摊损失条款的制约。另外，若在本保险单下保险财产受损，但因保险单规定的赔偿责任减少时，则本扩展条款责任也相应减少。比如，保额不足，要对赔款进行比例分摊，那么这些额外费用也要由保险公司按照比例进行赔偿。

保险人在接受承保时要详细了解承保财产与当地城市发展规划是否有矛盾，是否属违章建筑，有无征用的可能；当地政府有关规定及企业的经营性质等，以此作为评估风险的依据。风险小者，特别是已加保了恢复基础赔偿条款的可免加收保费；风险大者，则应适当加收保费。

本条款仅适用于楼宇和建筑物的附属设施，对其他标的不适用。

对因被保险人的犯罪行为引起政府令其拆除或销毁的保险财产也不适用。

（四）清理残骸条款

兹经双方同意，本公司负责赔偿被保险人因本保险单项下承保的风险造成保险财产的损失而发生的清除、拆除或支撑受损财产的费用，但本公司在本扩展条款项下的赔偿责任不得超过本保险单明细表中列明的保险金额。

本保险单所载的其他条件不变。

【解释】

本条款主要承保保险财产因承保的风险造成损失时，被保险人经保险人书面同意后为清除、拆除或支撑受损财产所支出的合理费用。此项费用应以第一损失责任赔偿方式单独列出保险额进行承保。一般情况下，其保额控制在保险财产保额的 1%~5%，特殊情况除外，比如每一张保险单不超过 20,000,000 元人民币或其他等值货币，其保额将计入总保额并按保险单约定费率加收费，或者单独另行按约定加收保险费。

值得注意的是，"残骸"应该为"受损财产"或"受损标的"的残骸。保险财产未受损，从其他地方过来的垃圾，例如，暴雨洪水带来的附近环境的淤泥渣土等并不是残骸，清理这些垃圾的费用并非本条款的保障范围。国际市场上，有保险主体和保险经纪人对所谓"残骸"作出广义上的解释。为避免纠纷，合同当事人一般会对何谓"残骸"作出清晰的释义，明确"残骸"是受损保险财产的残渣或是财产本身受污染。

（五）专业费用条款

兹经双方同意，本公司负责赔偿被保险人因本保险单项下承保风险造成保险财产损失后，在重置过程中发生的必要的设计师、检验师及工程咨询人费用，但不包括被保险人为了准备索赔或估损所发生的任何费用。上述赔偿费用应以财产损失时适用的有关行业管理部门收费规定为准，但本公司在本扩展条款项下的赔偿责任不得超过本保险单明细表中列明的保险金额。

本保险单所载其他条件不变。

【解释】

本条款主要承保保险财产受本保险承保的风险所致损失后，被保险人在恢复受损财产过程中向所聘请设计师、检验师和工程咨询人员等，根据当时行业管理机构规定的收费标准而支付的费用。此条款一般情况下与恢复基础赔偿条款联用，在运用此条款应注意如下事项。

（1）本条款仅适用于楼房和安装的机器装置，不适用于其他项目。

（2）保险人不负责被保险人为准备索赔单证而产生的费用。

（3）被保险人所支付的费用标准应是政府当局的行业管理机构规定或认可的标准。

（4）此项费用应以第一损失责任赔偿方式单独列出保险额进行承保，一般情况下，其保额控制在保险财产保额的 1%~5%，特殊情况除外，比如每一张保险单不超过 20,000,000 元人民币或其他等值货币，其保额将计入总保额并按保险单约定费率加收费，或者单独另行按约定加收保险费。

（六）雇员个人物品扩展条款

兹经双方同意，由于保险事故造成被保险人雇员的个人物品损失，保险人按照本保险合同的约定负责赔偿。但对货币、票证、有价证券、有现金价值的磁卡、集成电路（IC）卡等卡类、金银、珠宝、钻石、玉器、首饰、古币、古玩、古书、古画、邮票、字画、艺术品、稀有金属的损失，保险人不负责赔偿。

本附加条款项下保险人对每个雇员的赔偿责任不超过本保险合同中载明的相应赔偿限额，保险人的总赔偿责任不超过本保险合同中载明的相应赔偿限额。

本附加条款与主条款内容相悖之处，以本附加条款为准；未尽之处，以主条款为准。

【解释】

被保险人的雇员可能会携带一些个人物品到职场工作，例如衣物、手提包、手表等，可能还包括自行车、电动车等特殊的个人物品，雇员个人物品不属于被保险人所有的标的，因此不在财产险保单的保障标的范围之内。本保险通过加贴批单或扩展条款扩展承保此类标的。

应注意的是：

（1）保险人的赔偿责任仅限于发生保险事故而引起的损失。

（2）货币、贵重的字画、昂贵金属首饰等列为除外标的。

（3）保险人通常将设定每人赔偿限额、年累计赔偿限额。

（4）单独设置免赔额，如 200 元或损失金额的 10%，以高为准。

（七）便携式设备扩展条款

兹经双方同意，由于保险事故造成放置在本保险合同中载明的保险标的地址内的并在本保险合同中列明的便携式通信装置、便携式计算机设备、便携式照相摄像器材的直接物质损失，保险人按照本保险合同的约定负责赔偿。

本附加条款与主条款内容相悖之处，以本附加条款为准；未尽之处，以主条款为准。

【解释】

主条款第三条第（四）项将"便携式通信装置、便携式计算机设备、便携式照相摄像器材以及其他便携式装置、设备"列为必须经过特别约定才能承保的标的。因此，投保人可以将部分标的，例如手机、便携式通信装置、便携式计算机设备、便携式照相摄像器材扩展承保。

但需要注意：

（1）仅限于在保险地址内使用时发生的损失。

（2）以清单形式列明。

（八）错误和遗漏条款

　　兹经双方同意，鉴于被保险人已缴付了附加的保险费，本保险项下的赔偿责任不因被保险人非故意地疏忽或过失而延迟或遗漏向本公司申报所占用的场地、保险财产价值的变更而受拒负，但被保险人一旦明白其疏忽或遗漏应即向本公司申报上述情况，否则本公司不负赔偿责任。

　　本保险单所载其他条件不变。

【解释】

　　本条款规定，被保险人在保险单项下的利益不会因其无意错报或漏报保险财产所在场地和价值变更而受到影响，也就是说，保险人不能以投保人／被保险人非故意地疏忽或过失而延迟或遗漏向保险人申报所占用的场地、保险财产价值的变更而拒绝赔付。对于大客户，由于其财产存放多处且变动频繁，此条款是十分适用的。使用本条款应注意的事项如下。

　　（1）保险人将深入了解客户的资信情况。

　　（2）本条款受保单条款第五款被保险人的义务和总则有关规定制约。

　　（3）要求被保险人一旦知道其错误和遗漏应立即如实向保险人申报上述情况，否则，保险人不负赔偿责任。这体现权利和义务对等关系。

　　（4）保险人一般订立每次事故赔偿限额，以限制承保的风险。

（九）空运费扩展条款

　　兹经双方同意，发生保险责任范围内的损失，为及时修复或恢复保险标的而发生的空运费，保险人按照本保险合同的约定负责赔偿。

　　本附加条款项下保险人的赔偿责任不超过本保险合同中载明的相应赔偿限额。

　　本附加条款与主条款内容相悖之处，以本附加条款为准；未尽之处，以主条款为准。

【解释】

　　对于受损标的的修复，保险人一般以最经济为原则，但为了保证修复的时效性，可以选择快捷但较为昂贵的的运输方式，如空运。本扩展条款扩展承保空运费用，但以约定的金额为限，如定损金额的一定比例。

（十）额外费用条款

> 如果保险财产的任何部分遭受保险人应予负责的损失，本保险合同项下的赔偿将扩展包括：
>
> 1. 快递或专递任何零部件所产生的必要费用；
>
> 2. 进行经认可的修理时，为加快修理所支付的必要的加班费用，包括周日、节假日及夜班的加班费。
>
> 但保险人的附加责任每次以损失金额的 ×% 为限。若保险财产的保额不足，本条款项下特别费用的赔偿金额按比例减少。
>
> 本附加条款与主条款内容相悖之处，以本附加条款为准；未尽之处，以主条款为准。

【解释】

与上述空运费用类似，为了加快修理进度，对于快递费、加班费等，可以明确赔付，以约定的金额为限。一般为定损金额的一定比例。

（十一）建筑师、检验师、顾问、法律和其他专业费用条款

> 兹经双方同意，本保险合同扩展承保在发生保险事故造成财产损失而进行重置或修理时，必要、合理的建筑师、检验师、顾问、法律和其他专业费用。但不包括为了准备索赔和理算时发生的费用和支出。
>
> 本附加条款与主条款内容相悖之处，以本附加条款为准；未尽之处，以主条款为准。

【解释】

在对受损标的进行重置或修理时，被保险人可能需要聘请工程师或各类专业人士提供建议，所支出的费用也可以扩展承保，以约定的金额为限。一般是定损金额的一定比例，但不包括被保险人为了准备索赔和计算损失所发生的费用。有时，被保险人为了确定损失程度、损失范围，需要聘请第三方做相关的鉴定，一般认为，这是为了准备索赔发生的举证费用，不属于赔偿范围。

有时候被保险人本身就是某行业的龙头或权威，或专业人士，其对肉眼无法判断的损失持保留意见。被保险人认为保险标的有损坏，不可修复，不可重复利用，而保险人认为没有损坏，可修复，可维修利用，这时被保险人与保

险人就发生争议。但委托权威机构或专家进行损失鉴定可能需要支付巨额的费用。为了避免争议，有的经纪人设计了责任更大的"准备索赔费用条款"，将被保险人索赔所发生的所有费用全部纳入赔偿范围，致使保险人的责任范围因此急剧扩大。保险人在承保时需慎重评估收费合理性，为了控制风险，也要考虑约定一个合理的限额。

（十二）拆开、拆卸机器设备及重新安装费用条款

> 兹经双方同意，本保险合同扩展承保由于保险事故造成的损坏而导致的拆开、拆卸机器设备及重新安装、安置机器设备的费用。但本附加条款项下的赔偿限额以每次事故 RMB ××× 为限。
>
> 本附加条款与主条款内容相悖之处，以本附加条款为准；未尽之处，以主条款为准。

【解释】

有些时候，保险人承保的大型机器设备（如汽轮机）的损失发生在机器内部，外壳未必发生损失，但为了维修内部的损失，必须拆开并重新安装，有可能其内部的损失不大，但拆装这种大型设备的成本非常高，甚至远高于内部标的损失。为了避免争议，需要约定对拆装发生的费用列明承保。保险人将适当加收保费，并控制赔偿限额。

（十三）扩展承保新增地点条款

> 兹经双方同意，本保险合同的赔偿将自保险合同载明的新增地点完全建成或获得，或其转移至被保险人名下，或被保险人开始对其负责（除非另有其他保险）时起自动适用于所有这些新增地点。被保险人应在获得上述财产的 60 天内通知保险人，并按日比例缴纳附加保险费。
>
> 本附加条款与主条款内容相悖之处，以本附加条款为准；未尽之处，以主条款为准。

【解释】

被保险人因生产经营需要，可能频繁增减被保险人地址，例如仓库的地址。为了避免错误和遗漏，造成保障缺失，可以约定在其获得可保利益的时候自动承保。但需要注意的是被保险人仍然需要在 60 天内向保险人申报。如果

涉及保额增加，还要缴纳对应的附加保费，可按短期费率计收。但需要注意的是新增保险地址的状况，如果风险程度增加，如新增仓库的周围环境或位置条件较差，可能会被拒保或额外评估风险加收保费。

（十四）场外维修、保养及改造条款

> 兹经双方同意，在保险期限内，若被保险财产需要在投保地点以外的场地进行维修、保养或改造时，本保险合同扩展承保位于维修或改造地点的这部分被保险财产由于本保险合同保险责任所引起的损失。
>
> 本附加条款与主条款内容相悖之处，以本附加条款为准；未尽之处，以主条款为准。

【解释】

考虑到被保险人生产经营的特殊性，本条款扩展承保被保险财产在投保地点以外的场地进行维修、保养或改造时，发生的保险损失。

（十五）合同价格扩展条款

> 兹经双方同意，当保险标的已经售出但尚未交付而存放于本保险合同中载明的保险标的地址内，因发生保险事故造成该保险标的的损毁，导致该销售合同被注销，则保险人对上述受损保险标的的赔偿按销售合同单价为基础计算。
>
> 本附加条款与主条款内容相悖之处，以本附加条款为准；未尽之处，以主条款为准。

【解释】

对于部分存货也可以以出售合同价格承保，而不一定以成本价承保。这主要是针对已经售出但尚未交付的成品。这些成品包含了部分的销售利润，因此也可以认为承保了少量的利润损失风险。应该注意的是，如果投保人确定以合同价值投保，在提供保险金额的时候应该提供这部分财产的合同价格，而不是惯常的成本价。

（十六）地域调整特别条款

> 兹经双方同意，本保险合同项下保险财产因遭受一次或多次地震、暴

风、暴雨、台风、洪水时，保险人同意对所致的半径为 100 公里的圆形地域范围内的保险财产损失按一次单独事件进行赔偿处理，并因此按一次事故扣除规定的免赔额。被保险人可自行决定圆形区域的划分方式和包括地域，但若在相邻数个圆形区域范围内发生损失，任何两个或两个以上圆形区域范围不得重叠。

但本条款与时间调整条款中一次事故的划分出现交叉时，保险人可同时按本条款及时间调整条款的规定重复扣除免赔，但无论单独采取或同时使用何种标准，免赔扣除最多以五个为限。

本附加条款与主条款内容相悖之处，以本附加条款为准；未尽之处，以主条款为准。

【解释】

投保人可能是一个集团公司，有多个不同的子公司，保险地址可能同在附近的区域，但保险可能由集团公司统一安排。一般来说，保险人会出具一张保单，但保额会非常大，因此要拆分风险单位，简单的做法就是拆分法人单位。但这样就会有多张保单，不但造成赔偿限额增加，还造成多个免赔额（每张单独的保单都有自己的免赔额）。如果发生台风这样的大面积灾害，就可能同时影响在同一区域的所有子公司（被保险人），如果每张保单都扣减免赔额，显然对被保险人不公平，也与投保时的意图不一致。因此，保险人应根据投保人的要求作出特别约定，在某个地域范围内只扣除一次免赔额。对于地域范围可以约定为面积（平方米或平方公里），也可以是行政区域。

（十七）不使失效条款

本保险合同不因下列原因失效：

1. 被保险人不知情的保险财产的占用变化或风险增加，但被保险人一经知道应立即通知保险人，并支付可能要求的自风险增加之日起的附加保险费。

2. 工人出于修理、微小变动或一般维修等类似目的在保险单列明场所作业。

本附加条款与主条款内容相悖之处，以本附加条款为准；未尽之处，以主条款为准。

【解释】

财产一切险条款第二十三条规定，在合同有效期内，如果保险标的因占用与使用性质及其他变化可能导致保险标的的危险程度显著增加，被保险人应及时书面通知保险人，被保险人未履行前款约定的通知义务的，因保险标的的危险程度显著增加而发生的保险事故，保险人不承担赔偿责任。条款规定的被保险人的告知义务是比较严苛的。但被保险人可能存在小型的、经常性的维修项目，有时候因为内部管理流程的原因，导致风险增加时被保险人并不知情。虽然也是危险的增加，但保险人评估后，认为风险可控，管理严格有序，也可以同意承保。保险人不轻易主张合同失效。但这种优惠条件并不能减轻被保险人的通知义务，被保险人一旦知道风险增加应立即通知保险人，并支付可能要求的自风险增加之日起的附加保险费。

（十八）建筑物外部附属设施扩展条款B

> 兹经双方同意，暴风、暴雨、龙卷风、台风、飓风、雷击、冰雹、暴雪、冰凌、洪水造成被保险建筑物外部的广告牌、天线、太阳能装置、霓虹灯的直接物质损失，保险人按照本保险合同的约定负责赔偿。
>
> 被保险人保证按相关规范对上述设施进行定期检查并采取合理的维护措施。
>
> 本附加条款与主条款内容相悖之处，以本附加条款为准；未尽之处，以主条款为准。

【解释】

对于主条款除外的"广告牌、天线、霓虹灯、太阳能装置等建筑物外部附属设施"可以通过加贴本扩展条款承保。但仅限于"暴风、暴雨、龙卷风、台风、飓风、雷击、冰雹、暴雪、冰凌、洪水"这些列明原因导致的直接物质损失。

（十九）露天存放及简易建筑内财产扩展条款B

> 兹经双方同意，暴风、暴雨、龙卷风、台风、飓风、雷击、冰雹、暴雪、冰凌、洪水造成的存放于露天或简易建筑内的保险标的的损失，保险人按照本保险合同的约定负责赔偿。

被保险人对露天及简易建筑内财产的存放，应符合仓储及有关部门的规定，并采取相应的安全防护措施。

本附加条款与主条款内容相悖之处，以本附加条款为准；未尽之处，以主条款为准。

【解释】

对于主条款除外的"简易建筑物内的保险标的以及简易建筑"可以通过加贴本扩展条款承保"由于暴风、暴雨、龙卷风、台风、飓风、雷击、冰雹、暴雪、冰凌、洪水"造成的损失。

一般来说，鉴于建筑及内部财产面临的风险很高，保险人一般不愿意承保。简易建筑大量存在于生产和生活中，如车棚、两栋楼之间搭建的挡雨的棚架等。对于是否是简易建筑有时候也难以衡量，有些建筑物如煤棚为了通风透气，开了较大的窗，可能也会被认定为简易建筑。保险业务员在展业过程中应做好解释，扩展承保时应事先做好风险评估。有些建筑物属于非法建筑，例如，两栋楼之间搭建的挡雨棚，用于挡雨或利用其下空间临时存放货物，但万一发生火灾，这样的挡雨棚会影响使用消防云梯灭火。因此，这是消防安全所禁止的。

露天存放的财产风险就更高了，一般不予承保。但有些特殊的存货，根据特性，反而不能存放在封闭的空间里，例如，煤炭、原木、未加工的皮革等财产往往需要露天存放，因此也可以扩展承保。

（二十）锅炉、压力容器扩展条款

兹经双方同意，在本保险合同中载明的保险标的地址内，被保险人所有的或管控的锅炉、压力容器在正常使用过程中，由于下列原因造成自身的损失，保险人按照本保险合同的约定负责赔偿：

1. 操作不当；

2. 爆炸。

但存在下列情形时发生的损失，保险人不负责赔偿：

（1）未按规定和技术规程进行维护保养、检修或违规运行及给水水质不良；

（2）操作人员无政府有关部门签发的操作上岗证进行操作；

（3）锅炉未取得政府有关部门颁发的使用登记证或年检合格证。

被保险人应保证所投保的锅炉、压力容器的质量符合有关法规及行业规范。

本附加条款与主条款内容相悖之处，以本附加条款为准；未尽之处，以主条款为准。

【解释】

锅炉压力容器自身损失一般在机器损坏险下承保。但如果机器数量少，仅仅有限数量的锅炉可以加费在财产险项下扩展承保。但保险责任仅限于操作不当及爆炸导致的损失。本扩展条款含有保证条款，违反保证义务将导致保障失效。

（二十一）计算机及附属设备条款

兹经双方同意，保险人负责赔付被保险人在使用计算机过程中因自然灾害、使用不当、停电、碰击导致计算机设备的损毁，包括其中数据、图表的制作费、复制费损失。

本附加条款与主条款内容相悖之处，以本附加条款为准；未尽之处，以主条款为准。

【解释】

计算机系统的损坏及赔偿是人们时常关注的问题，对于硬件损坏进行赔偿相对容易理解，但容易引起争议的是存储的数据的损失。财产保险只能赔付"数据、图表的制作费、复制费"这些直接的费用；间接损失，如数据的价值、其他间接财务损失等不能赔付。必要时，投保人可向保险人申请在专业的计算机或网络保险（Cyber Risk）中承保。

（二十二）草木特约条款

兹经双方同意，本保险合同扩展承保本保险合同载明的地点范围内所种植的一切各类型植物，包括但不限于高尔夫球场的花草树木（连同草皮），但对下列损失、费用和责任，保险人不负责赔偿：

1. 因受保植物的季节性枯萎、虫灾、人为践踏、保护不周所造成的损失；

2.因设计缺陷或施工质量不达标造成排水不畅而引起受保植物的损失。

本附加条款与主条款内容相悖之处，以本附加条款为准。

【解释】

酒店、住宅小区、度假村等类型的企业，由于经营需要会种植某些观赏植物，绿化工程也是不可缺的一部分。因为财产一切险第四条第八点，将植物一类有生命的标的排除在保险标的之外，所以需要特别的条款扩展承保这些绿化工程。但是本附加条款也规定了特定的除外责任，如上所述。

（二十三）流动机械扩展条款

兹经双方同意，本保险合同扩展承保被保险运输工具（领有公共牌照的车辆除外）、流动机械、成品车在保险财产地址范围内或各列明地址之间的移动过程中因承保风险造成的损失及相关费用，包括此类设备在装卸过程中发生的碰撞或跌落损失。

每次事故及累计赔偿限额 RMB ×××。

本附加条款与主条款内容相悖之处，以本附加条款为准；未尽之处，以主条款为准。

【解释】

有不少大型生产企业在厂区内配备自用的运输工具，如叉车、场内运输车辆等。财产一切险可以扩展这类流动的机械或机动车的损失，包括装卸过程中的碰撞及跌落损失。但仅限于这些机械在厂区内及列名的承保地址之间的移动。使用本条款时应注意另有公共牌照的车辆需要单独购买机动车辆的保险。

三、明确保险赔偿基础的条款

（一）重置价值条款

兹经双方同意，若投保人与保险人约定保险价值为出险时的重置价值，则适用下列约定：

1.发生保险事故后，被保险人应对受损保险标的进行重置。

重置是指：

（1）替换、重建保险标的；

（2）修理、修复保险标的。

无论采用上述哪一种方式，目的是使保险标的的受损部分经过重置后达到其全新时的状态。

2.若遇下列情况，保险价值变更为出险时的市场价值：

（1）被保险人没有合理的原因和理由而推迟、延误重置工作；

（2）被保险人没有对受损保险标的进行重置；

（3）发生损失时，若存在重复保险且其他保险合同没有按重置价值承保。

本附加条款与主条款内容相悖之处，以本附加条款为准；未尽之处，以主条款为准。

【解释】

保险标的发生损失后，保险人可将对保险建筑物（包括装修）或机器设备等进行恢复重建所支出的费用作为核定损失的基础，从而在赔偿方式方面增加了对被保险人的保障。保险人应事先与被保险人商定如果发生损失，保险人将以重置价值为基础进行赔偿，即在损失后被保险人自己将受损财产予以恢复重建的一切费用都由保险人支付。不言而喻，因通货膨胀和自然增值的影响，恢复费用往往大于保险财产的实际价值或市价。

重置价值的核心内容是"以旧换新"，即重新换置或者建造同样的资产所需费用的估价，它包括货价、运费、施工费（包括安装费）、保险费、税款、物价波动六项因素。当然，建筑物和机器设备的重置成本会稍有差异。

首先明确重置价值条款的几个概念。

（1）实际价值。当保险标的或其中任何一部分发生损失或毁坏时，用于重置、更换受损保险标的或其中某一部分的费用，包括原材料费用、工资、关税及应付款。这些费用足以使受损标的或其中某一部分在新旧程度、构造、性能和质量方面达到其受损前的状态。

（2）间接损失。间接损失指任何财务损失，包括罚金、利润损失、机会成本、延误造成的损失、业绩下滑和合同丧失等。

（3）重置费用。保险标的发生全损或灭失时，用于提供一个与原标的相同性能和质量的替代品，以及用于保险财产重建和重新测试的相关费用，包括所有原材料费用、关税和其他应付款。

（4）财产的折旧问题。企业按固定资产的性质、消耗方式，并根据科技发展、环境及其他因素，选择折旧方法：①企业设备资产账上的计算法（每年纳税申报）；②同类产业其他厂采用的方法；③超过使用年限的设备，按会计理论，其账面趋于零，但对使用者，该设备仍有技术价值（特殊情况）。

在财产保险中，标的的保险金额是由投保人／被保险人自行确定，本条款则对赔偿基础作了明确的规定，即规定对保险建筑物（包括装修）或机器设备等可以按恢复重建的费用作为核定损失尺度，从而在赔偿方式方面增加了对被保险人的保障，这是十分明显的。保险人应事先与被保险人商定如果发生损失，保险人将以重置价值为基础进行赔偿，即在损失后被保险人自己将受损财产予以恢复重建的一切费用都由保险人支付。就本保险的赔偿而言：

（1）保险财产全部损失时，若是建筑物，则重建受损建筑物；若是其他财产，则重置相似的财产。在上述任何一种情况下，恢复后的财产状况须达到受损前财产的状况。

（2）保险财产部分损失时，修理或修复保险财产的损坏部分，使其基本保持受损前财产的状况。

本条款规定的要点如下。

（1）在前两种情况下，保险人的赔偿责任不能增加。

（2）保险财产遭受部分损失，保险人的赔偿责任不超过该部分财产全损时的恢复费用。

（3）受损财产的重置费用高于该财产发生损失时保险金额，保险人将按比例分摊原则赔偿。

（4）在后三种情况下，本条款不适用，保险人的赔偿将按受损保险财产的市价计算。

在运用本条款时，应注意如下几点：

（1）保险人在承保时提醒被保险人要适当确定保险金额，否则发生损失时会赔偿不足。被保险人可以将投保当时重新建造或购置保险标的所需费用确定为保险财产的保额，并在保单上加贴"重置价值条款"。被保险人保证，投保的金额应是重置价值。

（2）本条款只适用于承保建筑物和机器设备，商品、物资和原材料等仓储物品的价格始终处于波动之中，容易从差价中获益，所以仓储物不接受以重置价投保。

（3）本条款适用于多项保险财产，每一项保险财产都应有单独的保额，并且是足额的，否则发生损失时，保险人将按比例分摊原则赔偿。

（4）若被保险人拖延修复、异地重置或存在重复保险，保险人可能按实际价值赔偿。

（5）保险人需了解清楚承保的财产恢复重建的可能性，只有存在恢复重建的可能，本条款才能起作用。

（6）保险人将视情况适当加收保费。

（二）定值保险条款

　　兹经双方同意，鉴于被保险人已缴付了附加的保险费，本保险单明细表中列明的赔偿责任根据保险财产约定价值确定。一旦发生损失，本公司赔偿限额为本保险单明细表中列明的金额。被保险人投保时须提供详细的财产清单，该财产清单作为本保险单的组成部分。

　　本保险单所载其他条件不变。

【解释】

财产保险是不定值保险，但有些财产，如珠宝、古玩、字画以及计算机资料复制费用等，其价值难以估算，也没有一个市价标准，发生损失时难以计算。为避免不足额保险，承保时可用一个经被保险人及保险人商定后同意的价值来承保。如果上述财产发生损失，则用确定的价值来赔付。被保险人必须提供详细的定值财产清单，清单将作为保险合同的附件。承保这类财产要注意确定的价值应该合理，防止道德风险的发生。使用定值保险条款，一般不存在不足额保险的问题，定值保险不适用于建筑物、楼宇的保险。

本条款约定保险人的赔偿责任根据保险财产约定价值确定。发生损失后，不论当时市价是多少，保险人按照约定价值进行赔偿。加保时必须列明所保财产明细清单和出险后的定损标准等，赔偿时以明细表中列明金额为限。

保险人谨慎使用本条款，除承保上述特殊的标的之外，本条款一般不适用于正常企业财产保险。

（三）成对或成套设备条款

　　兹经双方同意，本保险合同项下承保的属于成对或成套的机器设备的组件发生损失时，保险人按受损组件的价值在所属整对或整套设备中所占的合理比例计算赔偿；但若修理或替换受损组件均不能使该成对或成套设备恢复到同类设备基本相同的使用状况，按受损组件所属整对或整套设备的全部价值计算赔偿。

本附加条款与主条款内容相悖之处，以本附加条款为准；未尽之处，以主条款为准。

【解释】

本条款规定成对或成套保险标的的赔偿处理方法和赔偿程度，即被保险人不能以受损的保险标的是成对或成套为由，因其中一项发生损失而向保险人提出整对或整套保险标的的全损索赔申请，或提出设备残余部分归保险人而要求保险人按照全损处理。被保险人同样不能以受损部分难以更换而要求保险人按照全损赔付。成对或成套保险标的其中某一项发生损失，保险人的赔偿责任不能超过该受损部分在所属整对或整套保险标的的保险金额中所占的比例。

本条款进一步约定，在修理或替换受损组件均不能使该成对或成套设备恢复到同类设备基本相同的情况下，保险人将按照受损组件所属整对或整套设备的全部价值计算赔偿。损坏组件可能仅仅是成对或成套设备中的一部分，但可能会对整套设备造成致命影响，极端情况下导致整套设备全损。

（四）72 小时条款

兹经双方同意，本保险合同项下保险标的在连续 72 小时内遭受暴风雨、台风、洪水或地震所致损失应视为一单独事件，在计算赔偿时视为一次保险事故。被保险人可自行决定 72 小时的起始时间，但若在连续数个 72 小时时间内发生损失，任何两个或两个以上 72 小时期限不得重叠。

本附加条款与主条款内容相悖之处，以本附加条款为准；未尽之处，以主条款为准。

【解释】

暴风雨可能断断续续持续一段时间，台风可能往返重复登陆，洪水可能有多个洪峰接踵而来，地震可能有余震，那么被这类自然灾害反复致损到底算一次事故还是多次，扣几次免赔额，可能都会引起争议。因此，投保人与保险人可以约定在连续 72 小时内的这类风险导致的损失，视为一次单独的事件，在扣减免赔额时，只扣一次约定的免赔额。

四、足额保险与保险金额附加条款

（一）增加资产条款

增加资产扩展条款 A

兹经双方同意，本保险合同生效后，被保险人所申报的并经保险人确认的坐落于中华人民共和国境内（不包括香港、澳门、台湾）的新增加资产，但不包括财产本身的升值及存货，保险人按照本保险合同的约定承担保险责任，但在保险期间内新增加资产的金额应不超过本保险合同中载明的相应限额。

被保险人须每季度末 10 日内申报增加资产的价值，且按相应的费率支付新增加资产部分自申报之日起至保险期间届满之日止期间的保险费。

本附加条款与主条款内容相悖之处，以本附加条款为准；未尽之处，以主条款为准。

增加资产扩展条款 B

兹经双方同意，本保险合同生效后，被保险人在中华人民共和国境内（不包括香港、澳门、台湾）新增加的资产，但不包括财产本身的升值及存货，保险人按照本保险合同的约定承担保险责任，但在保险期间内新增加资产的金额应不超过本保险合同中载明的相应限额，且被保险人须每季度末 10日内申报增加资产的价值。

本附加条款与主条款内容相悖之处，以本附加条款为准；未尽之处，以主条款为准。

【解释】

本条款分为两个条款，规定在保险单生效后，保险人对被保险人新增加的资产予以负责，但只负责有形资产的增加，不负责资产的自动升值。每次增加的金额以保险单生效时约定的百分比为限，一般规定为 20%~25%。被保险人须每个季度如实申报一次增加资产的价值，并缴付自资产增加之日起至保险单终止日的按日比例计算的保费。本条款适用于财产变动或增加频繁的新建的大型工业企业、宾馆。运用此条款时应注意以下几方面。

（1）在保单生效时保险人与被保险人商定新增资产限额，可以是一个具体金额，也可以是一个增加比例。

（2）承保时不加收保费而根据被保险人日后申报的具体金额按日比例收费。每申报一次都应出具批单，说明哪项财产自何时起增加了多少金额和应加收的保费数额。

（3）如被保险人不如实申报，新增资产可能不被认定为保险标的，保险人不负任何赔偿责任。若标的发生损失，则按保险合同中的理赔原则处理，即按比例赔偿。

（二）自动恢复保险金额条款

> 兹经双方同意，在本公司对本保险单明细表中列明的保险财产的损失予以赔偿后，原保险金额自动恢复。但被保险人应按日比例补缴自损失发生之日起至保险终止之日止恢复保险金额部分的保险费。
>
> 本附加条款与主条款内容相悖之处，以本附加条款为准；未尽之处，以主条款为准。

【解释】

本条款主要规定保险人在支付赔款之后，原保单项下保额将不会因保险财产损失而减少，或者说保额维持原状，但被保险人应按日比例补缴自损失之日起至保险单终止日止恢复保额部分（即指所支付赔款数额）的保费。计算公式如下：

$$应补缴保费 = 所支付赔款 × 保单年费率 × \frac{损失之日至保险终止日天数}{一年的天数（365 天）}$$

使用本条款时，应注意的事项如下。

（1）本条款适用于资信较好、内部管理较好的企业。

（2）本条款对被保险人有利，无须申报都能得到保险。

（3）保额恢复时应补交的保费为按日比例，而不是按短期费率。这是因为保险责任造成了保额不足。

（4）一般情况下，此附加条款不增加承保风险。

（5）作为一种对大客户的优惠，一定金额（如赔偿金额在 500 万元人民币以内）内可以免收补缴部分的费用。

（三）自动升值扩展条款

兹经双方同意，本保险合同项下双方约定自动升值的保险标的（存货除外）的保险金额在保险期间内每天以本保险合同中载明的保险金额升值率的 1/365 增加，计算公式如下：

保险金额每天升值金额＝本保险合同中载明的保险金额 × 升值率 ×1/365

本附加条款与主条款内容相悖之处，以本附加条款为准；未尽之处，以主条款为准。

【解释】

本条款扩展承保保险单明细表所列各项目的保险金额按其比例增值部分，保险人同意增值比例一般为 10% 以内。使用本条款时，应注意的事项如下。

（1）被保险人通知义务，内容包括：

① 每次续保开始时需要保险的金额；

② 续保期内需要增加的百分率。

（2）本条款仅扩展因通货膨胀引起的被保财产的增值。有的自动升值条款内容比较详细，如规定每天升值的比例为：1/365 × 10%，同样扩展因通货膨胀引起的升值。

（3）被保财产的增值条款还有：放弃比例分摊条款（Average Relief Clause）或 80% 共保条款（80% Co-insurance Clause）。由于这三个条款同样负责通胀引起的增值损失，一般不同时使用，以免造成混淆。

（四）放弃比例分摊扩展条款

兹经双方同意，保险人视本保险合同为足额投保，发生保险责任范围内的损失，保险人在保险金额以内按实际损失计算赔偿，不作比例分摊。若本保险合同所列标的物不止一项时，应逐项分别计算之限制，但保险期间内累计赔偿金额仍以总保险金额为限。

本附加条款与主条款内容相悖之处，以本附加条款为准；未尽之处，以主条款为准。

【解释】

类似条款还有第一危险赔偿方式条款（First Loss Basis），或者实损实赔条款。也就是出险时，不用确认是否足额投保，损失多少赔偿多少，以保险金额为限。实际上保险金额就是一个赔偿限额而已。这是对保险人极为不利的扩展条款，很多再保合约并不支持这种赔偿基础，直保保险人也不会轻易给出这样的责任扩展。

国际市场上的确有这种做法，因为保险标的，如公路等基础设施，全损的概率非常低，是可以用一个限额投保的，即不用参照整个项目的保险价值。远低于保险价值的保险金额（限额）在某种程度上降低了保险人的风险，因此保险人可以适当给予费率折扣。但需要知道，保险人评估风险时，还是评估整体风险，其计算保费的基础还是整个保险标的的保险价值。

保险人为限制自己承担的风险，一般会在保险单上作出如下约定。

（1）一般要求投保金额达到重置价值的90%时，才适用这个条款，否则，可能存在道德风险，严重投保不足，少收保费，对保险人不利。

（2）放弃比例分摊条款只适用于房屋和机器设备，不适用于存货。

（五）85%共保扩展条款

兹经双方同意，保险事故发生时，若保险金额达到保险价值的85%，保险人在保险金额以内按实际损失计算赔偿；若保险金额不足保险价值的85%，保险人按保险金额与保险价值的比例计算赔偿。本保险合同所列标的不止一项时，应分项按照本附加条款约定计算赔偿。

本附加条款不适用于存货。

本附加条款与主条款内容相悖之处，以本附加条款为准；未尽之处，以主条款为准。

【解释】

在保险实践中，如前文所述，标的物的保险价值往往难以确定，因此在出险时可能导致投保时估计的保险金额低于保险价值而需要按比例赔付。如果投保人不是恶意低估保险价值，保险金额达到保险价值的85%时，保险人可以同意视为足额投保，而不计算比例赔付。国内市场上，也有的保险人约定保险标的的价值达到80%时，视作被保险人足额投保。但是，投保人不应利用这个条款恶意减少投保，仍然应该依据相应的定值基础充分估计保险金额，足额投保。应注意的事项如下。

（1）本条款只适用于房屋和机器设备，不适用于存货。

（2）与上述"放弃比率分摊"附加条款类似，但明确规定的比例为85%。

（3）必须谨慎使用本条款，严防人为减少投保金额。

国内市场上有的保险人推出"自动承保条款"（Automatic Insurance Clause）。此条款与上述放弃比例分摊条款、85%共保条款类似，自动承保条款也扩展到被保财产的增值部分。一般规定，增值比例不超过保险金额的10%。同时，被保险人应在保险单期满时通知保险人本公司所有的保险标的增加额并支付按天数计算的附加保费，这点与前两个条款不同。但这个条款设计得不太科学，比如，增值额如果是渐进的，这时应该如何计算要加收的保费？另外，加收保费的开始计算时间也无法控制。所以一般不建议保险人使用自动承保条款。即使保险人迫于市场压力接受此条款，也仅限用于资信好和管理规范的企业。

五、约束被保险人行为的条款

（一）仓储物特约条款

仓储物必须放置于_____公分高的地台板上，否则，对发生水灾事故时因未按要求放置造成最底一层（整件或有包装）的仓储物或底层_____公分以内的（散货）仓储物的损失，保险人不负赔偿责任。

本附加条款与主条款内容相悖之处，以本附加条款为准；未尽之处，以主条款为准。

水位线特约条款

兹经双方同意，本保单按当地_____年一遇洪水水位线_____米确定为洪水赔付责任水位线；对达不到约定水位线以下洪水造成的保险财产损失，保险人不负责赔偿责任。

本附加条款与主条款内容相悖之处，以本附加条款为准；未尽之处，以主条款为准。

【解释】

保险人有权要求被保险人将仓储物等容易遭受水损的财产放置在一定高度的地台板之上。如果未能遵守本保证条款，那么对底层或底层之上一定高度的仓储物不负赔偿责任。保险人甚至可以提出对于未达到大洪水或一定高度洪水线的洪水导致的损失不负赔偿责任。

（二）建筑物变动条款

> 兹经双方同意，鉴于被保险人已缴付了附加的保险费，本保险扩展承保保险财产在进行扩建、改建、维修、装修过程中发生的本保险责任范围内的物质损失，但被保险人须以书面形式提前通知本公司并恪尽职责防止损失发生。
>
> 本扩展条款项下总合同价不得超过：×××元人民币。
>
> 本保险单所载其他条件不变。

【解释】

虽然本条款归于"制约被保险人行为"一类，但对被保险人更加有利。实际上，本条款扩展承保标的物在保期内小规模扩建、改建、维修、装修过程中发生保险责任范围的物质损失，前提是被保险人须以书面形式提前通知保险人。

本条款适用于已投入使用的建筑物，对拥有大型建筑物的企业而言，可以避免这些企业每次因进行上述工程而另行安排保险。在运用本条款时应注意如下事项。

（1）合同当事人事先规定每个合同价限额。

（2）保险合同要求被保险人事先书面通知保险人，否则保险人不负赔偿责任。

（3）在工程合同价限额以内工程不加收费，若工程合同价超过规定的限额，应视危险程度加收费。

（4）要求被保险人采取有力措施以防事故发生。

（5）本条款只适用于保险建筑物，不适用于其他保险财产。

（三）仓储财产申报条款

> 经双方同意，投保人、被保险人已支付的本保险合同中载明的仓储财产的保险费为预付保险费，保险人将根据有关约定进行调整：
>
> （一）被保险人应在每季度结束后三十天内向保险人申报该季度最后一天的库存价值，若被保险人没有按期申报或申报金额高于保险金额，本保险

合同中载明的保险金额将被视作当期的申报库存价值。

（二）发生损失时，若保险仓储财产的实际库存价值超过保险金额，保险人按照保险金额与仓储财产实际库存价值的比例计算赔偿。

（三）保险期间届满时，保险费将根据申报库存价值的平均数作调整，但退还的保险费不得超过预付保险费的 50%。

（四）发生损失后，保险金额将自动恢复，但被保险人应支付自损失发生之日起至本保险合同保险期间届满之日止期间的保险费。

本附加条款与主条款内容相悖之处，以本附加条款为准；未尽之处，以主条款为准。

本条款对每次损失的免赔金额为：×× 元人民币。

本条款的责任限额为：××× 元人民币。

本保险单所载其他条件不变。

【解释】

本条款适用于以仓储物品为主的财产保险。本条款虽然归于"制约被保险人行为"一类，但对被保险人更加有利。仓储物品的可变性非常大，保险人往往难以估算自己承担的责任。通过本条款约定，可使仓库业主在一个合理费用基础上获得保障。投保人／被保险人要确定一个保险期限内预计最高的金额作为保险金额，为了运作方便，本条款选用了每季度申报仓储价值的方式。本条款有如下几个要素：

（1）申报要求；

（2）惩罚条款；

（3）预付保险费；

（4）对不申报价值的处理方式。

根据本条款的约定，投保人／被保险人先按确定的保险金额的 75% 预付全年保险费。被保险人在每季度结束后 30 天内申报该季度最后一天的财产价值，该申报金额作为保险金额，如没按期申报，则保险单明细表中列明的金额将被视为保险金额。发生损失时，按受损财产的实际仓储价值予以赔偿。如仓储价值超过保险金额，则按下列方式计算赔偿：

$$\text{赔偿金额} = \frac{\text{保险金额}}{\text{实际仓储价值}} \times \text{损失金额} - \text{免赔金额}$$

保险单期满时，保险费按申报库存价值的平均数作调整，多退少补，但退费不得超过预付保险费的 50%。

本条款要求投保人 / 被保险人按仓储物最高库存金额为保险金额，保险人在一般情况下要求设定一个与财产险相一致的免赔金额。

（四）防洪保证条款

兹经双方同意，保险人仅在被保险人做到合理的安全保护措施的情况后，对被保险人因暴雨、洪水直接引起的损失负责赔偿。

合理的安全保护措施是指在整个保险期间内，根据气象部门提供的数据，被保险人在保险标的所在地点采取能够预防当地大暴雨（24 小时降雨量为 100~250 毫米）、20 年一遇的降雨或洪水的措施。

由于被保险人没有及时清理保险标的所在地内的沟渠中的障碍物保持水流畅通而造成的损失、损坏或由此而产生的责任，保险人不负责赔偿。

本附加条款与主条款内容相悖之处，以本附加条款为准；未尽之处，以主条款为准。

【解释】

本条款要求被保险人必须尽到防洪的义务，达到一定的防洪要求，否则由此导致的损失，保险人不负赔偿责任。本条款中保险人根据风险管理的需要，附加措辞严厉的防洪保证条款（Warranty），约定被保险人遵守防洪保证条款是洪水造成损失得到赔偿的先决条件。

必须说明的是：

（1）保险合同中约定并列明防洪的标准及被保险人应采取的防洪措施。

（2）建议根据实际情况，制定暴雨、洪水的标准，一般洪水是 20 年一遇，暴雨是 24 小时的降雨量达到 100~250 毫米。

（五）建筑物消防保证条款

兹经双方同意，保险人仅在被保险人做到并符合下列各条要求后，对被保险人因火灾、爆炸直接引起的损失负责赔偿。

1. 保险地址内由被保险人占用、使用的建筑物报经当地消防部门进行建筑设计防火审核，符合法定的消防安全要求，并有有效的《建筑工程竣工消防验收意见书》。

2. 保险标的所在地应始终配备足够的和有效的消防设备以及充足容量的灭火用具，并按要求定期检查，使之处于随时可用的状态。

3. 保证足够的人员受到使用该消防设备的训练，并能随时进行灭火工作。

4. 所有易燃液体和气体的放置地应远离任何明火作业区。

5. 易燃物附近动用明火，或进行烧焊、切割作业时必须至少有一名受到消防训练并配备灭火器材的人员在场。

本附加条款与主条款内容相悖之处，以本附加条款为准；未尽之处，以主条款为准。

【解释】

本条款要求被保险人必须尽到防火的义务，所采取的措施达到一定的防火要求，否则由此导致的损失，保险人不负赔偿责任。

本条款中保险人根据风险管理的需要，附加措辞严厉的防火保证条款（Warranty），约定被保险人遵守消防保证条款是火灾造成损失得到赔偿的先决条件。

必须说明的是：

（1）投保的建筑物必须达到国家的消防要求，投入使用时应经过消防部门验收合格。

（2）按要求配备足够的设备和训练有素的消防人员。

（3）在企业的日常管理中做好防火工作。

六、其他规范性附加条款

（一）赔款接受人条款

兹经双方同意，按照被保险人的要求，保险人将本保险合同项下的保险金优先支付给本保险合同中载明的赔款接受人。如被保险人增加或变更赔款接受人，应以书面方式通知保险人。

本附加条款与主条款内容相悖之处，以本附加条款为准；未尽之处，以主条款为准。

【解释】

本条款约定一旦保险标的发生损失赔款，由谁来主张权利，谁最终可以优先获得保险赔偿。

根据贷款合同规定，银行等信贷机构为了保障自己的利益，往往要求借款人购买财产保险，在投保时向保险人说明并在保险合同中加贴赔偿接受人条款，在贷款没有还清的情况下，如果有赔款，保险人应该优先赔偿给银行，以确保资金在其掌控之下。有时候银行明确要求在贷款协议中将其列为"第一受益人"或"第一顺序受偿人"。但根据《保险法》，"受益人"仅存在于人身险合同中，财产险中并没有这个概念。正确的做法是将银行列为"赔款接收人"（Loss Payee）。

需要说明的是：

（1）赔款超过一定金额，如 5,000,000 元，赔款支付给保险合同中列明的赔款接收人。

（2）正常情况下，赔款支付给被保险人。

（3）本条款一般适用于大型企业。

（二）指定公估人条款

兹经双方同意，当发生保险责任范围内的损失，估损金额超过本保险合同中载明的相应金额时，可以指定双方认可的有合法执业资格的机构作为公估人，公估费用由保险人承担。

本附加条款与主条款内容相悖之处，以本附加条款为准；未尽之处，以主条款为准。

【解释】

公估人（Loss Adjuster），也称理算人，在理赔处理中扮演重要的角色，是索赔人和保险人沟通的重要桥梁。公估人站在中立的立场上对损失进行理算，并争取双方达成一致。公估人的报告在法庭中也可以作为权威的证明材料。公估费一般由保险人支付。实践过程中，往往在保单中事先指定若干公估人备选。许多外资企业或合资企业、国际经纪人，通常坚持使用国际性的公估公司。

（三）抵押权条款

> 兹经双方同意，发生保险责任范围内的损失后，保险人可以按照有关法律规定或被保险人与抵押权人的约定，将保险金在抵押权人的抵押权益范围内优先支付给抵押权人，并视为保险人已将保险金支付给被保险人。
>
> 抵押权人在抵押权益范围内所享有的权利，不因投保人或被保险人违反告知义务或通知义务或因抵押标的物所有权变更而受影响；但投保人或被保险人未按约定支付保险费或因抵押标的物所有权变更而可能增加的保险费，抵押权人应在接到保险人通知十五日内支付，否则抵押权人的本项权益即告丧失。
>
> 保险人终止或注销本保险合同时，应提前三十日通知抵押权人。
>
> 本附加条款与主条款内容相悖之处，以本附加条款为准；未尽之处，以主条款为准。

【解释】

本条款约定一旦保险标的发生损失赔款，由谁来主张权利，谁最终可以优先得到赔偿。如果是抵押物的保险，抵押权人有优先受偿权。非抵押物保险，也可以由投保人决定受益人的顺序。需要说明的是：

（1）所有这类受益人的约定，必须有相关的辅助资料加以证明，以免引起纠纷。

（2）承保后保险人对保险单的所有批改，包括赔款处理，都必须首先取得第一受益人的书面同意方能操作。

（四）放弃代位追偿扩展条款

> 兹经双方同意，保险人同意放弃对下列各方可能拥有的代位请求赔偿的权利：
>
> 1. 被保险人的关联或联营公司；
>
> 2. 被保险人的子公司或控股公司；
>
> 3. 被保险人的董事、合伙人；
>
> 4. 被保险人的雇员。
>
> 但上述各方的故意行为造成保险事故的，保险人保留代位请求赔偿的权利。

【解释】

这是常见的附加条款。保险人同意放弃对任何被保险人的母公司或子公司（有时扩展到任何相关联公司，比如同属一个大型集团的各家公司）的代位追偿权，前提是所有被保险人都遵守保险合同条件（针对某一方的欺诈、故意隐瞒、错误告知等）。使用本条款时应注意：

（1）不是放弃对任何人的追偿权，仅仅是对被保险人的母公司或子公司而言。

（2）与共同被保险人的利益关系。

（3）保险人从其他途径获得的权力不在此限。

国内外市场上使用的扩展条款还有很多，难以一一列举，笔者在此仅列举常用的条款。事实上许多扩展条款只是名称上有所不同，但措辞基本一样或类似，所要达到的目的一致。因此并不是扩展条款越多就越对被保险人有利，有可能是重复描述，甚至自相矛盾，事与愿违，反倒缩窄了保险责任。从业者要特别留意条款的措辞，不被条款名称迷惑，更不能想当然，措辞的微小差异可能导致意思的很大不同。

The Practice of
Property Insurance
企业财产保险
实务

[第四章]
财产保险的业务拓展与开发

我们知道保险企业不同于工业企业和农业企业，也不同于其他商业企业，保险企业所从事的经营活动不是一般的物质生产和商品交换活动，而是一种特殊的劳务活动。在保险的实际工作中，保险活动主要分为销售、承保、防灾、理赔四个环节。其中，保险销售是居于首位的，是以保险为商品，以市场为中心，以满足被保险人需要为目的，最终实现保险企业的目标。

保险的销售过程中，财产保险有别于人寿保险，财产保险业务拓展工作的最突出特点就是非标准化，这与财险领域的车险和其他个险产品形成巨大的区别。有的从业者常犯的错误就是把一个标准保险方案推给目标客户，缺乏根据保险市场需求精心设计的保险条款和合理的保险责任，更谈不上科学厘定保险费率。事实上除了小微企业（一般是个体户性质的，例如小餐馆、小商铺、小作坊之类的企业）因为定制服务成本太高，愿意接受适合的标准方案之外，一般的中大型企业都应该采用定制的保险方案。

笔者比较赞同在全球最大的经纪公司工作中流行的方法论——3D理论，即定义风险（Define）、设计方案（Design）、提供服务（Deliver），这才是正确的业务拓展流程。展业就是首先要弄清楚客户的风险状况和需求，然后设计相应的方案，最后才是报价承保及服务。现实操作中，经常出现本末倒置的现象，保险销售人员抓住一切机会塞给客户一个方案，让目标客户挑选一个价钱便宜的方案，出险时才发现该保的风险没有保到，然后产生争议，对簿公堂，进而影响保险业的声誉。正确的业务拓展步骤如下文分析。

第一节　基本风险的分析

企业的风险转移需求是多方面的，本书仅以财产保险为例。买保险是一项专业性比较强的工作，企业可自行向当地注册的保险公司投保，也可以委托专业的保险中介，即代理公司或经纪人协助安排保险，无论采用哪种形式，都要让企业知道自己的风险需求。企业投保之前，应组织内部的安全管理、财务、技术等人员对本企业在经营或生产过程中面临的风险进行分析和评估，确定将哪些标的面临的风险转移给保险公司承担，哪些风险由自己承担。评估的对象包括本企业的建筑物、生产过程中的机器设备以及材料、成品、半成品等，评估内容包括企业标的存在的风险主要来自于自然灾害、意外事故还是其他原因；万一损失发生，修复费用以及各种额外费用为多少，为确定投保的标的、标的的保险金额、企业可承受的成本及险种选择提供依据。

识别财产的风险所在，对于保险人来说是一件非常复杂的工作。只有识别财产的风险，才能有效地承保该财产。识别财产风险的方式有多种，但这些方式都不能说是十分完美的。归纳起来，有如下几种。

一、保险问询表

这是一种比较常用的方式。保险问询或查勘表就是从保险的角度向被保险人提出问题。不同险别、不同的对象可用不同的保险问卷，通过分析问卷提供的资料，承保人可制定适当的承保条件和费率。但由于保险问卷是从保险角度出发，往往只考虑到可以承保的风险，一般不涉及不可保的内容，因此是不完整的。这种问卷方式一般适用于中、小型的商厦和企业，对于大型的项目，仅靠问卷方式来获取资料是不够的，需要进行现场的风险查勘。

二、分析生产流程表

这种方式主要适用于生产企业，也适用于商业公司。对于大多数企业而言，生产流程表比较复杂，有些企业还要通过多个生产流程表来分析其风险所在。对于生产企业而言，最简单的生产流程表就是供货人 → 原材料储存 → 生产工厂 → 分派到附属加工生产车间 → 产成品仓库（生产工厂）→ 批发商 → 零售 → 顾客的一个过程。通过分析生产流程表可找出哪个环节可能出现什么风险，从中找出危险源，如发生损失，可找出适当的地点、位置恢复生产。生产流程表仅是识别财产风险的其中一种补充方式。造纸企业和服装生产企业的工艺流程图分别见图 4-1 和图 4-2。

备料 ⟶ 切料 ⟶ 蒸煮 ⟶ 筛选 ⟶ 漂白 ⟶ 配料 ⟶ 抄纸 ⟶

整选、包装 ⟵ 切纸 ⟵ 压光 ⟵ 卷取 ⟵ 烘干 ⟵ 压榨

图 4-1　造纸企业工艺流程图

从图 4-1 中可知，大部分工艺带水生产，无火灾危险；火灾风险存在于原料、成品储存及生产中使用的氯气等化学物品。

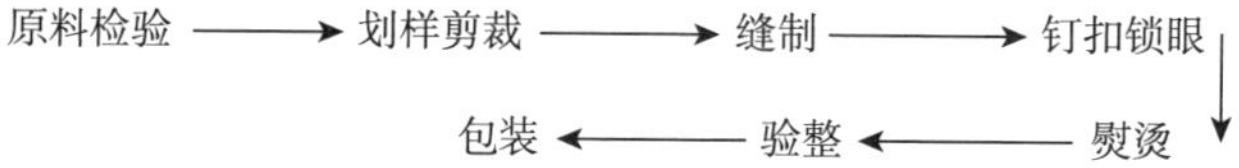

原料检验 ⟶ 划样剪裁 ⟶ 缝制 ⟶ 钉扣锁眼

包装 ⟵ 验整 ⟵ 熨烫

图 4-2　服装生产企业工艺流程图

从图 4-2 中看到的风险点包括：

1. 各道工艺都有飞絮、线绒、布宵等（飞扬）；

2. 不封闭的电气开关及电线、电缆连接点的电火花或各机台的电动机或电线短路；

3. 发热的熨斗长时间停放在衣料或工作台上，对衣服、工作台和其他可燃物存在影响。

三、财务报表

财务报表提供的资料远比保险问卷提供的资料全面，分析财务报表可以使我们识别出企业财产的风险所在（包括可保的或不可保的），并找出可能发生损失的原因。研究财务报表时要对每个科目进行分析研究，下面我们以资产负债表的主要科目为例进行说明。

（一）现金

要了解风险所在，首先看现金的来源、现金留存在公司的时间、现金的留存量、存放地点的安全情况、存放方式（存放在保险箱内，还是采用其他存放方式）等。

（二）应收账

每个企业都有应收账，要看应收账的账目是否保存得当，录入电脑的账目必须单独存放。

（三）仓储物品（存货）

存货是指为企业销售或耗用而储存的资产。存货包括为生产而储备的财产，如原材料、包装物、低值易耗品、委托加工材料等；正在生产尚未完工的财产，如在产品、半成品；为销售而储存的财产，如产成品、自制半成品、商品等。存货是保险人承保的主要对象，存货在每一个流动过程中，都可能遭受损失，可根据会计核算资料，分析存在的风险。

（四）有价证券

有价证券的风险包括被偷窃、被伪造、被涂改、被烧毁，有价证券是否存放在安全的地方。

（五）固定资产

固定资产包括土地、房屋、建筑物、机器设备以及其他企业拥有的固定资产。对于房屋、建筑物和机器，必须将其评估价值作为资产负债表的补充。机器设备要考虑其使用年限，技术是否过时。房屋、建筑物所在的地点很重要，如发生损失，能否在原地进行重建。但在分析建筑物、机器价值时，要考虑到反映在账面上的价值与实际价值往往是有距离的。注意剔除车辆等资产。

（六）合同责任

如前所述，有些风险可以通过合同转移给他人，如出租房子，租约中要求承租人购买保险从而使出租人的财产得到保障。通过研究合同可以分析财产的风险所在。

四、分析以往的损失记录

通过分析核查以往的历史记录，分析曾经发生过的风险以及可能发生的风险。按保险的大数法则，历史记录越长，提供的数据就越精确。使用这种方式的前提是必须拥有大量的数据，分析成本也很高。一般要查看企业 3~5 年的索赔（损失）记录。

上述各种方式各有不足之处，可以互相补充，最好的办法当然是综合运用上述方式。对于中小型的风险，通过上述方式可能就可以进行简单分析。但对于复杂的大型风险，这些分析方式远远不够，需要进行现场查勘。事实上，因为中小型企业出险率高，针对这类企业的风险，保险公司也强调现场查勘的重要性。但因为中小企业数量众多，保险公司业务众多，如果太小的标的（如保额 5,000 万元以下的风险），保险公司直接选择不承保。对于一些水灾危险地区的中小企业，保险公司选择不承保整个地区的风险，例如广东的汕头地区。特殊的行业，如小型的家具厂、泡棉厂、电池厂，也越来越难找到愿意承保的公司了。

第二节　现场查勘

充分认识和了解风险是财产保险业务开展的基础。一般认为，财产一切险是利润险种，但实际经营过程中，因为竞争的缘故，往往导致整个业务亏损。损失的频率不如其他险种高，但损失程度往往严重。例如，一些高科技企业，平时一般不出险，一旦出险往往导致上亿元的索赔。事实上，重大赔偿案件对赔付的影响巨大。据某全国性保险公司统计，2020 年赔款金额在 100 万元以上的案件占比为 0.57%，而赔款净额占比达到了 66%。出险原因方面，火灾爆炸、台风暴雨是造成损失的主要原因：火灾爆炸导致的损失占比为 45.77%，台风暴雨导致的损失占比为 28.29%。因此，与这些风险相关的防护措施、致损因素等都将成为风险查勘的重点。

不接触风险、了解风险，很难理解风险。我国幅员辽阔，各地区面临的风险也千差万别。例如，内陆地区，北方的人们就很少能体会到台风登陆时沿海地区的地动山摇；沿海、平原地区的人们对泥石流、山洪暴发也没有直观的感受。

人为因素方面，欧美日等外商投资企业和大型国有企业对风险管理要求较高，一般来说风险管控较好。不少港澳台韩投资企业和中小型民营企业风险管理水平较弱。特别是台资企业，成本控制一般非常严，能省的风险管理费用很多都省了。一度导致这类企业赔付率极高。有些保险人需要额外调查企业性质后才予以承保。

因此，要得到可靠的风险状况资料，现场查勘是一种最实际的方式。特别是对同一类型企业的查勘，查勘企业数量越多，越能找出规律性的东西。要注意的是，在进行现场查勘之前应掌握一定的资料，勘查人应该是熟悉这一行的专业人士，否则很难有效地识别出财产的风险所在。此外，还可以通过公开资料获得有关信息。

一、基本信息了解和资料准备

保险人在对风险进行查勘之前，应尽可能多地掌握潜在客户的基本信息，包括以下几方面。

1. 被保险人名称及企业的行业归属。如纺织、石化、制鞋、家具、造纸、竹木加工厂、塑料厂、油漆厂、海绵发泡厂等属高风险行业；中等风险行业如机械厂；低风险行业如酒店、写字楼。

2. 被保险人所在行业性质。就行业性质而言，风险由大到小依次为工业生产企业、仓储企业、商业企业。

3. 企业的性质。

（1）集体或私营企业主要是指小型的民营企业、集体企业、乡镇企业，风险相对较大。

（2）股份制企业主要是指原国有县级以上企业。此类企业有健全的管理制度，有一定的管理基础；有安全机构和专职安全管理人员，但安全管理机构和人员随着企业利润的驱使，有逐渐削弱之势；职工素质呈下降趋势；设备更新和维护跟不上安全生产的要求；隐患较多，风险发生概率也相对较高。

（3）大型国有企业主要是指原中央或省部委所有的大型国有企业。大型国有企业安全卫生标准和安全管理制度健全；职工素质相对较高；设备设施状况较好；工艺技术较先进；隐患少，风险发生概率也相对较低。

（4）"三资"企业。其设备和工艺技术先进，安全理念和管理方式先进，发生风险的概率较低，但一旦发生事故损失较大。

4. 保险财产所在地。逐一列明地址，评估其所在环境风险。

5. 保险金额。关注不同类资产的分项保额，有的企业投保的财产的保险金额太小，保险人不接受承保或费率高。

6. 是否存在选择性投保。包括是否全部投保及投保项目是否足额或超额投保。

7. 是否有特约投保标的。参照财产险条款所列项目。

8. 是否属于公司禁止或限制承保的业务（各家公司，包括再保险公司的规定不同）。可参照公司内部有关规定。

9. 以往承保情况。询问业务负责人或在系统中查询，事故频繁发生者，保险人会将其列入不良记录名单。

10. 以往出险情况。包括但不限于出险时间、出险原因、出险标的、损失程度、赔付金额、风险整改情况等（不一定构成保险索赔案）。

11. 是否有负面的新闻报道。例如，安全生产问题、违法行为、劳动纠纷、各类诉讼、经济状况等。可以通过网络搜索各方面的信息。

在现场查勘之前，保险人通常会要求投保人准备大量的相关资料，例如平面图、流程图、各类安全手册、操作手册、管理制度等。查勘过程也要和不同部门、不同岗位的人员沟通，例如生产主管、安全主管等。可参考附录《风险查勘前的资料准备清单（样本）》。

二、现场风险查勘的重点

目前，一些财产保险公司设立专门的风控部门以配合承保人的工作。在目标客户发出投保要约邀请之后，承保人员作出承保决策和定价之前，由专门的风险评估人员（或使用专门的设备）按照规定的流程开展标的物的风险状况评估。国际知名的大型保险经纪公司，例如，达信（Marsh）、怡安（Aon）和韦莱（Willis）也设有专门的风险管理部门，配备专职的风险工程师，而且是熟悉 FM 认证的工程师，协助客户进行风险查勘和管理工作。此外，对一些大型企业，保险公司还会出具专门的风险评估报告，指导自己的客户在日常经营生产活动中更好地管理风险。目前，风险评估工作已经逐步成为强化与客户关系的一种有效方式，可以促进业务发展。在风险评估过程中，比较常见、应用范围较广且比较成熟的风险评估模型是 COPE 模型。

COPE 模型最初是保险公司用来评估火灾风险的一个模型，包括 4 个评估维度，即建筑（Construction）、用途（Occupancy）、防护水平（Protection）和外部风险（Exposure）。

COPE 模型可以将风险评估量化，根据投保险种、保额、标的、所属行业类别等要素，优化风评流程，对于符合条件的标的，建立标准化风评电子表单，由查勘人员实现电子化点选、快速风评和快速报价。

当然，针对一些特殊的财产，比如码头、桥梁等，则需要专门的风评人员开展细致的工作；对一些特殊行业，会有专门的风评模型，比如适用于生产制造行业的 3P 模型（Plant，建筑物自身风险；Process，生产工艺风险；People，涉人操作风险）。此外，也有机构将 COPE 模型做修改延伸：将防护水平中涉及的管理制度部分归结为 Management（管理制度和执行情况），将外部风险中涉及的地质结构、风、雨等自然因素归结为 Natural Peril（自然风险），加上 Loss Experience（损失记录）和 PML，形成了开展风险评估的 COPE+MNLP 模型。以下定性地描述查勘的要点。

（一）建筑物结构

1. 防火等级

各类建筑物防火等级如表 4-1 所示。

表 4-1　　　　　　　　　各类建筑物防火等级

防火等级	屋顶	墙体	地面	主体结构部分
防火建筑	钢筋混凝土，可抵御两小时或更长时间的火灾	钢筋混凝土砖混结构	钢筋混凝土	钢筋混凝土，可抵御两小时或更长时间的火灾
不可燃建筑	预制板、石棉板、石膏板、不可燃性钢结构金属板（涂防火材料）	填充墙砖混结构	混凝土	钢结构，砖混结构
可燃建筑	石板、瓦片、可燃金属结构（未涂防火材料）	填充墙，砖混或金属结构	混凝土木结构	钢结构，重木质结构

如果建筑物屋顶、墙体和地面的信息不足或信息交叉致使无法确认建筑等级时，应以其主体结构部分为准，确认建筑物等级；若所有信息均缺乏时，默

认以最低建筑物等级为准。

2. 防风性能

一看支撑结构。主要查看主梁、主柱的材料和规格，以及主柱与主柱之间的距离。如果主梁及主柱为工字钢的，应尽可能调查工字钢的腰高和腰厚，以便于判别其抗风能力。

二看维护结构。维护结构包括屋面和墙面。屋面为轻钢结构的应重点调查其斜坡角度、厚度及是否夹层，及与梁墙的连接情况。墙面主要查看其材料、是否有挡风墙、玻璃面积、门窗是否有破损等情况。此外还应观测屋面与墙面的连接部分是否密封。

一般来说，钢筋混凝土结构和砖混结构的建筑物防风性能较高；而轻钢结构和砖木结构的建筑物防风性能相对较低。当然我们应当特别关注企业各类建筑物的数量、建筑物建造年份、门窗是否完整无缺且牢固、是否存在地下建筑等信息。

3. 防火间距

防火间距一般是指防止着火的辐射热在一定时间内引燃相邻建筑，且便于消防扑救的间隔距离。

（1）防火间距应按相邻建筑物外墙的最近距离计算。

（2）防火间距大都要求在 10 米至 20 米之间。一般根据生产或仓储的火灾危险性等级、建筑物的耐火等级和建筑楼层数等因素来确定防火间距，但危险品生产或仓储对防火间距的要求远远高于上述标准，具体规定可查询我国颁布的《建筑设计防火规范》相关内容。

我们需要特别关注建筑物之间是否堆放了可燃物，或者建筑物之间有可燃物相连。

4. 防火分隔

防火分隔是指在一定时间内阻止火势蔓延，且能把建筑内部空间分隔成若干较小防火空间的物体。竖向分隔设施主要是楼板、避难层、防火挑檐、竖井的防火分隔、建筑物的功能转换层。水平分隔设施主要是防火墙、防火卷帘、防火门、防火窗、防火幕等。通常设置在防火分区和重要的厂房、仓库以及疏散楼梯间。

（1）一般来说企业自备的发电房、配电房、变压器或喷漆车间等是存在较大风险隐患的空间，且该空间与仓储和生产车间非独立，应配置相应的防火分隔。

（2）在查勘防火间隔时，关注防火墙和相互间的距离，便于计算最大可能损失（MPL），还应关注防火间隔设施是否有损坏或被堵塞等情形。

（3）传统混凝土结构厂房防火能力相对较好；彩钢瓦结构的仓库由于跨度大、顶棚高、耐火等级低、过火速度快，燃烧易形成规模效应，事故造成全损的可能性较大。

（4）企业的建筑物如果是钢筋混凝土结构，其建筑周期较长，内部空间受结构限制，单层面积一般不会太大，建筑材料防火性能较高。如果是钢结构 + 板结构，其建筑周期短，结构灵活，单层结构居多。主体为钢结构的建筑，跨度大，内部空间开阔，有利于生产线的布置，生产、存储一体化，其墙体、屋面采用压型板、彩钢板等材料。

（二）场所占用性质及情况

企业的业务性质与风险息息相关。以下述业务为例定性描述其风险。

1.交通基础建设项目

大型基建项目，如公路、铁路、桥梁、隧道、港口等项目在刚刚完工后风险与建工期风险相比大大降低。但项目状态并不是很稳定。例如，沉降、边坡需要一段较长的时间才能稳定；又如，绿化工程在早期未能充分发挥作用。因此大型基建项目在转入营运期的最初两年，仍然有可能发生较大的损失，如边坡塌滑等。穿越城市的地铁线路，对灾害的防护等级要求都很高，但由于城市发展快，导致排水设施、防洪能力往往滞后，因此地铁项目也备受极端天气的考验。

一般来说，大型基建项目出险的频率较低，自然灾害和意外事故导致的赔案较少。在内陆省份，这类项目甚至较少购买保险。很多人认为，除非是地震，否则不会有巨灾损失。在沿海地区暴雨、洪水和台风等自然灾害常常导致损失，因此购买企业财产险比较常见。需要注意的是，这类项目的免赔额往往较低，高频发生的小额赔案累计赔偿金额可能也会侵蚀承保利润。例如，高速公路往往穿越人烟稀少的地区，因为很难看护，因此电线电缆、路牌等可能成为被盗窃的对象。

2.工业企业面临的风险

从国家统计层面看，已经不对轻重工业严格区分。但为了描述方便，以下还是从这两个维度进行描述。

轻工业是城乡居民生活消费品的主要来源，与日常生活息息相关，包括食品、烟酒、家电、家具、五金、玩具、乐器、陶瓷、纺织、造纸、印刷、生活用品、办公用品、文化用品、体育用品等。这些行业在国民经济中扮演越来越重要的角色。轻工业也是外向型经济常见的行业。从客户数量方面来看也是非常庞大的，很多是中小型企业。这些企业的风险防范水平往往较低，损失发生频率较高。个别区域市场，甚至对特定行业的承保特殊对待。例如，广东对13个行业的小企业承保有行业承保指导，承保条件相对严格。13个行业包括纺织服装、鞋、帽制造业；印刷和记录媒介复制业；纺织业；家具制造业；造纸及纸制品业；塑料制品业；非金属矿物制品业项下的"陶瓷制品制造"；电气机械及器材制造业；计算机、通信和其他电子设备制造业；皮革、毛皮、羽毛及其制品和制鞋业；仓储业；木材加工及木、竹、藤、棕、草制品业；公路管理与养护（公路财产险）。

这类企业往往是劳动密集型企业，营业场所的风险管控较弱，甚至不规范。因为市场竞争激烈，这类企业的毛利润率较低，需要靠规模经济取得足够的利润额，因此存货量较大，资产中存货的占比往往较高。实操过程当中，也确实是仓储物的出险概率较大。因为存货堆积如山，出险时灾难容易蔓延，施救困难。另外，出险后，核实出险标的的成本价格对理赔人员来说也是一项艰巨的任务。比如，纺织品涉及的原料可能达到500种之巨，要分析受损标的的成本构成，往往只能抽样核实。因为仓储物品受损量巨大，受损程度往往也是有争议的方面。有时甚至无法做到全部检测检验，只能抽样检测，以估算损失范围和程度。定损过程因此争议较大。承保过程中，保险公司往往对仓储占比高的风险不予承保，或加费承保。

物流行业更是高仓储风险的典型代表。由于中国市场的特殊性，物流公司通常会购买货物的财产保险和运输保险。其投保财产全部是仓储物。近年来，由于国内贸易特别是电商的发展，物流行业财产险需求激增。但物流园的风险防范水平往往很低，小物流公司风险防范能力更弱。导致行业赔付率极高，物流行业更加成为承保风险严格管控的对象。根据某全国性大型财险公司2020年的统计，一般物质仓储业的赔款损失占到了该公司财产险赔款净额的8.83%。

重工业，包括钢铁工业、冶金工业、机械、能源（电力、石油、煤炭、天然气等）、化学、材料等工业，往往是重资产的行业，但风险差异较大。如能源行业，保险人往往将其归类为特险领域，承保时甚至可能用特殊的条款或保单格式。在钢铁、冶金甚至整车厂等行业，风险来源单一，主要是火灾爆炸风险，因此未必使用财产一切险，仅使用基本险或综合险。保险损失虽然发生频率不高，但一旦发生也可能是重大损失。但因为受损的往往是机器设备等固定资产，损失程度的认定和损失原因的认定与上述仓储物品受损认定相比相对容易，主要的问题是重置成本往往高于保险金额。一般来说，这类企业数量相对较少，企业风险管理相对规范，因此往往是保险公司的主要业务甚至承保利润的来源，成为保险公司主要的目标客户。

3. 商贸和宾馆酒店企业面临的风险

一般来说，保险公司会认为大型商业综合体（包括百货公司、超市、小商品城等）、宾馆、酒店、写字楼遭受巨灾损失的概率较小。造成大额损失的原因往往特殊，如地震或者装修过程中的火灾。这类企业也是保险公司承保利润的主要来源。但因为竞争激烈，费率和免赔额较低，大量小案件累计赔偿额也同样侵蚀承保利润。典型的小额高频案件包括玻璃破碎、水管爆裂等。其中水损不但导致物质损失，也会造成较大的第三者责任。第三者责任损失也会进一步侵蚀财产险的承保利润。

商场写字楼内的租户众多，有时甚至形成经营的利益共同体，因此商场和写字楼也往往要求小商户购买相应的财产保险和责任险后方可入驻，甚至要求小商户将物业业主列为共同被保险人，免除对大厦业主的代位追偿权。

我国是制造业大国，因此生产型企业较多，本书的关注点也主要是制造业风险。

（三）了解防灾安全设施

在这种环境下，被保险人是否设置有效的防灾设备，需要弄清其分布、维护情况。

1. 洪水风险的防范

（1）水灾的主要出险形式

① 连续降雨导致江河湖泊泛滥决口、倒灌，洪水淹没农田、厂房等经济设施。

② 短期强暴雨造成积水淹没财产。

③ 建筑物顶部不牢固，在狂风暴雨的袭击下破损漏水，造成损失。

④排水管道破损，雨水流入室内造成财产损失。

因此，位于江、河边的标的在汛期应有一定高度的防水墙和应急方案。

（2）近年来水损（暴雨、洪水）赔款占总赔款的比例很大，结合这几年来的理赔查勘经验，水损的主要原因有以下几点。

①地势低洼，洪（河）水倒灌。如某酒店水浸案，该酒店一楼比酒店前方公路约低 3 米（一层楼高），暴雨时积水在此汇聚引起损失。

②排水系统不畅，雨水无法及时排出。如近年来广东某些高速公路暴雨案多数与施工造成排水沟渠（涵道）阻塞，雨水无法及时排出有关。

③房屋建筑结构不牢固，塑料瓦及铁皮顶棚易被大风掀落，并进一步造成水浸损失。

④货物存放不合理，易损物资存放位置过低。多数纸品厂、纺织厂的损失都与此相关。

因此，具体的防护措施应包括：（1）位于江、河边的保险标的在汛期应有一定高度的防水墙，即用钢筋混凝土或圬工所建的挡水建筑物，企业制定汛期防汛措施和其他应急方案；（2）配备雨水泵，水泵流量，即单位时间内通过水泵出口的水量或单位时间内水泵抽送液体的数量应较大；（3）其他措施。如选取地势较高的区域建设厂房仓库；加高仓库及车间地基高度，保持室内外合理高度；为存货及机器设备加垫垫板等。

2.火灾防范

按消防部门的规定检查保险财产在设计、装修用料方面是否符合防火要求，是否配备足够的消防器材及其保养情况，是否订立安全防护措施，是否配有训练有素的消防施救人员等。

企业的火灾防范措施可分为一般的防火措施（即消防用水供应、手动灭火器、消防栓和消防水带）和特殊的防火措施〔即防火探测系统、警报传输装置、自动灭火系统和监（控）测系统；特殊位置，如计算中心、电气室、电信中心使用气体灭火系统和一些特殊系统，如排烟系统、气体传送装置中的打火探测及灭火系统〕。

3.防爆措施

核查投保财产是否存在爆炸隐患，相关的预防设备是否已由安全部门检验合格；是否有爆炸抑制系统，以在几毫秒内探测到爆炸并且将其抑制；保护有潜在爆炸危险的装有粉状物的密闭容器，如装有奶粉、干燥剂等的容器。

4. 防雷措施

企业的财产是否位于雷击多发区；预防雷电设备是否符合标准或要求；是否安装防雷塔/避雷针；是否配备断电保护设施，如 UPS 电源、保安电源、自备电厂。

5. 供电、供水、供气系统保护

系统是否处于正常运行状态，通过检查以往的生产记录，了解是否经常出现上述的"三停"事故，并分析其原因及造成的损失情况。

对于特定的生产型企业，还特别要留意其生产材料/生产过程。

（1）检查是否有易燃液体

检验人可列出如下检查清单，方便进行对照检查。

① 应储存在独立的危险品仓库中，不能放在原材料或成品仓库中。易燃品仓库和主生产区域至少有 15 米的间距，并且要在门口设置不低于 10 厘米的围堰，防止易燃可燃液体翻洒后流到其他区域。易燃可燃液体在生产区域的存放量不应超过一个班的用量，并放在专用存储柜或围堰内。使用、存储场所应设置排水装置。

② 易燃、可燃液体输送管道应为金属材质，易燃液体储存容器应为金属材质。

③ 易燃液体的储存以及使用场所应有低位机械通风设施。

④ 易燃液体使用场所应使用防爆型电气。

⑤ 易燃液体的管道、储罐应有相应的接地和等电位连接措施。

⑥ 易燃液体的输送系统应与火灾探测系统或喷淋系统联锁。

⑦ 喷漆房的排风设施应与喷枪的压缩空气供应联锁，确保在不启动排风装置的情况下，无法进行喷漆作业。喷漆房应使用不可燃的建材，并且有防火门。

⑧ 对于油箱大于 380 升的液压油系统，应有液压油自动切断装置。该自动切断装置可以由火灾探测系统或喷淋系统触发。

⑨ 对于导热油，应尽量使用焊接管道。法兰连接处应设有金属罩，防止导热油泄漏喷射。导热油管道的保温层应使用不吸油材料（如泡沫玻璃）。导热油系统应有足够的安全联锁装置。

⑩ 淬火油系统应有高温报警及联锁装置。

（2）检查是否有易燃气体

易燃气体是指与空气混合的爆炸下限小于10%（体积比），或爆炸上限和下限之差值大于20%的气体。常见易燃气体有氢、一氧化碳、甲烷、丙烷、乙烯、乙烷、乙炔等烃类，还有硫化氢。其安全要求如下。

① 易燃气体使用场所应有足够的通风测试。

② 易燃气体使用场所应使用防爆电气。

③ 易燃气体使用场所应有气体泄漏探测报警装置。

④ 易燃气体的输送系统应有安全联锁装置，当检测到泄漏时自动切断易燃气体的输送。

（3）检查是否有爆炸性粉尘

爆炸性粉尘一般指比较容易引发爆炸事故的粉尘，大致包括但不限于铝粉、锌粉、硅铁粉、镁粉、铁粉、铝材加工研磨粉、各种塑料粉末、有机合成药品的中间体、小麦粉、糖、木屑、染料、胶木灰、奶粉、茶叶粉末、烟草粉末、煤尘、植物纤维尘等。这些物料的粉尘中都有较强的还原剂 H、C、N、S 等元素，当它们与过氧化物和易爆粉尘共存时，便发生分解，由氧化反应产生大量的气体，或者气体量虽小，但释放出大量的燃烧热。例如，铝粉只要在二氧化碳气氛中就有爆炸的危险。爆炸性粉尘的危险性如下。

① 可燃物的粉尘都具有爆炸性。

② 爆炸性粉尘应及时清理，不能让其积聚在地面、设备、建筑结构和管道等表面。

③ 在产生爆炸性粉尘的作业场所应安装集尘器。集尘器应有足够大的泄爆口。集尘器最好安装在室外，如无法做到，则至少要泄爆至室外。

④ 产生爆炸性粉尘的作业场所应使用防爆电气。

（4）检查是否有燃烧设备

从如下两个方面检查。

① 燃气供应管道上应有足够的安全保护装置，包括燃气自动切断阀、燃气高、低压联锁开关、燃烧用空气低压开关、火焰探头及熄火联锁。

② 燃油供应管道上应有足够的安全保护装置，包括燃油切断阀、燃油高低压开关、燃油雾化媒介（蒸汽或空气）低压开关、燃烧用空气低压开关、火焰探头及熄火联锁。

（5）检查其他特殊风险

① 电镀槽（或其他加热的塑料槽）应有低液位以及高温报警和联锁。

② 风管、排气管应避免使用塑料材质。风管内的可燃残留物应定期清洗。

（四）所处环境的外部风险

保险财产处于不同的地理位置具有不同的危险程度，如保险财产处于沿海一带，遭受台风的可能性就大；处于河边，受水淹的可能性就大。要根据保险标的物所处地区分析遭受主要风险的可能性。

保险人对企业的环境风险应关注如下因素。

1. 企业保险财产所在的地理位置。低洼地带易发生暴雨积水内涝、洪水风险；山坡或山脚下易发生山体滑坡或泥石流等风险。

2. 江堤、河堤旁边或附近易发生洪水风险；水库下游附近或旁边或泄洪区域易发生洪水风险。

3. 危险场所附近（气站、油站）易发生火灾风险；偏远交通不便区域易发生损失扩大风险。

4. 工厂距离交通线路和设施过近（铁路、公路和机场）易发生外来撞击风险。

5. 如果企业位于山脚下、山沟里或山坡上，则认定为临近山脉。企业临近山脉，需考量企业遭受滑坡泥石流的风险。

6. 企业临近江河、湖泊。若企业附近 1000 米范围内存在江河、湖泊，则认定为"临近江河、湖泊"。需估量与最近江河、湖泊的距离及与堤坝的有效地势差；了解企业是否位于泄洪区；判断周围地势高低情况。了解企业近五年是否曾经遭受洪水内涝灾害，如有，应观察现场是否还留有水渍遗迹，并询问历史最高水位线的位置。

7. 查看企业东南西北四周的建筑物情况，目测与周边建筑物的间距。主要考虑外来火灾燃烧风险。

重点考察该环境下企业面临的主要自然灾害。

1. 水灾风险

雨季指每年降水比较集中的湿润多雨季节。在我国，一般南方雨季为4—9月，北方为6—9月。关注最大降雨量（降雨量是指在一定时间内降落到地面的水层深度）。

2. 风灾风险

考察标的是否位于台风、暴风、龙卷风等风灾影响区域。

3. 雷击

标的所在地是否属于雷区可根据气象部门提供的当地平均雷暴日天数（T）确定。

雷暴日表征不同地区雷电活动的频繁程度，是指某地区一年中有雷电放电的天数，一天中只要听到一次以上的雷声就算一个雷暴日。年平均雷暴日数 T>90 的地区为强雷区；40<T ≤ 90 的地区为多雷区；25<T ≤ 40 的地区为中雷区；T ≤ 25 的地区为少雷区。

4. 暴雪

标的所在地是否属于高雪压地区可根据气象部门提供的雪荷载数据确定。

东北和新疆北部是中国两个高雪压地区；长江中下游也是一个高雪压地区，但积雪期极短。

5. 其他巨灾风险

指地震、海啸、热带风暴、泥石流、滑坡及其他地质灾害。可以查阅保险财产是否处于国家有关部门颁布的灾害分布图标明的范围内及其防灾标准。

（五）企业的风险管理情况

笔者认为，COPE 评估的难点在于对管理的评估。因为管理者如果意识不到风险，风险防范就无从谈起。另外安全管理水平的提高也不是一蹴而就的事情。在管理中最常见的问题就是规整（Housekeeping），很多企业都难以做到，查勘中发现在不同区域往往都会存在这样或那样的问题。例如电房、IT 机房内经常会有杂物，短路时很容易引起火灾。好的仓库管理明显可以看到分类、分区摆放整齐，差的会把货物杂乱地堆在一起，更糟糕的是连防水的垫板都没有。又例如危险化学品仓库的管理，有一些储存的易燃液体会有渗漏，也没有托盘。易挥发液体的存储地点没有通风，导致浓度升高。有些连最基本的分类存放都做不到，比如有些遇水易燃物品和一些可燃固体需要分开放置。如为了生产方便，在两个建筑物之间的走道或连廊里堆放存货，硬生生将两个危险单位弄成了一个危险单位。林林总总，存在各种不规范之处。因此，查勘时应当注意以下方面。

1.生产现场

（1）判断生产现场是否整洁有序，是否及时清理。首先以问询的方式了解是否有生产环境的定期清理制度和清理人员；现场勘验时观察现场生产环境是否存在较为严重的废料散乱情况；注意查看生产环境中是否有物料的随意摆放，是否有粉尘、杂物的散落情况。

（2）判断生产设备有无"跑、冒、滴、漏"的现象发生。主要观察设备有无蒸汽泄漏，水龙头没有关严，原料或气体的"跑、冒、滴、漏"，装置上是否存在腐蚀部位，阀门、管件等的接头是否损坏，设备与管线是否存在漏点，地面是否有明显的油渍等。

（3）生产设备的常见安全控制装置是否完好、有效，是否有日常维修保养记录。

2.线路维护

（1）检查电气线路是否存在无防护裸露线路的情况。

（2）检查线路布置是否混乱，出现交错或搭接线路的情况。

（3）电气线路破损的情况：①导线存在防护剥落破损的情况，或线路绝缘层受损裸露；②在导线连接处有杂质，如锈蚀、产生氧化层（如铜导线出现"铜绿"）或渗入尘土。

（4）电气线路是否有老化现象，需要关注是否存在线路年久失修，绝缘层陈旧老化或受损，使线芯裸露。

（5）电线是否妥善地与固定装置、插头、电路断路器，以及其他设备相连：①安装质量差，造成导线与导线，导线与电气设备衔接点连接不牢；②裸导线安装太低，搬运物料时易不慎碰在电线上，可能存在金属构件搭落或小动物跨接在电线上；③不按规程要求私接乱拉，管理不善，维护不当；④用金属线捆扎绝缘导线或把绝缘导线挂在钉子上；⑤在线路中接入了过多或功率过大的电气设备，超过了电气线路的负载能力；⑥铜丝和铝线连接的方法不当。

（6）电气线路的使用年限。需要现场验险人员通过问询了解实际情况。

（7）线路环境。主要关注：①使用绝缘导线、电缆时，没有按具体环境选用，使导线的绝缘受高温、潮湿或腐蚀等作用的影响而失去绝缘能力；②线路在粉尘浓度较高的环境中穿过；③线路经过路径是否存在可燃油气。

（8）应使用防爆灯的地方，是否使用：有易燃易爆的气体、并且需要照明的场合，如液化气站、油漆仓库等场所；有大量可燃粉尘或易燃物存储的环境，如木材加工厂、纺织厂。

（9）企业是否有定期的电路检测计划。需要现场验险人员通过问询的方式向企业了解。如果企业存在定期电路检测计划，需要对计划书封面或电路检测记录标牌进行拍照留存。

（10）历史线路事故。需要现场验险人员通过问询的方式向企业了解，如果企业曾发生线路事故，需要对事故发生原因、造成的损失后果、事故发生后的整改措施进行了解和记录。

3. 仓储物管理

（1）仓储物堆放是否整齐：①采取立体堆放方式，而非散乱摊放；②通道应有适当的宽度，并保留装卸空间，可保持物品搬运的顺畅，同时不影响物品装卸工作效率；③应依物品本身形状、性质、价值等而考虑不同物品的堆放方式；④物品的仓储考虑到"先进先出"的原则；⑤物品的堆放能让人方便地读取储存数量；⑥物品的堆放应方便识别与检查，如良品、不良品、呆料、废料的分开处理。

（2）仓储物离门窗距离不少于 50 厘米，离主柱距离不少于 30 厘米。

（3）仓储物堆放间距不少于 100 厘米。

（4）仓储物堆放面积是否符合安全要求。

（5）地面层仓储物是否有垫板。

（6）电气设备、高温设备周围及照明灯具下方有无堆放可燃物质：照明灯具垂直下方不易堆放物料。

（7）仓储物易损程度：水损程度参照查阅内部定损标准，如中国人民财产保险股份有限公司自行制定的《水灾定损手册》；火损程度依据存储物火灾危险等级判断。

（8）露天堆放和简易建筑存放。如果存储物被存放于露天或简易建筑内，请如实填写这两项，并拍照留存。

露天堆放财产、在简易建筑内及其下存放的仓储物，保险合同均不承担暴雨、洪水、暴风、暴雪等自然灾害引起的损失，但在承保时仍需引起高度重视：一是火灾风险依然存在，且大大高于规范存放的财产的风险；二是简易建筑虽在条款释义部分已进行解释说明，但一旦出险后，若其保额在总保额项下，保险人拒赔难度较高。

4.了解保险财产以往的损失情况

一般从被保险人过去 3~5 年的损失记录中可看出被保险人对保险财产的管理情况，通过分析以往损失原因找出风险所在。

5.了解被保险人的道德情况及对风险的态度

对经营状况差的企业，需要了解是否存在道德风险。可通过政府有关部门或金融单位调查客户的资信情况，建立客户资信档案，以备承保时使用。

特别对于火灾风险，我们主要观察企业的如下情况。

（1）高层管理人员积极的防火态度。

（2）有严密而实际的安全管理组织制度和记录。

（3）动火许可 / 承包商现场作业管理；消防设施中断应急措施；危险化学品管理。

（4）事故应急预案和训练。

（5）设备维护保养制度和记录，物品储存管理制度。

（6）企业员工消防培训和训练，等等。

定量的评估需要专业的防损工程师在查勘后进行。关于 COPE 的介绍有专门的文章书籍可以参考，本书不展开论述。

风险查勘非常重要，针对一些复杂的大型风险（如大型芯片厂、石化项目），在保险招标之前，还有专门的风险管理路演和答疑会议（Road Show），由企业的风险管理部门，会同他们的保险经纪人，共同向保险人介绍其风险和管理情况，回答保险人提出的各种质疑，以期保险人能对风险有信心。这样才能争取到较为优惠的承保条件，或足够的承保能力（份额）。

第三节　保险建议书

企业在风险分析和评估的基础上，方可制定适合目标客户的保险计划，一是选择合适本企业的保险险种，如基本险、综合险和财产一切险等；二是投保险种的主要内容，如保险财产、保险金额、保险责任及责任免除。

由金融机构提供资金的企业，需要研究贷款合同附带的保险条件要求，方可作出决定。

保险业务拓展人员一般时刻注意项目或企业的投保动向，采用保险讲座或讨论等形式，向潜在的投保人 / 被保险人展示本单位的实力、擅长领域，表达接受投保的意愿，体现保险人对其重视程度，试探目标客户的态度等。

保险建议书是保险业务拓展人员针对某项目或企业的实际情况，向业主、投资人或其他利益方提供的保险建议方案，或向潜在投保人说明本保险产品提供的保障内容。保险人依据潜在投保人需求的具体内容、潜在投保人的经营状况及其缴费能力，挑选最适合潜在投保人的险种，编制出最适合企业经营状况的保险计划。保险建议书从项目或企业现状和潜在投保人现实及潜在需求的角度出发，分析保险市场，设计保险计划方案，提出操作流程，以书面形式、通俗易懂的语言向潜在投保人提供专业的保险建议，从而协助潜在投保人完善其内部风险管理体系。

一份高质量的保险建议书不仅是保险人专业性的体现，而且是加强潜在投保人对保险人信任度的重要手段，因此，保险业务拓展人员应重视本公司保险建议书的制作。

保险业务拓展人员首先应尽量收集项目或企业的信息及其需求，方可做到有的放矢。在实际工作中，真实有效的项目企业的风险信息的获得是建立在与潜在投保人的充分交流、沟通基础上的。通过分析收集的信息，保险人进而站在该潜在投保人的角度思考"风险管理与保险"问题，提供切实的风险管理策略，使潜在投保人充分认识到"未来保障"获得的必要性与合理性。

业务拓展人员站在潜在投保人 / 被保险人的立场去思考问题，易引起其共鸣。但是在撰写和制作保险建议书时完全站在潜在投保人 / 被保险人的角度去思考问题，很可能限制保险方案的合理性和市场接受程度。因此应在充分考虑投保人需求的基础上，利用保险人对保险市场的了解及本身的专业知识，提供合理化建议。这需要我们多角度思考问题，即首先要考虑目标客户需求和国内外保险市场状况，其后再考虑技术上是否可行。

一、保险建议书的内容

一般来说，保险建议书没有固定的格式，其核心可概括为"从风险的角度谈保险、从保险的角度谈风险管理"。保险建议书的这种理念，就是要引导目标客户"运用保险手段管理风险、把保险作为风险管理的重要手段之一"，既能够认识到保险的必要性，又能够认识到保险的非充分性，此为保险建议书的精髓所在。保险建议书一般包括如下内容。

1. 保险人的自我简介：包括服务宗旨、规模、服务网点、开办险种、偿付能力以及高中级管理人员和项目经办人员资历等。

2. 已承保的重大项目和客户，特别是类似项目和客户，提供的理赔服务情况等。

3. 保险人对该项目面临的各种风险的认知，建议客户采取的风险控制和转嫁的方式，如加强风险管理、购买保险等，向投保人介绍重点险种及投保手续和步骤。

4. 本公司为该项目提供的保险服务内容，包括适用的条款、附加条款、批单、保费预算、免赔额设定等情况。

5. 承保后，保险人的服务事项，包括定期进行风险巡查的专家及具体巡查内容安排，提供防灾防损建议，发生损失后的有关理赔服务措施，例如，联系人、报案电话、接到报案后查勘人员赶赴现场的时间、委请保险公估人事项、预付赔款办法和最长结案时间等。

二、突出特色的保险建议书

保险人撰写和制作保险建议书时应突出其特色。重点风险特征分析是整个保险方案保持有效性的基础，其重要性不言而喻。

保险建议书中的项目风险分析，不同于风险评估报告，因其主要是为"保险的必要性"提供论据，所以并不要求对所有风险进行罗列，只强调重点风险及危害，点到为止即可。不同类型的项目或企业，不同环境下的同类项目或企业，关注的角度不同，风险分析的侧重点也不同。对项目或企业风险特征进行分析，仅仅是提出问题，而潜在投保人／被保险人更关心的或许是"如何管理风险"的对策，因此，在分析风险的基础上，需要就如何进行风险管理提供合理的建议，其中包括保险手段和内部风险管理等。

（一）对投保企业的风险分析评估

保险人在对项目或企业进行风险分析过程中，需要对其有意投保的保险标的所处的自然灾害、地质灾害、地理环境、项目类型及使用性质、项目管理水平、关联或潜在风险、交叉责任、信用风险、意外风险甚至利润损失等风险因素进行考察，对于境外项目或企业，政治、战争、汇率风险也应是考察因素之一。但因不同风险因素对不同项目或企业的危害程度不同，所以在众多的风险因素考察过程中，需要根据项目或企业特征有所取舍和偏重，比如有的企业，应更多分析其面临的自然灾害引起的危害，而有的企业则应对"人"的风险因素多着笔墨；又如，我国华南地区气候温暖湿润，台风、暴雨、洪水等灾害是其面临的主要风险，而其部分地区从不下雪，雪灾、雹灾等风险是可以忽略的。

同时，对资本投资收益率要求比较高或比较敏感的客户（通常为外资企业），将十分关心项目或企业的风险事故造成的利润损失及其他关联损失，尤其是那些融资比例较大的项目或企业，在这方面的需求更加明显。因此，保险人应重点了解项目或企业的类似需求，对可能产生的关联风险，例如生产链、利润、营销链等相关的风险，提供可行的一揽子处理建议，从而更加容易取得潜在投保人／被保险人的青睐。

（二）保险人的风险管理建议

针对风险分析中所述及的风险，提出有效的应对策略或方法、手段，就是风险管理。可行的风险管理建议，不仅依赖于对项目或企业风险状况的熟悉程度，而且依赖于对风险管理手段的掌握程度。就某一个企业而言，其面临的风险多种多样，相应的管理策略也不拘一格。通常的风险管理手段如避免、转移、预防等，也是企业在其经营过程中常用的方式。但上述风险管理手段在使用时可能存在着"风险遗漏和冲突"，比如不足的风险转移成本、不当的危害转移、预防的无控制状态、巨灾风险的突发性、企业的资金安排及企业效益的断续、责任的影响等，对于此类风险，大部分项目投资者或企业经营者不一定能及时觉察，或即使觉察到风险的存在，也无能为力或处理成本过高，企业只好放弃。

因此，保险人如果能够为企业提供可行的"风险遗漏和冲突"解决方案，就更能吸引潜在的投保人／被保险人，因为保险在某种程度上，可以涵盖一部分"风险遗漏和冲突"。此外，保险人的产品营销人员本身就应具备设计或定制风险保障的技能，这是保险人的优势。保险在风险管理中的作用可以从两个角度来体现，一是保险本身的特点，二是其他风险管理手段存在不足。保险（指财产保险）的主要功能是损失补偿，这也是保险不同于其他风险管理手段的特征之一，因此，在快速恢复生产、应对巨灾损失、规避责任风险方面，有着不可替代的优势；而其他风险管理手段，如合同转移，会出现如合同接受方的信用风险、合同履行能力风险，及不同合同间交叉及空白的责任风险等，都会影响风险管理的整体有效性，而保险则可以在这方面有所作为。

在论及保险这种风险管理手段的同时，保险人应从风险管理整体的角度强调保险是风险管理体系的完善，利于弥补项目风险管理中的不足与缺陷，从而促进风险管理手段的科学有效性。同时也要向目标客户提供"保险并非万能"的信息，并引导客户对"不保财产"也要进行科学的管理，对于"不可保风险"提出相应的对策。

（三）保险人的主要工作

保险是项目风险管理的一种重要且有效的手段，能够弥补其他风险管理手段的不足，尤其是在巨灾风险的保障等方面具有独特的优势。潜在投保人/被保险人对保险的专业性和特殊性等不一定十分了解，保险人可以帮助客户了解保险、熟悉其操作流程，保险业务拓展人员主要工作如下。

1. 为目标客户制定合理的保险策略

保险策略就是要解决潜在的投保人/被保险人如何克服困难、发挥优势来获得实惠、有效的保险保障的问题。保险人在撰写保险策略时需要考虑保险市场、投保方式、险种选择、采购技巧、对保险人的选择等问题，综合解决客户在购买保险时遇到的"买什么、向谁买、如何买"的问题。

在保险市场的阐述上，我们既可以从国内、国外市场的角度，也可从保险公司、保险产品的角度，进行综合描述；投保方式的建议既要考虑由谁投保，又要考虑投保什么、保多少的问题；险种选择则是在结合潜在被保险人需求的基础上，结合项目或企业风险特点提出，或考虑小险种组合，或考虑一揽子囊括等；采购技巧相对比较灵活，根据项目特点可以考虑划分危险单位、多家共保或一家独保、先直保后再保还是先再保后直保等问题；承保公司的选择就需要综合考虑潜在承保公司的相关因素，如财务状况、保险条件、费率、服务承诺、以往合作情况等。

2. 向目标客户介绍保险的专业服务

保险建议书中有关保险服务的表述，通常有两种方式：一为流程图，将服务内容列入流程图，并在后文中作进一步的解释说明；二为工作表，将客户、营销员在整个项目操作中需要做些什么、什么时候完成等内容通过列表的形式表现出来。实务操作中，亦可将两种方式结合起来，充分体现整体项目或企业保险操作中各方的互动性，明确各有关方的权利义务。

3. 为目标客户制定可行的保险方案

保险方案是保险营销人员或经纪人在保险策略的指导下为潜在投保人或被保险人量身定做的保险产品，也是保险建议书的灵魂所在。一份高水平的保险方案既要符合保险策略，又要有所创新，这就要求保险人在建议书中对保险方案的内容和形式各有侧重，形成自己的特色。

一份综合的保险方案中一般会涉及多个保险险种，比如在厂房建设工程项目中涉及关系方众多，面临的风险错综复杂，可投保的险种有货物运输险、企业财产险、机器损坏险及其各自项下的营业中断险等，故此保险人需要尽量了解项目或企业的经营状况，包括其融资或贷款合同中关于保险方面的要求、潜在投保人 / 被保险人话语权、保险成本的预算等信息，初步判断企业的实际需求，侧重介绍目标险种内容，确定具体的保险方案；简单介绍其他险种，只提出相关保险建议。

在选定了险种之后，保险方案设计中最大的忌讳就是：在基本条款的基础上尽可能多地增加附加条款。这种方式不仅难以体现营销员的创新和技术优势，而且无法真正满足"量体裁衣"的要求。因为无论是基本条款还是附加条款，也仅仅是在类似项目或企业使用基础上的产物，对于不同时期不同类型项目或企业的适用性必然会受到限制。如果客户已经聘请了保险顾问或经纪人，他们提供的保险方案应该是建立在充分分析项目风险、考虑客户实际需求、理解保险基本原理的基础上的，他们可能已经把保单条款内容及扩展条款内容融合在一起，从利于项目或企业风险保障的方向进行修改，同时对于一些符合保险原理的项目及客户的特别要求，也可以通过特别约定的方式进行体现。

总之，保险方案在市场可以接受的程度下，保险人一般会尽量满足潜在投保人 / 被保险人的需求，促进保险方案的不断完善和创新。

第四节　保险招投标

招投标通常是指采购人事先提出货物、项目或服务采购的条件和要求，邀请众多投标人参加投标，并按照规定的程序从中选择交易对象的一种市场交易行为。

招投标包括招标和投标两个环节，核心问题是招标人通过市场竞争，以实现自身利益最大化。

一、法律对招标的规定

我国法律规定招标人采用公开招标方式的，应当发布招标公告。依法必须进行招标的项目的招标公告，应当通过国家指定的报刊、信息网络或者其他媒介发布。

招标公告应当载明招标人的名称和地址、招标项目的性质、数量、实施地点和时间以及获取招标文件的办法等事项。

采用邀请招标的，应当向三个以上具备承担招标项目的能力、资信良好的特定的法人或者其他组织发出投标邀请书。

为了保证招标的合理性，《中华人民共和国招标投标法实施条例》第三十二条规定，招标人不得以不合理的条件限制、排斥潜在投标人或者投标人，以下是不合理的限制、排斥行为：

1. 就同一招标项目向潜在投标人或者投标人提供有差别的项目信息。

2. 设定的资格、技术、商务条件与招标项目的具体特点和实际需要不相适应或者与合同履行无关。

3. 依法必须进行招标的项目以特定行政区域或者特定行业的业绩、奖项作为加分条件或者中标条件。

4. 对潜在投标人或者投标人采取不同的资格审查或者评标标准。

5. 限定或者指定特定的专利、商标、品牌、原产地或者供应商。

6. 依法必须进行招标的项目非法限定潜在投标人或者投标人的所有制形式或者组织形式。

二、招标人和招标文件

招标人是提出招标项目、进行招标的法人或其他组织。招标项目一般包括：

1. 大型基础设施、公用事业等关系社会公共利益、公众安全的项目。

2. 全部或者部分使用国有资金投资或者国家融资的项目。

3. 使用国际组织或者外国政府贷款、援助资金的项目。

4. 使用国际金融机构融资或贷款的项目。

招标人在聘请保险经纪人的情况下，一般会委托保险经纪人协助组织或参与招标工作。也经常见到使用其他专职招标代理人的情况。

一般认为，招标人（也称甲方）处于优势地位。但其实他们组织招标工作也有不少的担心。他们组织的招标是否有依据，是否有足够的可参考的经验是他们面临的最大问题。因为保险领域并不是他们擅长的，一旦考虑欠周导致流标，不但耽误时间而且还有其他经济的、声誉方面的损失。或者程序有瑕疵，被投标人投诉，调查澄清也要花上不少时间精力，也可能承担不少的责任。严重的情况是导致整个招标过程失控。因此，保险经纪人或招标代理在设计招标文件时还要考虑如下因素：

1. 方案设置和服务控制；

2. 流程规范；

3. 过程控制；

4. 合理性的条件设计。

为了准备保险招标文件，招标人内部要做好如下工作：

1. 保险需求部门（如财务部、人事部、工程部、物流部、商务部、进出口部等）的走访和需求收集。

2. 资料整理，风险评估和方案制定。

3. 市场调研，供求关系分析。

4. 形成保险策略、保险方案和核保资料文件。

5. 内部过审。

6. 意见汇总和终稿文件。

7. 正式招标。

由上可见，如果不是保险的专业人士，准备一份高质量的招标文件，其难度可想而知。事实上，很多保险招标文件是拼凑出来的，借鉴了工程的招标内容，也部分抄袭了其他未必相关的保险险种的招标内容。招标文件有时会前后矛盾或重复，不知所云。

大型国有企业，可能会设立一个保险招标的工作组，具体操作保险招标事宜，同时又设立一个领导小组，负责对重大事项拍板或者监督。评标小组可以是招标小组兼任，也可以另外设立。评标小组成员一般不低于五名，通常会选举一名组长。其成员可以来源于一个专家库，成员包括退休高工、老师等，还有工程业主的代表、外地专家等，有时再保人和公估人会作为外聘专家参与评标。也可以从涉及项目中的不同部门或不同分子公司随机调取人员，但临时抽调的评标人员平时没有接触保险服务，其评分可能有较大的随意性和主观性。

典型的招标文件一般包括以下内容：

1. 前附表。主要是概要说明，包括相关的时间、地点和保险项目或标的说明等。

2. 投标须知、程序和流程说明，例如：投标文件的包装、问题澄清、相关的说明会议、保证金的规定、再保的要求（如果适用的话）等。

3. 投标文件的内容要求、格式和目录要求等。

4. 保险方案和保险人需要的资料，例如项目描述、技术资料、查勘报告、地质报告、施工进度表、图纸、资产分布、资产清单、过往索赔记录、风险管理等。

5. 评标流程和评标办法。有时候评标办法不一定公布。

笔者认为，公开招标最终未必能招到合适的供应商。因为保险很讲求服务，而服务的优劣好坏很难客观衡量。有时用户部门服务需求很多，但到了招标部门设计招标文件的时候又变成了价低者得，使得招标结果就是得到了非常糟糕的服务。总之，如果没有专业保险中介的协助，一般企业很难做好保险招标工作。因此近年来越来越多的企业开始引入专业保险经纪人来协助招标，或者委托经纪人来实施保险招标。

三、保险招投标模式

招标一般分为公开招标和邀请招标，保险市场中多数采用保险询价的形式确定保险人。公开招标的优点是可选择的范围广，利于竞争，但是工作量大，招标条件欠完善，安排保险成本大，保险人没有表示意见和提出专业性建议的机会；邀请招标和保险询价，虽然在某种程度上限制了投标竞争的范围，但却可提高招标人的工作效率，也节省了成本，在与保险人的沟通过程中会让保险人更多地了解投保项目的情况，特别是风险及风险管理情况，有利于日后可能发生的理赔。

按业主对保险人的确定方式，保险投标分为如下形式。

1. 资格标与经济标分离

先根据公司实力、赔付能力等选定保险公司，再商定保险方案（如扬子巴斯夫项目）。

2.资格标与经济标合一

根据公司资格条件和保险方案、费率水平综合决定中标对象。招标人评分标准如下：①从保险方案、费率水平等方面分析保险人的经济指标；②从保险人的实力、赔付能力、信誉等方面分析保险人的资格。

按招标形式，保险招标分为如下形式。

1.公开竞争招标

招标人（即保险的投保人）事先制定一套保险招标文件并采用公开竞争的方式物色保险人（以招标公告方式邀请不特定保险人参与投标，如青藏铁路项目）。

2.弹性竞争招标（以投标邀请书方式）

保险投保人邀请少数资质良好的保险人提出保险建议并报价，投保人比较后从中选择。

3.直接谈判（委托保险经纪人向保险人发询价单）

投保人或其经纪人直接确定保险人并与保险人商定保险条件。其优点是投保人同时可进行多角谈判，从而获得优惠的保险条件和费率。

四、保险招投标与工程招投标的区别

《中华人民共和国招标投标法》第三条规定在中华人民共和国境内，进行三类工程建设项目，包括项目的勘察、设计、施工、监理以及与工程建设有关的重要设备、材料等的采购，必须进行招标。但我国的有关法规没有明确要求是否采用招标方式选择保险公司提供保险服务，在实际业务活动中保险招投标现在是普遍的做法。

保险招标参照工程项目的招标做法，其招标的形式和做法大体相同。但是，在招标的内容和评标的方法上有较大的差异。

具体区别有以下几点。

1.投标人的资质等级管理上的区别

目前，我国对保险人的资质等级没有作出统一的评审，即没有进行级别管理，仅对保险索赔与理赔规则、标准及保险公司的保赔规则作出严格规定，但没有对保险人的资质作出规定。因此，对于公开招标的项目，招标人一般没有理由拒绝要求参加投标的保险人。

2. 保险人之间的实力差异相当大

由于保险人的承保、偿付能力有很大不同，在制定招标采购策略时，招标人需要做的第一项工作是根据企业的资产规模，对保险投标人的以下事项进行明确的规定：

（1）资本实力——资本金、公积金。

（2）财务状况——偿付能力充足率。

（3）承保能力——企业财产每一危险单位的承保能力及其再保险人的资质。

3. 投标人资格审查方法的差异

目前，我国的工程项目招标大部分都是采用资格预审的方法，在工程招标之前淘汰一部分不具有相应资格的承包商，减少了招标的工作量。而保险招标则只能采用资格后审的办法。

4. 对投标文件要求的差异

工程项目招标要求投标人必须"完全响应标书"，否则将被视为废标。在保险招标中，一般允许投标人不完全响应标书。因为，保险是一种风险的转移，保险招标实际只是一种合同的要约。保险人可以根据自己对风险的理解和自己的利益诉求，确定承担风险的价格，即保险人自行厘定费率。当然在实际操作中，有的保险招标也要求投保人"完全响应标书"。

5. 在评标内容和方法上的差异

保险的招标与工程项目的招标在评标内容和方法上差异也比较大。工程项目往往仅仅关注价格，而保险人的报价不能完全反映保险合同的实际价值。在保险合同中如下因素增加了保险招标评标的复杂性。

（1）保险责任范围的大小和赔偿基础，保险期限长短。

（2）日后损失赔偿的计量定价方法。

（3）保险公司的服务业绩、经验、技术实力。

（4）索赔理赔是否快速有效。

（5）保险人在中标之后的增值服务质量。

五、保险招投标的特点

1. 透明度高

由于整个过程和结果都是公开的，可以避免不正当的竞争手段和内部交易。

2. 竞争激烈

保险投保人一般同时邀请数个保险人参与项目投标，且各家机会均等。由于各家保险公司对大项目均比较重视，涉及其整体利益，因此竞争比较激烈。

3. 价格和服务占主导地位

保险投保人一方面注重费率水平，另一方面对保险服务，包括理赔服务、风险管理、培训服务等也有较高要求。

4. 参与投标的保险人被动接受保险条件

在保险招投标中，保险投保人一般预先订好了保险方案再询价，投标的保险人在此基础上进行报价，一般不允许对原方案作原则性修改。

5. 技术标和经济标分离

技术标反映了一个保险人的实力和服务能力，然而这仅仅是业主选择保险人的其中一个标准或占有一定的权重。在实际招标工作中，业主往往更关注承保条件，而且费率通常是关键因素。

6. 综合实力考评

保险招标书里主要包括保险方案和保险人的赔付能力、现场服务、技术小组的技术水平等。

7. 特殊项目影响力巨大

有些标志性的项目对保险公司经营影响巨大，大型公司对此类项目是志在必得的。例如在国内市场上，有的大型企业同时安排项目的工程建设期与营运期保险，就需要一揽子的保险计划，为什么呢？有 6 个理由：

（1）有利于业主控制保险，控制整个成本支出；

（2）保证保险合同的措辞和限额的一致性；

（3）保险责任足够宽大，对其保障充分；

（4）消除工程保险和营运期的保单之间的空隙；

（5）进行损失控制；

（6）有利于风险管理，特别是索赔管理。

当然，工程项目在施工期内，往往涉及多个险种，业主需要统筹安排。业主一般自己控制保险，对涉及工程关系方用统一的保险单纳入保险的范围。对业主来说既可避免重复保险或遗漏，也有利于保险赔付的快速处理。

对保险人来说，赢得项目就可以获得一揽子保险项目，对项目风险集中管理、统一考虑。然而，如果投标失利，就可能失去全部业务，保险人对此类项目的保险招标慎之又慎。

六、保险招标基本流程

我国法律规定有资格招标的人为法人或其委托人。招标人在聘请保险顾问或保险经纪人的情况下，一般委托保险经纪人具体实施招标工作，如拟订标书、保险方案、向保险公司询价等均由保险经纪公司完成。保险经纪公司将保险公司的报价条件做比较后交由招标人（决策人）决定独家保险人或首席承保人。

保险招标的程序如图4-3所示。

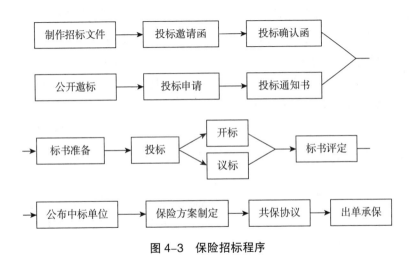

图4-3　保险招标程序

七、保险评标流程

在比较大型和正式的招标活动中，会有现场评标环节。现场会检验：

1. 包装密封盖章是否符合招标文件的要求。

2. 投标代表人的身份证是否与标书的一致。

3. 保证金缴纳回执。

4. 各种相关的证照是否齐全，如营业执照等。

招标过程一般分为技术标和商务标两个部分进行。前者主要是对保险公司的资质、服务能力、保险条款等进行评分，后者主要是费率条件。为了不让价格影响评标者的打分或简单决定招标结果，有时会先开技术标，再开商务标，甚至通过技术标的分数先筛选入围公司，再开入围公司的商务标。从商务标和技术标评分占比可以看出价格因素是否是决定性因素。从技术标中主观分和客观分的占比可以看出招标人重视保险人的规模或还是重视其服务能力。

技术标中有些分数属于客观分，例如条款响应和优化、保险公司资质（资产规模、市场规模、偿付能力、网点分布、承保理赔权限）、类似项目承保经验或数量，类似项目的理赔经验或数量等；有些属于主观分，例如风险认识和评估、服务方案、服务团队人员配备和经验，还有述标演示效果，等等。

对于商务标的打分有以下做法。

1.最低价得满分，由低到高按序打分。

2.由低到高，并按照承保参与份额占比，算平均值得满分。

3.设立了拦标价的情况下，如果报价下浮一定比例得满分。

4.均价得满分或均价下浮 10% 得满分，其他按偏离程度扣分。

5.所报的承保份额超过一定比例的可以参与评分。

6.参考价（标的）偏离式打分。

商务标开标时，有可能公开唱标，即将报价公示给所有投标人，以示公平。也可能不唱标，这样各投标人就不知道竞争对手报出的最低价是多少（也许自己已经报出最有竞争力的价格了）。

有些招标还有二次议价环节，即全部报价揭晓评比后，再问一次所有投标人是否再调低报价。可能问全部投标人，也可能问综合得分最高的投标人。通过二次议价，以期得到最优的价格。

评技术标的时候原则上要求评委们各自打分，不允许交流。当然，有时客观分按统一标准打分。有些评标需要投标人在现场等候，评委对标书内容有疑问的时候可能随时让投标人的代表解释澄清。

八、保险投标书制作与注意事项

在制作投标书时，如何制定完善的保险方案很关键。参与投标的保险人主要考虑如下因素：（1）项目面临的风险，确定哪些自留，哪些需要通过购买保险来转移风险；（2）保险市场可接承保的风险，包括使用条款；（3）保险费预算；（4）业内类似标的的保险安排计划。在方案制订过程中，由保险人内部各方专家，如财务、核保、合约、保险等方面的专家进行论证，必要时请有类似经验的保险公估人（有公估师资格）参加论证，一旦保险方案确定，不应随意变更。

收到招标书之后，参与投标的保险人应注意分析招标文件的构成，重点是招标说明、风险资料、保险方案和评分标准等部分，这样才能使投标书与招标书相对应。

（一）投标书的内容

按招标书的要求，投标书一般包括如下内容。

1. 保险报价书

根据招标企业或项目所在行业的风险状况、行业整体费率水平、当地保险市场费率竞争水平、被保险人的心理预期、竞争对手可能的报价情况等，拟定费率条件。

2. 报价承诺函（投标书）

招标文件中都已提供固定格式。投标的保险人将对其投标文件、证明、陈述的真实性和正确性作出承诺。有的招标书要求投标人承诺不向第三方泄露任何信息、资料和内容等保密事项。

3. 法定代表人授权书／授权委托书

投标时，一定要按照招标文件对投标主体及法定代表人授权书／授权委托书的要求出具。因此，如需保险人上级公司出具授权委托书或要求以上级公司名义投标，尽早向上级公司报告、沟通相关事宜；法定代表人授权书需要保险人的总部出具的，应有足够的时间提前沟通。

4. 差异条件汇总表

针对招标文件中的条款、扩展条款、保险协议中的内容，提出投标人的不同意见，并在差异条件汇总表中进行汇总。保险人应当注意以下几点。

（1）明确招标文件中的免赔额、主条款、扩展条款、保险协议的内容，判断免赔、扩展条款限额是否和风险相匹配；条款、扩展条款是否和报批报备的条款一致；保险协议中有无对保险人而言过于苛刻之处。

（2）对于上述差异之处进行权衡：哪些是必须要列入差异表的，哪些是可以勉强同意的。

（3）特别要注意的是，对于某些严苛的保险招标，费率上的差异一般会被认为是对招标文件的不响应，可能会导致废标。因此，保险人对差异条件的提出一定要谨慎。

5.优惠条件汇总表

投标的保险人可对能够为被保险人提供的从承保到理赔到防灾防损，以及其他增值服务方面的优惠在招标文件提供的固定格式的表格中进行汇总。

保险人在投标时可以提供一些优惠条件，但量力而行，切实可行。优惠条件一般分为如下四大类。

（1）费用类的优惠（防灾防损或风险管控费用）；

（2）承保条件方面的优惠（责任范围与费率）；

（3）一些险种赠送的优惠，但须要考虑合规问题；

（4）其他增值服务，如风险咨询和法律服务等。

6.保险服务承诺

保险人可结合公司实际情况，针对理赔、防灾防损等各项保险服务向招标人作出承诺。承诺一般包括投标保险人现场服务机构和服务人员工作组的设置、所有为本项目服务的保险公司的人选、出险后赶赴现场进行现场查勘的时限、理赔服务及措施的基本内容；对于发生巨大赔案时给予预付赔款及比例等等。此部分应当突出投标保险人的售前、售中、售后服务措施及其他个性化服务内容。

7.经纪人佣金确认函

有的企业或项目委托了保险经纪人负责保险实务，在招标时，要求投标保险人支付一定的佣金。一般佣金比例都会在招标文件中列明，投标人只要以佣金确认函的形式予以确认即可，包括应付税款。

8.近三（五）年同类或类似项目经验列表

（1）列举近三年（或五年，具体按照招标文件的要求）投标保险人同类项目或财产的承保和理赔经验。

（2）资料应尽可能翔实，如果是以分支公司名义投标，可以罗列当地系统的相关经验；如果是以总部名义投标，可以罗列全国系统同类项目的经验。

9.投标保险人的简介、资格和资信证明文件

（1）公司简介一般都有固定的版本，相关内容应及时更新，主要是对上一年度保费或市场份额等方面用量化的数据进行介绍。

（2）资格和资信证明文件只要按照招标文件的要求，由本级公司或上级公司出具即可。

10. 保密协议

保险招标时，为了防止商业信息或机密向第三方泄露，标书要约方会提出签一份保密协议，列明各自的权利和义务，约束双方的行为，保证双方的利益不受侵害。

（二）投标文件制作时的注意事项

投标文件制作前，保险人应注意以下事项。

1. 认真阅读招标文件，明确重要信息及清楚关键时间节点

（1）是否需要投标确认回函？确认回函回复的具体时间、联系人？

（2）投标文件递交时间、地点？

（3）是否需要递交投标保证金？投标保证金的金额及递交时间？

（4）是否安排答疑及对招标文件的澄清？疑问递交时间、截止日期？

（5）是否安排集体答疑或风险说明会？如有，是在什么时间、地点？

（6）是否安排投标宣讲或投标后答辩（时间、地点、人员要求）？

（7）是否需要上级公司授权？是否需要上级公司相关资料？

2. 团队内分工合作，制定进度表

一般来说，投标时间都比较紧，为避免差错，保险人内部需要成立投标小组，指定一个人负责总体协调，团队成员分工协作，各司其职。确保在截止日之前完成投标文件制作的各项工作。

3. 了解标书关键内容，需澄清问题

关键部分内容包括：

（1）招标说明：注意文件中实质性要求，避免废标。

（2）核保资料：项目简要情况及风险查勘报告。

（3）保险方案：条款和扩展条款及免赔额等，要注意合理、合规。

（4）评分标准：如有直接评分标准的，可将其作为编制标书的依据。

4. 承保条件拟定前的准备工作

（1）项目风险状况（如前述，必须对大型企业进行风险评估）。

（2）招标文件中承保条件与风险的匹配情况。

（3）市场上同类标的承保条件。

（4）竞争对手的信息，分析竞争者可能的报价。

（5）在承保能力稀缺，可能需要共保时，与主要竞争对手之间是否有合作

可能。

5. 投标文件的准备

投标文件本身的制作编排要注意紧扣评分标准，避免仅仅使用过往模板，要紧扣项目实际情况，避免大而空。这样才能体现定制，体现对招标人（即出题的人）关注点的相应。文件要排版精美，如果允许要做到图文并茂，有足够的索引，增加易读性，争取评委的主观分。

九、投标管理

对于保险的招投标业务，保险人应根据招标人的招标要求，制作严密细致的标书，并尽可能地了解参与竞争的对手各方面的情况，以便在竞争中处于有利地位。保险人为了加强招投标业务的规范管理可制定专门的招投标业务管理规程和执行细则。

对于重大的项目，公司各层级都要非常重视，认真对待。要组建专门的工作小组应对，定期开会进行策略讨论，进行商务关系分析和价格分析。要针对评标的打分规则模拟打分，做到知己知彼。公司管理人员要配置相应的人力资源。

收到招标文件后，整个投标参与团队要透彻了解各项要求，对理解不一致的地方进行讨论、澄清。团队成员要能提出问题，指定专人跟踪落实，并在时效内完成。

投标文件准备过程中要有一个协调员把握全局，分配工作和任务，把握工作进度，确保关键的资信文件的获得、投标文件内容的整体一致等。最关键的是控制时效。各项准备工作必须有时效，才能保证在关键节点前全部完成。协调员要确保整套文件万无一失。

中标后的后续工作也很重要，工作内容包括：

1. 保险人接到中标通知后应与投保人进一步细化保险方案，比如，增加或减少附加条款及有关限额。如果仅中了资格标，则需要和招标人协商制定最终保险条件。

2. 如果是共保的保险财产，则应协商各共保参与方的份额，确定共保协议的有关事项，包括出单费比例和有关费用等的分摊办法、各参与方职责和权利义务、保费和赔款的流转办法等。

3. 确定之后，首席保险人应及时制作和签署共保协议书。共保体可与招标人召开保险工作启动会议，商定保险服务和风险管理计划。

笔者曾经任职的单位设有专门的招投标管理部门，负责协调全国的资源支持各分支机构的投标。该部门掌握并及时更新各种模板，定期总结各地的经验教训，并分享给各地的团队，保证了投标工作的专业度，避免了各自为战的局面，增加了投标成功率。

投标工作是一项工程浩大的任务，时间也是成本，因此并不是每一个投标都应该去参与的。成熟的做法是在参与投标前先评估是否有胜算。评估的维度包括客户关系、承保能力和竞争力、业务价值等。成熟的公司甚至有评估程序，如果评估后发现胜算不大，则可以放弃投标。

十、投标与再保

有时候，大型项目的招标人了解到，目前，国内费率水平一般低于国际再保险市场的费率，对于一些保额大的项目，大多采用项目共保方式投保，通过项目保险招标方式挑选首席保险人和共同保险人，以充分利用国内承保能力，使费率维持在较低水平。有的业主也明白保险人在报价时会参考保险市场上类似项目保险的价格水平来定价，保证价格不会过于偏离国际市场的平均水平，否则会使保险人承担过高的风险，甚至将会影响保险赔偿。

所以，安排再保险在某种程度上说也是业主的客观需求。从保险人的角度来分析，保险人为了扩大自己的承保能力，势必要在再保险上多做文章，形式有两种：其一为再保合约承保能力；其二是通过逐笔安排临时分保，提高自己的承保能力。

保险人面临的问题是，临时分保必须向国际保险市场进行询价，比如某联合循环发电厂的保险招标，由于项目的投保金额大，近10亿美元，要求附加利损险，保额为800多万美元，而且工程标的的各区域间距小，平均每个标的之间距离仅10多米，划分多个危险单位的依据不足，再加上比较特别的附加险，凭借一家公司的承保能力来承接此业务，是不可能的，必须通过共保或再保的方式将风险分散在几家保险人之中。所以就项目而言，承保方案和再保方案应该视为一体。对于这类电厂项目，国际市场的再保人都比较谨慎，承保集中在少数几家大型再保公司手中，再保险资源非常有限。因此，直保保险人抢占再保险市场的份额，获取比较优惠的价格和承保能力就变得至关重要，是直接关系到能否中标的大事。

类似的项目具体怎么"抢"呢？保险投标人就要着重考虑：

1. 投标保险人的承保能力

投标项目保险是否可以分为两个或以上的危险单位，因为，保险人的承保能力是以危险单位划分的，如前文提到的 LNG 联合循环发电厂，还有炼化项目只能作为一个危险单位来承保。

2. 拟投标项目的保险人自身承保能力

以某炼化项目为例，该项目的保险金额为 137 亿元，这个项目保险为一个危险单位，当年某保险的标准自留额为 5 亿元，但在项目综合评估情况良好、承保能力盈余的情况下，可以适当提高自留保额。在独家承保情况下，该保险人合约的承保能力为 35 亿元；如果有多家保险人共保，合约再保额度将减少至 26.25 亿元。这里要强调何为"共保"，就是多家保险公司共担风险，各家共保公司都与被保险人建立直接契约关系，并对被保险人直接承担保险责任，各家共保公司的名称都列明在原保单上。

要注意的是，除了合约基本的除外条款以外，如果招标项目的保险另有特别约定，再保险人能否接受此类约定，还是个问题。

3. 投标保险人的协议分保能力

该保险人当年的协议分保为该公司所承保份额的 25%，即在独家承保情况下，该保险人的承保能力可以达到 46.67 亿元。

在共保情况下，如果不考虑临时分保的支持，该保险人承保能力约为 41.67 亿元。所以有的时候，要从两个方面做好准备，在单独承保的情况下本公司的承保能力为多少，在共保的情况下，最大的承保能力多少，从而决定投标人可以接受的份额。这个也是投标制胜的关键。

4. 临时分保能力

扣除上述自留、协议及合约分保后，剩余部分如果有需要可再安排适当的比例或超赔临时分保。该保险公司与国际上许多著名的大型再保险机构保持着良好的业务合作关系，获得国际再保险人支持应该问题不大。但是，如果投标的保险人是个小型的保险公司，安排再保险时就要谨慎一些。国际再保险人比较关注的风险点有如下 6 个方面。

（1）自然条件状况及主要自然风险。

（2）技术方案，特别是新设计、技术、工艺、材料。

（3）业主的管理水平及运行公司的队伍资质和经验，发生意外事故的可能性。

（4）项目地理位置和相关区域。

（5）最大可能损失的计算，包括危险单位划分。

（6）采用的保险条款，包括扩展条款和特别约定。

有的项目保险招标时，招标书中业主对再保险的安排有具体的要求，例如再保险人信用等级、拟接受的再保份额、再保人的确认函（例如，港珠澳大桥工程以及国内很多地铁项目保险招标就需要投标人提供再保人确认函）。然而有的项目保险的招标书中只对再保险安排做笼统的要求，不需出示具体资料。

因此，在不少情况下，再保险安排做得好，等于项目保险的投标就已经基本成功了。

当然，再保险所需要的材料能否提前获得，这是有难度的，要看投标的保险人对风险的判断以及与业主或承包商的合作关系。前文提过的 LNG 联合循环发电厂，当地财险公司与该项目的主管部门有过多年的合作，尤其在重大赔案处理方面，因此当该财险公司提出需要承保资料时，该客户优先向该财险公司提供了其急需的承保资料，从国际保险市场上获得再保险支持，成功中标，独家成功承保该 LNG 电厂的保险。

长期以来，国内市场条件与国际市场条件相差较大。标志式项目投标时，争取到足够的再保支持无疑是关键，也是各保险公司总公司再保部门的重要任务。有时不得不用一些优质的业务换取对关键投标项目的支持。对于风险较高、承保能力缺乏的项目，如一些高科技项目，不得不用尽国内国际市场的承保能力。例如某光电项目，前端 19 家国内保险公司共保，国际市场用了"无数"家再保公司，南非的再保险公司再接了最低的 0.5% 的份额。可见排分的难度之大。

有些项目要通过经纪人来投标，而招标人要求经纪人带保险公司报价来投标，这给经纪人带来极大的压力。经纪人往往要先锁定再保市场条件再回到国内直保市场定条件，因此经纪人要有能力充分估计国际市场的承保能力和意愿，并且能锁定支持的份额，而且是在较具备挑战的费率条件下。经纪人为了争取业务，往往在投标时报一个很有挑战性的意向条件，中标后如果无法排分这将是很大的信誉风险。

十一、招标人选择保险人时的考虑因素

在中小型业务中，考虑因素往往很简单，就是保险条款的相应情况和价格，甚至只看价格，不看条款。但是大型项目招标人对保险人的选择一般比较慎重。某市的地铁项目保险招标中，曾经设置过不合理的较低的拦标价，导致市场上很多公司特别是大公司无法接受，只有某小型公司接受。招标单位最后选择了这家小公司承保。小公司承保能力较弱，无法全部排分到国际市场，甚至要贴费才能排出部分保险。该公司服务能力也相对较弱，导致很多赔案5年都没有结案。该招标单位吸取了教训，在后续新线路项目的保险招标中，主动跟保险公司提前协商，废除了不合理的拦标价并且选择实力较强的公司牵头承保。

实践中，越来越多的招标单位比较注重对保险人资质或经验的审查考核，大型企业或项目的保险一般选择信誉好，具备承保该公司财产的能力的保险公司，对其主要从如下几个方面进行分析和审查。

1. 保险人对某一项目最大的自留额（《保险法》按每一个危险单位作出规定）。

2. 保险人的自动承保能力（一般每年都会根据上年的经营结果进行调整）。

3. 保险人的市场地位，如经济实力、偿付能力、信誉或国际权威机构（标准普尔、穆迪）的评级及完善的再保机制等。

4. 保险人具有类似承保和理赔经验，了解承保项目的风险状况，风险分析评估符合项目的实际情况，风险管理，特别是理赔服务措施结合实际，可行性强，易于操作。

这些考虑因素都会反映在招标文件中。

事实上，招标人考虑的因素比较复杂，多数情况下招标人让各家保险公司分别报价，把费率和保险方案引入竞争，有利于其以较低的费率获得相对完善的保障。因为目前保险业竞争十分激烈，各家保险公司为了获得项目的承保权而加大公关力度，业主为了平衡各方面的关系，不得已采取招标的方式选择项目的保险人，特大型项目一般采取共保的形式，业主通过招标挑选首席保险人。招标人会比较关注潜在牵头承保人的如下特质。

1. 参加投标的保险人对项目情况的了解程度，特别是对项目风险特点的了

解，以及保险人对项目风险的认知和评估。

2. 独特的风险分析及保险设计，如项目由建设期转入营运期时风险的衔接方案和条款使用问题，当承保的工程项目完工并转入营运期时，业主特别关注风险的衔接，不希望留有空缺。

3. 保险人的日常服务，包括服务机构及具体经办人员的构成以及风险管理的具体措施。

以下举例说明了招标工作中对客户需求进行精准把控的重要性。

广东某炼化工程项目是一个中外合资的项目，外资股份占比很大，在项目即将竣工时，提前6个多月开始准备该工程转入营运期保险计划的招标。某公司只是在共方占比较小的份额，该保险公司希望成为营运期一揽子保险的首席保险人，并且能接受多点份额。在多次与项目公司负责人的沟通中，得到了如下信息：

1. 项目负责人认为工程期的首席承保人服务不是很专业和细致周到。

2. 工程即将转入营运期阶段，原首席保险人没有提出合适的保险方案。

3. 项目负责人担心，工程建设期转入营运期时，如果更换保险人，特别是首席保险人，风险的衔接是否容易出现问题。因为从业主对部分或全部工程签发完工验收证书或验收合格，或业主实际占有或使用或接收该部分或全部工程之日起，也就是临时完工证书签发之日起，工程将进入24个月的保证期。与此同时，业主安排的营运期保险，即财产一切险、机器损坏险等险种，正式开始起保。在这个时期有两种保险共存，万一出现事故，两个保险人是否会推卸本应承担的赔偿责任。

果然，在项目的营运期保险招标时，项目公司在招标文件中明确要求，参加投标的保险人必须详细说明如何解决上述问题，而且这一项的分值高达30分。当时，该保险公司判断，保险人在其他主要项目没有过多失分的情况下，争取这一项的满分会得到高分。那当时该财产保险公司如何处理呢？

首先我们看看石油炼化项目建筑安装工程保险的保证期条款内容："兹经双方同意，本保险单扩展承保以下列明的保证期内因被保险的承包人为履行工程合同在进行维修保养的过程中所造成的保险工程的损失，以及在完工证书签出前的建筑或安装期内由于施工原因导致保证期内发生的保险工程的损失。"

保险人通过批单的形式扩展承保工程的保证期风险。

从上述条款分析，保险人在工程险保证期内的责任仅限于承包商的合同责任，但必须具备以下条件：

1. 承包合同载明的保证期内承包人履行维修保养义务过程中发生意外造成保险标的损失。

2. 事故发生在保证期内。

3. 事故原因追溯到工程建设和设备安装期。

该保险人在投标书中引用这个工程项目对"缺陷修正"的约定，分析当时承包商对项目保证期的责任。简单地说，工程竣工后的保险期长达24个月，承包商负责修复施工期遗留的"缺陷"，费用自担，具体如下。

"缺陷的修正应当在施工验收后的24个月内完成，如果承包商在缺陷修正的时间内发现了其他的不足或缺陷，就以书面形式通知PMC和公司；如果PMC、公司或其他人发现了任何不足或缺陷，PMC或公司应当按照合同的要求，通知承包商对该不足进行确认。所有这些纠正措施、渠道、移除、拆卸、重新安装、重建、重新测试以及重新检查的所有与纠正工作有关的各种与合同相关规定相符合的费用都将由承包商自己承担，承包商应当尽快以可行的方式建议以下纠正措施或方法，PMC在其针对公司的管理权限内，可使用其专有的任意决定权，以书面的形式，选择并指示承包商执行以下一种或多种措施：

1. 重新设计。

2. 返工、修理、移除或拆除缺陷的设备或材料。

3. 返工、移除、重新安装或重建涉及有缺陷工艺的施工。

4. 包括但不限于通过恰当的方式进行纠正、置换或重修由于通道、检查、测试、接口或其他原因所影响到的施工。

5. 通过另外的测试或检查确认缺陷已被纠正。

6. 承包商让其他方施行上述（1）到（4）的补救措施，按通用条款中的'反索赔'项的规定，公司应承担其成本费用。"

所以，该保险人在投标书中有针对性地提出如下建议：在保证期限内，工程险的保险人不承担工程合同中业主应承担的责任。一般来说，业主承担的风险主要是设计错误、运行期间的操作错误、自然灾害，以及业主其他责任引起的损失，或者事故虽然发生在保证期内但事故原因追溯到工程建设和设备安装期开始之前，所有这些风险由业主安排的财产一切险、机器损坏险负责。

因为工程险的保证期与财产一切险的保险期限是重叠的。因此，有时工程险保证期内保险人的责任与财产一切险、机器损坏险保险人的责任会产生争议，比如设计风险、火灾风险等。为了避免争议，保险人在保险单中作出以下特别约定。简单地说，这个特别约定的最关键之处是对工程保险的保证期内保险人的责任与营运期内财产一切险、机器损坏险的责任进行清晰的界定，及如果无法分清责任时保险人如何处置。具体解决方案如下。

1. 在顺利完成如下程序，满足工程合同条件后，财产一切险和机器损坏险开始生效。

（1）包括试车在内的机械完工。

（2）试车和测试。

（3）在全厂控制下稳步实行设计能力100%满负荷不间断性能测试，测试时间最少72小时。

（4）工程正式移交之后，被保险人将毫无保留并且不放弃保证条件正式接收项目，即不存在任何未决的影响装置整体性运行的设备缺陷或验收单条目，并且未遗留任何临时结构和改进工作。

2. 财产一切险、机器损坏险保障工程承包合同项下业主应承担的风险，工程险保证期内根据承包合同应由承包商承担的风险则由工程险负责。

3. 财产一切险、机器损坏险扩展承保本保险单明细表中列明的保险财产在保险期限内由于工程险被保险人（承包人）在履行工程承包合同规定的义务过程中造成已交付业主使用的财产的损失，但保险人的责任以200,000,000元为限。

4. 当工程险保证期内保险人的责任与财产一切险、机器损坏险保险人的责任发生冲突时，则损失将由工程险与财产一切险、机器损坏险各分摊50%。

上述方案的核心是：（1）明确两个期间的保险责任；（2）营运期内的保险扩展了承包商的责任风险；（3）两个期间的保险责任出现争议时各自承担50%的责任。

当时，业主和参加评分的专家对特别约定的部分都给予很高的评价，尤其是第3条和第4条建议，也就是约定工程保险的保证期责任和营运期的保险责任出现争议时，保险人能够妥善处理。而在这点上原来的首席保险人没有给出合适的专业建议。

在这个案例中，当时的方案仅仅是解决风险衔接方案中的一种，还可以有其他方案，但核心点就是要帮助招标人解决其后顾之忧。

十二、赢得业务的技巧

（一）保险人前期的准备工作

投标工作并不是从拿到招标文件才开始的。从上文的炼化项目投标成功案例就可以看出，很关键的工作都是在项目招标前就完成的。展业人员必须提早就关注项目的动向、进展情况，尽早与招标人联系沟通，先入为主，让招标人形成偏向意识。联系的方式可以多样化，比如通过"总对总"的保险讲座或研讨会等形式，项目所在地的机构就侧重掌握项目的进展及风险因素，有针对性地提出保险安排建议。最主要的是解决业主的后顾之忧。保险投保人发出招标文件之前，参与投标的保险人需要做好如下几项工作。

1. 前期安排时间拜访投保人，并与其交流，了解企业或项目背景及其他类似行业的风险情况，了解业主的组织结构、决策过程、保险的需求及预算。

2. 了解招标人委托的保险经纪人或保险顾问的情况及竞争对手的情况。

3. 初步考虑招投标的应对方式，如果是共保项目，需要考虑组织保险联合体或统一基本承保条件的可能性。

4. 提前进行国际市场询价，与国际知名的再保险人或安全等级高的保险人联系和沟通，占领有利的市场条件。

5. 提前与本公司系统内有关分支公司联系，共同对外，避免内耗。

（二）投标前的沟通

投标人要充分利用投标前的沟通机会，因为严重的理解错误会导致投标失败。前面讲到，因为很多招标人不专业，导致招标文件有前后矛盾的地方、不清楚的地方或不能理解的地方。这些都必须跟招标人认真沟通。

例如，招标文件要求提供大型项目的承保经验。那么需要清楚什么是大型，或大额。又比如再保证明文件，怎样的措辞才是合格的。还有其他的业绩证明文件或材料，何种格式或种类才合格。不要提交了自己认为正确，却最终不符合招标人要求的文件。

虽然上述情况出现的概率低，但招标人毕竟不是保险专业人员，投标人可能会发现招标的漏洞。这个时候也要坦诚地与招标人沟通。在某标志性大桥工程保险顾问的招标工作中，某保险经纪人投标的时候利用某个招标的漏洞，用一个特别的报价组合或安排，使得竞争对手在综合分上都不会超过自己。这个特殊的商务报价让参与者哗然。招标单位毅然决定流标，重新招标。投标人给招标人留下如此负面的印象，重新招标的结果可想而知。

（三）投标书的演示

本章节讲述的主要是程序要求非常严谨的投标类型。实践中很多中小型项目的保险招投标仅仅是条款和条件的比较而已。多数情况是通过商务谈判解决的。如果是谈判的方式，那么演示就是最重要的环节了。即使是程序严谨的招标，如果有述标机会，这也是争取所有主观分的绝佳机会。有关的注意事项如下。

1.制作精美的PPT

（1）用要点，而不是整段话。如果满屏幕都是文字，听众专注于看文字，没精力听演说。除非PPT本身就是投标文件，否则不建议字数太多太密。

（2）不要太花哨。正式场合的材料，不需要太多的配图和动画。内容更重要，关键是演讲者能带动听众的思路。

（3）做好充分的准备。提前到场调试设备。

（4）其他。还要注意调好灯光，避免后排听众看不清楚。准备足够的打印好的招标文件，确保听众每人一份。

2.演讲者的挑选

（1）讲解的时候演讲者应该声音洪亮充满激情，有适当变化的表情和肢体语言，这样才能充分调动听众的情绪。

（2）注意语速。应注意抑扬顿挫，利用停顿，不断寻求听众反馈。

（3）可以走到屏幕或黑板前指出要点，但一般不要站在屏幕前。

（4）演讲者大部分的时间保持与听众目光接触，注意观察听众是否有负面的表情和分神。如果有，应及时处理。

（5）演讲者要有自信，可以上场前多演练几次。不要去读讲稿，更不应该去背讲稿。

提问是最好的引领听众思路的方式。典型的问题包括：

1.我需要讲慢一点吗？需要再讲一次吗？能跟得上吗？能理解吗？

2.您看到区别了吗？

3.您明白原因了吗？

4. 你刚才的这个问题我解释清楚了吗？

5. 您怎样看？

6. 您同意吗？

7. 我们可以进入下一个议题吗？

在一些流程不是那么重要，但内容比较重要的招标会议上，在竞争条件接近的情况下，现场演示甚至就是成败在此一举。投标团队的整体表现非常重要。

1. 要事先演练。充分准备应对客户可能问到的问题或提出的反对意见。统一回答的口径。团队成员如果来自不同地区应该互相熟悉。

2. 无关人等不要出现在演讲现场。例如业务拓展人员，如果不参与项目服务。

3. 争取每个服务团队的成员都有发言机会，展现整体形象和实力。什么问题由团队哪位成员负责回答，都应该在此前的演练中事先确定。

4. 注意使用的语言，要么纯中文，要么纯英文另加翻译。不建议中英文夹杂。

5. 着装整齐，动作协调。一人发言时其余人员目光注视。

十三、被废标的原因分析

如前文所述，公开招标对程序流程和文件的要求是非常苛刻的。有时一个重大的投标会因为犯了很低级的错误而导致失败。常见的被废标的原因如下。

1. 投标文件包装不合要求。要特别留意外包装和正副本内封等要求。如何密封、如何盖骑缝章等细节都是有讲究的。如前文所述，如果对投标文件的包装不理解需要及时与招标人沟通。

2. 公章和盖章。搞清楚是否接受电子章，什么形式的电子章可以接受。是否需要公章，哪些文件必须盖公章。哪些文件可以用复印件，无须加盖公章的原件，哪些文件必须要盖公章的原件。盖章的缺失也不可以接受。例如法人代表身份证复印件上忘了加盖公章。

3. 投标代表的身份证。必须与投标文件内的吻合，防止出现投标代表不能进入投标现场的情况。

4. 授权委托书。有法定代表人和被授权代表签名，不能简单以公章代替签名。

5.文件的有效性。例如营业执照没有及时更新，提供了年审过期的营业执照复印件。

6.错过投标时效。需要使用快递邮寄标书时一定要预留足够时间。

7.要确认以总公司（法人）名义投标还是以分公司（授权经营人）名义投标。有时候只接受法人投标。如果接受授权的分支机构投标，文件盖章也有讲究。需要用总公司公章的地方不能以分公司的章代替，不能以总公司某个部门章代替。

8.标书的价格违反限价。

9.标书提供的保险条件负偏离过多。

第五节　投保单和投保资料的准备

选定保险人之后，投保人应根据保险人提供的投保申请书的内容和填写要求，正确填写。投保申请书是保险人为便于投保人投保而设计的一种标准式样的书面要约书，是投保人向保险人申请订立保险合同的文字依据。投保单是保险合同的重要组成部分，每笔业务一定要有投保单。财产保险投保标的明细表作为投保单的附件，是用来对投保单进行补充和说明的。因此，投保单必须由投保人亲自填写，保险公司的人员在必要时会给予协助和指导。填写投保单的基本要求如下。

1.内容真实、字迹清楚、书写工整、填写完整，如有错误或遗漏，投保人必须在更正处签章，不得随意更改。

2.投保标的明细表要与投保单总、分相符，如投保财产仅两三项且投保单完全能够准确反映时，可不填写财产保险投保标的明细表。

3.保险人的销售人员应当提示客户履行如实告知义务，原则上投保单证所需填写的项目不能留空，若填写项目不适用于具体业务，另作特殊处理，指导投保人删除相关内容或注明"本业务不涉及此项内容"。

投保单证填写规范如下。

1.投保单号码：应根据险别和投保时间顺序编号。

2.投保人/被保险人单位名称及通讯地址：填写投保人/被保险人个人/单位的全称和完整有效的通讯地址；投保人/被保险人如属法人，其全称应与营业执照上的单位名称、单位公章一致；若投保人/被保险人是自然人，除清楚填写投保人/被保险人姓名外，还需提供投保人/被保险人身份证号码（个体工商业户提供营业执照号码）。投保人在一般情况下应与被保险人一致，如不同，应明确说明双方之间的关系。因债权、债务、抵押或有相关利益的关系方也可以成为被保险人，但必须同时列明各自的全称和地址。

3. 联系人、电话、邮编：投保人应详尽填写。

4. 行业类别：按《国民经济行业分类注释》（GB/T 4754—2002）填写。

5. 投保企业的营业性质：指被保险人所属行业。行业一般分为如下几类：重工、轻工、纺织、煤炭、电力、商贸、建材、石化、邮政、电信、饭店娱乐场所、机关团体及其他。

6. 保险财产地址（标的坐落地址）：若保险标的存放地址不止一处时，应以清单形式列明各处的地址、保险标的及其保险金额。若被保险人变更或增加财产存放地，应及时向保险人申报，经保险人加批后将其列入保险财产范围。

7. 保险期限：指保险人承担保险赔偿责任的起始和终止时间，一般为一年，通常以公历年为单位。保险生效日 0 时起至其终止日 24 时止，保单上表述一般为：自 20×× 年 × 月 × 日 0 时至 20×× 年 × 月 × 日 24 时，共 12 个月。应注意的是保险生效日全日包括在保险期限内。另外保险双方也可根据实际情况投保短期保险，由保险双方确定保险合同的起止日期。

8. 投保标的项目及投保金额：投保标的项目主要分为保险财产及附加费用两大类。

投保财产分为建筑物（包括装修）、机器设备、装置、家具及办公设施或用品、仓储物和前四项以外的其他财产。应在其他险种项下获得保障的标的，如车辆、船舶、飞机等，不可在本险种项下投保。投保其他财产的，应具体列明财产名称。不同的项目存在不同的风险，因此，每项内容都应分别列明其投保金额（包括总保险金额和分项金额），以便日后作为理赔的基础，同时便于保险人衡量风险程度，测算最大可能损失。

附加费用实际上是增加了保险责任，所以将附加费用（如清理残骸费用、灭火费用、专业费用等）作为保险标的单独列出，便于保险人控制最高赔偿责任。对于每项费用，保险人是否计入总保险金额并按约定费率收取保费，投保人应询问保险人。有的保险人把此类费用列入扩展责任中，并规定一个与保额相适应比例的赔偿限额，采用这种方式承保加收保费就比较困难，一般在确定费率时考虑这一扩大的责任。

（1）投保方式／定值基础、保险价值确定方式的约定。

① 按标的的市价确定财产的保额，即按当时市场行情估价所核定的资产（如商品、货物、建筑物、设备）的价值确定保险金额。在保险单上不约定保险标的实际价值，只列明保险金额作为赔偿的最高限额。

② 按财产的重置价值来确定其保额。重置价值是指重新换置或建造同样的全新固定资产所花成本及费用。它包括货价、运费、工资、保险费、税款等。为适应被保险人重置财产的需要，保险人允许被保险人以超过实际价值的重置价值投保。如一台旧机器可以按同类产品的新机器的价值作为保险金额。按财产的重置价值作为保险金额时，所定的保险金额一般高于市价，具体比例，要根据重置或重建所需费用来定。为了明确责任，保险人将附加"重置价值条款"。

③ 按双方约定的保险价值来确定财产的保险金额。财产保险中，保险合同当事人不约定保险标的的实际价值，但对于某些特殊标的，如字画、古玩、工艺品等，投保人与保险人在投保时事先约定具体金额，以此作为财产的保险金额。发生损失时不论所保财产在损失当时、当地的实际价值（市价）是多少，保险人按保险单上约定的保险金额计算赔偿。全部损失按保险金额全部赔偿，部分损失按保险金额乘以损失成数赔偿。为了明确责任，保险人应加贴"定值保险条款"。

④ 按保险财产的账面价值或账面原值加成数来确定财产的保险金额。特别值得注意的是，此承保方式不适于个体及管理制度不严、账务不清的企业。

（2）免赔额：通常根据保险标的和风险来设置。原则上每张财产一切险投保单或保险单必须要有免赔额的约定，每次事故免赔额与费率成反向变化关系。措辞一般为："除合同另有约定本保险合同的每次事故免赔额为 ××× 元，或损失金额的 ××%，二者以高者为准。"

（3）总保险金额、费率和总保费：应分别填写具体的数目。总投保金额是投保财产保额和附加费用之和。

9. 保险费交付时间：国内保险市场上，有些地区的保险监管机构要求被保险人的付款期限应在保险起期日之前，即见费出单；非见费出单，涉及分期付费的，须约定各期付费时间及金额比例。

10. 保险合同争议解决方式：可选择诉讼或仲裁。如果选择仲裁，可按各个保险人的总部规定，选择中国国际经济贸易仲裁委员会及其分会、中国海事仲裁委员会及其分会、北京仲裁委员会、广州仲裁委员会（广东金融仲裁院）或者经监管机构或各个保险人总部批准的其他仲裁机构。

11. 有无就本投保标的向其他保险公司投保相同保险：该项需说明有无重复保险，其中"其他保险公司"应包含同一保险公司的不同分支机构。

12. 附加条款：根据本企业与保险人协商，需要增加附加条款的，应在备注栏中列明附加条款的名称。

13. 备注：除上述需在备注栏中予以明确的事项外，对于保险合同中未尽事宜，经投保人与保险人双方协商，特别约定在本栏予以明确。

如果通过邮件或其他方式洽商投保条件的，要求投保人填写投保单时应当将邮件或其他方式确认的投保条件全部写入投保单（包括附加条款、批单及特别约定）。

14. 投保人签章：投保人对投保单填写内容核对无误并确认承保条件后，须在投保人签章处加盖公章，并填写投保日期。

15. 其他单证的填写：对于其他投保单证的填写，保险人的销售人员也应指导客户按业务规范逐项、真实填写与投保单配套的以下其他相关单证。

（1）风险问询表；

（2）投保标的物清单；

（3）特别约定清单；

（4）免责条款声明；

（5）被保险人清单；

（6）其他相关投保单证。

投保时，投保人切不可在空白的投保申请书上盖章。投保需要基本的投保信息和支持材料，例如投保资产的清单、查勘报告、过往损失记录等，连同投保单、投保数据、各种附件提交保险人。投保人、经纪人、保险人须确保在业务档案中留存这些资料。

第六节　保险市场和保险人的选择

我国国内的财产保险业务自 1980 年恢复以来，发展迅速，财产保险赔付率一般较稳定。市场呈现如下特征。

（一）财产保险公司明显增加，形成了一个垄断竞争型格局

我国自 1980 年开始恢复国内财产保险业务，至 1985 年全国仅有一家保险公司——中国人民保险公司；1986 年成立了新疆生产建设兵团农牧业生产保险公司；1992 年平安保险公司由区域性保险公司改为中国平安保险公司；1991 年 4 月中国太平洋保险公司成立。此后，1996 年华泰财产保险公司成立。随着《保险法》的实施，保险公司自 1996 年开始分业经营，中保集团分为中保集团财产保险有限公司、人寿保险有限公司、再保险有限公司。1999 年 3 月中保集团解散，原中保集团财产保险有限公司改为中国人民保险公司。至 2001 年年底，财产保险公司发展到 22 家，其中，中资财产保险公司 12 家，外资、中外合资财产保险公司 10 家；至 2003 年年底，财产保险公司发展到 27 家，其中，中资财产保险公司 10 家，外资、中外合资财产保险公司 15 家。到 2006 年年底，财产保险公司发展到 42 家，其中，中资财产保险公司 27 家，外资、合资财产保险公司 15 家。至 2020 年年底，财产保险公司发展到 86 家，其中，中资财产保险公司 63 家，外资、中外合资财产保险公司 23 家。

随着保险公司数量的迅速增加，财产保险市场的格局也发生了一些变化，原中国人民保险公司市场占有率由 1985 年独家垄断变为 2006 年的 45.12%，平安保险公司为 10.67%，中国太平洋保险公司为 11.47%；其余 35 家为 32.74%；2007 年依次为 42.46%、11.25%、10.28%，其余 39 家为 36.03%。在 2001 年统计的 18 家财产保险公司中，前三家公司的总市场份额占比为 95.88%；2002—2004 年依次降低到 94.12%、89.3%、79.9%；2006 年、2007 年分别为 67.24%、63.97%。

2020 年，中国人保市场占有率为 31.8%、平安保险公司为 21.04%、中国太平洋保险公司为 10.8%；其余 83 家为 26.36%。由此看出，我国多主体的财产保险市场格局虽然已基本形成，但仍然属于寡头垄断型市场，现在开始向垄断竞争型转换。保险供给主体增加较快，市场竞争愈加激烈，为投保人提供更多的选择。

（二）我国财产保险保费收入长期快速增长

我国自 1980 年恢复国内保险业务，财险公司保费收入从 1980 年的 4.6 亿元，增加到 2020 年的 13,584 亿元，增长速度远远快于 GDP 增长的速度。财产

保险保费收入长期快速增长的主要原因在于：1980 年才恢复国内保险业务，起点较低；同时，我国经济增长较快，保险需求量较大；保险供给主体增加也较快，业务量也增加较快。

（三）一个完整的多层次的财险市场体系正在形成

财产保险市场体系，不仅包括原保险和再保险市场，也包括财险中介市场。至 2021 年 1 月 31 日，我国保险中介公司为 3054 家，其中保险经纪公司 496 家，保险代理公司 1760 家，保险公估公司 798 家，而兼业代理机构则超过 3.2 万家；2019 年财产保险业务中通过保险中介招揽的占 76.21%。从长期来看，在财产保险市场上，一是财产保险展业将从保险公司展业为主向保险代理人和保险经纪人展业为主转变，尤其在大型保险项目中，保险经纪人展业将发挥较重要的作用。同时，专业财险公司开始出现，2004 年 3 月，上海安信农业保险股份有限公司成为我国第一家专业性的股份制农业保险公司。二是相互制保险公司开始建立，2004 年 11 月，阳光农业相互保险公司筹建，这是我国第一家相互制农业保险公司，填补了我国尚无相互制保险公司的空白。三是各大型企业的自保组织大量涌现，1998 年，中国石油与中国石化组建企业自保；2000 年，中国海洋石油公司等大型国有企业开始建立自保基金。四是互助保险有一定形式的发展，1993 年，黑龙江垦区开始实行农业风险互助；1994 年我国成立了中国渔船船东互保协会，这些保险组织在我国财产保险市场中得到进一步发展。与此同时，民营资本开始逐步进入我国财产保险市场：2003 年，华安财产保险股份有限公司民营资本股权比例达到 87%，从而成为我国第一家民营财产保险公司，财险市场经济成分多元化得到一定程度发展。总之，一个组织形式多样化、经济成分多元化、经营模式多样化的财产保险市场体系正在逐步形成。

（四）保险市场实现全面对外开放

自改革开放以来，我国一方面允许外国保险公司进入中国保险市场，另一方面鼓励国内保险公司在国外经营保险业务。尤其自 2001 年加入世界贸易组织以及 2004 年全面开放后，外资保险公司数量和市场份额均有增加，但整体占比由于种种原因变化不大。到 2020 年年底，23 家外资及合资财产保险公司保费收入占财产保险市场总保费收入的比重由 2000 年的 0.2% 上涨到 2020 年的大约 2%。

2019 年 12 月 6 日，保险监管机构发布了最新的《外资保险公司管理条例实施细则》，该细则在很多方面对过往的条例进行了优化，且增加了未来进一步放松监管的条例，比较大的修改如下。

1. 将合资控股比例放宽到 51%，相当于外资可以拿到控股权；而新增的"中国银行保险监督管理委员会另有规定的，适用其规定"，则为 2020 年全面放开外资保险公司持股比例留下了空间。

2. 删除了"全国范围内取消外资保险机构设立前需开设 2 年代表处的要求"以及"30 年经营年限要求"，意味着外资保险公司和国内的本土保险公司将站在同一起跑线上竞争，和本土保险公司一样适用《保险公司分支机构市场准入管理办法》。

需要说明一下的是，尽管中国保险市场业务规模庞大，保险公司众多，但擅长经营企财险的机构或者团队并不多，企财险业务占比也并不高。2020 年，企财险保费收入仅占总保费收入的 3.6%（见表 4-2）。

表 4-2　　　　各险种保费收入及占比（2019 年、2020 年）

险种	2019 年		2020 年				
	保费收入（亿元）	保费占比	保费收入（亿元）	保费占比	保费增长率	承保利润（亿元）	综合成本率
车险	8,188	62.9%	8,245	60.7%	0.7%	79.57	99.0%
健康险	840	6.5%	1,114	8.2%	32.6%	-38.45	103.5%
责任险	753	5.8%	901	6.6%	19.6%	-7.67	100.9%
农险	672	5.2%	815	6.0%	21.2%	1.01	99.9%
保证险	844	6.5%	689	5.1%	-18.4%	-95.36	113.8%
意外险	527	4.0%	541	4.0%	2.7%	-1.58	100.3%
企财险	464	3.6%	490	3.6%	5.6%	-6.62	101.4%
信用险	200	1.5%	205	1.5%	2.5%	-31.68	115.5%
工程险	118	0.9%	138	1.0%	17.5%	-5.23	103.8%
货运险	130	1.0%	136	1.0%	4.5%	-0.69	100.5%
家财险	91	0.7%	91	0.7%	-0.5%	6.1	93.3%
其他险	189	1.5%	219	1.6%	15.9%	-7.84	103.6%
合计	13,016	100.0%	13,584	100.0%	4.4%	-108.44	100.8%

数据来源：达信保险经纪、中国银保监会网站。

（五）投保人在选择保险人时会考虑多种因素

我国财产保险市场在发育过程中，也面临如下矛盾：保险市场供给不能完全满足国民经济和社会发展的需要的矛盾；市场潜力挖掘不够与结构失衡的矛盾；规模扩张与提高效益的矛盾；行业发展迅速与行业自律滞后的矛盾；市场国际化与监管方式的矛盾；新业务增长与风险防范机制不匹配的矛盾；保险产品创新与资本市场不稳定的矛盾；渠道创新与现行规章的矛盾；公司业务发展迅速与治理结构不够完善的矛盾等。投保人研究保险市场时，需要观察市场的发展趋势和保险产品的开发、使用。在选择保险人时一般要考虑如下因素。

根据本企业保险标的的风险、危险单位的划分及最大可能损失等选择一家保险公司独保，还是多家保险公司共保。因为保险公司在接受投保时往往受限于其资本金和赔偿准备金、再保险安排能力以及其本身对投保标的的风险评估结果，对高风险的保险标的将有所选择和取舍。对于大型企业保险标的的投保，投保人可以采用招标方式选择保险公司，比如在招标过程中，投标人或其聘请的保险顾问事先拟订一个保险方案，即"指定方案"；投保人也可邀请数个保险公司对本企业保险标的风险进行风险评估并制订保险方案，即"建议方案"，最终的保险方案应由双方充分协商确定。对于中小型企业的保险标的，投保人一般采用议价方式，与保险公司直接沟通和协商办理投保。

投保人选择保险公司时应该考虑其财务安全等级、保险条件、费率、服务承诺及以往合作情况。不论采用哪种方式投保，投保人不应一味地按最低报价选择保险公司，应将保险公司的报价与其风险管理专业建议和其他增值服务措施综合起来进行考虑。

有些投保人喜欢外资保险公司，有些喜欢中资保险公司，有些兼而有之。各有各的理由。坚持选外资保险公司的投保人可能觉得虽然价格较高，但专业性强、服务好。选中资保险公司的投保人觉得价格很有竞争力，品牌大，网点多。也有些传统险种投保时（如车险、财产险）选中资保险公司，特殊险种（如责任险，货运险等）投保时选外资保险公司，取得一定的平衡。目前市场格局也确实是外资保险公司比较专注于责任险，财产险方面主要还是以再保的形式参与特大型基建项目。而中资保险公司公司在车险和传统企业财产保险方面较强。

第七节　专业经纪人的作用

越来越多的投保人认识到自身专业能力不足，或者在理赔时吃了亏，倾向于请专业经纪人安排保险。一些大型集团公司（如石化公司、钢铁公司、电力公司等）也纷纷成立了专属经纪公司安排自己集团的保险。外资、合资保险企业在进入中国市场的时候，其国外母公司聘用的经纪人也就跟随而来了。总之，经纪人在保险交易中扮演着越来越重要的角色。很多时候，保险公司是经纪人推荐给投保人的，投保人比较放心让经纪人替他们安排保险。经纪人业务量显著上升，不少保险公司也倾向开展与经纪人的业务对接，那么经纪人在选择保险公司的时候有什么特殊考虑呢？主要考虑有：

1. 服务窗口、服务人员的专业性。来自经纪公司的业务，即渠道业务有其特殊性。经纪人业务通常要求的保障范围非常宽，以财产险为例，经纪人提供的方案中附加条款特别多，有些要求特别苛刻，而绝大多数必须接受，不接受就没有机会。因此保险人必须把握适当的尺度：哪些是完全不可以接受，也就是市场都不接受的；哪些是通常可以接受的。直销业务或本地代理业务保障范围未必很宽。

2. 价格。因为几乎每个报价都是投标，因此价格往往要很有竞争力。有时候经纪人之间还存在竞争，因此价格战往往不能避免。与直销业务或代理业务相比，直销业务或代理业务，因为保险公司自身对业务有一定的掌控力，比如客户关系，因此价格未必需要很低，但维护客户关系成本未必低，代理费用可能也较高。从财务角度看，由专业经纪人推荐业务比自己养着庞大的销售队伍可能更合算。

3. 服务时效和服务人员的稳定性。经纪人往往对回复时效有严格的要求。因此需要有稳定的、专职的服务团队，切不可和直销业务团队混同。直销人员往往需要经常或长时间出外勤见客户，那么回复电话或电邮，或者跟进某些业务往往就不能很及时。另外，没有团队，仅靠一个人，只有一个人知道业务的情况，对于很多经纪人来说是不可接受的。经纪人业务是团队的业务，跟直销不一样，这不是个人业务。

4. 权限。经纪人倾向于与有相应的核保和核赔权限的人员打交道，工作效率高。通过业务拓展人员（即渠道客服人员）转手，容易导致沟通效率打折扣。当然，中资保险公司因为渠道业务量较大，往往配备较多的渠道维护人员。这也是为了协调与不同产品线的沟通。而外资保险公司往往需要其核保人直接面对经纪人，迅速决策。

5. 合规。业务交流通常以书面形式进行，而且通信量极大。交易过程公开、透明且留痕。一般为公对公转账，不允许出现个人业务员领取了佣金（经纪费）再由私账转经纪人公账的情形。

因此，经纪公司会审慎地选择保险公司的对接窗口，而且不会频繁新增或转换窗口。如果要新增对接窗口，可能要多次询报价，考察反馈结果后才开始尝试合作。许多保险公司过往以直销业务或代理业务为主，没有意识到经纪业务的特点，想开拓经纪渠道业务却没有配备专属的经纪业务团队，或跟直销团队混在一起，产生很多冲突。开展经纪业务，不仅仅是配备团队并给予较长的业务考核保护期那么简单，还涉及管理问题，如对业务冲突、渠道冲突的管理等。

目前，非车险业务量较大的公司或其分支机构都有相关的经纪人业务团队，名称可能是经纪部，也可能是国际部，也可能是重要客户部。渠道业务专属团队都是由业务较熟练的人员组成，甚至在部门内有专属核保理赔人员，由机构的高级别领导直接兼任负责人或分管经纪业务。

The Practice of
Property Insurance
企业财产保险
~~实务~~

[第五章]

财产保险的承保

财产保险的承保是投保人与保险人签订保险合同的过程中，双方通过协商，对保险合同的内容取得一致意见的过程。承保也是保险企业经营中的一个重要环节，其质量关系到保险企业经营的稳定性和经济效益的好坏，同时，也是保险企业经营管理水平高低的重要标志。

第一节　保险人内部的授权管理

在承保管理方面，各家公司有很多共同点，也有很多不同。中资保险公司与外资保险公司的做法差异很大。外资保险公司主要经营大型商业风险，不做车险业务，再保业务占比高，因此无须很多业务网点，核保往往是集中处理的，其核保人根据本地授权和经验多寡授权到核保人即可。其处理渠道冲突、业务冲突也相对容易发生。而中资保险公司往往机构数量多，层级也多，因此需要分级管理。典型的内部管理一般包括以下内容。

一、条款使用

保险人的总部以财产保险承保指引的形式颁布《财产保险综合险条款》《财产保险基本险条款》《财产一切险条款》及其相配套的附加险条款、扩展条款、批单的使用方法和注意事项，要求其下属机构参照执行。

二、总公司对分公司的承保授权

保险人的总部根据其下属机构的人员技术素质、业务规模和经营业绩等情况给予承保授权，比如可接受人民币10亿元或20亿元（含）以下或等值外币（与利损险保额合并计算）财产承保业务。

三、其他承保权限

保险人为了控制主要的承保风险或特殊风险，规定其下属机构未经总部审批，不得承保如下风险和业务。

1. 地震、海啸风险。

2. 境外保险标的。

3. 扩展恐怖主义责任。

四、承保授权的有关规定

1. 保险人规定其下属机构应严格按转授权书中规定的承保权限执行，严禁越权承保和拆分保险标的，拆分危险单位。

2. 对跨省级行政区域的异地和统括保单业务，或港澳台地区和中华人民共和国境外的财产保险业务，保险人的下属机构应当认真执行其总部制定的有关规定。

五、基层核保管理

本级承保部门自主决定是否承保及承保条件。承保部门接到初步的承保方案后，主要审核以下内容。

1. 核保人员应详细审核投保单的内容、风险调查记录，如发现填写内容不清楚或调查情况不详或有遗漏之处时，应及时指出并要求补充填写或更正。必要时核保人员可重新进行风险调查，以确保真实、准确地掌握被保险人的风险及相关情况。

2. 根据投保人的风险情况，核实投保标的是否符合参加财产综合险或财产一切险及其扩展条款的条件；接受投保的险别、保险金额是否需要限制或调整；接受投保时是否需要增加特别约定。

3. 核实投保标的保险金额、费率的确定是否合理、准确；保费的计算是否准确无误；投保明细内容填写是否齐全、明细表上的数字与投保单、保单中的数字是否相符；被保险人和保险财产地址是否清楚，保险责任期限是否明确。

4. 分保安排是否符合再保险规定，是否有效分散承保风险。

审核完毕，对投保单或投保意向签发明确的承保意见。审核通过并超过本级承保部门权限的，应按申报规定将有关资料以书面或电子文档形式提交上级承保部门核保。

六、上级核保内容要求及程序

接到下级承保部门转来的核保资料，上级承保部门重点审定以下内容。

1. 上报材料是否齐全、真实、有效。

2. 投保的内容是否完整、是否符合有关规定。

3. 特别约定的使用是否规范。

4. 保险费率厘定是否合理。

5. 接受投保是否需要增加特别约定。

6. 审核最大自留额，对超过自留额的部分，按有关规定办理再保险。

7. 根据掌握的情况考虑可否接受投保。

审核完毕，将核保意见批复下级公司。下级公司接到批复后，对同意承保的，即可报价。最终投保人接受的承保条件经上级核准后可以将资料转给制单人员以缮制保险单。对不予承保的，应立即通知投保人并讲明理由。

第二节　业务渠道管理

保险销售渠道是保险商品从保险企业向保户转移过程中所经过的途径。如何选择适当的销售渠道直接影响保险企业的经营成本和保险产品的销售。保险公司业务的来源是多元化的，通常包括：（1）保险人的直销人员（即直接业务）；（2）营销员（个人代理人）；（3）保险中介人，包括专业经纪人、兼业代理和专业代理；（4）大的集团公司还有来源于寿险子公司的交叉（代理）销售；（5）金融机构，如银行和担保机构；（6）各类行业的协会；（7）存量客户的延伸销售等。

国家保险监督管理机构从 2019 年开始连续下文强调了保险中介渠道的管理，甚至要指定高管人员作为责任人，成立专门的中介渠道管理部门，制定相应的业务、合规、财务管理制度，制定专职人员负责中介渠道的管理。在此不赘述。

传统意义上，中介渠道管理包括合同文本、准入资格、费用政策等。笔者认为更具有挑战性的工作其实在于渠道冲突的管理。一笔业务，可能通过不同的渠道，找到保险公司的不同机构或团队询价，如何保证核保政策、核保条件的一致性，对于机构庞大、网点众多的保险人而言是个极大的挑战。市场上没有一个成熟的、健全的方案。外资财产保险公司因为聚焦非车险，网点少，集中管控，因此对渠道冲突的管理相对容易。

对于报价时潜在的渠道冲突，一般的处理原则是：

1.（询价）先到先得（First Come First Serve）。

2. 有投保人授权委托书（Appointment Letter）的优于没有授权委托书的。

3. 排他性授权委托书（Excusive Appointment Letter）优于非排他性授权委托书（Non-exclusive Appointment Letter）。

4. 以最新的委托为准，但给予此前来的渠道一定的工作日（如 3~5 个工作日）澄清。

5. 续保时优先支持现有中介渠道。

但是，渠道管理不仅限于财产保险这一单一险种，还涉及其他业务条线，协调起来也不容易。同时还要综合考虑渠道业务贡献的质量问题、长期考核问题、应收保费问题。渠道管理 IT 系统设计时应考虑管理者的多维度管理需求。

第三节　拟订承保方案与保险人的核保

根据保险标的的风险情况及投保人对保险的相关需求，确定投保险种、保险标的与保险金额、免赔额、附加条款、费率条件及其他条件；提出再保险建议和防灾防损建议；拟订初步承保方案，核保人按其内部规定进行核保。

保险核保人进行核保，其主要工作如下。

（一）确定保险项目与金额

进一步核实并确认投保单中填具的保险项目与金额。

（二）确定免赔额

根据项目具体的风险状况以及市场行情确定适当的免赔额，可以是一个具体金额或具体金额加上损失的百分比。目的在于督促被保险人做好防灾工作，并减少保险人处理小额赔款的管理成本。

（三）确定附加条款

核保人内部现行的可提供的保障有以下三类。

1. 扩展性特别条款：主要是对保险保障范围进行扩展的条款，可以扩展责任范围、扩展保险标的以及扩展保险期限。承保人应谨慎使用该类条款，针对各扩展条款应设定赔偿限额及免赔额，以控制风险。

2. 限制性特别条款：主要对保险保障范围进行限定，对于一些高风险的项目，为控制风险，应适当附加限制性特别条款。

3. 规定性特别条款：针对保险合同执行过程中的一些重要问题，或者需要明确的问题进行明确的规定，以免产生误解和争议。

（四）厘定费率

保险费率是保险人向被保险人收取保险费的计算标准，也是依照保险金额计算保险费的比率。保险费率主要根据如下几种因素综合分析后厘定。

1. 建筑物的建筑结构或物资类别。

2. 标的物危险性大小。

3. 占用性质。

4. 财产所处地理环境及当地水文、气象、地质情况。

5. 防灾设施及其保养情况。

6. 被保险人经营管理情况。

7. 免赔额高低。

8. 扩展条款责任。

9. 当地保险市场的财产险费率情况。

10. 如果承保标的巨大或风险集中以及需要临时分保支持的项目，应寻求再保支持后再确定。

定价中对特定风险，特别是巨灾风险一般要特别考虑。例如对于"台风、洪水、暴雨"分区考虑其风险等级（见表5–1）。

表 5-1   台风、洪水、暴雨分区

一类区	北京、青海、宁夏、天津
二类区	山西、陕西、内蒙古、辽宁、吉林、黑龙江、上海、厦门、广东、山东、河南、重庆、海南、甘肃、新疆、西藏
三类区	浙江、江苏、福建、湖北、河北、贵州、云南、四川
四类区	安徽、湖南、广西、江西

对于地震，分区等级如表 5-2 所示。

表 5-2   地震等级分区

一类区	黑龙江、吉林、贵州、湖北、湖南、江西、浙江、广东、广西
二类区	内蒙古、山东、河南、安徽、福建、江苏、上海、重庆
三类区	山西、陕西、辽宁、海南
四类区	北京、天津、河北、宁夏、甘肃、青海、四川
五类区	新疆、西藏、云南

目前，国内保险人定价时一般使用基准费率加各种风险系数的做法。根据保险行业的业务发展要求，2016 年，国家保险监督管理机构曾经制定和发布《企业财产保险标的分类》（见附录《中华人民共和国金融行业标准——企业财产保险标的的分类》）。有的保险人根据行业统一标准，制定保险财产的纯风险损失率，厘定投保财产的承保费率；有的公司制定本公司的经验费率及定价模型确定投保财产的承保费率；国际性保险公司的核保人一般还会用到一些专业的巨灾定价工具，如慕尼黑再保险公司的风险地图。该工具主要用于巨灾分级，对于不同的巨灾风险，选择对应经纬度或者区域可以看到对应的分级，帮助判断风险。也可能用巨灾模型公司，如 RMS 的工具定量计算巨灾保费。

核保人应当注意的是，一些中小型业务，或者中介渠道业务，未必每个标的都有查勘报告，有时候风险资料较缺乏，仅仅有保险方案、损失记录、简单的问询表或相片；有时候从被保险人的营业执照或业务性质描述中并不能准确判断风险。例如有些业务性质描述为五金厂的企业可能生产家具，有些机车工厂可能生产海绵，有些所谓电子厂可能是高科技工厂，有高等级的无尘车间。因此其真实的风险等级比描述的高。核保人员有时通过公开的网络报道寻找与被保险人有关的信息或相关新闻报道以辅助识别风险。如有针对被保险人的负

面报道，也是值得警觉的风险因素。

保险费率一般为年费率，客户中途退保或短期投保，应按短期费率（见表5-3）计收保费，保险期限不足一个月的按一个月计算。

$$短期费率 = 年费率 \times 比例$$

表 5-3　　　　　　　　　　　　短期费率表

1 个月	2 个月	3 个月	4 个月	5 个月	6 个月	7 个月	8 个月	9 个月	10 个月	11 个月	12 个月
10%	20%	30%	40%	50%	60%	70%	80%	85%	90%	95%	100%

费率一经双方商定，在保险期满前不得任意改变，若因企业转产或占用性质改变、承保风险明显减少或增大，可根据其危险程度适当调整。

分项保费为分项保险金额与费率之乘积；总保费为各分项保费之和。

投保单或保险单上填写的保险费计算应精确至分，且大、小写数字齐全，大写在前，小写在后，不得涂改。分项计算的保险费之和须与总保险费相等。

（五）提出分保建议

就被保险项目合理划分风险单位，根据分保规定及公司年度再保合约的情况提出分保建议。

第四节　危险单位划分和最大可能损失的确定

一、危险单位和危险单位划分原则

根据《保险法》第一百零三条，危险单位是指一次保险事故可能造成的最大损失范围。保险事故的发生概率有很大的不确定性，不同情境下的最大可能损失有极大的差异。我们在进行危险单位划分时通常根据普通保险事故情境进行最大的损失范围划分，具体指组成保险财产的各个单元（如建筑物）之间遭受灾害事故时所波及的范围。若两个单元是可以分隔的，发生灾害时不致相互波及，可视作两个危险单位。近年来，在保险监管机构的主导下，国内的保险行业一直在对危险单位划分的方法进行研究和探讨，并以中国保险监督管理机构的名义颁发了一系列有关"危险单位划分方法指引"的文件，很有现实意义。

保险人根据测定的可能最大损失，妥当安排自留风险比例和再保险保障计划。

危险单位划分的标准是坐落于同一地点的两项（或以上）保险标的之间存在的安全距离间隔，也就是说，如果其中一项标的发生保险事故，不会波及其他保险标的。同一份保险单项下的保险财产如果符合上述危险单位划分的标准，该保险单可以进行危险单位划分。同一地点不同保险单项下的保险财产如果可能受到同一保险事故的影响或波及，上述保险单项下的保险财产应当进行合并视为一个危险单位。保险人在承保时应根据保险财产所在地建筑等级、地势高低、间隔距离以及毗邻建筑物之间有无防火墙、上下层之间有无防火楼梯等情况划分危险单位。危险单位的确定，有利于承保人评估风险，确定自留风险，做好风险管理。

保险人在进行危险单位划分时，应坚持"存疑不分"的原则，如存在疑惑或不确定情况，就不应该对一个危险单位做进一步的划分，以免增加过大的自留风险。

在进行危险单位划分时，应当注意：在财产保险中，有时出现多个保险人共保一座建筑物，在这种情况下，无论有多少个被保险人或有多少张保险单与该建筑物相关，建筑物及其内部的所有物品，包括企业投保的利润损失保险及其他后果性的损失保险，均应视为一个危险单位，也就是说，一座建筑物及其内部的物品将被视为一个危险单位。如果保险人承保的附加风险受到位于不同地点的风险影响，包括但不限于由于财产的物质损失引起的供应商、供应链客户及相互关联的风险，无论它处于保险标的物所在地点内还是其他地点内，每个地点可视为一个独立的危险单位，但利润损失风险不可划分。如果保险标的包含已知或列明的位于其他地点的相关延伸风险，包括财产的物质损失引起的但不限于供应商、供应链客户及相互关联的风险（保险人已经记录在案），每个地点可视为一个独立的危险单位，但利润损失风险不可划分。

二、分析最大可能损失

分析保险的财产在发生灾害事故时可能遭受的最大损失，找出生成最大损失可能性的最大风险，根据这种风险可能对保险标的造成的损害和保险标的物本身的抗火、抗灾能力，尽可能合理地估计整个保险标的物的最大损失率。有的保险人在划分危险单位时也根据极端概率事故，如最大烈度地震、海啸、飓风等，进行最大的损失范围划分。对于极端概率事故的处置，保险人将通过风险累积进行管理。国际保险市场上也有的保险人对最大可能损失都有不同的释义，具体如下。

1. "The PML is an estimate of the maximum loss which could be sustained by the insurers as a result of any occurrence considered by the underwriter to be within the realms of probability . This ignores such coincidence and catastrophes as may be possibilities ，but which remain highly improbable."

"最大可能损失"是指：保险人在能考虑到的各种可能事故中，自己对任何一次事故导致的最大损失（金额）的估计。这种估计不考虑可能会发生但概率极低的巧合事件及巨灾风险。

2. "By PML we understand the probable （not possible ）maximum loss，i.e. the maximum loss that might be expected ，at a cautious estimate，to occur as a result of a single loss event ，taking into consideration all the circumstances of the risk."

就"最大可能损失"而言，我们理解是很可能（而非"可能"）发生的最大损失，即：在考虑到所有风险状况的前提下，通过谨慎估计而得出的一次单一事故导致的预期最大损失（金额）。

3. "The Possible Maximum Loss is the largest loss that may be expected from a single fire （or other peril when another peril may be the controlling factor ）equal to any given risk when the most unfavourable circumstances are more or less exceptionally combined and when，as a consequence，the fire is unsatisfactorily fought against and therefore is only stopped by impossible obstacles or lack of sustenance."

"最大可能损失"是指：一次单一的火灾（或者其他主要风险事故）发生时，正好遇到最不利的情况同时发生，火灾未能有效扑救，因而只是不可逾越的障碍或缺乏燃烧物质才阻止火灾的蔓延，这种情况下所导致的预期最大损失（金额）。

保险行业比较一致的看法是：最大可能损失是指在所有保护系统装置失灵，相关应急处理机构的人员以及公共救灾机构无法提供任何有效救助的情况下，单一保险标的本身可能遭受物质损失及其他损失的最大金额（多项损失金额合计数额）。在财产保险中，火灾风险是主要风险之一，如果发生"完全焚毁"性的火灾，保险人必须作出"最大的可能损失"判断。在此情景下，保险财产必须设有充分的间隔距离及完整无缝隙的防火墙（即防火墙上不能开通口，或这些通口被防火门一类设施遮蔽）才能有效阻止火势蔓延。简言之，最大可能损失是主动保护系统装置无效情景下的可能最大损失。

三、典型企业危险单位划分案例

有的保险人曾经使用国民经济代码对保险标的进行分类，但不能准确反映保险标的的风险。就标的的风险而言，保险人需要了解标的的占用性质才能判断其风险。保险标的可按行业统一分类标准进行分类。在核保的过程中还应注意，近年来，国家保险监督管理机构先后下发了一系列有关"危险单位划分指引"的文件，规定各个保险企业在承保时对规定所罗列的行业的危险单位划分必须遵循的原则及方法，这些行业或企业包括水力发电企业、火力发电企业、公路及桥梁、地铁隧道、石化企业、半导体制造企业、港口、商业楼宇。

（一）水力发电企业

1. 坝后式或河床式结构：只能作为一个危险单位。

2. 引水式发电结构：大坝、围堰以及与大坝相关联的工程作为一个危险单位；引水隧道、尾水隧道、地下厂房及厂房内设备等作为另一个危险单位。

3. 部分混合式发电结构：如果发电厂房与大坝有一定的安全距离，可以考虑将挡水系统、泄水系统以及与大坝关联的系统作为一个危险单位；引水发电系统作为另一个危险单位。所谓安全距离，指水电站根据其所处地形、水文地质条件等情况，考虑洪水、溃坝、滑坡、泥石流等重大灾害造成的损失是否同时导致大坝和厂房的损失。

4. 相关的利润损失险的危险单位不能与主险分开，必须与主险相加作为一个危险单位；如果主险标的可以划分为两个危险单位，利润损失险必须分别全额加至每一个危险单位项下。

（二）火力发电企业

1. 只有一座主厂房的发电厂，视为一个危险单位，不论主厂房内有几台机组；如果发电厂承保了利润损失险，应与主险相加作为一个危险单位。

2. 有两座主厂房，且安全间距大于50米的，可以划分为两个危险单位。如果两座厂房的设备没有共用的辅助设施，利润损失险的危险单位可以按保额比例划分并分别与主险相加；如果有共用的辅助设施，相应的利润损失险的危险单位不可以拆分，应将利润损失险总保额分别与主险相加作为一个危险单位。

3. 对于部分独立的辅助设施，如果与主厂房安全间距大于 50 米，可以视为独立的危险单位。对于利润损失险，无论附属设施和主厂房的安全间距有多大，均不能拆分，必须在两个危险单位上同时加上利润损失险的总额。

（三）营运中的公路及高速公路

1. 建成后高速公路作为特约投保标的投保，其面临的主要风险是自然灾害造成的损失。在划分危险单位时可考虑每 50 公里为一个危险单位，且任一隧道及桥梁（包括在建、建成工程）不得分割为不同的危险单位。

2. 如果营运中的高速公路承保利润损失险，则利润损失险的保险金额不可进行危险单位划分，应与单个危险单位物质财产保额合并计算，作为该危险单位的保险金额。

（四）运营中的桥梁及隧道

1. 建成并投入运营的桥梁项目原则上不划分危险单位。

2. 如果桥梁项目的陆上从属建筑与桥梁主体工程间隔 100 米以上，可以考虑划分为单独的危险单位。

3. 一般应将引桥和主桥视为同一个危险单位。

4. 任何一条隧道应作为一个危险单位。

（五）运营中的地铁

1. 对于以下任何一种情况，整个地铁工程应作为一个危险单位。

（1）存在穿越江河、湖泊或海湾的区段。

（2）地铁沿线任何一点离开最近的江河、湖泊或海湾的距离小于 100 米。

（3）地铁所在区域最近 10 年的年最大降雨量大于 1,000 毫米。

2. 每 10 公里（包括车站）可以划分为一个危险单位（不小于 10 公里）；车辆段另外单独划作一个危险单位。

3. 如果附带有部分地上段，则地上段可以单独划作一个危险单位。

（六）石化企业

1. 通常不做危险单位划分，即视为一个危险单位。

2. 如果相邻两个工艺装置生产区域之间的最小距离达到 1000 米以上，可以视为两个危险单位。

（七）半导体制造企业

半导体制造企业是比较特殊的企业，其洁净室厂房，包括位于同一厂区内的所有洁净室厂房，为不可拆分危险单位。同时，其配套设施应与洁净室厂房视为同一个危险单位，不可拆分。

办公楼、仓库等建筑物如果与其周边邻近建筑物有任何形式的连接，则不可拆分危险单位；如果完全独立，其与周边邻近建筑物没有任何实际性连接，可以依照防火间距要求来划分危险单位。一般按如下办法划分危险单位：两栋建筑物之间的距离，至少等于其中较高一栋建筑物的高度，如果间距超过 20 米，可不考虑其高度。如果建筑物的间距为 20 米以上，则可划分为不同的危险单位。如果建筑物的间距小于或等于 20 米，则划分危险单位所要求的基本间隔距离为：

1. 建筑物与露天堆积可燃物品间的距离为 20 米。

2. 生产储存可燃性物品的建筑物与其他建筑物之间的距离为 15 米。

3. 一般建筑物之间的距离为 10 米。

财产物质损失与利润损失必须作为一个危险单位。

（八）运营中的港口

1. 防波堤位于港区的外侧，是港口的第一道屏障，其作用相对独立，可作为一个危险单位。

2. 石油化工港区的码头，一般远离生产制造的厂区，所有码头可作为一个危险单位。

3. 陆域上所有道路一般是进港道路，并延伸至港区以外，可作为一个危险单位。

4. 对于可能受到台风影响的港口，所有水域和陆域工程应作为一个危险单位。

5. 对于陆域的标的，包括仓库、堆场、营运配套设施设备及作业辅助建筑物，受风暴、潮汐影响较大，可作为一个危险单位。

6. 利润损失险的保额应加到最大危险单位的财产险保额，作为一个危险单位。

（九）商业楼宇

1. 遵循"同一屋面下"原则，即同一建筑物中的所有财产，包括建筑物本身应该被划分在同一个危险单位内。该原则同样适用地下建筑部分。

2. 商业楼宇群具有两幢主楼或者两幢以上的，如果存在用于通行、观光、通道线缆等类似用途的通道，不论该通道位于何处应该划在一个危险单位内。如果该连接通道的长度超过30米，且为钢筋水泥或者钢铁等非可燃材料建造、通道的内部不存在导致火灾延烧的可燃物品时，被该通道连接的建筑可划为不同的危险单位。

3. 如果相邻两幢建筑物之间的防火间距至少等于其中较高一栋建筑物的高度，且不小于20米时，相邻的建筑可划为不同的危险单位；如果相邻的建筑高度超过24米时，防火间距大于24米（含24米）的，相邻的建筑方可划为两个危险单位。在相邻建筑之间堆放可燃物导致实际防火间距减少的，应该根据堆放的可燃物与建筑物之间的实际距离在确保上述有效防火间距后才能划分成不同的危险单位。

4. 建筑物的裙楼应该与主体建筑视为一个危险单位，不可将其拆分成两个危险单位。

5. 建筑的辅助设施，包括输变电设施、供气设施，或者甲、乙、丙类易燃、可燃液体、气体等的储藏设施和建筑，与主体建筑的防火间距小于25米的（含25米），不应将这些设施和建筑与主体建筑拆分成两个危险单位。

6. 划分危险单位不应考虑消防保护措施的作用。

（十）利润损失险

利润损失险是比较复杂的一个险种，比如，建筑物之间的营业经营相互关联，通往营业场所的通道发生交通堵塞导致其营业中断等，不同的行业，其营业特点不同，因此商业楼宇的财产保险项下的利润损失险原则上不应该划分危险单位。但是，如果某一独立财产保险的某一个独立危险单位的财产发生保险事故遭受损失时，若能确认不影响另一个独立财产保险的独立危险单位项下的利润损失，该财产保险危险单位的利润损失险可以划分独立的危险单位，例如，统括保险单项下的承保的保险财产存放在多个保险场所内，某一个场所发生保险事故将不会影响其他场所的营业。但是，在通常情况下，划分危险单位时，应该将财产险保额与其项下的利润损失险的保额合并成一个危险单位。

第五节　报价、磋商与审核投保资料

投保人接到报价后可能会对费率、免赔提出异议，要反复磋商讲价。也有些投保人会对条款特别是附加条款提出异议，例如删除保证条款、提高分项限额、增加扩展条款等，反复地讨价还价。复杂的项目或者有经纪人参与的甚至要开会解释报价，逐条解释条款。

在这个阶段应当注意的事项很多。不能因为投保人基本确定了投保意向就忽视了相关工作。无论此前是否经历过多轮的接触，是否查勘过现场，双方都需要珍惜报价与磋商的机会，将所有重要事项（Material Fact）说清楚，这是承保前重要的澄清机会。重要的事项包括告知义务、定值基础、足额投保的重要性、保险金额的确定（如存货应该取峰值）、免责条款。有经验的经纪人还会告知报价的有效期、保险公司的评级、见费出单等特殊重要事项。因为投保人非专业人士，并不一定知晓最大诚信原则的重要性，因此展业人员要重点并反复强调告知义务。

保险条件谈妥后，投保人确认向保险人投保，或者将确认函件发给经纪人，经纪人向保险人发出确认书或出单指示。保险人反确认，并开始审核投保资料，准备出单。审核要点如下。

一、投保人的身份

1. 单位投保人：应当收集单位最新版营业执照、经办人的居民身份证或其他身份证明文件、介绍信或委托授权书。

2. 个人投保人：应当收集有效期内的居民身份证或其他身份证明文件。

3. 投保人委托他人办理投保业务的，应当收集委托人出具的授权委托书。受托人是个人的，应当同时收集受托人的居民身份证或其他身份证明文件；受托人是单位的，应当同时收集受托人的最新版营业执照，以及具体经办人的居民身份证或其他身份证明文件、单位介绍信等。

4. 被保险人的名称应具体准确，有多个被保险人时详细列出。可能需要列出有保险利益的相关方，如贷款银行等。

二、保险标的

1. 权属资料：（1）所有权证书，如房产证、购货合同；（2）他项权属证书，如抵押权证、土地使用证、租赁合同、承包经营合同；（3）合法开展"与保险标的相关业务"的政府批文，如营业执照；（4）保险标的状况资料，如企业经营状况、经营资质、产品认证资质、项目介绍、施工进度、工程量清单、地质报告、工地草图、周围环境、设备的型号、使用年限、反映购置价格等信息的发票等详情单；（5）投保人与被保险人不一致的，应当收集投保人与被保险人关系的资料，如挂靠经营合同、租赁合同、保管合同。

2. 保险人与投保人洽谈资料：因为互相告知义务，保险条件，如条款、费率等的磋商中可能几经调整变更。正因为告知义务如此重要，因此在磋商的过程中应尽量使用书面形式。在很多中小业务的交易中，投保人与基层展业人员习惯了使用电话、QQ、微信等形式进行交流，没有书面记录，微信记录也可能因时间关系丢失。因此笔者建议，即使已磋商多次，但最终确定承保条件后还是要以电邮、会议纪要或备忘录等书面形式记录下来。把此前交换过的重要文件，例如过往理赔记录、技术资料等都完整地记录下来，放入业务档案。业务档案资料应该包括：（1）投保要约资料，如保险招标文件；（2）风险告知资料，保险标的简介、图纸、示意图、手稿；（3）业务洽谈资料，如重要的通话记录和 QQ 聊天记录、E-mail 文件等音频视频资料、电子资料。决定合同是否成立生效等关键性的电子资料应制作成纸质文本，档案部门在收档时，应当收集电子文本及其纸质文本。最佳的做法是将所有的往来记录，按时间顺序打印出来保留。当然，有些已经实现了无纸化办公的单位已经要求将所有通信材料上传到服务器上，以一定的归档规则存放。不要忘记，往来通信都可能构成保险合同的重要文件。在发生争议的时候，都可能是证据。实际操作中，因为工作繁忙，业务档案的质量往往不能得到保障，档案里起码应该有投保单 / 报价确认单、保单、发票等文件。

三、投保单证签字盖章及承保确认

投保人提交相关投保资料时，保险人的销售人员应当指导投保人在提交的投保单证、投保资料上签字盖章；保险经纪人介绍的业务，保险人出具保险单前，应当确认经纪人书面确认的可出单承保条件已经过所有投保人确认同意或者经纪人已经获得投保人的委托进行相关确认；投保单及投保资料有多页的（含特别约定），保险人将要求投保人逐页签章，有多页或附件的要加盖骑缝章。凡是投保人签单的文件应尽可能取得投保人确认的原件。

根据《保险法》第十三条规定：投保人提出保险要求，经保险人同意承保，保险合同成立。有投保人签名、盖章的投保单证均为投保人"提出保险要求"的载体。为防范后续法律风险，保险合同当事人务必在投保过程中保证签名和盖章的真实有效。

保险人通常按以下标准审核并保证投保人签名或盖章的真实性。法律上认可的确认形式，自然人为亲笔签名，法人为单位／公司公章或其法定代表人亲笔签名。

1. 个人签名应在保险人的人员见证下填写，并审核身份证号码等信息与投保人提交的身份资料信息的一致性。

2. 个人签名必须用工整字体书写，杜绝字迹潦草、难以辨认的情形。

3. 单位／公司公章应为投保人的行政公章或合同专用章，拒绝业务专用章，销售人员应当核对公章名称与营业执照等投保单证资料的一致性。

4. 投保单证及投保资料较多的，务必督促投保人必须在每份文件上的签章处逐一签名或盖章，公章正确使用方法为骑"年"压"月"。

5. 对于没有"签章处"的文件，如提供给投保人阅读的保险条款文本、保险标的资料等，可以直接在右上角签章。

6. 投保单证、投保资料装订成册组成完整的投保文件之后，应当加盖骑缝章。

保险人在任何情况下不应当代替投保人签署相关投保单证，投保人签章处不应留有空白。保险条款是投保文件的组成部分，应当由投保人签字盖章。

投保文件上应明确声明："保险人已向本人提供并详细介绍了本保险所适用的条款，并对其中免除保险人责任的条款（包括但不限于责任免除、投保人被保险人义务、赔偿处理、其他事项等），以及本保险合同中付费约定和特别约定的内容向本人做了明确说明，本人已充分理解并接受上述内容，同意以此作为订立保险合同的依据。"或有类似的措辞。

对于经纪业务，经纪人也应该以同样的标准要求投保人。如果没有签字盖章，也应该要求客户用公司邮箱发出邮件确认投保及承保条件。使用电话、微信甚至私人邮箱并不是专业的做法。

四、投保单缺失或不规范的法律风险

投保单证填写对于保险合同双方都至关重要，既是投保人履行如实告知义务的具体表现，也是保险人履行免责条款明确说明义务的证明。投保单证填写不准确、不完整会导致保险人承担如下法律风险。

1. 投保人没有在每页投保资料上签字或盖章，且多页投保资料未加盖骑缝章，一旦投保单签章页的内容与保单不一致，保险人将因无法举证未签章页内容为投保人真实意思表示，导致保单约定的限制或免除责任的条款无效。

2. 投保单没有签名将直接丧失对投保人笔迹进行鉴定的机会，丧失了从侧面证明投保人已知悉免责条款的情形，诉讼陷于被动。

3. 投保单没有盖章将直接丧失保险人申请法院调取投保人在行政、司法机关备案公章进行比照的条件。

4. 投保单证内容不完整，足以影响费率、保险责任、免赔情形等，关键内容的留空、缺失，无形中会给蓄意欺诈的投保人乘虚而入。

5. 未按规定履行免责条款的明确说明义务，且也未能保证履行义务的过程已完整、正确地载明至相应单证上，以致后续谈判和诉讼没有证据，陷于被动。

6. 保险人明知投保单证填写的内容失实，仍予以承保，那么将不能再以"投保人未履行如实告知义务"为由抗辩，后续理赔或诉讼有可能会面临非常被动的局面。

总之，投保单缺失或不规范，保险人将无法证明免责条款在投保时进行了明确提示，免责条款不生效。

因此，保险人的销售人员不能只审核投保资料是否齐全，还应当在展业过程中就免除或者减轻保险人责任的条款，以书面或者口头形式向投保人作出明确说明，否则该条款不产生效力。这些条款包括免责条款、免赔额、免赔率、

赔付比例、重复保险赔偿原则等所有有可能免除或者减轻保险人责任的条款。而且免责条款的明确说明义务须在正式保险单出具前履行。目前，司法实践中，各级法院在判定保险公司是否就免责条款履行明确说明义务时，往往从有利于被保险人的角度出发，更加严格地审核保险公司明确说明的方式及是否产生效力，这对保险公司履行免责条款说明义务的形式提出了更高要求。在前文条款解释章节已经解释过保险人的告知义务，本节不再重复。以下案例说明了投保文件的重要性。

🔖 【案例分析】

2015 年 2 月，某拖挂车在工业区碰剐电缆致变压器损坏，造成整个厂区停电，交警认定司机未尽安全注意义务而应承担主要责任。厂区内某公司起诉司机、被保险人（拖挂车车主）、保险公司，要求赔偿因停电而造成的损失 27 万元。

保险公司提交《投保单》《保险条款》以证明停电造成的损失不予赔偿。庭审中，被保险人指出"投保人声明"栏虽有投保公司盖章但没有注明年月日，"销售人员"栏有业务员的签字并注明 2014 年 9 月 16 日，保险单起保日期却为 2014 年 9 月 14 日。

法院认为，根据落款日期，本案保险单出具在先，免责条款明确说明在后。"对免责条款的明确说明"是保险人的先合同义务，即保险人向投保人解释说明保险条款在先，投保人决定投保在后，保险公司违反了"先合同义务"，明确说明的声明无效，免责条款无效。法院最终判决保险公司赔偿停电造成的损失。

从上述案例中不难看出，销售人员签署的日期应为"笔误"或者"后补完善的"，小小的疏忽就有可能给公司造成不必要的损失，值得深思。

🔖 【案例分析】

某公司租赁新厂房进行生产，保险公司的销售人员收集了公司的营业执照、房产证书、租赁合同、建筑图纸等资料，并向该公司法定代表人陈某询问厂房的具体用途，是否存在生产易燃易爆、有毒有腐蚀性物品以及改装厂房的情形。陈某明确表示厂房用于生产一般劳保用品，不存在改装厂房的情形并签名盖章确认。一次暴雨中，该厂房房顶的隔热层使流水不畅，造成水浸墙面，厂房支柱、成品半成品锈蚀，损失巨大，保险人以"加装隔热层"没有如实告知为由解除合同并不予赔偿。诉讼中，保险人提交了投保人签名盖章确认的一系列投保单证，用来证明投保人在投保时隐瞒了厂房"加装隔热层"的事实，基于本案中隔热层的存在与损失结果存在直接的因果关系，故法院最终判决保险公司解除合同成立，无须承担保险赔偿责任。

在上述案例中，如投保人一开始在投保单证上就已注明厂房加装了隔热层，履行了如实告知义务，而保险公司仍予以承保，就可能面临承担赔偿责任。

实际业务活动过程中，有的保险业务员为"方便客户"，代客户签名或者私自免去客户签名盖章、多页投保资料不加盖骑缝章的情况屡见不鲜。诉讼实践中，保险人一方败诉或免责条款未生效，几万元乃至几十万元的损失，都归结于个别销售人员法律意识薄弱，切记"个人行为"在特定时间内即属于"职务行为"，不能擅自行方便。

第六节 承保出单

保险人的业务人员应当按照本公司承保出单规范要求，审核投保单证填写的完整性和准确性；审核投保人提供的投保单证是否完备齐全，对不符合公司承保要求的单证应当及时退回，并通知投保人补充或修改。保险人的业务人员必须认真、逐项核对投保单证的信息并相应录入本公司业务系统，避免出现业务系统数据与投保单证信息不一致的情形；避免打印出的保单内容与投保单或投保资料的内容不一致。

一般的保险合同 / 保险单制作规范如下。

1.工整打印、字迹清晰，严禁出现打印内容模糊，格式、内容错位的情形。

2.保险合同 / 保险单应当包括以下事项：

（1）保险人的名称和住所；

（2）投保人、被保险人的姓名或者名称、住所；

（3）保险标的；

（4）保险责任和责任免除；

（5）保险期间和保险责任开始时间；

（6）保险金额；

（7）保险费及支付方法；

（8）保险金赔偿或者给付办法；

（9）违约责任和争议处理；

（10）订立合同的时间；

（11）投保人和保险人约定的其他事项。

3. 保险合同 / 保险单为多页的，务必每页按顺序注明页码且需注明总页码，如"第二页，共五页"。

4. 保险合同 / 保险单必须有正本、副本，正本交投保人，副本公司内部存档，正副本内容必须一致。

5. 保险条款使用规范

（1）出单人员必须确保交付投保人的保险条款与公司业务系统内条款名称、内容的一致性，包括主条款、附加条款。

（2）粘贴条款应按先主后附的顺序，依次附于保险合同 / 保险单之后。

（3）所附条款中关于免除保险人责任的内容，必须有足以引起投保人注意的提示，如字体加粗加黑或者单独打印。

6. 特别约定清单、被保险人清单、保险标的清单、免责条款声明等其他资料作为保险合同不可或缺的部分，应单独打印，按顺序依次制作成册，若其中有关于免除保险人责任的内容，必须有足以引起投保人注意的提示。

保险单出具环节存在的不规范问题及法律后果如下。

（1）条款缺失，仅提供了保险单正本却未附上相应保险条款，无法证明被保险人最终对条款内容的知悉度，包括保险责任、被保险人义务和免责条款等足以影响后续理赔的内容。

（2）页码缺失、正本保险单不完整等，可能造成重要保单信息未被保存，直接影响保险合同的法律效力。

（3）保险单正本加盖了投保人公司的财务章等，不符合合同成立的形式要件。作为专业保险公司，可能会面临缔约过失的赔偿风险。

保险合同是根据投保单证制作的，是约定保险人、投保人权利义务关系的协议。保险合同制作不规范，不利于保护保险合同各方当事人的合法权益。

⌐【案例分析】

> 某仓库就库存化学品投保财产一切险，投保单中明确写明"储存易燃易爆甲级、乙级化学品，保险人可不予赔偿"。但承保公司在制作保险单时，由于打印机位未调试正确，导致特别约定清单中"储存易燃易爆甲级、乙级化学品，保险人不予赔偿"内容严重不完整，出单人员为省事，也没有另行将特别约定单独打印，故交付给客户的单证中特别约定免责内容是无法辨认的。
>
> 2013年10月该仓库发生火灾，保险公司以消防部门火灾认定书载明"因甲醇爆炸引发火灾"拒赔。诉讼中，仓库方承认在投保时与保险人洽谈过"储存危险化学品不予赔付"等事宜，但保险公司在正式出具保险单时放宽了承保条件，因保险公司不能证明已在保险单中载明"危险品免赔"的特别约定，承担举证不能的后果，法院未支持保险公司的免赔主张。

本案中因出单人员打印单证的疏忽给保险公司带来了巨大的损失。

保险人应注意保险单证管理，做好承保资料的系统登记以及归档工作，不得损毁、遗失、遗漏各环节承保资料。对于没有投保人真实签字和盖章的投保单证、投保资料，拒绝归档。

按照国家相关法律规定，保险公司应当妥善保管业务经营活动的原始凭证和有关资料，相关原始凭证和有关资料的保管期限，自保险合同终止之日起计算，保险期间在一年以下的不得少于五年，保险期间超过一年的不得少于十年。

诉讼中，法院通常要求保险公司提供原始单证还原投保、承保真实过程，若无法提供，将承担举证不能的法律后果，法院将不会采纳保险公司关于不属保险责任、需扣除免赔、免责条款不生效等各种抗辩理由。

保险人的出单操作流程如下。

保险人审核投保人提交的投保申请书和投保标的清单

（一）投保申请书的审核

核保人接到投保申请书后，主要初审以下内容。

1.投保单、投保标的明细表填写内容是否齐全，投保单与投保标的明细表中的数字是否相符。

2.风险情况问询表填写是否有缺项，风险描述是否清晰。

3.涂改部分是否符合要求。如更改超过两处，应建议投保人重新填写。

4.是否有投保人的签章。

5.字迹是否清晰，金额大小写数字是否准确。

6.是否有非常规性特别约定的内容。

（二）投保标的的清单审核

财产保险投保清单不管以附件形式还是以其他形式出现，都应与投保单总、分相符。如投保财产仅两三项且投保单完全可以准确反映时，可不填"财产保险投保清单附表"。

1.投保单位：应与投保单一致。

2.保险标的名称：固定资产应按最小单位一一列明，如果投保单位财产很多，详细列明确有困难时，固定资产也可分项列明，流动资产要分项列明。

3.单位、数量：根据账面与实物详细填写。

4.保险金额：每一项保险标的都应有详细的保险金额。

5.财产坐落地址：当投保财产地址不止一处或是统保、异地承保的业务时，应逐一详尽地列明坐落地址。

（三）保险人签发保险单

1.上机录入出单

核保人按内部业务流程办理。

2.复核签章

单证复核是承保工作的重要程序，也是确保承保质量的关键环节。复核内容包括以下几方面。

（1）缮写项目齐全，保险单与投保单各项内容、数字相符无错漏。

（2）分项保额及总保额正确无误。

（3）保险费率厘定无误。

（4）保费计算及数字大小写正确无误。

（5）约定交费义务的特别声明。

（6）特别约定清楚无遗漏，表述无歧义。

（7）对有附加特约条款的业务，应将有关特约条款贴在保险单正本背面上方，并加盖骑缝章。

（8）保单正、副本内容一致。

复核无误后，复核人员及负责人签章。保单正、副本上加盖公司业务专用章。

（四）收取保险费并开具保险费收据、发送保险单

（五）单证流转、单证保管、挂失、补发保险单的处理、续保通知保险人按其内部业务管理流程办理

（六）暂保单的出具

暂保单是在正式保险单出具之前开出的一种临时合同，在一般情况下不轻易使用。出具暂保单的前提必须是客户有急需转嫁风险的需求，并且明确表示在保险人处投保。另外，暂保单的保险责任和保险项目必须明确。

1.使用暂保单的两种情况

（1）保险中介人在争取到业务而尚未向保险人办妥保险单之前，临时开出的证明。

（2）保险人与被保险人双方在原则问题和费率、承保范围达成协议后，仍需就某些条件、保单条款细节进行商讨时，先给被保险人开出同意提供保障的证明。至于保单中的理赔、权利和义务等细节，均以正式保单为准。

2.暂保单在保险人履行赔偿责任上，与正式保单一样具有效力，但其有效期一般不超过30天。当正式保单开出之后，暂保单就自动失效。暂保单也可以在正式保单开出之前中止效力，但保险人应事先通知被保险人。

3.在出具暂保单时应注意：

（1）保险人须充分了解被保险人的资信情况及保险标的风险情况。

（2）被保险人以往的投保情况，是否曾在其他保险公司投保。

（3）对保险双方已经协商确定的保险条件，被保险人要书面确认。

（4）要求被保险人先支付一定金额的保费（一般为预计保费的10%~20%）。

4. 在暂保单期间发生保险事故，结案须在正式保单签发之后。

第七节　保险单的批改

批改保险单一般由被保险人提出申请并填写"批改申请书"，保险人将根据被保险人的申请出具"批单"，批单将构成保险合同的组成部分，如与保险单有抵触，应以批单的批注为准。

保险人对保险单的批改申请必须由投保人提出，即批改申请必须有投保人签名或签章。批改申请的收集及填写规范参照投保单证的收集和填写规范。

批单的内容必须与投保人批改申请内容一致。出具批单与送达批单的规范性要求请参照保险合同 / 保险单制作和送达规定。

注销保单的批单，不应当包含"应当与保险单原件一起使用，否则无效"的批注。如属依法解除合同的，应当在向投保人发出书面解除合同的通知后，方能在公司系统中注销保险单。

一、保险单内容批改

保险单签发生效后，保险期间内可能发生的变更事项主要有：

1. 被保险人名称变更。

2. 保险标的占用性质改变。

3. 保险标的地址变动。

4. 保险标的危险程度增加。

5. 保险标的的增减及变更。

6. 保险金额的增减或变更。

7. 保险费的增减。

8. 保险期限的变更。

9. 保险期间扩展附加险。

10.保险标的权利转让。

11.出险恢复原保额。

12.退保。

13.保险人解除保险合同。

二、保险单的批改管理

根据保险人的内部业务管理流程办理，具体如下。

1.解除保险合同的手续

保险人解除保险合同时，应向投保人、被保险人发出《解除保险合同通知书》《领款通知书》，并送达投保人、被保险人。内勤人员应出具批单进行批改。

2.批改审核

承保人员根据保险事项变更申请书、保险单及有关材料进行审核并签署意见。超过本级核保权限的，应报上级审核。

3.缮制批单、批单复核、签发批单、批单清分

按保险人的内部业务管理流程办理。

对于中介来说，跟踪批改过程是极大的挑战，也是最容易发生错误和遗漏的地方。保险人承保后，仍然有大量的内容可能需要提交，如风险变化、增减保险地址、增减保险金额、增减共同被保险人等。被保险人可能遗忘，通知了中介人后，中介人可能也会忘记通知保险人。万一出险了，中介人可能因此要承担相应的职业疏忽责任。

The Practice of
Property Insurance
企业财产保险
实务

[第六章]

索赔与理赔

　　财产一切险理赔是保险补偿职能的具体体现，通常是指保险人在接到被保险人的损失通知、索赔申请后，通过对现场标的查勘，分析损失原因，若造成损失的风险不属保险人的责任范围，则拒绝赔偿；若造成损失的风险属于保险人的责任，则确定损失金额，按保险单条款规定，计算应赔偿数额，给予赔偿。在赔偿处理过程中被保险人的索赔和保险人的理赔需要注意如下事项。

第一节　被保险人的索赔

一、被保险人的索赔程序

　　保险财产因自然灾害或意外事故发生损失后，被保险人的索赔包括出险通知、索赔资料证明和权益转让等环节，具体索赔程序如下。

　　（一）向保险人发出险通知

　　被保险人一旦获悉或发现保险标的遭受了损失，应立即通知保险人。条款对"出险通知"有具体而明确的要求，其目的是被保险人将发生的保险事故通知保险人并要求保险人处理。"出险通知"的期限在条款中用"立即"来表达，在实际工作中，双方一般会定明具体期限。通知的方式，可以是电话、电报、传真、及网络、音频、视频、微信等常用的通信方式，也可以口头通知。但不管采用哪种方式，被保险人一旦获悉损失，必须立即通知保险人。所谓"立即"，指在条件许可的情况下，尽可能迅速。如有延误，被保险人必须说明延误的理由。之所以要求"立即通知"，一方面是便于正确地确定事故发生的原因，另一方面便于保险人及时提出施救意见，将损失减少至最低程度。出险通知的内容主要包括：（1）受损的标的；（2）被保险人对受损财产的利益；（3）损失发生的时间、地点和判断的原因；（4）出险的部位、受损财产是否持有其他保险；（5）财产的损失程度及其修复费用；（6）因保险事故而产生的其他费用。如果被保险人发现出险现场有犯罪嫌疑，比如盗窃、抢劫或纵火等，应同时通知国家公安机关。

（二）采取必要的、合理的措施，将损失减至最低程度

据《保险法》的规定，被保险人发现保险标的遭受损失后，有责任以积极的态度，尽力采取必要的、合理的措施施救、整理保险标的，尽可能地减少损失。如果被保险人没有采取措施，保险人对由此而扩大的损失，有权拒绝赔偿。因此，被保险人应当像保护没有投保的财产那样来抢救已投保的财产。在施救过程中，发生的合理的施救费用由保险人承担，但如果施救的费用较大，被保险人应在施救保险财产的同时尽快通知保险人。施救完成后，被保险人应对受损财产进行分类，以确定损失金额，并对与标的损失有关的各项费用做详细记录。

（三）保护好现场，保护好受损和可能受损的标的

条款要求被保险人对事故现场及有关实物证据进行保护，以便保险人或其委托的专业人员能够准确地了解损失情况，确定损失金额。在未征得保险人书面同意时，被保险人不得擅自处理、变卖受损标的或作出其他承诺，并随时接受保险人指派的人员进行现场查勘。

（四）按保险人要求准备有关资料和证明文件

被保险人在施救保险标的时一般应拍摄受损部位的照片作为损失证明，确保照片如实反应受损程度和性质，令人信服地向保险人证明自己的确蒙受了损失，而且这种损失是由所投保的风险造成的。条款要求被保险人提出索赔时应提供有关资料和证明，其目的是证明索赔的真实性、索赔金额可靠，以便保

险人或其专业委托人理赔。通常提供的资料和文件包括：（1）被保险人的企业营业执照复印件。（2）保险单或保险合同正本和保费收据复印件，可证明事故损失属于保险单的保险责任范围。（3）保险项目损失清单和金额（包括施救费用），有关财务会计报表、账册、发票单据。以上资料证明受损财产是否属于保险标的及其保险价值，也是被保险人计算索赔金额的依据以及相关费用的项目和用途证明。通常在损失清单中应详细列明保险标的的名称、规格、数量、价值、受损程度等内容。（4）保险财产出险证明和损失程度的鉴定证明（包括向公安机关的报告）、有关部门对损失原因的分析和证明等，以上资料证明事故发生的原因、过程及损失事实。实际工作中，火灾或爆炸造成的损失，需要消防部门的证明；暴雨、洪水、台风和龙卷风等自然灾害造成的损失需要气象部门的证明；盗窃、抢劫或其他社会治安案件造成的损失，需要公安部门的证明；有一些地质灾害造成的损失需要相关专业部门的证明；有一些疑难事故，经双方沟通同意，可聘请专门机构的专家进行鉴定。

除上述各种资料证明和单据外，保险人还将根据保险事故严重情况和理赔需要，要求被保险人提供与确认本次保险事故的性质和损失程度有关的资料和证明，但保险人应及时一次性通知被保险人提供，所有这些资料和证明均构成被保险人的索赔依据。《保险法》赋予保险人对保险事故现场进行查勘和调查的权利，保险人是否承担赔偿责任，主要根据现场查勘收集的资料和被保险人提供的资料和证明进行判断和决定。如果损失金额较大，在保险人作出赔付之前，被保险人可向保险人提出预付赔款申请，保险人将根据准确的估算金额先行预付部分赔款。

（五）撰写书面索赔报告

被保险人在确定事故损失属于保险事故后，应根据事故损失情况及时以书面形式向保险人提出索赔申请，可以是根据保险人提供的固定格式写的索赔报告，也可以是被保险人自行书写的损失索赔报告。索赔报告的主要内容是出险经过、损失程度及请求赔付的金额等。

保险索赔是一项复杂和难度较大的工作，涉及面广，技术性和法律性强，被保险人也可根据案件的实际情况，自付费用聘请保险经纪人、保险公估人和熟悉保险业务的律师协助索赔，使索赔工作效率更高、更专业化。

二、被保险人索赔时的注意事项

（一）及时向保险人索赔

保险财产发生本保险合同规定的责任范围内的损失时，被保险人应当及时向保险人提出索赔，保险条款和《保险法》均对索赔时效有明确的规定，超过约定的时间，保险人将不予赔偿。我国国内的保险条款没有列明具体的时限，可按照《民法典》《保险法》或其他民事诉讼的法规执行，例如，保险条款第三十五条直接引用《保险法》的条文，规定被保险人自保险事故发生之日起两年内向保险人提出索赔。国外有的保险条款规定，如果保险事故发生后 30 天内，保险人未收到有关通知，保险人对该事故引起的损失、损坏或责任将不再承担赔偿责任。由此看出，被保险人的权利是受时效限制的。例如，欧洲的苏黎世保险公司的条款中规定索赔时限与被保险人义务：凡得知导致或可能导致本保险单项下索赔的事件发生时，被保险人应当：

1. 立即采取措施减低损失，寻找失踪的财物。

2. 书面通知苏黎世保险公司。

3. 凡因蓄意或恶意破坏造成损失时，通知警方。

4. 在 30 天内或在苏黎世保险公司书面允许延长的时间内，向苏黎世保险公司提交书面索赔报告，并以合理可行的方式提供受损物品的清单，以及所有受损财产项目按出险时的财产价值计算的各自损失金额。

5. 如果有的话，所投保其他保险的详细情况。

6. 就有关损失起因和缘由、损失发生的背景、其他涉及苏黎世保险公司的赔偿责任和赔偿金额的情况，自负费用向苏黎世保险公司提供所有有关资料及所获得的文件或证据；如苏黎世保险公司要求，还应同时就索赔和相关事宜的真实性提交一份宣誓证明材料或其他法律文本。

（二）保证索赔案件的真实性

《保险法》规定：保险事故发生后，投保人、被保险人或受益人以伪造、变造的有关证明、资料或其他证据，编造虚假的事故原因或者夸大损失程度的，保险人对其虚报的部分不承担赔偿或者给付赔偿金的责任。上述苏黎世保险公司的条款也规定被保险人要向保险人就索赔和相关事宜的真实性提交一份宣誓证明材料或其他法律文本。因此被保险人在向保险人提出索赔时，必须确认构成索赔条件的因素是真实可靠的。具体要求如下：（1）出险原因在保险单规定的责任范围之内；（2）出险时间在保险单载明的有效期间内；（3）出险通知和提出索赔时间在保险单规定的期限内；（4）提交给保险人的索赔单证齐全，无论是出险时间、地点、受损失的标的、损失数量和损失金额，还是提供给保险人的各种资料、证明或其他证据均无虚假和夸大成分。

（三）保证索赔案件的合法性

《保险法》规定：投保人、被保险人或者受益人有下列行为之一，进行保险诈骗活动，构成犯罪的，依法追究刑事责任，比如采取如下所列行为之一，骗取保险金的，情节轻微，尚不构成犯罪的，按照国家有关规定给予行政处罚。这些行为是：（1）投保人故意虚构保险标的；（2）未发生保险事故而谎称发生保险事故；（3）故意造成财产损失的保险事故；（4）伪造、变造与保险事故有关的资料、证明和其他证据，或者指使、唆使、收买他人提供虚假资料、证明或其他证据，编造虚假的事故原因或夸大损失程度。

被保险人向保险人提供的各种索赔资料、证明及其他文件和索赔的手段必须是合法的，否则将会影响索赔的效果，甚至引起法律诉讼，对于被保险人来说是得不偿失的。

（四）及时向第三方追偿和代位追偿权的转让

如果保险财产是由第三方的行为引发保险事故造成的，被保险人一方面通知保险人，另一方面应向第三方索赔。如果第三方暂时难以赔偿，被保险人可以向保险人索赔，同时以书面的形式向第三方提出索赔，保留追偿的权利，以便保险人在赔偿被保险人后行使代位追偿的权利，向第三方追偿；如果被保险人不向第三方提出索赔，保险人为了维护其自身的利益，对于丧失追偿权利部分的损失，可以拒绝赔偿。因此，被保险人应及时主动地向保险人表明自己已经履行向第三方追偿的义务，并要求保险人先行赔偿，承诺将代位追偿权转让给保险人。

代位求偿权中，保险人行使的是被保险人对第三方的履行义务请求权，没有被保险人的协助，保险人无法行使该权利，基于维护保险人的利益，法律要求被保险人履行一定的协助义务。正如《保险法》第六十三条所规定："保险人向第三者行使代位请求赔偿的权利时，被保险人应当向保险人提供必要的文件和所知道的有关情况。"

根据上述规定，被保险人需要做的工作如下。

1. 保险事故发生后，被保险人及时向第三人发出索赔通知，甚至提起诉讼，以保证保险人赔付保险金后起诉第三人时不丧失诉讼时效。

2. 根据保险人的要求，被保险人出具权益转让或类似文件，以便保险人行使代位求偿权。

3. 向保险人提供行使代位求偿权时必要的证明和材料，还应详细介绍自己所知道的有关情况，以使保险人了解行使代位求偿权的相关情况。上述证明和材料的内容通常应包括确认保险事故的性质和标的损失程度及其价值。

需要特别注意的是，保险人的代位求偿权是法定权利，被保险人不得妨害其行使，不可违反协助义务，如果因被保险人的过错致使保险人不能行使代位求偿、请求赔偿的权利，保险人将依照《保险法》的规定，相应扣减保险赔偿金；对于已经支付的赔偿金，保险人可以要求被保险人予以退还。

（五）与保险人密切合作

被保险人正式提交书面索赔报告之后，保险人将根据保险单规定进行理赔，理赔虽属于保险人的工作，但被保险人应主动与其沟通，交流理赔工作的进展情况，特别是出现争议时，尽力配合保险人的工作，给予必要的协助，这样更有利于提高理赔的效率。

第二节　保险人的理赔处理

理赔工作是保险标的发生事故时，保险人根据保单条款规定进行保险补偿职能的具体行为，可以说，理赔是保险人履行赔偿义务和被保险人获得经济补偿的最终体现。因此，在接到被保险人的正式索赔申请之后，保险人应尽快开始进行理赔工作，迅速调查出险的性质和原因，以便确定是否属于保险责任，如事故属于保险责任范围，则仔细核实受损财产的金额。理赔尽管属于保险人的工作，但在理赔过程中，被保险人的密切配合也是必不可少的。

财产保险的理赔技术难度高，过程比较复杂，涉及面比较广，理赔工作难以在短时间内完成。各个保险人对理赔的管理规范不尽相同，但一般包括案件的调查核实、赔付和代位追偿三大方面。具体流程如下。

一、受理索赔案件

1. 出险登记

保险人接到报案时，应详细询问被保险人名称，投保险别，保险单号码，出险标的、日期、地点、估计损失及施救保护等情况，并详细记录。同时，请被保险人填报"出险通知书"，以便正式编号立案。

2. 查验保险单

保险人在做好报案记录之后，应查验保险单副本及批单是否有效，了解财产承保情况、保费支付方式。

3. 查验保费收据

理赔人员会同财务人员准确查验被保险人是否按保险单规定的保险费支付方式付清应付的保险费。

4. 登记立案

在完成上述工作之后，应及时将案件正式立案，如一次出险同时有几个被保险人存在，可分别立案。

5. 对于重大的或超过本级公司理赔权限的案件，应迅速向上级公司书面报告出险情况。

二、保险事故现场查勘

（一）查明出险经过

现场查勘是理赔工作的重要环节，其质量高低对于及时、准确、合理地处理案件是关键。现场查勘主要工作包括：了解出险当时的气候、危险迹象、邻近环境的情况；通过对保险标的检验或调查，进一步掌握事故的范围及其影响面、损失程度、性质和事故原因等情况；通过询问有关当事人或知情人及目击者，初步掌握出险的经过、原因和损失概况，这样可以为日后分析事故原因、确定保险责任提供第一手可靠材料和证据，有利于理赔中的责任确定、损失评估、赔款理算等工作。现场查勘根据案件的大小及复杂程度需多次反复进行。现场查勘过程中获取的资料和证据，尽可能由被保险人和证人确认并签章。

（二）组织施救

组织施救是保险人在理赔过程中的一项重要工作。保险人的人员赶到事故现场时，若事故尚未被控制或正在蔓延，应立即会同被保险人及有关部门共同研究紧急施救方案，尽量减少损失。在现场查勘时，应督促并协助被保险人立即对受灾现场进行清理，共同研究整理和保护受损财产的措施和方案。

（三）提取有关证据

现场查勘时应及时进行取证。保险人的人员需要对事故现场进行拍摄，必要时应绘制事故现场平面图，对损失数量进行清点，用仪器进行检验和测试，对保险标的的损失程度进行鉴定，尽可能准确地得出估损金额。所获取的资料一般应包括：出险原因、地点、现场概貌、受损财产数量、损失金额等方面的记录和证明，发票及财务收入表的详细记录。若有可能，争取获得有关专家对事故分析的意见。

（四）缮制查勘报告

现场查勘结束后，应及时书写查勘报告。报告内容一般包括：保险标的的出险时间、地点、部位、原因分析和判断，施救过程和结果，损失情况、定损和修理修复意见，损余物资处理，善后措施等。对出险现场进行查勘后，并不要求调查人员作出定损结论，而是让保险人直接掌握保险标的损失的详细情况。因此，查勘报告内容应详细、准确、全面，能真实地反映出险案件的发生经过和处理的全部过程，为准确理赔打下基础。

三、责任分析

保险人首先要确定所发生的事故损失是否属于保险的责任范围，才可作出是否赔偿的决定。根据事故现场查勘所掌握的资料和保险单条款，结合近因原则，确定损失的原因，最后确定损失是否属于保险责任范围。保险人的主要工作包括以下几项。

1. 核实索赔请求人的资格。

2. 核查落实被保险人是否按保险单规定缴付保费。如果被保险人未按保单规定支付保费，既违法又违约，保险人有权拒绝赔付或与被保险人按比例分摊赔偿责任。

3. 对照保险单和批单条款，核实有关情况，如受损财产是否载明在保单明细表中，保险财产占用性质是否已经改变，出险地点是否位于保险单明细表所载明的地点和范围，出险日期是否在有效保险期限内等。对于不在保险单明细表上载明的地址内的保险标的，应查明其储存地点是否通过附加条款或批单进行了批改，以便确定其是否属于本保险承保的标的；对于在两个或两个以上地点储存的保险标的，若损失是在保险地点之间运输过程中发生的，也应查明其是否通过附加条款或批单的方式特别约定增加保运输风险，否则保险人不负责赔偿。

4. 根据保险单和批单承保的责任范围，分析损失是否属于本保险单承保的风险所致。如果按已掌握的资料不能确定损失原因，应请有关专家或权威的专业部门进行分析论证，得出造成损失的真正原因，从而确定损失是否属于保险的责任范围。

在责任审核时，要求分清近因与远因、主因与次因，从而确定保险人应承担的责任。分析造成事故损失的原因是最主要的一项工作，保险人或其委托的公估人需要了解事故的现象和特征，结合事故发生时保险标的面临的各种条件和情况，进行综合分析、比较和判断，方能找出造成事故的根本原因，即所谓的"近因"。我国的《保险法》没有明确规定近因原则，但最高人民法院在《关于审理保险纠纷案件若干问题的解释》中提及"近因"原则，并明确说明"近因是指造成承保损失起决定性、有效性的原因"，在国内许多法院的保险诉讼判决书中出现"近因""近因原则"的字样。在财产保险理赔过程中，保险人遵循近因原则，判断保险标的的损失是否属于保险赔偿的责任范围。具体做法如下。

（1）如果造成保险标的损失的原因是单一的，与其他原因没有紧密联系，造成保险标的损失的原因属于保险承保的风险，即为近因，保险人承担赔偿责任。

（2）如果造成保险标的损失的原因有多种，而且是并立的，均为保险承保的风险，不涉及除外责任，保险人承担赔偿责任，赔偿其全部损失。

（3）如果造成保险标的损失的原因有多种，而且是并立的，但涉及除外风险造成的损失。在一连串同时发生的风险中，既有承保风险，也有除外风险。在此情况下，若能确定保险承保的风险导致的损失，保险人仅负责承保风险造成的那部分损失；若损失金额无法分别计算，保险人只能与被保险人协商赔付金额，难以拒绝赔偿。

《最高人民法院关于适用〈中华人民共和国保险法〉若干问题的解释（三）》第二十五条规定：被保险人的损失系由承保事故或者非承保事故、免责事由造成难以确定，当事人请求保险人给付保险金的人民法院可以按照相应比例予以支持。但对于如何判定责任比例大小，最高人民法院的司法解释没有进一步明示，保险人唯有根据最高诚信原则和保险合同的缔约目的等综合判断应承担的赔偿责任。

（4）如果造成保险标的的损失有多种原因且是连续发生而导致，那么持续起决定和支配作用的原因便是近因。如果该项近因属于财产保险承保风险，保险人承担赔偿责任。

对于那些不属于保险责任范围内的索赔案件，必须认真研究、反复论证，慎重作出结论。

最后，书写检验理赔报告，对保险财产的损失作出明确的结论，是全部赔付，还是部分赔付或者拒赔。

四、审定损失责任

首先，核实受损标的物是否包括在保险单承保的保险标的范围之内，对保险单或批单中除外的财产或被保险人未投保的财产，保险人不负责赔偿；如果被保险人存在选择性投保的问题，更要仔细审查。其次，分析损失是否由保险单承保的风险所致，这要看投保人/被保险人投保的是基本险、综合险还是一切险，另外还要看附加条款或批单，是否将某些除外责任列为保险责任范围；最后进一步审查被保险人是否履行告知义务，特别是风险变更的通知，如果被保险人未履行风险变更通知的义务，有可能使保险单失效，从而不需要保险人进行赔偿。当保险人对损失原因难以确定时，应聘请有关专家和技术人员共同分析原因和责任。对于不属于保险责任的案件，应提出可靠的依据和充分的拒赔理由，由承保该项业务的公司负责人签批并报上级公司核准后，向被保险人发出拒赔通知书；对于保险责任范围内的事故，根据国家法律规定或保险单的约定，应由第三方负责赔偿的，如果被保险人提出索赔要求，可以先予赔偿，同时，保险人将要求被保险人填写"权益转让书"，取得代位追偿权。

五、核实损失

确定事故损失属于保险责任后，保险人需要对保险财产进行损失评估，弄清保险标的的损失金额，即平常所说的"定损"，如果说责任的确定是决定保险人赔与不赔，那么，定损就是决定保险人赔多还是赔少。受损财产经过施救、保护、整理后，保险人将根据被保险人提供的损失清单中列明的标的物损失数量、金额及费用支出的原始单据，逐项加以核实，从而最终确定赔款数额。对保险标的的损失进行评估和定损，是一项专业性、技术性和原则性很强的工作，为保证标的定损准确，保险人一般会选派具有一定理赔工作经验，并有资产评估知识的人员从事此项工作，必要时，租用或借用某些检测仪器。

1. 根据保险承保的内容、项目，核对受损标的的范围，确定其是否属于保险标的，凡保险单中未列明承保的财产均应剔除。

2. 根据被保险人提交的保险标的损失清单，与实物核对，固定资产应逐项核实损失程度及损失金额；流动资产应查证报损单价与其账面单价是否一致；对受损物资进行清点，查明报损是否准确。

3. 保险标的定损的方式

保险标的发生损失，保险人应尽快查清保险标的的名称、数量、价格及损失程度等，列出明细表，并与被保险人商定整个损失金额，为赔款理算打下良好的基础。保险标的的定损方式如下。

（1）按市场价格确定

这是最常见的定损方法，多用于原材料、成品、半成品等流动资产的定损，也可用于机器设备、装置等的定损。如果上述标的损毁，保险人将按同等同类型的物品在当地市场上的价格来确定保险标的的实际损失金额。实际操作中，保险人要求被保险人提供保险标的购置发票，并以此确定标的的价值，如果市场价格低于购置发票金额，则以市场价格为准。

（2）按恢复原状所需费用确定

机器设备、装置、建筑物等固定资产遭受部分损失或损坏时，被保险人需要对其进行修复处理，修复所需的费用，我们一般视为被保险人的实际损失。被保险人将受损的保险标的恢复至其受损前的状态一般是指在可能的范围内与其原状相似或类似，并非与原状完全相同。当市场上无法采购到所需换置的材料、零配件时，可以用同功能的其他品牌材料、零配件代替。恢复的费用一般包括采购修理或重建所需的材料、零配件的费用及正常的运输费用，还包括修复中的人工工资和设备使用费。如果被保险人在修复受损标的的过程中，由于改变式样、变动规格、变更性能而增加的费用，以及被保险人加速运输或者加班加点进行修复发生的额外费用，保险人将不负责赔偿，除非保险合同双方事先另有约定。

（3）按标的全损确定

如果受损保险标的不能修复或修复费用超过或接近保险标的的实际价值，一般视作保险标的的全损或推定全损，保险人将以保险财产的保险金额作为损失金额。有的保险单约定了每次事故的赔偿限额，则保险人的最高赔偿责任以保险单列明的赔偿限额为准。

六、损余财产的处理

发生保险事故后，有些受损物资仍有使用价值，即通常说的"残值"。由于被保险人对损失物资的性能、用途等比较熟悉，能更好地利用，所以保险人一般会根据受损保险财产损余部分的可利用程度，实事求是地作价划归被保险人所有，并扣减赔款；对于确要回收的损余物资，应认真详细地做好登记，交由有关专业机构进行定价、销售、拍卖，回收款项冲减赔款。

七、赔款计算与赔付

保险人对赔款的理算一般以实际损失为限、以保险金额或赔偿限额为限、以被保险人对保险标的的可保利益为限。在赔偿责任和损失金额确定之后，保险人应按照保险合同的规定计算应支付的赔款。损失金额是保险财产因保险责任事故造成的实际损失，而不是保险人支付的赔偿金额；赔偿金额是保险人根据保险合同规定支付给被保险人的保险标的的货币价值，赔偿金额受制于保险单中载明的保险金额或赔偿限额、保险财产的保险价值、标的的实际损失金额、每次事故的免赔额、残损物资价值等因素。保险赔款的计算方式主要有以下几种。

1. 当保险单载明的保险金额低于保险财产的实际价值时，保险人按保险金额与其出险时的实际价值的比例计算赔偿金额。这是因为被保险人当初投保的保险财产的保险金额低于保险标的的实际价值，所支付的保险费也就少于按保

险标的的实际价值投保应支付的保险费，其差额部分，视为被保险人自保。其计算公式为

$$赔偿金额 = 损失金额 \times \frac{保险金额}{保险标的的实际价值}$$

同理，对保险财产的施救费用和损余物资的残值也需要按比例分摊。

2. 保险人在保险合同中通常约定一定的每次事故的赔偿限额和免赔额。限额赔偿一般适用于附加的费用或某些特殊财产，例如炼化企业的保险财产。保险规定了每次事故赔偿限额的，最高赔偿不可超过每次事故赔偿限额，保险人在规定的限额以内赔付。保险人在承保时也规定每次事故的免赔额或免赔率，采用绝对免赔居多，如果保险财产的损失没有超过约定的免赔额或免赔率，其损失由被保险人自己承担，保险人只负责超过部分的损失。有的保险人采用相对免赔额，在保险单中规定：如果保险财产的损失没有超过约定的免赔额或免赔率，其损失由被保险人自己承担；如果保险财产的损失超过约定的免赔额或免赔率，保险人对损失全部给予赔偿。财产保险的理算涉及各种计算因素的综合运用，保险人在赔款金额基本确定之后，一般会与被保险人进行协商沟通，充分说明赔款的计算过程和依据，如果被保险人无异议，保险人在认真审核赔案有效单证和检验报告的基础上，明确以下五个问题后，可向被保险人发出正式的赔偿通知书，并与被保险人签订赔偿协议书，缮制赔款计算书。

（1）本案属于保险责任范围。

（2）受损财产属于保险财产。

（3）被保险人已足额投保。

（4）保险费已按约定收取。

（5）出险时保险财产的保险价值清楚。

缮制赔款计算书时，应详细核对各项数字是否与保险单、理算报告、损失计算表等有关证明中数字相一致，赔款计算应分项列明计算公式。赔款计算书通常一式四份，并按保险人的理赔权限处理。

八、赔案整理上报

（一）整理案卷

每案赔案材料通常包括如下重要单证：目录、赔款计算书、财产损失计算

表、出险查勘报告、保险单、投保单及保险费收据（复印件）、出险通知书、事故证明、赔款收据、赔款协议书或权益转让书、技术鉴定书、现场照片等。若聘请保险公估人处理赔案，则应附上公估人的理算报告。

（二）赔案上报

各个保险人一般都规定各自的理赔管理权限和管理规范，对于超过本级承保公司审批权限的赔案，按理赔权限规定填报赔案审批表，以公司名义正式行文出具呈批报告，加盖公章，逐级上报审批。

任何诉讼案件，应及时报告上级公司。

（三）赔付结案

按本级公司内部业务管理规定审批赔案后，送财务部门划付赔款。超权限赔案以上级公司批复为准。

结案后，将赔案编号、被保险人名称、保险单号码、出险日期、保险责任、赔付日期、赔付金额等内容记入出险赔案登记本。

九、保险人获取代位追偿权

代位追偿是指保险标的的损失在法律上由第三者行为造成时，被保险人从保险人取得赔偿后，应将向第三者追偿的权利转让给保险人，使保险人有权从过失的责任人那里取得补偿。

在保险事故发生时，如果保险标的的损失是第三者的行为造成的，并且该第三者应负赔偿责任，保险人可先让被保险人向其提出赔偿要求。如果获得足额赔偿，保险人便免除了赔偿责任；如果只获得了部分赔偿，则被保险人可以继续向保险人要求补偿，但保险人在赔偿时将扣减被保险人已从第三者取得的赔偿金额。当然，被保险人也可以根据保险单的规定，直接向保险人提出索赔，然后由保险人向第三者要求赔偿。在此情况下，保险人应先行赔偿，然后行使代位追偿权，依法向第三者请求赔偿。保险人向第三者行使代位请求赔偿权时，被保险人应认真履行其义务，向保险人提供必要的文件和有关情况，并给予帮助。

保险人代位追偿的范围，只限于它实际支出的赔偿金额。如果实际的损失高于保险人的实际赔偿金额，被保险人仍然有权就未取得赔偿的部分向第三者请求赔偿。如果保险人行使代位追偿权从第三者所获得的赔偿金额超出保险人实际向被保险人支出的赔偿金额，则应将超出的部分归还被保险人。

第三节 保险人应注意的重要事项

保险事故发生后，赔偿问题难以处理，既要维护保险条款的严肃性，又要考虑被保险人合情合理的利益要求，两者应相结合。归纳起来，注意事项如下。

一、遵循的原则

（一）尊重合同

保险人和被保险人之间的权利与义务关系在保险合同中均有明确的规定。例如，某电厂的财产保险的保险单在开头就作出明确的承诺"鉴于被保险人已经向×××公司广东省分公司（以下简称本公司）缴付或同意缴付本保险单明细表所列明的保险费，本公司兹同意，按本保险单所列明的赔偿限额、承保条件、除外责任、总则、附加条款及经被保险人和本公司时常约定加批的批单（以下简称本保险单）的规定，在保险期限内或后续期限内，只要被保险人已同意缴付而本公司同意接受所约定的保险费，如果在约定的地域范围内任何地方的任何一部分保险财产，因保险单除外责任以外的任何原因造成物质上的灭失、损毁或损坏，本公司负责赔偿（或由被保险人选择修理、恢复原状或重置替代）。但在任何情况下，本公司对每一项的赔偿责任均不得超过明细表所订明的每一分项保险金额或总的赔偿责任不得超过总保险金额或本公司日后另行签署的在本保险单内或附于本保险单的附加条款或批单所列可作替代的总保险金额或其他单项金额。"由此看出，保险人十分明确地规定了保险责任、保险期限、保险财产及其保险金额、保险财产所在地等，保险人在理赔过程中，需要严格按照自己签发的保险单中条款的规定进行处理。

（二）实事求是

保险单对保险责任、除外责任及赔偿处理的规定是明确和清晰的，但是风险事故发生之后，被保险人和保险人对出险的原因、赔偿金额及赔偿的方式产生争议是难免的。在实际操作中，保险人既要尊重保险合同条款的规定，按章办事，也要做到实事求是，合情合理，妥善处理案件的有关事务，毕竟被保险人买了保险并履行了自己的义务，保险财产遭受巨大的损失时，生产和经营中面临着困难。比如，保险人在定损时，保险的机器设备发生损坏，对受损的部件可以修理也可以更换新的配件，但是机器修复后可能在运行中将存在风险隐患，保险人可以给予更换新的配件。

（三）讲究诚信，及时赔付

在保险理赔的过程中，保险人有较大的主动权，可以决定是否承担赔偿责任，如果给予赔偿，又可以决定赔偿的金额和赔偿的时间；保险人对于理赔还有专业上的优势，有时被保险人处于相对的劣势。在此情况下，保险人更应考虑被保险人在事故发生后的心理感受和压力，讲究诚信，及时处理案件。具体来说，保险人需要真实地告知被保险人如何办理索赔，如何准备索赔资料和证明，哪些损失可以赔偿，哪些损失为什么不予赔偿。保险财产发生损失后，被保险人通常希望尽快得到赔款，以便尽快恢复生产和经营，否则将会导致更大的损失，比如一系列的后果性损失和信誉的影响。

二、迅速查勘出险经过和原因

保险人接到被保险人的损失通知后，一般应立即指派人员到现场查勘，尽可能多地了解出险当时的情况，如出险经过、性质、原因、损失程度等，并督促被保险人采取一切必要措施避免损失扩大，将损失减少到最低限度。若被保险人延误通知而无法查明损失情况，并造成损失进一步扩大，保险人对此有权拒赔或与被保险人按比例分摊责任。因此，保险单中第五款明确规定被保险人在损失发生后必须立即通知保险人，并要求其在七天内提供书面的事故报告。

三、确定施救整理费用

（一）如何理解施救费用

被保险人的施救义务源于早期海上保险合同中的救助条款，现已为各国保险立法上升为法定的被保险人的义务。在实际操作中，对施救费用的支出与赔

227

偿的理解如下。

1. 《保险法》第五十七条规定："保险事故发生时，被保险人应当尽力采取必要措施，防止或者减少损失。保险事故发生后，被保险人为防止或者减少保险标的的损失所支付的必要的、合理的费用，由保险人承担；保险人所承担的费用数额在保险标的的损失赔偿金额以外另行计算，最高不超过保险金额的数额。"

2. 在保险事故发生时，被保险人应采取必要的措施，防止或者减少保险财产的损失，这是一项法定的责任。所谓"必要的措施"，指为了防止保险事故的扩大而对保险财产进行抢救、保护和整理等所采取的措施。

3. 被保险人往往将事故发生后，为处理事故而新增加的按照赔偿规定不属赔偿范围的投入，全部视为施救费用而要求保险公司赔偿。

4. 全国人民代表大会官方网站上《中华人民共和国保险法释义》对第五十七条的释义为：本条是关于保险事故发生时被保险人施救减损义务及相关费用负担的规定。

5. 损失发生前是预防费用，损失发生过程中是施救费用，损失发生后是处理费用或预防费用或变更费用。

6. 《保险法》特别强调的是保险事故发生后，被保险人必须有积极的施救态度和行动，确实尽到善良管理人的一般施救义务。如果被保险人不知道或无法知道保险事故已经发生，无法预见损失的扩大并且不具备采取施救措施的能力等，被保险人将不被视为不履行施救义务。但是如果被保险人已经知道或者应当知道保险事故已经发生或者被保险人能够采取防止或减少损失的必要的措施，因为故意或过失而没有采取，则被保险人应承担违反出险施救义务的法律后果。

（二）施救费用核定的原则

施救费用必须是在保险事故发生后，主观行动上是为了防止或减少保险标的的损失而产生的费用。保险单第四款第五条规定，保险负责赔偿被保险人合理的施救费用。此条重点在于"合理"两个字，是否"合理"一般按下列几种情况确定。

1. 在灾害事故已经发生或将继续发生的情况下，所支付的费用；如灾害事故尚未发生或只是在可能发生的情况下所支付的费用，按保险单第五条规定，这属于被保险人应尽的义务，保险一般不予负责。

2. 是否属于必要的施救措施。

3. 是否直接用于抢救保险财产。

4. 是否具有减少损失的实际效果。

5. 是否被保险人的额外支出，如果属于日常开支，就要结合实际情况考虑是否赔付。

本项费用的赔付以不超过受损保险财产的保额为限。

四、保险财产价值的确定

《保险法》第五十五条规定："投保人和保险人约定保险标的的价值并在保险合同中载明的，保险标的发生损失时，以约定的保险价值为赔偿计算标准。投保人和保险人未约定保险标的的保险价值的，保险标的发生损失时，以保险事故发生时保险标的的实际价值为赔偿计算标准。保险金额不得超过保险价值。超过保险价值的，超过部分无效，保险人应当退还相应的保险费。保险金额低于保险价值的，除合同另有约定外，保险人按照保险金额与保险价值的比例承担赔偿金的责任。"

从以上规定可看出，在保险合同中，保险金额和保险价值是保险合同的重要内容，也是保险人承担保险责任的两个数额限制。

保险财产价值，即所有保险利益在经济上用货币估计的价值额，它既是确定保险金额的基础，也是理赔的基础，各保险项目价值确定的一般办法如下。

1. 仓储物品。贸易商销售的商品，按仓储保险商品受损前的市场价计算。

零售商的仓储物，按该物品替换费用计算，但应考虑仓储物品是否是陈旧、过时或无法销售的物品。

生产制造商的仓储物品，若是采购的物料、零部件，则以其替换费用（Replacement Cost）计算；若是成品，则以其原材料费用和用于生产加工的直接费用（包括直接支付的工资）计算；若是在加工或生产的物品，则通常以其原材料的采购价和生产期间增加的费用计算。

2. 机器设备、工具按购置同年限、同性能、同类型的设备的费用及其安装费计算或以新设备的现价或最接近现价之价格计算。

3. 建筑物。对于建筑物较小的损坏，通常以其修复费用减去对其改进费用（如有）或贬值来确定；对建筑物重大的损坏，在被保险人无意重建相似的建筑物的情况下，关键问题是如何确定受损建筑物的价值。通常使用以下方法确定：一是按其账面价值，了解被保险人记账方法及确定其金额的基础。二是按其出售净价，建筑物市价扣减其销售费和地价。当然建筑物销售价高低取决于当地当时的经济形势、对该建筑物的需求等因素。三是以重建该建筑物的费用扣减其改进费用（如有）和贬值来确定。

五、索赔单证及其时效

被保险人在索赔时除提供事故报告、正式的索赔申请书外，还须提供保险单、损失清单、损失证明及保险人认为必要的作为索赔依据的其他证明文件、资料和单据，以帮助保险人确定损失程度和赔款金额。条款一般规定索赔期限为损失发生之日起两年。这是被保险人正式提出索赔的时效，若保险人与被保险人就赔偿问题不能达成一致意见而诉诸法律时，只要初次起诉是在规定的两年时效内或保险人书面同意延长的时效内，即使司法部门过了数年才判决，保险人仍应负赔偿责任。

对于火灾事故，偶尔会有特殊情形。按照《中华人民共和国消防法》（以下简称《消防法》）的规定火灾扑灭后，消防救援机构有权根据需要封闭火灾现场，负责调查认定火灾原因，统计火灾损失，制作火灾事故认定书。因此，在一般情况下，火灾原因的调查与认定由消防机构（最好是较高级别的消防机构）进行。但是，在财产险理赔实践中，有时会遇到被保险人所在场所发生火灾，但理赔时无法提供合格的消防火灾证明的情况，常见原因如下。

1. 已报告消防机构，但消防人员赶到火场时，被保险人组织人员已把火扑灭，消防机构不出具证明，被保险人只能提供派出所或乡政府证明。

2. 已报告消防机构，消防人员赶到，把火扑灭，消防机构未能按照《消防法》的规定（或不具备《消防法》规定的出具证明的资格）出具正规的火灾事故认定书，比如不写明火灾原因（被保险人需出部分费用）。

3. 已报消防机构，消防人员赶到，把火扑灭，被保险人如要求消防机构出具正规认定书，则可能面临责任追究、被罚款且金额较大，被保险人为了不被追究责任或被罚款，只能提供派出所或乡政府证明。

遇到上述情况，不能简单地以被保险人无法提供正规的消防机构的火灾事故认定为由不予赔付，应该自行进行一些火灾原因调查，并结合具体承保条款的规定，对于火灾事实清楚、无明显证据显示为保单除外原因所导致火灾的（如投保人、被保险人及其代表人为纵火），应予以赔付。保险人有时会与被保险人进行协商，由其自负一定损失；或要求被保险人出具未纵火保证书，明确赔偿前提。

在实践中，有的保险人在承保时就明确约定：若被保险人无法提供消防机构的火灾事故认定书或消防机构认定"火灾原因不明"的，则由被保险人自负损失的一定比例，或者适用更高的免赔额（率）。承保时有明确约定的，理赔处理时就相对简单一些，争议也少一些。

六、赔偿基础及理赔

（一）保险人的赔偿原则

保险人在保险条款第二十七条约定，保险标的因保险事故导致的损失或损坏，保险人有权选择赔偿方式，并规定每次保险事故，任何一项保险标的的赔偿金额将不超过其相应的保险金额。在理赔过程中，保险人一般遵循如下原则。

1. 保险标的发生部分损失，保险人负责赔偿被保险人修复受损标的的费用，但以修复保险标的至发生损失前的状况所需实际费用为限，恢复至受损前的原状是指其性能和功能在合理和可能的范围内与原状相似或类似，并非完全一样。

2. 保险标的不能修复或修复的费用超过其损毁前的那一瞬间的实际价值，保险人按标的全损或推定全损的方式处理，负责赔偿受损保险标的的实际价值，并扣除残余物的价值。

3. 保险事故发生后，被保险人为减少损失而采取必要的措施施救保险标的所产生的合理费用，保险人也将负责赔偿，但本项费用以该项受损保险财产的保险金额为限。

4. 保险人将不负责赔偿受损标的的任何修改、变更或改进所增加的额外费用。

5. 临时修理如果作为正式或最终修复的一个组成部分，并且不增加正式或最终修复费用，保险人将负责赔偿此项修理费用。

6. 在修复受损保险标的的过程中，被保险人投入的紧急运输费用、赶工费用、加班费用等，保险人不负责赔偿。除非保险合同当事人事先特别约定并在保险单上载明扩展承保。

7. 受损保险标的未经修复完毕，便投入试用所发生的损毁，保险人不负责赔偿。

8. 保险财产不足额投保，保险人将按保险单明细表中列明的保险财产的保险金额与应保险金额的比例承担赔偿责任。

（二）按市价理赔

财产保险不是定值保险，被保险人在投保时根据保险财产的实际价值自行估定保险财产的保额，损失时保险人根据保险财产发生损失当时的市场价格赔偿。保险财产发生损失时，不论全损或部分损失，若市价高于保险财产的保额，则保险人运用比例分摊方式按受损的保险财产的保额与市价之比进行赔付。

$$应付赔款 = 定损金额 \times \frac{财产保险金额}{保险财产的市价} \times 100\%$$

若一张保险单内有一项以上保险财产，上述比例分摊方式分别适用于各个项目的理赔。鉴于此，在承保时保险人应要求被保险人提供分项保险金额，这是十分重要的。

（三）按重置价值理赔

如被保险人按重置价值投保财产保险，但实际重置价值又高于其投保的金额时，保险人也应运用比例分摊原则进行赔偿：

$$应付赔款 = 定损金额 \times \frac{财产保险金额}{保险财产的重置价值} \times 100\%$$

若保险财产不止一项时，对每一项财产的理赔也应分别运用上述比例分摊公式。但此项理赔方式不适用于仓储物品。鉴于此，在承保时保险人应要求被保险人按保险财产的重置价值提供分项保险金额，这也是十分重要的。

（四）保险财产部分损失按照贬值率赔付基本恢复其原状的修理费用

这是保险人选择赔偿方式的一种权利。如部分损失系整体灭失时，按上述规定理赔；如部分损失某种损坏或缺陷时，保险人可按以下两种方式之一来理赔。一种是赔付受损保险财产基本恢复原状，指保险财产受损之前的状况，并不指很久以前的状态的修理、修复费用。因为任何东西经修理后总比原件有些差异，所以"基本"两字十分重要。另一种是贬值率赔付现金，这里所说的"贬值率"是指保险财产因受损而导致的价值差异，并非指其由新至旧的自然折旧。

（五）保险财产全损赔付扣除损余价值

保险财产发生全损时，保险人按保险财产的保额全数赔付，若还有残值时，应扣除残值。若保险财产的保额高于实际价值，则应按实际价值赔付。赔付全损后，应收回并注销保险单。如保额不足，残值也应按比例扣除，计算公式如下：

$$应赔金额 = 保额 - （残值 \times 保额 / 重置价值 \times 100\%）$$

保险单中条款规定，保险人有权不接受被保险人对受损财产的委付。如果保险人愿意接受损余物资，并且无任何额外负担时，可在全损赔付时不作扣除，但在赔付后收回对损余物资的所有权。残值的确定应由保险人、被保险人连同保险公估人或其他有关专业机构共同商定。

（六）重复保险比例分摊

如果保险财产损失时涉及两个或两个以上的保险人，在相同的保险期限和相同的保险责任范围内，承保同一保险财产，这样被保险人从多张保险单项下均能获得赔款，于是产生了共同分担保险责任的问题。对重复保险，保险人按本保险单项下保额与所有保险单项下保额之和的比例承担赔偿责任。计算公式如下。

如 A、B、C 三个保险人承保同一保险财产，则：

$$A 应付赔款 = \frac{A 的承保金额}{A、B、C 承保金额之和} \times 定损金额$$

同理，分别计算 B、C 的赔款金额。

七、保险公估人的选聘

虽然，我国《保险法》没有对保险公估人作出明确的定义，公估人评估报告的独立性和权威性常受到质疑，但在《保险法》第一百二十九条中规定："保险活动当事人可以委托保险公估机构依法设立的独立评估机构或者具有相关专业知识的人员，对保险事故进行评估和鉴定。"也就是说，保险公估人是指"依法设立的评估机构"或"具有法定资格的专家"。

在实际操作中，事故损失的金额巨大、原因复杂或保险人遇到专业技术性强的索赔或保险合同双方对理赔发生异议时，保险人通常会聘请专业的保险公估人对损失进行鉴定和赔款理算。对于那些损失金额相对比较小，案件情况简单，被保险人和保险人通过沟通谈判能够达成一致意见的赔案，则保险人不聘请保险公估人。为避免可能出现被保险人对保险人聘请的保险公估人所做结论不认可或不接受的情况，保险人在聘请保险公估人之前，征得被保险人的同意，共同委托一家公估人。保险公估人既不代表保险人，也不代表投保人和被保险人，而是站在独立的地位上对保险财产作出客观、公正的定损和理算，特别是选择信誉高、职业道德良好、专业技术强并熟知保险知识和法律知识，具有丰富的保险理赔经验的公估人更加重要。

保险公估人的选聘条件如下。

1. 挑选信誉高的公估人。具体表现在其处理赔案时能做到客观、公正、无私、具有起码的职业道德。

2. 聘请的公估人具有很强的专业能力和类似案件处理的经验，熟悉投保企业的行业特点，熟悉保险知识和法律知识。

3. 保险案件的处理过程是矛盾解决或调和的过程，也是一种利益的协商过程，这就要求聘请的公估人应具有良好的协调和沟通能力。

4. 公估人收费方式和标准直接关系到保险人的经营成本和承受能力，保险人主要通过了解其经营历史、查看理算人员的简历及处理赔案的情况，特别是处理类似赔案的经验，确定保险公估的选聘人员。

保险人选择保险公估人时可以采用保险人与被保险人协商一致的方式，也就是说保险合同当事人在保险单中约定并载明，当保险事故发生并且损失金额超过一定数额时，由保险单中指定的公估人进行现场查勘和理算；也可以采用公开招标的方式；当然，也可以采取每个案件临时聘请的方法，当保险事故发生时，保险合同当事人根据案件的实际情况，临时决定是否聘请公估人和挑选哪一家公估人。无论采用哪一种方式，在确定公估人后，应当与其签订书面协议或签发委托函，明确约定公估人的聘用期间、工作内容、基本要求、费用标准和争议处理等事项。

公估人作业规范参考中国保险行业协会发布的《企业财产保险公估作业

规范》（见附录）。保险公司理赔人员自己处理赔案的流程要求同样可以参考此标准。

第四节　财产保险诈骗与反欺诈

财产险是非常优异的高杠杆金融工具，为被保险人提供风险应急资本（Contingent Capital）。因此常有不良被保险人铤而走险，实施保险欺诈。

一、保险诈骗常见类型及相关法律规定

保险诈骗常见的类型多种多样，笔者根据我国司法机构资料归纳如下。

1. 投保人、被保险人（以下简称行为人）为了获取保险金，故意使用虚假的证明材料或虚构事实编造保险标的，发生保险事故后非法获取保险金的行为。或者在需要理赔的保险事故发生前未投保在事故发生后补办保险的，该行为就属于没有保险标的而无中生有，系故意虚构保险标的、实施骗取保险金的行为。行为人是以非法占有为目的，故意虚构造成财产损失的保险事故。

2. 投保人、被保险人对发生的保险事故编造原因或者夸大损失的程度。我国《保险法》第二十二条规定：保险事故发生后，行为人根据保险合同的规定请求给付保险金时，应当向保险人提供其所能提供的与确认保险事故的性质、原因、损失程度等有关的证明和资料。保险合同约定，保险人只对保险责任范围内的保险事故承担赔偿责任；对于不属于保险责任范围的保险事故，行为人编造发生事故的虚假原因以骗取保险金，或者虽属保险责任范围的保险事故，但行为人伪造证据或夸大损失程度以扩大受益金额的，都属于诈骗保险金的行为。所谓对发生保险事故编造虚假原因主要是指行为人为了骗取保险金，在发生保险事故后，对造成保险事故的原因作虚假的陈述或者隐瞒真实情况的行为。我国有关保险方面的法律、法规一般都明确规定了某些保险的责任范围及除外条款，以明确保险人在什么情况下才负有保险赔偿责任，什么情况下不予赔偿。故保险合同中关于保险事故发生后的赔偿约定都是有条件的，也是有一定原因的，不是任何原因引起的保险事故保险人都负赔偿责任。编造的虚假原因指那些使保险人承担保险责任的原因。例如，火灾事故中，如果火灾的原因是由于保险单项下投保人、被保险人的重大过错行为所导致，按照保险条款的

除外责任的规定，保险人将不负赔偿责任。为了获取赔偿，弥补自己的损失，有的行为人在保险人调查事故原因过程中，不如实反映情况，而故意编造与事实相悖的虚假原因，例如声称是由于雷电等自然灾害引起的火灾，使保险人承担保险事故的赔偿责任，从而骗取保险赔偿。

所谓夸大损失程度，指行为人对发生的保险事故，故意夸大由于保险事故造成保险标的的损失程度，从而更多地取得保险赔偿金的行为。应当指出的是，"对发生保险事故编造虚假的原因或者夸大损失的程度"是两种行为，行为人只要实施了其中的一个行为，就构成保险诈骗。

3. 投保人、被保险人编造未曾发生的保险事故。保险事故是行为人能够向保险人提出索赔以及保险人依保险合同约定的责任进行赔偿的前提条件。如果没有发生保险合同约定的保险事故，就不能借此索赔；如果谎称发生保险事故而取得赔偿的，即属违反诚实信用、最大善意原则的保险欺诈行为。所谓编造未曾发生的保险事故，是指行为人在保险事故实际没有发生的情况下，采取虚构、捏造事实的方法，欺骗保险人，谎称保险事故已发生而骗取保险金的行为，比如把并没有丢失的参加保险的财产谎称已经丢失；并没有发生保险财产被毁的事件，却谎称为因保险事故被毁。例如，某一部分贵重保险财产，在被保险人的仓库爆炸失火时已经被及时转移并未损坏，被保险人却谎称已被爆炸完全损毁而骗取保险金的，就是这种编造保险事故发生而骗取保险金的行为。《保险法》第二十七条第一款规定，被保险人在没有发生保险事故的情况下，谎称发生了保险事故，向保险人提出索赔或者给予保险金请求的，保险人有权解除保险合同，并不退还保险费，即要行为人承担实施此项欺诈行为尚未骗得保险金的民事上的法律责任。如果利用此种谎称保险事故发生的欺诈行为实际取得了数额较大的保险金，就构成保险诈骗罪。

4. 投保人、被保险人故意造成财产损失的保险事故。根据《保险法》第二十七条第二款的规定，行为人故意制造保险事故的，保险人不承担赔偿或者给付保险金的责任。作为一种经济补偿的法律制度的保险，其意在抗御并防范灾害。保险人进行保险经营，就是要为了避免各种各样的自然灾害与意外事故的发生或少发生，即使发生了，也要尽量抑制其蔓延而造成损失的扩大。如果本来没有发生保险事故，却通过人为的故意办法而制造保险事故，致使财物遭受损失，无疑是一种为法律所禁止的不法之行为，构成犯罪的，还应依法追究其有关的刑事责任。倘若又借此向保险人索赔而骗取保险金，显然又有悖于保险制度的本质与宗旨，因而亦为保险法律制度所不容。

实施、制造保险事故而故意造成财产损失从而骗取保险金的，不仅要承担此行为造成实际损失应负的各种法律责任，比如制造火灾、爆炸保险事故的，应分别承担放火罪、爆炸罪的刑事责任，而且还应承担由此行为骗取保险金的各种责任，当然也就构成保险诈骗。

所谓故意造成财产损失的保险事故，指在保险合同的有效期限内，故意造成使保险标的出险的保险事故，致使保险财产损失，从而骗取保险金的行为。值得注意的是，这种制造保险事故发生的犯罪行为，只有出于故意时才能构成本罪，如果是由于过失尔后又骗取保险金的，对于保险法律制度来讲，则属于编造保险事故发生的原因骗取保险金的违法犯罪行为，不构成犯罪时，只承担民事责任，由保险监管机构给予行政处罚或由保险人按保险合同条款的约定处理。

我国的《保险法》规定：保险事故发生后，投保人、被保险人或受益人以伪造、变造的有关证明、资料或其他证据，编造虚假的事故原因或者夸大损失程度的，保险人对其虚报的部分不承担赔偿或者给付赔偿金的责任。

《保险法》规定：投保人、被保险人或者受益人有下列行为之一，进行保险诈骗活动，构成犯罪的，依法追究刑事责任。1997年修订的《中华人民共和国刑法》对保险诈骗活动的处罚做了具体的规定，主要根据数额是否巨大和情节严重程度，分别处5年以内、5年以上10年以内以及10年以上三个等级的有期徒刑和罚金处罚。刑法规定有下列情形之一者均为保险诈骗犯罪：

（1）投保人故意虚构保险标的，骗取保险金的。

（2）投保人、被保险人对发生的保险事故编造虚假的原因或者夸大损失的程度，骗取保险金的。

（3）投保人、被保险人编造未发生保险事故而谎称发生保险事故。

（4）投保人、被保险人故意造成财产损失的保险事故。

（5）伪造、变造与保险事故有关的资料、证明和其他证据，或者指使、唆使、收买他人提供虚假资料、证明或其他证据，编造虚假的事故原因或夸大损失程度，骗取保险金的，情节轻微，尚不构成犯罪的，按照国家有关规定给予行政处罚。

刑法还规定单位犯罪的，对单位判处罚金，并对其直接负责的主管人员和其他直接责任人员，根据数额是否巨大和情节严重程度，分别处5年以内、5

年以上 10 年以内以及 10 年以上三个等级的有期徒刑和罚金处罚；保险事故的鉴定人、证明人、财产评估人故意提供虚假的证明文件，为他人诈骗提供条件的，以保险诈骗的共犯论处。

二、诈骗行为人常用手段

行为人通常惯用的手法如下。

1. 纵火

这类案件经常发生在一些经营不善的企业身上。纵火并破坏事故的第一现场以方便骗取保险金。

2. 故意造成并扩大损失

有些行为人在台风或暴雨季节到来前夕购买保险，标的存放地点多为地势低洼处，建筑多为简易易损建筑，标的在申报时都是物美价高之物，实际堆放的是过期、残次或廉价之物，待事故发生后提出高额索赔。

3. 损失标的掺假

借某次事故，把过期的、作废的或滞销的产品趁机投入灾害地点，再以次充好向保险人索赔。或者把即将淘汰设备或报废设备，混入事故受损设备进行索赔。比如，对于使用中正常磨损的机器设备和电脑设备，借口不能修复或者恢复原状，提出要恢复原状或者重置。又如茶叶这样的仓储物，价格差异巨大，很容易以次品茶叶冒充高品质茶叶去索赔。出于行业特性，进货价值凭证非常容易造假。还有如电池这样的消耗品，有不同的档次，出险时，可能将准备报废的不良品、次品或滞销退货的产品混入受损标的。总之，目的就是夸大损失，以小索大，以少索多。

4. 事后投保

事先并无投保，出险以后立即购买保险（跟保险人的内部业务员串通勾结），将保险期限外的事故按保险期内事故索赔。

5. 重复索赔

水灾事故中，如果两次事故（暴雨或台风等）时间相隔不久，在第二次事故发生后，将第一次事故中索赔的受损标的再做第二次索赔。

6. 掩盖不足额投保

出险后快速转移存货，以避免保险人按比例分摊赔付。

7. 重复投保及索赔

利用保险公司之间信息不共享、数据不互通的漏洞，多处投保，多处索赔。

8.炮制虚假证明

在事故发生后，行为人委托第三方专业机构出具虚假事故原因分析报告，将非保险责任变为保险责任。

其实诈骗行为往往有迹象，也会露出马脚。例如：

（1）火灾中有多个起火点，而且火灾蔓延迅速，但蔓延方向很诡异。

（2）企业账目不全或无账目，或者提供虚假账目及价值证明，或者故意将电脑资料或仓储记录销毁，以毁灭证据；诈骗者可能声称相关记录在事故中损毁，如被水冲走、被火烧毁等。

（3）过于完美的索赔过程和单证。有些被保险人通过熟悉业务的保险代理、经纪人或者律师，提交完善的索赔资料，有理有据，有凭有证，企图以假乱真骗保。

因此，理赔人员要保持高度的职业敏感性，包括确认出险时企业的经营状况，例如是否经营亏损，产品是否滞销。特别是涉及存货价格波动剧烈、仓储物定值困难、容易过时滞销的产品的行业，如茶叶、食品、古玩、玉器、某些纺织品（如时装）、某些电子产品等。保险理赔人员需要使用多种手段，与刑侦、经侦、海关、税务等部门配合，才能发现问题。诈骗作案手段越来越隐蔽，不易察觉。如果现场查勘人员没有刨根问底、追查相关记录，没有寻访当事人发现破绽，就很容易被钻空子。

三、保险人的合同应对方法

《保险法》第二十二条规定：投保人／被保险人只要提供其所能提供的与确认保险事故的性质、原因、损失程度等有关的证明和资料，其举证的责任即已完成。也就是说被保险人作为索赔方的举证责任已经是初步的举证责任；这时举证责任就转至保险人，保险人如果拒绝承担保险责任，应当证明事故属于除外责任；如果保险人证明事故属于保险合同条款约定的除外责任情形，仍然不能导致保险人免除赔偿责任。《保险法》规定保险人对格式合同的说明义务及对责任免除条款的提示和明确说明义务，未做提示或明确说明的，该项责任免除条款不产生效力。在一些火灾案件中，保险人发现起火原因有问题，但因为举证困难，没有证据，只能从解决问题的角度，与被保险人商量定损和解决赔偿的方案。

对此，保险人只能在保险合同中做某种约定。

【案例1】

某电厂的保险条款中规定："无论在损失发生之前或之后，如果被保险人故意隐瞒或故意错误地提供与本保险标的或保险利益有关的重要事实或情况，或者一旦被保险人进行上述欺诈或虚假保证，本保险单将立即失效。"

【案例2】

也有条款直接警告被保险人，如果本保险单的任何索赔是欺骗性的，或者在索赔中制作或采用任何伪造的声明以支持索赔，或者为获得本保险单下的利益，被保险人或其代表利用欺诈性手段或装置，被保险人将丧失本保险单下的所有利益。例如某外资保险公司的保险单条款规定："未发生保险事故，被保险人谎称发生了保险事故，向保险人提出赔偿请求的，保险人有权解除合同，并不退还保险费。投保人、被保险人故意制造保险事故的，保险人有权解除合同，不承担赔偿的责任，不退还保险费。保险事故发生后，投保人、被保险人以伪造、变造的有关证明、资料或者其他证据，编造虚假的事故原因或者夸大损失程度的，保险人对其虚报的部分不承担赔偿责任。"

【案例3】

某发电厂财产险中条款规定："如果本保险单项下的索赔含有虚假成分，或者被保险人或其他任何代表被保险人的人士在索赔时采取欺诈手段企图在本保险单项下获取利益，或者保险财产的任何灭失、损毁或损坏是由被保险人的故意行为或纵容所致，则被保险人将丧失其在本保险单项下的所有权益。"

有的保险合同条款则规定被保险人要向保险人就索赔和相关事宜的真实性提交一份宣誓证明材料或其他法律文本，规定被保险人在向保险人提出索赔时，必须确保构成索赔条件的因素是真实可靠的。

有的保险人为了预防保险诈骗，制定了具体的财产保险理赔处理管理规范和案件调查要求。下文继续分析。

四、火灾案件处理注意事项

（一）现场查勘阶段

1.需要对起火原因进行深入调查

（1）起火点位置与数量、火灾的蔓延方向不符合常理，存在人为放火或者故意放任燃烧的可能。

（2）起火原因存疑，但无法进一步核实的；预判消防部门出具的认定较为模糊，影响定责（主要与保单的免责约定冲突）。

（3）火灾后现场情况（如过火面积、燃烧高度、烟熏程度等）与客户报损不相符；现场人员对火灾的细节（如起火时间、起火位置、扑救情况、现场货物数量等）描述明显不一致的。

（4）火灾中，受损仓储物占比过高、或者仓储物大量受损的。

（5）存在"小火大救"情形的，即救火中水湿数量远多于烧毁数量的。

2.需要对本案进行专业的询问笔录

围绕企业老板、财务主管、生产主管、仓管主管、采购主管、第一火灾发现人等关键人员，就火灾的发生时间、过程、起火点位置、企业的整体经营情况、上下游供求关系、生产流程、货物购销、流转与统计、财务统计方式与记录、企业的进销存管理与记录、出险前的生产状态、货物数量、订单数量、摆放情况、摆放位置、摆放数量等进行详细、缜密的询问并形成笔录，为下一步的责任认定、数量核定（特别是完全烧毁部分的核定）、修复方式（能修则修、适当降价降等避免全损）、修复价格等进行全面摸底、取证。

3.在现场查勘阶段，被保险人对火灾中受影响的货物及设备，声称"专供""专修"，需要报废或者高价处理，金额超10万元的，应聘请专业外部调查机构介入核实。

4. 符合以下 2 项情形以上的火灾，需要聘请外部专业调查机构，针对火灾原因进行重点调查。

（1）台资企业。

（2）周末或者假期起火。

（3）只有成品仓火灾。

（4）火灾中单独燃烧，没有波及其他企业。

（5）火灾后不能提供账册及相关资料，或者百般拖延。

（6）起保不久或者临近终保（1 个月）。

（7）存在小火大救情况。

（8）其他嫌疑案件。

（二）资料收集及分析阶段

1. 出险后，客户无故拖延提供资料；或者百般抗拒提供相关资料、凭证的。

2. 客户提供虚假资料的。

3. 收集到的采购合同、销售合同等资料，缺乏其他有效证据证明真实性；或者合同中的条款、约定、价格与市场明显不符的。

4. 提供的资料显示，存在过多或者不合理的采取现金支付的销售或者采购行为。

5. 采用现金方式支付工人工资的。

6. 被保险人提供的资料显示保险价值与保险金额非常接近的。

（三）定损、核损阶段

1. 客户提供的采购合同存在造假嫌疑（如签订的时间、签订的内容不合理；或者只有合同而没有支付凭证、发票等；现金支付），需要外部调查机构介入核实本合同的真实性。

2. 客户提供的销售合同存在造假嫌疑（数量、价格与市场不一致；产能与被保险人不相符）。

3. 受损标的的维修，涉及专供、专修、维修商及配件供应受到垄断的。

4. 客户提供的账册与实际情况数量较大出入，且被保险人无合理理由的。

5. 客户提出的索赔数量与现场残骸数量不一致（或者与技术推断不相符），且客户虽提供了相关资料证明，但真实性难以核实的。

6. 客户对受损存货声称需要全损处理，但与实际受损情况不一致的。

7. 在核减增值税进项税时，客户声称其无法抵扣而不同意核减的。

8. 客户以技术壁垒、技术垄断为由，声称全损的。

五、水灾案件处理注意事项

（一）现场查勘阶段

存在以下情况，理赔人员不足以查证的，需要在现场查勘阶段聘请外部专业调查机构介入协助核实。发生水灾以后，保险人的理赔人员应当注意如下几种情况。

1. 被保险人怠于施救（以场地不足、人员不足等为由），需要聘请外部专业调查机构对被保险人的实际经营情况进行核实。

2. 受损的仓储物中有大量的滞销、积压品。被保险人现场不配合查勘及对货物的价值百般狡辩，不符合常理的。需要调查核实被保险人的实际经营情况及滞销品的真实价值。

3. 受损的机器设备维修内容与受损内容不一致，存在扩大维修范围嫌疑的。

4. 受损情况与实际受灾情况不相符的。如没有明显水线却水淹严重、没有污染源却遭受过度污染。需要调查核实被保险人是否存在故意泼洒污染物扩大损失的行为。

5. 现场杂乱程度与灾害情况不相符的。如大量仓储物无故倒地、跌落、漂浮。需要调查被保险人是否趁机扩大损失。

6. 受损中的流动资产中成品占比较高的。

7. 被保险人以代加工或者上下游关系为由，坚持全损处理的。

8. 被保险人声称有大量存货被水冲走的。

（二）资料收集及分析阶段

1. 被保险人拒绝或者无理拖延提供仓储资料、销售合同、采购合同、财务资料的。

2. 被保险人提供的资料存在虚假或矛盾情况的。

3. 被保险人提供的资料显示保险价值与保险金额非常接近的。

4. 采购、销售过程采用现金支付或者现金支付占比较高的。

（三）定损、核损阶段

1. 客户提供的采购合同存在造假嫌疑（如签订的时间、签订的内容不合理；或者只有合同而没有支付凭证、发票等；现金支付），需要外部调查机构介入核实本合同的真实性。

2. 客户提供的销售合同存在造价嫌疑（数量、价格与市场不一致；产能与被保险人不相符）。

3. 受损标的的维修，涉及专供、专修、维修商及配件供应受到垄断的。

4. 客户提供的账册与实际情况存在较大出入，且被保险人无合理理由的。

5. 客户提出的索赔数量与现场清点数量（或者与技术推断）不相符，且客户提供了相关资料证明的。

6. 客户对受损存货声称需要全损处理，但与实际受损情况不一致的。

7. 在核减增值税进项税时，客户声称其无法抵扣而不同意核减的。

8. 客户以技术壁垒、技术垄断为由，声称全损的。

The Practice of
Property Insurance

企业财产保险
实务

[第七章]

保险人的专业服务及服务团队建设

保险作为一种风险管理的重要手段，需要持续管理才可充分发挥其保障作用。作为客户的保险顾问，保险人的价值不仅仅体现在保险采购安排上，也充分体现在保险期间内保险管理上的服务是经济、实用和有效的。

第一节　保险人的专业服务

一、保险人专业服务的内容

保险人的保险及风险管理方面的专业服务内容应该是非常丰富的，包括非保险风险的管理、保险事故处理及索赔、保险单的保全、保险期内咨询、保险培训及交流、项目总结和提高等。毕竟保险是一种体验式消费，保险采购安排完毕后，在保险期间内保险人的保险及风险管理的效果直接影响到客户资源的维护，也会影响社会公众对保险企业的信心和本保险企业竞争能力的提高。

二、保险服务贯穿保险期间

前面提到保险企业所从事的经营活动不是一般的物质生产和商品交换，而是一种特殊的劳务活动。保险企业提供的是一个系列服务，贯穿承保前、承保时和承保后的整个保险期间。例如，承保之前，保险人提供保险建议书，对目标客户面临的风险进行全面的分析和评估，做风险管理咨询；又如，承保之后，除必要时做理赔服务之外，保险人还为客户提供防灾防损服务与培训、持续的各类风险的有关咨询、相关合同审阅等。

【案例1】 为目标客户专门进行的"宾馆和饭店的火灾风险"讲座

（一）宾馆和饭店的分类

宾馆和饭店是专供国内外宾客和旅游者住宿、就餐、休息、举行宴会等活动的场所，根据不同需要可分为以下六大类型。

1. 综合性宾馆和饭店（四星级以上）：除提供住宿、就餐、洗衣服务、泊车服务外，还设有咖啡厅、酒廊、报刊柜、礼品店、美容院、健身室、大小宴会厅、商务中心等。

2. 小型宾馆和饭店（三星级以下宾馆）：这类宾馆提供的服务比综合性的宾馆和饭店的服务少。

3. 旅馆和招待所：仅提供住宿。

4. 公寓式宾馆和饭店：跟一般宾馆一样提供住宿服务，但这类宾馆提供厨房设施，客人可在房间内煮食。

5. 度假性宾馆和饭店：这类宾馆一般受季节影响较大，除可提供与综合性宾馆和饭店一样的服务外，还可提供不同类型的活动场地，如高尔夫球场、健身室、泳池、水上乐园、夜总会等。

6. 大型会议展览宾馆：这类宾馆的房间总数一般在四百间以上，主要供大型展览及会议活动之用。一般由接待处、客房、厨房、餐厅、娱乐场所、小卖部、商务中心组成，并且还设有各种物质储存仓库、电子计算机中心、电话机房、洗衣房、锅炉房、空调机房、配电室、发电机房、维修车间等附属设施，其宾馆的入住率达60％才能盈利。

（二）酒店和宾馆的风险特点

1. 可燃物多：现在大部分宾馆和饭店的建筑都采用钢筋混凝土或钢结构，但内部装饰材料均大量采用可燃木料和塑料制品，室内陈设的家具、卧具、地毯以及窗帘等大部分都是可燃物质，一旦发生火灾，这些材料就会猛烈燃烧并迅速蔓延，同时塑胶燃烧时会产生高温、浓烟及有毒气体，加大救火难度。

2. 空调设备多，管道、竖井多：这些将造成火势快速蔓延，现在宾馆和饭店都安装空调，而空调管道将穿过楼板和墙壁，破坏原有的防火阻隔，加上电梯井、垃圾井、电缆井等，贯穿全部楼层，实际上形成了座座烟囱，一旦发生火灾，火势将沿着这些孔洞和竖井迅速向上蔓延，危及全楼。

3. 出入口少，疏散困难：宾馆和饭店通道狭窄，出入口少，旅客对内部的通道又不熟悉，发生火灾时，往往惊慌失措迷失方向，拥塞在通道上造成混乱，给疏散及施救带来很大困难。更有甚者，一些宾馆为防止盗窃，往往将这些逃生路径锁死，所以一旦发生火灾，会造成较大的人身伤亡及财产损失。

4. 客流量大，火灾危险因素多：宾馆和饭店的住客复杂且流动性大，特别是低档次的旅馆及招待所，住客防火安全意识不强，随处留下火种（如烟头、火柴等），这些均增大了宾馆和饭店的火灾危险。

5. 维修施工多：高档宾馆为了维护声誉及满足客户要求，客房及餐厅等必须经常进行内部装修和设备维修，在装修或维修设备时，要使用易燃液体稀释油漆或用易燃的化学物品粘贴地面和墙面的装饰材料，这些液体及化学品会产生易燃蒸气，如遇到明火，会马上燃烧；在维修安装设备使用明火时，因管道传热或火星掉落在可燃物上以及缝隙、夹层、垃圾井中，也会引起火灾，且不易被发现。

6. 厨房用火不慎易引起火灾：厨房用火多，若可燃气体的管道漏气，操作不当或烹调菜肴、油炸食品时不小心，都容易引起火灾，在中式厨房中，这种现象是比较普遍的，油污积在抽油烟机罩上及排气管内，当炉灶的火焰上升过高，触及这些油污时，便会马上引起火灾，并迅速蔓延到整个排风系统。从国内外饭店火灾的实例来看，乱丢烟头、火柴以及电气事故，厨房用火不慎等是引起火灾的主要原因，而客房、厨房、餐厅则是主要的失火场所。

【案例2】　对目标客户面临的风险进行综合分析和评估

为客户提供风险评估资料或设计有针对性的保险方案，根据广州某不锈钢制品厂在生产过程中面临的三大类型的风险进行简要分析，具体如下。

安全生产、运营是公司发展的生命线，每个公司都在不遗余力地致力于提高风险管控能力，借此降低物质损失风险，保障公司得以稳健经营及发展。

物质损失风险是各个企业面临的常见的基本风险。该企业作为一家总投资额 7.9 亿美元的大型企业，尽管不断完善和提高企业的管理能力，但风险是客观存在的，该企业资产遭遇自然灾害或意外事故等造成损失的风险是无法规避的。而且，一旦风险事故造成巨额损失（如地震、暴雨等巨灾）将对其财务造成严重影响，甚至危及企业的生存与发展。因此，下面我们将重点介绍该企业在营运中可能遭遇的重大经济损失风险，同时由于该企业厂区坐落于广州经济技术开发区，因此本分析将侧重于广州地区的情况。

（一）自然灾害风险

自然灾害是指人力不可抗拒的、破坏力强大的自然现象，主要包括雷电、飓风、台风、龙卷风、风暴、暴雨、洪水、水灾、冻灾、冰雹、地崩、山崩、雪崩、火山爆发、地面下陷下沉等。

下面我们将结合该公司的项目特点，有针对性地分析可能会影响到该公司的项目安全、在我国境内频繁发生且可能会造成重大经济损失的自然灾害，供借鉴参考。

1. 台风风险

广州地区气候属南亚热带典型的季风海洋气候，为台风、暴雨多发地区。每年夏秋季节都有较多台风从沿海登陆广东境内。虽然广州地区到沿海有一定距离，但仍每年遭受超强台风侵袭的影响。台风强大的风力和造成的降雨量将对厂区的排水系统带来较大的压力，导致排水系统失效，进而引起厂区内相对低洼的场所被淹。比如 2008 年 9 月侵袭广州的台风黑格比，登陆时中心风力达到 16 级，给广州带来了百年一遇的风暴潮，珠江潮位迅速升高，造成许多厂区的建筑设施倒塌，厂内多处道路甚至车间、仓库被淹，造成了很大的损失。

总体来说，全国性的台风灾害仍会频繁发生，位于沿海及周边地区特别是广州地区的项目，将面临着破坏力极强的台风灾害的考验。

该公司厂区周边较为空旷，无高层建筑，平坦且宽阔的厂区（占地面积 120 万平方米）一旦遭遇台风天气，风力受到的有效阻隔相对较少，易直接袭击厂区。而且，厂区以钢结构为主的厂房建筑物虽抗风设计达到国家标准，但在强台风的侵袭下，其稳定性与混凝土结构的建筑物相比相对较差。因此，该公司应落实各项防风防雨措施，提前防范，最大程度降低台风对厂区带来的不良影响。

2. 暴雨、洪水风险

洪水灾害不仅发生的频率高、范围广，而且影响深远。据统计，全世界每年自然灾害死亡人数中约 75% 为洪水造成。因此，洪灾的严重性居多种自然灾害之首位。目前我国正处于历史上的第三个洪水高频期，随着世界范围内的气候恶化，洪水灾害有愈演愈烈之势。

那么，广州是否会受到洪水灾害的影响？请看下面的洪水分布图，其中红色及褐色区域的洪水风险较高，我们将本项目所在地列入地图中，可见正是位于洪水高发高危区内。

虽然大城市的排洪能力相较于其他二三线城市更有保障，但随着近年中国城市化发展进程的加快，城市洪涝问题已经越来越突出，主要表现为城市进水受淹，内涝排泄不及时，导致城市积水。以广州为例，自 20 世纪 80 年代以来，平均每三年就会发生一次较为严重的洪涝灾害。广州近年突如其来的高强度暴雨，已经使部分以往未出现过洪涝灾害的地段，遭受到"水浸街"的厄运。2009 年 3 月 28 日发生的特大暴雨造成市区内多处严重浸水，再次给城市建设敲响了警钟，如果排洪能力仍滞后于城市建设，排水不畅现象只会愈演愈烈，其他地区难免也会遭受损失。

该公司所处地理位置远离珠江，洪水风险较小，应重点关注的是暴雨风险。在我们的理赔经验中，因暴雨事故造成的保险索赔案件占比很高，几乎每场暴雨都会发生保险索赔事故。典型的巨额损失案件有某汽车有限公司 2008 年 3 月 12 日发生的暴雨事故，该事故原因为暴雨超过厂区临近河涌的抗洪设计标准，河水迅速积蓄，水位升高不断加重对临近厂区围墙的压力，最终使围墙倒塌，河水漫入厂区，导致大量产品车和车间设备受水损，直接经济损失接近 1 亿元。与事故的无情相比，该公司就厂内资产在某保险公司投保了财产险等险种，获得了数千万元的保险赔偿。现实案例无不时刻警示我们不可漠视风险防范与管理工作。鉴于此，建议该公司考察厂区所处地理位置的地势是否相对低洼，综合评估暴雨风险，特别针对不锈钢产成品过水后必定引起除锈损失的特点，重点关注仓储物，按国家相关标准进行垫高存放，并采取其他必要的措施防范暴雨风险。

3. 雷击风险

雷击具有极大的破坏力，我国也是雷电灾害频繁发生的地区，每年发生的雷电灾害有近万次，造成的人员伤亡有 3,000~4,000 人，直接经济损失达上百亿元。

该公司同时拥有 HSM、WRAPL 等共 7 条生产线，大型机器设备多，厂区空旷，存在雷击风险。诚然，雷击通常仅容易造成单个设备受损，但如引起火灾损失可能无法控制。因此，建议该公司做好定期检测工作，确保厂区防雷设备及器件均处于最佳状态。值得注意的是，从风险的客观性来说，即使已安装避雷设施，但鉴于雷击的突发性以及强度的不可预测性，一旦强度超出设计规范或避雷装置偶发故障，后果是不容乐观的。

4. 地震风险

该公司厂区位于广州。根据中国地震烈度区划图、中国地震和火山分布图，参考地震烈度表，并查阅上述各地的地震历史数据可知：广州远离我国主要地震带，总体地震风险水平较低；建筑抗震设防烈度 7 度。因此，本项目的地震风险不高，但是一旦发生地震灾害，其波及面非常广，整个厂区将同时受灾，可能会造成难以估量的经济损失。换言之，广州地区地震风险小，但地震特点决定其有损失大甚至全损的特点。

（二）意外事故风险

1.火灾、爆炸风险

钢铁厂的火灾风险特点是起火点较多。起火点主要集中在生产区域内，它们是炼炉、熔炉、焊接设备等。如果熔炉发生事故造成钢水外溢，会直接损坏周围的机器设备与财产。如果溢出的钢水碰到地面上的积水，就会马上使之汽化并出现类似爆炸的反应，将高温的钢水喷射向各个方向，造成至少生产区域内的全部损失或接近全部损失。

熔化的钢水温度非常高，任何与之接触的液体都会马上汽化。如果熔炼使用的是二手或回收的废旧钢材，其中的水分也可能造成炉膛的爆炸。

最大的损失可能是：熔化的钢水溢出后四处流淌，造成整个厂区起火，毁坏生产机器与设备，损坏房屋建筑的结构。所以，最有效的方法是在熔炉周围建造隔离堤，将钢水的流溢控制在最小的范围内，并保持熔炼车间的干燥，防止地面积水就显得非常重要。

厂区内使用的煤气转换站是另一个重要的风险点。为了保持生产过程的连续性，厂区内可能存放大量的煤气，对煤气储罐的保养与安全防护是安全工作的重中之重。煤气储罐的存放地点选择、管线埋设与避雷、防静电措施都必须到位。

厂区内还存放有焊机气罐、燃料与机油（保养机器用）等。这些易燃物的管理应该严格按照政府当局关于易燃物管理的安全条例执行。原则上，只能存放在独立于厂房之外的专门仓库里。根据需要，焊接工作有时要在厂房内的生产现场进行。严格的动火批准制度可以最大可能地防止焊接工作可能造成的火灾。

生产机器设备的过热与故障也是引起火灾的一大原因。先进的做法是使用电脑控制的监控装置来监控机器的运行状况，并设置紧急关机系统，在机器起火前停止其运转。

电线连接不良或电线老化也是电气火灾发生的主要原因。定期进行检修，根据使用年限的规定进行更换都是必须进行的。

在生产区，吸烟应该是被严格禁止的。另外，在办公室等安全区域设置吸烟区，可以更好地防止被丢弃的烟蒂造成火灾。

对于该公司的钢结构建筑来说，其材料都有一定的耐高温限度和承压极限，如果超过这一限度，其原有的强度、刚度等性能都会发生很大变化，从而丧失其原有的建筑性能。一般来说，火灾中的高温、爆炸中的高压都是很容易超过建筑材料这一限度的。一旦发生火灾、爆炸事故，建筑物可能遭受严重的损毁，甚至导致坍塌。因此，可以说火灾、爆炸对建筑物来说是毁灭性的。该公司炼钢厂必然存在高温或明火作业，设备还包括炼钢炉，生产流程中应特别重视火灾及锅炉爆炸导致设备等财产受损的风险。为防止损失的进一步扩大，建议该公司考察各建筑物间距是否合理，各生产线之间的隔火措施是否充足，有效隔止火灾的迅速蔓延。

针对火灾、爆炸风险，除了思想上足够重视，配套一系列的防火消防设施并加强日常管理之外，必须考虑如何通过其他方式去合理有效地转嫁这些可能引致重大经济损失的"头号杀手"。

2. 机器损坏风险

如上图，该公司厂内拥有大量的生产设备，如炼钢厂设有电弧炉、转炉、真空精炼炉、钢包精炼炉、扁钢胚连铸机、扁钢胚研磨机等设备，TCL生产线的钢卷机、解卷机、裁边机、张力控制机、重卷机、皮带助卷机、钢卷打包机及称重机等。这些设备数量多、价值高。除面临外来风险（自然灾害及意外事故）外，还将面临内部风险（如短路、设计错误等）。

钢铁厂的机器损坏风险较大，因为所使用的机器设备自动化程度高、价值昂贵。而且，一旦熔炉点火生产，就会连续不停地运转，事故发生的机会相对就比能够停工进行检修保养的机器要高得多。

同时，作为能耗较高的一个行业，冶炼对电力、热、气的需求都非常大，因此，机器设备损坏风险的另一个重点就是这些燃料、动力供应设施的损坏，超负荷运转、老化都可能造成大的损失。而且，一旦因为供应设施发生事故引发生产中断，处理炉膛中的在产品将会花费昂贵的费用。因此，对电缆、配电盘、变压器、交换机房等电气系统进行良好的维护是极其重要的。为了维护与保养设施，需要建立书面的维护保养计划，任命一位经验丰富的维护保养工程师负责制定维护保养程序，描述总体的维护保养概念，包括详尽地叙述需要进行的维护保养工作内容、工作进度以及工作频率等。维护保养工作可以细分为定期检查、预防性保养以及养护工作等。如果聘用外部的维护保养工程队伍，需要对其加以控制。

另外，技术人员的操作失误、缺乏经验、技术不精等也可导致机器设备运行出错等事故。

常见的机器损坏风险有线路漏电短路、电子元器件失效、金属结构的应力变形、连接机构松动、设计错误、原材料缺陷、超负荷、超电压、大气放电等。有关统计数据表明，约有20%的火灾事故是由电气故障引起的，其主要原因是由于操作不当及维护保养不足而导致的短路，可以说电气故障是全球工业火灾的罪魁祸首。该公司电子设备多属于高精密度和高集成度的产品，且一条生产线上各设备之间往往高度关联，组成成套的系统，其中一台设备短路可能造成整条生产线受损，后果不堪设想。而且，该公司投产多年，设备的保修期已过，一定的使用年限后必然步入"老龄期"，增加受损的风险。建议考虑该项风险的转嫁。

以上只是简单的案例供读者们参考，事实上，有些高端客户需要非常精细和专业的风险服务，如审阅被保险人签署的相关合同中对于保险的要求、新增业务风险的咨询等。对于赔案，不满足于状态的跟踪，还希望有日常赔案的原因分析，找出一些共性的点，以便揭示风险管理漏洞，提升风险管理水平。又例如聘请专业的防损工程师参与安全合规内审，出具专业的查勘报告，提出具体的可实施的风险改善建议并按轻重缓急排序。

三、保险专业服务的迫切性

随着 2020 年开始的车险费率改革的深入，车辆保险的保费占比会下降，越来越多的财产保险公司开始重视非车险的发展，主要是财产保险业务的发展。但很多公司特别是中小型保险公司对于其他财产保险，特别是企业财产保险往往心有余而力不足。具体原因如下。

1. 中小公司承保能力受限，对大型标的只能小范围参与或者没有参与机会，因此没有机会锻炼队伍。

2. 中小公司规模小，抗击大赔案能力弱。而财产险长期费率水平低，高杠杆率有利于被保险人，但保险人非常担心，不敢贸然进入。早期贸然进入的公司都吃过大亏。在业务规模不大的时候宁愿不做财产险承保。久而久之，某些中小公司的非车险业务里面，没有企业财产保险了，甚至就只剩下人身意外险、健康险和责任险。

3. 中小公司的非车险人才储备较少，成立之初要冲规模，重心都在车险。没有人才储备就更加不敢承保财产险了。没有好的风控人才也经营不好财产险。

如何实现车辆保险与其他财产保险并举，不顾此失彼、不偏颇发展，财产保险的发展与盈利能力建设问题就摆到财产保险公司各级管理者面前。面对不断增长的保险需求，非车辆保险业务有着广阔的发展空间，这就需要夯实基础，建设好财产保险团队。保险人的财产保险团队是财产保险公司提供保险产品和保险服务的基本单元，为客户提供的是综合性的风险解决方案；应聚焦"价值创造"，使之成为客户的风险管理顾问，成为行业的风险管理专家。

第二节　保险专业服务团队的建设

由于财产保险业务面对的是各行各业的目标客户，不同渠道、不同的行业、不同客户导致需求的多样化。这就需要财险公司建立专门的财产险服务团队，对团体客户和个人客户有针对性地拓展财产保险业务，特别是企业财产保险。财产保险团队开展的业务应以企业财产保险为主，其主要定位：一是团队成为风险管理顾问、目标客户的风险管理专家；二是团队能依靠专业技能，具有先知先觉，预见风险，提前提出风险解决方案、应急预案的能力；三是财产保险各级经营单位的财产保险专业服务团队，要体现团队的非风险偏好，具有特色和专长，各个保险人需要根据当地实际情况作出合理布局。从业务拓展，到核保核赔，再到售后服务，都需要一批高素质有经验的业务人员组成的团队实施。可以说，财险业务靠团队协作才能发展起来。

一、合适的财产险专业团队领头人及其工作

财产险专业服务团队长是有能力领导、管理、辅导团队成员的有效领导者，其主要工作是：（1）真正做一个协同管理的领导者。能够不断地掌握和审视团队的动态，是不是真正地服务于业务、服务于顾客，而不是去关心自己是否正确。要使团队成员成为身体健康、历经艰辛、价值观念稳定统一的人。（2）坚持专业动作，建设好团队的渠道。对于一个财产险专业服务团队而言，不需要覆盖所有的渠道，应结合当地市场及公司实际，确定两三个主打渠道。不同渠道有不同的业绩驱动模型，也就是说不同渠道有不同渠道的专业动作。这个驱动模型或专业动作，就是这个渠道的核心。（3）要成为渠道经营专家。要真正深入到这些渠道的经营中，找到渠道经营的核心问题，深入分析问题的成因，提出解决问题的办法，让渠道高效运行。

在人才的选拔上，通常的做法是根据工作成绩，特别是业绩进行选拔。也可能通过竞聘产生。笔者认为业绩优秀的人不一定能成为团队长，有些人适合单干，在情绪的稳定性上未必适合带团队。竞聘有时候貌似公平合理，但临场的表现未必能反映当事人的真正业务水平。把合适的人放在合适的岗位上尤其重要。团队长需要考虑的事情远非业务那么简单，更多的是管理和组织团队。

有时公司的人事部门会提供一些性格测试工具,例如 DISC、MBTI、卡氏 16PF 等辅助管理者选拔人才。

二、财产险专业服务团队组成人员的基本素质

财产险专业服务团队组成人员应当具有如下基本素质:(1)系统地熟悉了解保险理论和产品体系,包括保险的理论、险种知识、主险条款、附加险条款、除外责任及保险理赔;(2)具有企业和项目风险管理意识;(3)能够针对目标客户的保险需求,提出风险管理预案,出具保险方案;(4)根据企业在生产和经营过程中能承受的风险管理成本,为其作出合理的保险费预算。

在组建财产险专业服务团队时,保险人的经营管理部门应注意:(1)人员进行专业配置。例如企业财产保险团队,由保险专业、工商管理专业、外语专业、安全生产专业和有理工科专业背景的人员组成,适当考虑业务发展和销售渠道的特色。(2)考虑公司长远和可持续发展的目标,团队成员应有梯队要求,可以是老、中、青的师徒制或"传、帮、带"制,不断创新;也可以是不同性格、不同性别配置,形成互补。保险人对财产险专业服务团队的能力要求有以下几点。

1. 市场拓展意识:一是善于发现客户的客观需求和潜在需求;二是通过现有客户拓展潜在客户;三是善于组合产品,满足不同的保险需求:四是渠道拓展能力,了解直销和中介渠道。

2. 沟通和服务能力:具有较强的沟通能力,通过及时沟通了解客户的需求并提供服务;具有较强的知识面,应对当今社会的热点、难点问题,对经济、法律、艺术、体育、文学、历史等方面有概括性的了解。

3. 挫折忍受能力:是指个人耐受挫折,保护自己的心理健康,维持正常社会生活的能力。挫折忍受力高的人能够正视市场现实,以积极的方式解决业务发展中的困难和内心的冲突,能较好地适应多变的社会环境,保持心理平衡。挫折忍受力的高低受个人特征和外界环境因素的影响。

三、财产险专业服务的职业培训

笔者一直认为财产险业务最大的特点是非标准化,这样就导致了从业者经验的积累需要较长的时间,而且很难传承。因此人才的培养对财产险专业服务团队来说是一个长期任务。但因为车辆保险长期占主导地位,直到 2020 年车

险业务占比仍然高达 60.7%，是财险公司短期冲量的法宝，导致大多数的保险主体公司忽视了财产险专业团队的建设和人才的储备，导致财产险经营粗放，要么什么都不做，要么大包大揽，不筛选风险。

实践中多次发现严重的保险单错误，甚至所谓公司重点客户部签发的、经资深核保人审核过的保险单，也会出现错误。要么是个人经验其实根本不能满足职业要求，要么公司的管理流程出现重大漏洞。无论如何都是严重的问题，可能导致理赔争议，使财产险经营结果长期不尽如人意。

因此，财产险专业服务团队组建后，财产保险公司应当加强对团队成员的培训，使他们成为风险管理专家。要把财产险专业服务团建设，放在关系公司生死存亡的高度来系统考虑和规划，让团队成员了解市场动态，掌握技术，提高眼界和见识。团队成员需要具备的能力：一是独立思考能力，能了解市场的最新动态，透过现象看本质；二是市场发现商机的能力，从小见大，从单一险种到多个险种，发现客户潜在的未被激发的保险需求；三是对市场风险的判断能力和量化能力，承保能力的判断、最大可能损失的计算、直保和再保、共保和联保等方式的操作；四是沟通能力，三分专业，七分沟通和获取；五是逻辑推理和语言表达能力。为此，财产保险公司对团队成员的培训重点是：财产保险的销售技巧；公司主要财产保险的产品知识；国家的有关法律法规等。通过学习找到业务机会。让团队成员在学中干，干中学；每一个标书，每一个项目、每一个赔案，都是实际操作中的学习机会。

四、保险人对财产险专业服务团队的业务考核

保险企业应注意让财产险专业服务团队成员在拓展业务的同时，时时把握盈利能力建设这根弦。对每一个业务要有清晰的风险判断，要掌握风险与保费成本的对价。加强盈利能力建设的考核要做到以下几点。

1. 根据经营结果属性，可以根据当地业务发展情况将财产保险及相关险种业务进行分类，分为盈利类、微利类、保本类、亏损类四类业务。

一般来说，公司合理的盈利性结构是：确保有一定量的盈利业务，而大多数业务属于微利和保本业务，同时，严格控制亏损业务的数量。

2. 保险人可根据对市场属性的判断，将业务合理划分，为业务发展提供指引。

（1）重点发展类，即一定时期内的战略新兴险种。这类业务应采取积极的

市场策略，努力竞回或拓展，重点投入，在短期内上规模、出效益。

（2）适度发展类，即在业务规模中占比权重相对较高，业务质量一般的险种。对这类业务适度投入，以控制累积风险为主。

（3）限制发展类，即一定时期内业务质量恶化或业务获取成本很高的业务。对此类业务，应改善承保条件，优化资源配置，加强防灾防损，随时跟踪赔付率变化。对此类业务应减少投入，以盈利为前提。

（4）改造后发展类，即此类业务多为亏损业务，但具有一定的保费规模。应坚持先改造后发展的原则，以改善承保条件为主，杜绝风险的逆选择。

（5）禁止发展类，即对于连续数年亏损的黑名单客户业务，经分析认为风险改进无望的，应予以剔除，拒绝承保。

The Practice of
Property Insurance

企业财产保险
实务

［ 附 录 ］

附录1 中国人民财产保险股份有限公司
财产一切险保险单（样本）

中国人民财产保险股份有限公司
China People Property and Casualty Company Limited

财产一切险

保险单号码：

鉴于本保险单明细表中列明的被保险人向中国人民财产保险股份有限公司（以下简称"本公司"）提交书面投保申请和有关资料（该投保申请及资料被视作本保险单的有效组成部分），并向本公司缴付了本保险单明细表中列明的保险费，本公司同意按本保险单的规定负责赔偿在本保险单明细表中列明的保险期限内被保险人的保险财产遭受的损坏或灭失，特立本保险单为凭。

财产保险股份有限公司

————————————

授权签字

销售人员姓名：

保险中介机构：

签发日期：

签发地点：

电话：

本保险单内容主要包括明细表、责任范围、除外责任、赔偿处理、被保险人义务、总则、特别条款等。本保险单还包括投保申请书及其附件，以及本公司今后以批单方式增加的内容。

明细表

保险单号码：

被保险人名称：

被保险人地址：

营业性质：

保险期限：

保险财产地址：

保障责任：保险人负责赔偿被保险人由于自然灾害或意外事故造成被保险财产的直接物质损毁或灭失。

保险项目以及保额：

	保险财产	保额
1	**建筑物** 属被保险人拥有或其应负责的建筑物结构，包括但不限于附于办公室／宿舍／厂房建筑物上的固定装置／设备／设施（不论室内或室外，包括被保险人已经使用或占有或占用但验收证书尚未收到的）、装修、招牌、天线、霓虹灯、太阳能装置、大门、围墙／栅栏、道路庭园绿化、停车场、升降机、机械装置、消防／保安系统、水电系统设备、防雷装置等	
2	**机器设备** 属于被保险人拥有或其应负责的机器设备	
3	**装置、家具及办公设施或用品** 装修、家私／设备／文具、装置、电脑系统／设备、生产机器设备、营运工具、发电／机房设备、空调系统、污水处理系统、在保险地点范围内使用的铲车／叉架起货机／电瓶车	
4	**仓储物** 属被保险人拥有或其应负责的仓储存货，包括但不限于原材料、生产所需物料、成品／半成品、样品，包括已售但仍未送出的货物	
	总计	

保额明细：

	地址 1	地址 2	总计
建筑物			
机器设备			
装置			
存货			
总计			

法律及司法管辖权：保险单受中华人民共和国法律（不包括香港、澳门及台湾地区）及司法
　　　　　　　　管辖权所管制

地域限制：中华人民共和国（不包括香港、澳门及台湾地区）

每次事故免赔额：

费率：

年保费：　　　　　RMB

付费日期：

特别条款：

中国人民财产保险股份有限公司
财产一切险条款（2009 年版）

总　则

第一条　本保险合同由保险条款、投保单、保险单或其他保险凭证以及批单组成。凡涉及本保险合同的约定，均应采用书面形式。

保险标的

第二条　本保险合同载明地址内的下列财产可作为保险标的：

（一）属于被保险人所有或与他人共有而由被保险人负责的财产；

（二）由被保险人经营管理或替他人保管的财产；

（三）其他具有法律上承认的与被保险人有经济利害关系的财产。

第三条　本保险合同载明地址内的下列财产未经保险合同双方特别约定并在保险合同中载明保险价值的，不属于本保险合同的保险标的：

（一）金银、珠宝、钻石、玉器、首饰、古币、古玩、古书、古画、邮票、字画、艺术品、稀有金属等珍贵财物；

（二）堤堰、水闸、铁路、道路、涵洞、隧道、桥梁、码头；

（三）矿井（坑）内的设备和物资；

（四）便携式通信装置、便携式计算机设备、便携式照相摄像器材以及其他便携式装置、设备；

（五）尚未交付使用或验收的工程。

第四条　下列财产不属于本保险合同的保险标的：

（一）土地、矿藏、水资源及其他自然资源；

（二）矿井、矿坑；

（三）货币、票证、有价证券以及有现金价值的磁卡、集成电路（IC）卡等卡类；

（四）文件、账册、图表、技术资料、计算机软件、计算机数据资料等无法鉴定价值的财产；

（五）枪支弹药；

（六）违章建筑、危险建筑、非法占用的财产；

（七）领取公共行驶执照的机动车辆；

（八）动物、植物、农作物。

保险责任

第五条　在保险期间内，由于自然灾害或意外事故造成保险标的的直接物质损坏或灭失（以下简称损失），保险人按照本保险合同的约定负责赔偿。

前款原因造成的保险事故发生时，为抢救保险标的或防止灾害蔓延，采取必要的、合理的措施而造成保险标的的损失，保险人按照本保险合同的约定也负责赔偿。

第六条　保险事故发生后，被保险人为防止或减少保险标的的损失所支付的必要的、合理的费用，保险人按照本保险合同的约定也负责赔偿。

责任免除

第七条　下列原因造成的损失、费用，保险人不负责赔偿：

（一）投保人、被保险人及其代表的故意或重大过失行为；

（二）行政行为或司法行为；

（三）战争、类似战争行为、敌对行动、军事行动、武装冲突、罢工、骚乱、暴动、政变、谋反、恐怖活动；

（四）地震、海啸及其次生灾害；

（五）核辐射、核裂变、核聚变、核污染及其他放射性污染；

（六）大气污染、土地污染、水污染及其他非放射性污染，但因保险事故造成的非放射性污染不在此限；

（七）保险标的的内在或潜在缺陷、自然磨损、自然损耗，大气（气候或气温）变化、正常水位变化或其他渐变原因，物质本身变化、霉烂、受潮、鼠咬、虫蛀、鸟啄、氧化、锈蚀、渗漏、烘焙；

（八）盗窃、抢劫。

第八条　下列损失、费用，保险人也不负责赔偿：

（一）保险标的遭受保险事故引起的各种间接损失；

（二）设计错误、原材料缺陷或工艺不善造成保险标的本身的损失；

（三）广告牌、天线、霓虹灯、太阳能装置等建筑物外部附属设施，存放于露天或简易建筑物内的保险标的以及简易建筑，由于雷电、暴雨、洪水、暴风、龙卷风、冰雹、台风、飓风、暴雪、冰凌、沙尘暴造成的损失；

（四）锅炉及压力容器爆炸造成其本身的损失；

（五）非外力造成机械或电气设备本身的损失；

（六）被保险人及其雇员的操作不当、技术缺陷造成被操作的机械或电气设备的损失；

（七）盘点时发现的短缺；

（八）任何原因导致公共供电、供水、供气及其他能源供应中断造成的损失和费用；

（九）本保险合同中载明的免赔额或按本保险合同中载明的免赔率计算的免赔额。

保险价值、保险金额与免赔额（率）

第九条 保险标的的保险价值可以为出险时的重置价值、出险时的账面余额、出险时的市场价值或其他价值，由投保人与保险人协商确定，并在本保险合同中载明。

第十条 保险金额由投保人参照保险价值自行确定，并在保险合同中载明。保险金额不得超过保险价值。超过保险价值的，超过部分无效，保险人应当退还相应的保险费。

第十一条 免赔额（率）由投保人与保险人在订立保险合同时协商确定，并在保险合同中载明。

保险期间

第十二条 除另有约定外，保险期间为一年，以保险单载明的起讫时间为准。

保险人义务

第十三条 订立保险合同时，采用保险人提供的格式条款的，保险人向投保人提供的投保单应当附格式条款，保险人应当向投保人说明保险合同的内容。对保险合同中免除保险人责任的条款，保险人在订立合同时应当在投保单、保险单或者其他保险凭证上作出足以引起投保人注意的提示，并对该条款的内容以书面或者口头形式向投保人作出明确说明；未作提示或者明确说明的，该条款不产生效力。

第十四条 本保险合同成立后，保险人应当及时向投保人签发保险单或其他保险凭证。

第十五条 保险人依据第十九条所取得的保险合同解除权，自保险人知道有解除事由之日起，超过三十日不行使而消灭。自保险合同成立之日起超过二年的，保险人不得解除合同；发生保险事故的，保险人承担赔偿责任。

保险人在合同订立时已经知道投保人未如实告知的情况的，保险人不得解除合同；发生保险事故的，保险人应当承担赔偿责任。

第十六条 保险人按照第二十五条的约定，认为被保险人提供的有关索赔的证明和资料不完整的，应当及时一次性通知投保人、被保险人补充提供。

第十七条 保险人收到被保险人的赔偿保险金的请求后，应当及时作出是否属于保险责任的核定；情形复杂的，应当在三十日内作出核定，但保险合同另有约定的除外。

保险人应当将核定结果通知被保险人；对属于保险责任的，在与被保险人达成赔偿保险金的协议后十日内，履行赔偿保险金义务。保险合同对赔偿保险金的期限有约定的，保险人应当按照约定履行赔偿保险金的义务。保险人依照前款约定作出核定后，对不属于保险责任的，应当自作出核定之日起三日内向被保险人发出拒绝赔偿保险金通知书，并说明理由。

第十八条　保险人自收到赔偿的请求和有关证明、资料之日起六十日内，对其赔偿保险金的数额不能确定的，应当根据已有证明和资料可以确定的数额先予支付；保险人最终确定赔偿的数额后，应当支付相应的差额。

投保人、被保险人义务

第十九条　订立保险合同，保险人就保险标的或者被保险人的有关情况提出询问的，投保人应当如实告知，并如实填写投保单。

投保人故意或者因重大过失未履行前款规定的如实告知义务，足以影响保险人决定是否同意承保或者提高保险费率的，保险人有权解除合同。

投保人故意不履行如实告知义务的，保险人对于合同解除前发生的保险事故，不承担赔偿责任，并不退还保险费。

投保人因重大过失未履行如实告知义务，对保险事故的发生有严重影响的，保险人对于合同解除前发生的保险事故，不承担赔偿责任，但应当退还保险费。

第二十条　投保人应按约定交付保险费。

约定一次性交付保险费的，投保人在约定交费日后交付保险费的，保险人对交费之前发生的保险事故不承担保险责任。

约定分期交付保险费的，保险人按照保险事故发生前保险人实际收取保险费总额与投保人应当交付的保险费的比例承担保险责任，投保人应当交付的保险费是指截至保险事故发生时投保人按约定分期应该缴纳的保费总额。

第二十一条　被保险人应当遵守国家有关消防、安全、生产操作、劳动保护等方面的相关法律、法规及规定，加强管理，采取合理的预防措施，尽力避免或减少责任事故的发生，维护保险标的的安全。

保险人可以对被保险人遵守前款约定的情况进行检查，向投保人、被保险人提出消除不安全因素和隐患的书面建议，投保人、被保险人应该认真付诸实施。

投保人、被保险人未按照约定履行其对保险标的的安全应尽责任的，保险人有权要求增加保险费或者解除合同。

第二十二条　保险标的转让的，被保险人或者受让人应当及时通知保险人。

因保险标的转让导致危险程度显著增加的，保险人自收到前款规定的通知之日起三十日内，可以按照合同约定增加保险费或者解除合同。保险人解除合同的，应当将已收取的保险费，按照合同约定扣除自保险责任开始之日起至合同解除之日止应收的部分后，退还投保人。

被保险人、受让人未履行本条规定的通知义务的，因转让导致保险标的危险程度显著增加而发生的保险事故，保险人不承担赔偿责任。

第二十三条 在合同有效期内，如保险标的占用与使用性质、保险标的地址及其他可能导致保险标的的危险程度显著增加的，或其他足以影响保险人决定是否继续承保或是否增加保险费的保险合同重要事项变更，被保险人应及时书面通知保险人，保险人有权要求增加保险费或者解除合同。

被保险人未履行前款约定的通知义务的，因保险标的的危险程度显著增加而发生的保险事故，保险人不承担赔偿责任。

第二十四条 知道保险事故发生后，被保险人应该：

（一）尽力采取必要、合理的措施，防止或减少损失，否则，对因此扩大的损失，保险人不承担赔偿责任；

（二）立即通知保险人，并书面说明事故发生的原因、经过和损失情况；故意或者因重大过失未及时通知，致使保险事故的性质、原因、损失程度等难以确定的，保险人对无法确定的部分，不承担赔偿责任，但保险人通过其他途径已经及时知道或者应当及时知道保险事故发生的除外；

（三）保护事故现场，允许并且协助保险人进行事故调查；对于拒绝或者妨碍保险人进行事故调查导致无法确定事故原因或核实损失情况的，保险人对无法核实的部分不承担赔偿责任。

第二十五条 被保险人请求赔偿时，应向保险人提供下列证明和资料：

（一）保险单正本、索赔申请、财产损失清单、技术鉴定证明、事故报告书、救护费用发票、必要的账簿、单据和有关部门的证明；

（二）投保人、被保险人所能提供的与确认保险事故的性质、原因、损失程度等有关的其他证明和资料。

投保人、被保险人未履行前款约定的单证提供义务，导致保险人无法核实损失情况的，保险人对无法核实的部分不承担赔偿责任。

赔偿处理

第二十六条 保险事故发生时，被保险人对保险标的不具有保险利益的，不得向保险人请求赔偿保险金。

第二十七条 保险标的发生保险责任范围内的损失，保险人有权选择下列方式赔偿：

（一）货币赔偿：保险人以支付保险金的方式赔偿；

（二）实物赔偿：保险人以实物替换受损标的，该实物应具有保险标的的出险前同等的类型、结构、状态和性能；

（三）实际修复：保险人自行或委托他人修理修复受损标的。

对保险标的在修复或替换过程中，被保险人进行的任何变更、性能增加或改进所产生的额外费用，保险人不负责赔偿。

第二十八条　保险标的遭受损失后，如果有残余价值，应由双方协商处理。如折归被保险人，由双方协商确定其价值，并在保险赔款中扣除。

第二十九条　保险标的发生保险责任范围内的损失，保险人按以下方式计算赔偿：

（一）保险金额等于或高于保险价值时，按实际损失计算赔偿，最高不超过保险价值；

（二）保险金额低于保险价值时，按保险金额与保险价值的比例乘以实际损失计算赔偿，最高不超过保险金额；

（三）若本保险合同所列标的不止一项时，应分项按照本条约定处理。

第三十条　保险标的的保险金额大于或等于其保险价值时，被保险人为防止或减少保险标的的损失所支付的必要的、合理的费用，在保险标的的损失赔偿金额之外另行计算，最高不超过被施救保险标的的保险价值。

保险标的的保险金额小于其保险价值时，上述费用按被施救保险标的的保险金额与其保险价值的比例在保险标的的损失赔偿金额之外另行计算，最高不超过被施救保险标的的保险金额。

被施救的财产中，含有本保险合同未承保财产的，按被施救保险标的的保险价值与全部被施救财产价值的比例分摊施救费用。

第三十一条　每次事故保险人的赔偿金额为根据第二十九条、第三十条约定计算的金额扣除每次事故免赔额后的金额，或者为根据第二十九条、第三十条约定计算的金额扣除该金额与免赔率乘积后的金额。

第三十二条　保险事故发生时，如果存在重复保险，保险人按照本保险合同的相应保险金额与其他保险合同及本保险合同相应保险金额总和的比例承担赔偿责任。

其他保险人应承担的赔偿金额，本保险人不负责垫付。若被保险人未如实告知导致保险人多支付赔偿金的，保险人有权向被保险人追回多支付的部分。

第三十三条　保险标的发生部分损失，保险人履行赔偿义务后，本保险合同的保险金额自损失发生之日起按保险人的赔偿金额相应减少，保险人不退还保险金额减少部分的保险费。如投保人请求恢复至原保险金额，应按原约定的保险费率另行支付恢复部分从投保人请求的恢复日期起至保险期间届满之日止按日比例计算的保险费。

第三十四条　发生保险责任范围内的损失，应由有关责任方负责赔偿的，保险人自向被保险人赔偿保险金之日起，在赔偿金额范围内代位行使被保险人对有关责任方请求赔偿的权利，被保险人应当向保险人提供必要的文件和所知道的有关情况。

被保险人已经从有关责任方取得赔偿的，保险人赔偿保险金时，可以相应扣减被保险人已从有关责任方取得的赔偿金额。

保险事故发生后，在保险人未赔偿保险金之前，被保险人放弃对有关责任方请求赔偿权利的，保险人不承担赔偿责任；保险人向被保险人赔偿保险金后，被保险人未经保险人同意放弃对有关责任方请求赔偿权利的，该行为无效；由于被保险人故意或者因重大过失致使保险人不能行使代位请求赔偿的权利的，保险人可以扣减或者要求返还相应的保险金。

第三十五条 被保险人向保险人请求赔偿保险金的诉讼时效期间为二年，自其知道或者应当知道保险事故发生之日起计算。

争议处理和法律适用

第三十六条 因履行本保险合同发生的争议，由当事人协商解决。协商不成的，提交保险单载明的仲裁机构仲裁；保险单未载明仲裁机构且争议发生后未达成仲裁协议的，依法向人民法院起诉。

第三十七条 与本保险合同有关的以及履行本保险合同产生的一切争议，适用中华人民共和国法律（不包括港澳台地区法律）。

其他事项

第三十八条 保险标的发生部分损失的，自保险人赔偿之日起三十日内，投保人可以解除合同；除合同另有约定外，保险人也可以解除合同，但应当提前十五日通知投保人。

保险合同依据前款规定解除的，保险人应当将保险标的未受损失部分的保险费，按照合同约定扣除自保险责任开始之日起至合同解除之日止应收的部分后，退还投保人。

第三十九条 保险责任开始前，投保人要求解除保险合同的，应当按本保险合同的约定向保险人支付退保手续费，保险人应当退还剩余部分保险费。

保险责任开始后，投保人要求解除保险合同的，自通知保险人之日起，保险合同解除，保险人按短期费率计收保险责任开始之日起至合同解除之日止期间的保险费，并退还剩余部分保险费。

保险责任开始后，保险人要求解除保险合同的，可提前十五日向投保人发出解约通知书解除本保险合同，保险人按照保险责任开始之日起至合同解除之日止期间与保险期间的日比例计收保险费，并退还剩余部分保险费。

第四十条 保险标的发生全部损失，属于保险责任的，保险人在履行赔偿义务后，本保险合同终止；不属于保险责任的，本保险合同终止，保险人按短期费率计收自保险责任开始之日起至损失发生之日止期间的保险费，并退还剩余部分保险费。

释　义

第四十一条 本保险合同涉及下列术语时，适用下列释义：

（一）火灾

在时间或空间上失去控制的燃烧所造成的灾害。构成本保险的火灾责任必须同时具备以下三个条件：

1.有燃烧现象，即有热有光有火焰；

2.偶然、意外发生的燃烧；

3.燃烧失去控制并有蔓延扩大的趋势。

因此，仅有燃烧现象并不等于构成本保险中的火灾责任。在生产、生活中有目的用火，如为了防疫而焚毁玷污的衣物，点火烧荒等属正常燃烧，不同于火灾责任。

因烘、烤、烫、烙造成焦煳变质等损失，既无燃烧现象，又无蔓延扩大趋势，也不属于火灾责任。

电机、电器、电气设备因使用过度、超电压、碰线、弧花、漏电、自身发热所造成的本身损毁，不属于火灾责任。但如果发生了燃烧并失去控制蔓延扩大，才构成火灾责任，并对电机、电器、电气设备本身的损失负责赔偿。

（二）爆炸

爆炸分物理性爆炸和化学性爆炸。

1.物理性爆炸：由于液体变为蒸汽或气体膨胀，压力急剧增加并大大超过容器所能承受的极限压力，因而发生爆炸。如锅炉、空气压缩机、压缩气体钢瓶、液化气罐爆炸等。关于锅炉、压力容器爆炸的定义是：锅炉或区力容器在使用中或试压时发生破裂，使压力瞬时降到等于外界大气压力的事故，称为"爆炸事故"。

2.化学性爆炸：物体在瞬息分解或燃烧时放出大量的热和气体，并以很大的压力向四周扩散的现象。如火药爆炸、可燃性粉尘纤维爆炸、可燃气体爆炸及各种化学物品的爆炸等。

因物体本身的瑕疵，使用损耗或产品质量低劣以及由于容器内部承受"负压"（内压比外压小）造成的损失，不属于爆炸责任。

（三）雷击

雷击指由雷电造成的灾害。雷电为积雨云中、云间或云地之间产生的放电现象。雷击的破坏形式分直接雷击与感应雷击两种。

1.直接雷击：由于雷电直接中保险标的造成损失，属直接雷击责任。

2.感应雷击：由于雷击产生的静电感应或电磁感应使屋内对地绝缘金属物体产生高电位放出火花引起的火灾，导致电器本身的损毁，或因雷电的高电压感应，致使电器部件的损毁，属感应雷击责任。

（四）暴雨：指每小时降雨量达 16 毫米以上，或连续 12 小时降雨量达 30 毫米以上，或连续 24 小时降雨量达 50 毫米以上的降雨。

（五）洪水：指山洪暴发、江河泛滥、潮水上岸及倒灌。但规律性的涨潮、自动灭火设施漏水以及在常年水位以下或地下渗水、水管爆裂不属于洪水责任。

（六）暴风：指风力达 8 级、风速在 17.2 米 / 秒以上的自然风。

（七）龙卷风：指一种范围小而时间短的猛烈旋风，陆地上平均最大风速在 79 米 / 秒 ~

103 米／秒，极端最大风速在 100 米／秒以上。

（八）冰雹：指从强烈对流的积雨云中降落到地面的冰块或冰球，直径大于 5 毫米，核心坚硬的固体降水。

（九）台风、飓风：台风指中心附近最大平均风力 12 级或以上，即风速在 32.6 米／秒以上的热带气旋；飓风是一种与台风性质相同、但出现的位置区域不同的热带气旋，台风出现在西北太平洋海域，而飓风出现在印度洋、大西洋海域。

（十）沙尘暴：指强风将地面大量尘沙吹起，使空气很混浊，水平能见度小于 1 公里的天气现象。

（十一）暴雪：指连续 12 小时的降雪量大于或等于 10 毫米的降雪现象。

（十二）冰凌：指春季江河解冻期时冰块飘浮遇阻，堆积成坝，堵塞江道，造成水位急剧上升，以致江水溢出江道，漫延成灾。

陆上有些地区，如山谷风口或酷寒致使雨雪在物体上结成冰块，呈下垂形状，越结越厚，重量增加，由于下垂的拉力致使物体毁坏，也属冰凌责任。

（十三）突发性滑坡：斜坡上不稳的岩土体或人为堆积物在重力作用下突然整体向下滑动的现象。

（十四）崩塌：石崖、土崖、岩石受自然风化、雨蚀造成崩溃下塌，以及大量积雪在重力作用下从高处突然崩塌滚落。

（十五）泥石流：由于雨水、冰雪融化等水源激发的、含有大量泥沙石块的特殊洪流。

（十六）地面突然下陷下沉：地壳因为自然变异，地层收缩而发生突然塌陷。对于因海潮、河流、大雨侵蚀或在建筑房屋前没有掌握地层情况，地下有孔穴、矿穴，以致地面突然塌陷，也属地面突然下陷下沉。但未按建筑施工要求导致建筑地基下沉、裂缝、倒塌等，不在此列。

（十七）飞行物体及其他空中运行物体坠落：指空中飞行器、人造卫星、陨石坠落，吊车、行车在运行时发生的物体坠落，人工开凿或爆炸而致石方、石块、土方飞射、塌下，建筑物倒塌、倒落、倾倒，以及其他空中运行物体坠落。

（十八）自然灾害：指雷击、暴雨、洪水、暴风、龙卷风、冰雹、台风、飓风、沙尘暴、暴雪、冰凌、突发性滑坡、崩塌、泥石流、地面突然下陷下沉及其他人力不可抗拒的破坏力强大的自然现象。

（十九）意外事故：指不可预料的以及被保险人无法控制并造成物质损失的突发性事件，包括火灾和爆炸。

（二十）重大过失行为：指行为人不但没有遵守法律规范对其较高要求，甚至连人们都应当注意并能注意的一般标准也未达到的行为。

（二十一）恐怖活动：指任何人以某一组织的名义或参与某一组织使用武力或暴力对任何政府进行恐吓或施加影响而采取的行动。

（二十二）地震：地壳发生的震动。

（二十三）海啸：海啸是指由海底地震，火山爆发或水下滑坡、塌陷所激发的海洋巨波。

（二十四）行政行为、司法行为：指各级政府部门、执法机关或依法履行公共管理、社会管理职能的机构下令破坏、征用、罚没保险标的的行为。

（二十五）简易建筑：指符合下列条件之一的建筑：（1）使用竹木、芦席、篷布、茅草、油毛毡、塑料膜、尼龙布、玻璃钢瓦等材料为顶或墙体的建筑；（2）顶部封闭，但直立面非封闭部分的面积与直立面总面积的比例超过10%的建筑；（3）屋顶与所有墙体之间的最大距离超过一米的建筑。

（二十六）自燃：指可燃物在没有外部热源直接作用的情况下，由于其内部的物理作用（如吸附、辐射等）、化学作用（如氧化、分解、聚合等）或生物作用（如发酵、细菌腐败等）而发热，热量积聚导致升温，当可燃物达到一定温度时，未与明火直接接触而发生燃烧的现象。

（二十七）重置价值：指替换、重建受损保险标的，以使其达到全新状态而发生的费用，但不包括被保险人进行的任何变更、性能增加或改进所产生的额外费用。

（二十八）水箱、水管爆裂：包括冻裂和意外爆裂两种情况。水箱、水管爆裂一般是由水箱、水管本身瑕疵或使用耗损或严寒结冰造成的。

附表							短期费率表					
保险期间	1个月	2个月	3个月	4个月	5个月	6个月	7个月	8个月	9个月	10个月	11个月	12个月
年费率的百分比（％）	10	20	30	40	50	60	70	80	85	90	95	100

注：不足一个月的部分按一个月计收。

特别条款

下列特别条款适用于本保险单的各个部分，若其与本保险单的其他规定相冲突，则以下列特别条款为准。

附录 2　中国人民财产保险股份有限公司财产综合险条款（2009 年版）

总　则

第一条　本保险合同由保险条款、投保单、保险单或其他保险凭证以及批单组成。凡涉及本保险合同的约定，均应采用书面形式。

保险标的

第二条　本保险合同载明地址内的下列财产可作为保险标的：

（一）属于被保险人所有或与他人共有而由被保险人负责的财产；

（二）由被保险人经营管理或替他人保管的财产；

（三）其他具有法律上承认的与被保险人有经济利害关系的财产。

第三条　本保险合同载明地址内的下列财产未经保险合同双方特别约定并在保险合同中载明保险价值的，不属于本保险合同的保险标的：

（一）金银、珠宝、钻石、玉器、首饰、古币、古玩、古书、古画、邮票、字画、艺术品、稀有金属等珍贵财物；

（二）堤堰、水闸、铁路、道路、涵洞、隧道、桥梁、码头；

（三）矿井（坑）内的设备和物资；

（四）便携式通信装置、便携式计算机设备、便携式照相摄像器材以及其他便携式装置、设备；

（五）尚未交付使用或验收的工程。

第四条　下列财产不属于本保险合同的保险标的：

（一）土地、矿藏、水资源及其他自然资源；

（二）矿井、矿坑；

（三）货币、票证、有价证券以及有现金价值的磁卡、集成电路（IC）卡等卡类；

（四）文件、账册、图表、技术资料、计算机软件、计算机数据资料等无法鉴定价值的财产；

（五）枪支弹药；

（六）违章建筑、危险建筑、非法占用的财产；

（七）领取公共行驶执照的机动车辆；

（八）动物、植物、农作物。

保险责任

第五条 在保险期间内，由于下列原因造成保险标的的损失，保险人按照本保险合同的约定负责赔偿：

（一）火灾、爆炸；

（二）雷击、暴雨、洪水、暴风、龙卷风、冰雹、台风、飓风、暴雪、冰凌、突发性滑坡、崩塌、泥石流、地面突然下陷下沉；

（三）飞行物体及其他空中运行物体坠落。

前款原因造成的保险事故发生时，为抢救保险标的或防止灾害蔓延，采取必要的、合理的措施而造成保险标的的损失，保险人按照本保险合同的约定也负责赔偿。

第六条 被保险人拥有财产所有权的自用的供电、供水、供气设备因保险事故遭受损坏，引起停电、停水、停气以致造成保险标的直接损失，保险人按照本保险合同的约定也负责赔偿。

第七条 保险事故发生后，被保险人为防止或减少保险标的的损失所支付的必要的、合理的费用，保险人按照本保险合同的约定也负责赔偿。

责任免除

第八条 下列原因造成的损失、费用，保险人不负责赔偿：

（一）投保人、被保险人及其代表的故意或重大过失行为；

（二）行政行为或司法行为；

（三）战争、类似战争行为、敌对行动、军事行动、武装冲突、罢工、骚乱、暴动、政变、谋反、恐怖活动；

（四）地震、海啸及其次生灾害；

（五）核辐射、核裂变、核聚变、核污染及其他放射性污染；

（六）大气污染、土地污染、水污染及其他非放射性污染，但因保险事故造成的非放射性污染不在此限；

（七）保险标的的内在或潜在缺陷、自然磨损、自然损耗，大气（气候或气温）变化、正常水位变化或其他渐变原因，物质本身变化、霉烂、受潮、鼠咬、虫蛀、鸟啄、氧化、锈蚀、渗漏、自燃、烘焙；

（八）水箱、水管爆裂；

（九）盗窃、抢劫。

第九条 下列损失、费用，保险人也不负责赔偿：

（一）保险标的遭受保险事故引起的各种间接损失；

（二）广告牌、天线、霓虹灯、太阳能装置等建筑物外部附属设施，存放于露天或简易建筑物内部的保险标的以及简易建筑本身，由于雷击、暴雨、洪水、暴风、龙卷风、冰雹、台风、飓风、暴雪、冰凌、沙尘暴造成的损失；

（三）锅炉及压力容器爆炸造成其本身的损失；

（四）本保险合同中载明的免赔额或按本保险合同中载明的免赔率计算的免赔额。

第十条　其他不属于本保险合同责任范围内的损失和费用，保险人不负责赔偿。

保险价值、保险金额与免赔额（率）

第十一条　保险标的的保险价值可以为出险时的重置价值、出险时的账面余额、出险时的市场价值或其他价值，由投保人与保险人协商确定，并在本保险合同中载明。

第十二条　保险金额由投保人参照保险价值自行确定，并在保险合同中载明。保险金额不得超过保险价值。超过保险价值的，超过部分无效，保险人应当退还相应的保险费。

第十三条　免赔额（率）由投保人与保险人在订立保险合同时协商确定，并在保险合同中载明。

保险期间

第十四条　除另有约定外，保险期间为一年，以保险单载明的起讫时间为准。

保险人义务

第十五条　订立保险合同时，采用保险人提供的格式条款的，保险人向投保人提供的投保单应当附格式条款，保险人应当向投保人说明保险合同的内容。对保险合同中免除保险人责任的条款，保险人在订立合同时应当在投保单、保险单或者其他保险凭证上作出足以引起投保人注意的提示，并对该条款的内容以书面或者口头形式向投保人作出明确说明；未作提示或者明确说明的，该条款不产生效力。

第十六条　本保险合同成立后，保险人应当及时向投保人签发保险单或其他保险凭证。

第十七条　保险人依据第二十一条所取得的保险合同解除权，自保险人知道有解除事由之日起，超过三十日不行使而消灭。自保险合同成立之日起超过二年的，保险人不得解除合同；发生保险事故的，保险人承担赔偿责任。

保险人在合同订立时已经知道投保人未如实告知的情况的，保险人不得解除合同；发生保险事故的，保险人应当承担赔偿责任。

第十八条　保险人按照第二十七条的约定，认为被保险人提供的有关索赔的证明和资料不完整的，应当及时一次性通知投保人、被保险人补充提供。

第十九条　保险人收到被保险人的赔偿保险金的请求后，应当及时作出是否属于保险责任的核定；情形复杂的，应当在三十日内作出核定，但保险合同另有约定的除外。

保险人应当将核定结果通知被保险人；对属于保险责任的，在与被保险人达成赔偿保险金的协议后十日内，履行赔偿保险金义务。保险合同对赔偿保险金的期限有约定的，保险人应当按照约定履行赔偿保险金的义务。保险人依照前款约定作出核定后，对不属于保险责任的，应当自作出核定之日起三日内向被保险人发出拒绝赔偿保险金通知书，并说明理由。

第二十条　保险人自收到赔偿的请求和有关证明、资料之日起六十日内，对其赔偿保险金的数额不能确定的，应当根据已有证明和资料可以确定的数额先予支付；保险人最终确定赔偿的数额后，应当支付相应的差额。

投保人、被保险人义务

第二十一条　订立保险合同，保险人就保险标的或者被保险人的有关情况提出询问的，投保人应当如实告知，并如实填写投保单。

投保人故意或者因重大过失未履行前款规定的如实告知义务，足以影响保险人决定是否同意承保或者提高保险费率的，保险人有权解除合同。

投保人故意不履行如实告知义务的，保险人对于合同解除前发生的保险事故，不承担赔偿责任，并不退还保险费。

投保人因重大过失未履行如实告知义务，对保险事故的发生有严重影响的，保险人对于合同解除前发生的保险事故，不承担赔偿责任，但应当退还保险费。

第二十二条　投保人应按约定交付保险费。

约定一次性交付保险费的，投保人在约定交费日后交付保险费的，保险人对交费之前发生的保险事故不承担保险责任。

约定分期交付保险费的，保险人按照保险事故发生前保险人实际收取保险费总额与投保人应当交付的保险费的比例承担保险责任，投保人应当交付的保险费是指截至保险事故发生时投保人按约定分期应该缴纳的保费总额。

第二十三条　被保险人应当遵守国家有关消防、安全、生产操作、劳动保护等方面的相关法律、法规及规定，加强管理，采取合理的预防措施，尽力避免或减少责任事故的发生，维护保险标的的安全。

保险人可以对被保险人遵守前款约定的情况进行检查，向投保人、被保险人提出消除不安全因素和隐患的书面建议，投保人、被保险人应该认真付诸实施。

投保人、被保险人未按照约定履行其对保险标的的安全应尽责任的，保险人有权要求增加保险费或者解除合同。

第二十四条　保险标的转让的，被保险人或者受让人应当及时通知保险人。

因保险标的的转让导致危险程度显著增加的，保险人自收到前款规定的通知之日起三十日内，可以按照合同约定增加保险费或者解除合同。保险人解除合同的，应当将已收取的保险费，按照合同约定扣除自保险责任开始之日起至合同解除之日止应收的部分后，退还投保人。

被保险人、受让人未履行本条规定的通知义务的，因转让导致保险标的危险程度显著增加而发生的保险事故，保险人不承担赔偿责任。

第二十五条　在合同有效期内，如保险标的占用与使用性质、保险标的地址及其他可能导致保险标的危险程度显著增加的，或其他足以影响保险人决定是否继续承保或是否增加保险费的保险合同重要事项变更，被保险人应及时书面通知保险人，保险人有权要求增加保险费或者解除合同。

被保险人未履行前款约定的通知义务的，因保险标的的危险程度显著增加而发生的保险事故，保险人不承担赔偿责任。

第二十六条　知道保险事故发生后，被保险人应该：

（一）尽力采取必要、合理的措施，防止或减少损失，否则，对因此扩大的损失，保险人不承担赔偿责任；

（二）立即通知保险人，并书面说明事故发生的原因、经过和损失情况；故意或者因重大过失未及时通知，致使保险事故的性质、原因、损失程度等难以确定的，保险人对无法确定的部分，不承担赔偿责任，但保险人通过其他途径已经及时知道或者应当及时知道保险事故发生的除外；

（三）保护事故现场，允许并且协助保险人进行事故调查；对于拒绝或者妨碍保险人进行事故调查导致无法确定事故原因或核实损失情况的，保险人对无法核实的部分不承担赔偿责任。

第二十七条　被保险人请求赔偿时，应向保险人提供下列证明和资料：

（一）保险单正本、索赔申请、财产损失清单、技术鉴定证明、事故报告书、救护费用发票、必要的账簿、单据和有关部门的证明；

（二）投保人、被保险人所能提供的与确认保险事故的性质、原因、损失程度等有关的其他证明和资料。

投保人、被保险人未履行前款约定的单证提供义务，导致保险人无法核实损失情况的，保险人对无法核实的部分不承担赔偿责任。

赔偿处理

第二十八条　保险事故发生时，被保险人对保险标的不具有保险利益的，不得向保险人请求赔偿保险金。

第二十九条　保险标的发生保险责任范围内的损失，保险人有权选择下列方式赔偿：

（一）货币赔偿：保险人以支付保险金的方式赔偿；

（二）实物赔偿：保险人以实物替换受损标的，该实物应具有保险标的出险前同等的类型、结构、状态和性能；

（三）实际修复：保险人自行或委托他人修理修复受损标的。

对保险标的在修复或替换过程中，被保险人进行的任何变更、性能增加或改进所产生的额外费用，保险人不负责赔偿。

第三十条　保险标的遭受损失后，如果有残余价值，应由双方协商处理。如折归被保险人，由双方协商确定其价值，并在保险赔款中扣除。

第三十一条　保险标的发生保险责任范围内的损失，保险人按以下方式计算赔偿：

（一）保险金额等于或高于保险价值时，按实际损失计算赔偿，最高不超过保险价值；

（二）保险金额低于保险价值时，按保险金额与保险价值的比例乘以实际损失计算赔偿，最高不超过保险金额；

（三）若本保险合同所列标的不止一项时，应分项按照本条约定处理。

第三十二条　保险标的的保险金额大于或等于其保险价值时，被保险人为防止或减少保险标的的损失所支付的必要的、合理的费用，在保险标的损失赔偿金额之外另行计算，最高不超过被施救保险标的的保险价值。

保险标的的保险金额小于其保险价值时，上述费用按被施救保险标的的保险金额与其保险价值的比例在保险标的损失赔偿金额之外另行计算，最高不超过被施救保险标的的保险金额。

被施救的财产中，含有本保险合同未承保财产的，按被施救保险标的的保险价值与全部被施救财产价值的比例分摊施救费用。

第三十三条　每次事故保险人的赔偿金额为根据第三十一条、第三十二条约定计算的金额扣除每次事故免赔额后的金额，或者为根据第三十一条、第三十二条约定计算的金额扣除该金额与免赔率乘积后的金额。

第三十四条　保险事故发生时，如果存在重复保险，保险人按照本保险合同的相应保险金额与其他保险合同及本保险合同相应保险金额总和的比例承担赔偿责任。

其他保险人应承担的赔偿金额，本保险人不负责垫付。若被保险人未如实告知导致保险人多支付赔偿金的，保险人有权向被保险人追回多支付的部分。

第三十五条　保险标的发生部分损失，保险人履行赔偿义务后，本保险合同的保险金额自损失发生之日起按保险人的赔偿金额相应减少，保险人不退还保险金额减少部分的保险费。如投保人请求恢复至原保险金额，应按原约定的保险费率另行支付恢复部分从投保人请求的恢复日期起至保险期间届满之日止按日比例计算的保险费。

第三十六条　发生保险责任范围内的损失，应由有关责任方负责赔偿的，保险人自向被保险人赔偿保险金之日起，在赔偿金额范围内代位行使被保险人对有关责任方请求赔偿的权利，被保险人应当向保险人提供必要的文件和所知道的有关情况。

被保险人已经从有关责任方取得赔偿的，保险人赔偿保险金时，可以相应扣减被保人已从有关责任方取得的赔偿金额。

保险事故发生后，在保险人未赔偿保险金之前，被保险人放弃对有关责任方请求赔偿权利的，保险人不承担赔偿责任；保险人向被保险人赔偿保险金后，被保险人未经保险人同意放弃对有关责任方请求赔偿权利的，该行为无效；由于被保险人故意或者因重大过失致使保险人不能行使代位请求赔偿的权利的，保险人可以扣减或者要求返还相应的保险金。

第三十七条　被保险人向保险人请求赔偿保险金的诉讼时效期间为二年，自其知道或者应当知道保险事故发生之日起计算。

争议处理和法律适用

第三十八条　因履行本保险合同发生的争议，由当事人协商解决。协商不成的，提交保险单载明的仲裁机构仲裁；保险单未载明仲裁机构且争议发生后未达成仲裁协议的，依法向人民法院起诉。

第三十九条　与本保险合同有关的以及履行本保险合同产生的一切争议，适用中华人民共和国法律（不包括港澳台地区法律）。

其他事项

第四十条　保险标的发生部分损失的，自保险人赔偿之日起三十日内，投保人可以解除合同；除合同另有约定外，保险人也可以解除合同，但应当提前十五日通知投保人。

保险合同依据前款规定解除的，保险人应当将保险标的未受损失部分的保险费，按照合同约定扣除自保险责任开始之日起至合同解除之日止应收的部分后，退还投保人。

第四十一条　保险责任开始前，投保人要求解除保险合同的，应当按本保险合同的约定向保险人支付退保手续费，保险人应当退还剩余部分保险费。

保险责任开始后，投保人要求解除保险合同的，自通知保险人之日起，保险合同解除，保险人按短期费率计收保险责任开始之日起至合同解除之日止期间的保险费，并退还剩余部分保险费。

保险责任开始后，保险人要求解除保险合同的，可提前十五日向投保人发出解约通知书解除本保险合同，保险人按照保险责任开始之日起至合同解除之日止期间与保险期间的日比例计收保险费，并退还剩余部分保险费。

第四十二条　保险标的发生全部损失，属于保险责任的，保险人在履行赔偿义务后，本保险合同终止；不属于保险责任的，本保险合同终止，保险人按短期费率计收自保险责任开始之日起至损失发生之日止期间的保险费，并退还剩余部分保险费。

释　义

第四十三条　本保险合同涉及下列术语时，适用下列释义：

（一）火灾

在时间或空间上失去控制的燃烧所造成的灾害。构成本保险的火灾责任必须同时具备以下三个条件：

1. 有燃烧现象，即有热有光有火焰；

2. 偶然、意外发生的燃烧；

3. 燃烧失去控制并有蔓延扩大的趋势。

因此，仅有燃烧现象并不等于构成本保险中的火灾责任。在生产、生活中有目的用火，如为了防疫而焚毁玷污的衣物，点火烧荒等属正常燃烧，不同于火灾责任。

因烘、烤、烫、烙造成焦煳变质等损失，既无燃烧现象，又无蔓延扩大趋势，也不属于火灾责任。

电机、电器、电气设备因使用过度、超电压、碰线、弧花、漏电、自身发热所造成的本身损毁，不属于火灾责任。但如果发生了燃烧并失去控制蔓延扩大，才构成火灾责任，并对电机、电器、电气设备本身的损失负责赔偿。

（二）爆炸

爆炸分物理性爆炸和化学性爆炸。

1. 物理性爆炸：由于液体变为蒸汽或气体膨胀，压力急剧增加并大大超过容器所能承受的极限压力，因而发生爆炸。如锅炉、空气压缩机、压缩气体钢瓶、液化气罐爆炸等。关于锅炉、压力容器爆炸的定义是：锅炉或区力容器在使用中或试压时发生破裂，使压力瞬时降到等于外界大气压力的事故，称为"爆炸事故"。

2. 化学性爆炸：物体在瞬息分解或燃烧时放出大量的热和气体，并以很大的压力向四周扩散的现象。如火药爆炸、可燃性粉尘纤维爆炸、可燃气体爆炸及各种化学物品的爆炸等。

因物体本身的瑕疵，使用损耗或产品质量低劣以及由于容器内部承受"负压"（内压比外压小）造成的损失，不属于爆炸责任。

（三）雷击

雷击指由雷电造成的灾害。雷电为积雨云中、云间或云地之间产生的放电现象。雷击的破坏形式分直接雷击与感应雷击两种。

1. 直接雷击：由于雷电直接击中保险标的造成损失，属直接雷击责任。

2. 感应雷击：由于雷击产生的静电感应或电磁感应使屋内对地绝缘金属物体产生高电位放出火化引起的火灾，导致电器本身的损毁，或因雷电的高电压感应，致使电器部件的损毁，属感应雷击责任。

（四）暴雨：指每小时降雨量达 16 毫米以上，或连续 12 小时降雨量达 30 毫米以上，或连续 24 小时降雨量达 50 毫米以上的降雨。

（五）洪水：指山洪暴发、江河泛滥、潮水上岸及倒灌。但规律性的涨潮、自动灭火设施漏水以及在常年水位以下或地下渗水、水管爆裂不属于洪水责任。

（六）暴风：指风力达 8 级、风速在 17.2 米 / 秒以上的自然风。

（七）龙卷风：指一种范围小而时间短的猛烈旋风，陆地上平均最大风速在 79 米 / 秒 ~ 103 米 / 秒，极端最大风速在 100 米 / 秒以上。

（八）冰雹：指从强烈对流的积雨云中降落到地面的冰块或冰球，直径大于 5 毫米，核心坚硬的固体降水。

（九）台风、飓风：台风指中心附近最大平均风力 12 级或以上，即风速在 32.6 米 / 秒以上的热带气旋；飓风是一种与台风性质相同，但出现的位置区域不同的热带气旋，台风出现在西北太平洋海域，而飓风出现在印度洋、大西洋海域。

（十）沙尘暴：指强风将地面大量尘沙吹起，使空气很混浊，水平能见度小于 1 公里的天气现象。

（十一）暴雪：指连续 12 小时的降雪量大于或等于 10 毫米的降雪现象。

（十二）冰凌：指春季江河解冻期时冰块漂浮遇阻，堆积成坝，堵塞江道，造成水位急剧上升，以致江水溢出江道，漫延成灾。

陆上有些地区，如山谷风口或酷寒致使雨雪在物体上结成冰块，呈下垂形状，越结越厚，重量增加，由于下垂的拉力致使物体毁坏，也属冰凌责任。

（十三）突发性滑坡：斜坡上不稳的岩土体或人为堆积物在重力作用下突然整体向下滑动的现象。

（十四）崩塌：石崖、土崖、岩石受自然风化、雨蚀造成崩溃下塌，以及大量积雪在重力作用下从高处突然崩塌滚落。

（十五）泥石流：由于雨水、冰雪融化等水源激发的、含有大量泥沙石块的特殊洪流。

（十六）地面突然下陷下沉：地壳因为自然变异，地层收缩而发生突然塌陷。对于因海潮、河流、大雨侵蚀或在建筑房屋前没有掌握地层情况，地下有孔穴、矿穴，以致地面突然塌陷，也属地面突然下陷下沉。但未按建筑施工要求导致建筑地基下沉、裂缝、倒塌等，不在此列。

（十七）飞行物体及其他空中运行物体坠落：指空中飞行器、人造卫星、陨石坠落，吊车、行车在运行时发生的物体坠落，人工开凿或爆炸而致石方、石块、土方飞射、塌下，建筑物倒塌、倒落、倾倒，以及其他空中运行物体坠落。

（十八）自然灾害：指雷击、暴雨、洪水、暴风、龙卷风、冰雹、台风、飓风、沙尘暴、暴雪、冰凌、突发性滑坡、崩塌、泥石流、地面突然下陷下沉及其他人力不可抗拒的破坏力强大的自然现象。

（十九）意外事故：指不可预料的以及被保险人无法控制并造成物质损失的突发性事件，包括火灾和爆炸。

（二十）重大过失行为：指行为人不但没有遵守法律规范对其较高要求，甚至连人们都应当注意并能注意的一般标准也未达到的行为。

（二十一）恐怖活动：指任何人以某一组织的名义或参与某一组织使用武力或暴力对任何政府进行恐吓或施加影响而采取的行动。

（二十二）地震：地壳发生的震动。

（二十三）海啸：海啸是指由海底地震，火山爆发或水下滑坡、塌陷所激发的海洋巨波。

（二十四）行政行为、司法行为：指各级政府部门、执法机关或依法履行公共管理、社会管理职能的机构下令破坏、征用、罚没保险标的的行为。

（二十五）简易建筑：指符合下列条件之一的建筑：（1）使用竹木、芦席、篷布、茅草、油毛毡、塑料膜、尼龙布、玻璃钢瓦等材料为顶或墙体的建筑；（2）顶部封闭，但直立面非封闭部分的面积与直立面总面积的比例超过10%的建筑；（3）屋顶与所有墙体之间的最大距离超过一米的建筑。

（二十六）自燃：指可燃物在没有外部热源直接作用的情况下，由于其内部的物理作用（如吸附、辐射等）、化学作用（如氧化、分解、聚合等）或生物作用（如发酵、细菌腐败等）而发热，热量积聚导致升温，当可燃物达到一定温度时，未与明火直接接触而发生燃烧的现象。

（二十七）重置价值：指替换、重建受损保险标的，以使其达到全新状态而发生的费用，但不包括被保险人进行的任何变更、性能增加或改进所产生的额外费用。

（二十八）水箱、水管爆裂：包括冻裂和意外爆裂两种情况。水箱、水管爆裂一般是由水箱、水管本身瑕疵或使用耗损或严寒结冰造成的。

附表　　　　　　　　　　**短期费率表**

保险期间	1个月	2个月	3个月	4个月	5个月	6个月	7个月	8个月	9个月	10个月	11个月	12个月
年费率的百分比（%）	10	20	30	40	50	60	70	80	85	90	95	100

注：不足一个月的部分按一个月计收。

附录 3 中国人民财产保险股份有限公司 财产基本险条款（2009 年版）

总 则

第一条 本保险合同由保险条款、投保单、保险单或其他保险凭证以及批单组成。凡涉及本保险合同的约定，均应采用书面形式。

保险标的

第二条 本保险合同载明地址内的下列财产可作为保险标的：

（一）属于被保险人所有或与他人共有而由被保险人负责的财产；

（二）由被保险人经营管理或替他人保管的财产；

（三）其他具有法律上承认的与被保险人有经济利害关系的财产。

第三条 本保险合同载明地址内的下列财产未经保险合同双方特别约定并在保险合同中载明保险价值的，不属于本保险合同的保险标的：

（一）金银、珠宝、钻石、玉器、首饰、古币、古玩、古书、古画、邮票、字画、艺术品、稀有金属等珍贵财物；

（二）堤堰、水闸、铁路、道路、涵洞、隧道、桥梁、码头；

（三）矿井（坑）内的设备和物资；

（四）便携式通信装置、便携式计算机设备、便携式照相摄像器材以及其他便携式装置、设备；

（五）尚未交付使用或验收的工程。

第四条 下列财产不属于本保险合同的保险标的：

（一）土地、矿藏、水资源及其他自然资源；

（二）矿井、矿坑；

（三）货币、票证、有价证券以及有现金价值的磁卡、集成电路（IC）卡等卡类；

（四）文件、账册、图表、技术资料、计算机软件、计算机数据资料等无法鉴定价值的财产；

（五）枪支弹药；

（六）违章建筑、危险建筑、非法占用的财产；

（七）领取公共行驶执照的机动车辆；

（八）动物、植物、农作物。

保险责任

第五条 在保险期间内，由于下列原因造成保险标的的损失，保险人按照本保险合同的约定负责赔偿：

（一）火灾；

（二）爆炸；

（三）雷击；

（四）飞行物体及其他空中运行物体坠落。

前款原因造成的保险事故发生时，为抢救保险标的或防止灾害蔓延，采取必要的、合理的措施而造成保险标的的损失，保险人按照本保险合同的约定也负责赔偿。

第六条 保险事故发生后，被保险人为防止或减少保险标的的损失所支付的必要的、合理的费用，保险人按照本保险合同的约定也负责赔偿。

责任免除

第七条 下列原因造成的损失、费用，保险人不负责赔偿：

（一）投保人、被保险人及其代表的故意或重大过失行为；

（二）行政行为或司法行为；

（三）战争、类似战争行为、敌对行动、军事行动、武装冲突、罢工、骚乱、暴动、政变、谋反、恐怖活动；

（四）地震、海啸及其次生灾害；

（五）核辐射、核裂变、核聚变、核污染及其他放射性污染；

（六）大气污染、土地污染、水污染及其他非放射性污染，但因保险事故造成的非放射性污染不在此限；

（七）保险标的的内在或潜在缺陷、自然磨损、自然损耗，大气（气候或气温）变化、正常水位变化或其他渐变原因，物质本身变化、霉烂、受潮、鼠咬、虫蛀、鸟啄、氧化、锈蚀、渗漏、自燃、烘焙；

（八）暴雨、洪水、暴风、龙卷风、冰雹、台风、飓风、暴雪、冰凌、沙尘暴、突发性滑坡、崩塌、泥石流、地面突然下陷下沉；

（九）水箱、水管爆裂；

（十）盗窃、抢劫。

第八条 下列损失、费用，保险人也不负责赔偿：

（一）保险标的遭受保险事故引起的各种间接损失；

（二）广告牌、天线、霓虹灯、太阳能装置等建筑物外部附属设施，存放于露天或简易建筑物内部的保险标的以及简易建筑本身，由于雷击造成的损失；

（三）锅炉及压力容器爆炸造成其本身的损失；

（四）任何原因导致供电、供水、供气及其他能源供应中断造成的损失和费用；

（五）本保险合同中载明的免赔额或按本保险合同中载明的免赔率计算的免赔额。

第九条　其他不属于本保险合同责任范围内的损失和费用，保险人不负责赔偿。

保险价值、保险金额与免赔额（率）

第十条　保险标的的保险价值可以为出险时的重置价值、出险时的账面余额、出险时的市场价值或其他价值，由投保人与保险人协商确定，并在本保险合同中载明。

第十一条　保险金额由投保人参照保险价值自行确定，并在保险合同中载明。保险金额不得超过保险价值。超过保险价值的，超过部分无效，保险人应当退还相应的保险费。

第十二条　免赔额（率）由投保人与保险人在订立保险合同时协商确定，并在保险合同中载明。

保险期间

第十三条　除另有约定外，保险期间为一年，以保险单载明的起讫时间为准。

保险人义务

第十四条　订立保险合同时，采用保险人提供的格式条款的，保险人向投保人提供的投保单应当附格式条款，保险人应当向投保人说明保险合同的内容。对保险合同中免除保险人责任的条款，保险人在订立合同时应当在投保单、保险单或者其他保险凭证上作出足以引起投保人注意的提示，并对该条款的内容以书面或者口头形式向投保人作出明确说明；未作提示或者明确说明的，该条款不产生效力。

第十五条　本保险合同成立后，保险人应当及时向投保人签发保险单或其他保险凭证。

第十六条　保险人依据第二十条所取得的保险合同解除权，自保险人知道有解除事由之日起，超过三十日不行使而消灭。自保险合同成立之日起超过二年的，保险人不得解除合同；发生保险事故的，保险人承担赔偿责任。

保险人在合同订立时已经知道投保人未如实告知的情况的，保险人不得解除合同；发生保险事故的，保险人应当承担赔偿责任。

第十七条　保险人按照第二十六条的约定，认为被保险人提供的有关索赔的证明和资料不完整的，应当及时一次性通知投保人、被保险人补充提供。

第十八条　保险人收到被保险人的赔偿保险金的请求后，应当及时作出是否属于保险责任的核定；情形复杂的，应当在三十日内作出核定，但保险合同另有约定的除外。

保险人应当将核定结果通知被保险人；对属于保险责任的，在与被保险人达成赔偿保险金的协议后十日内，履行赔偿保险金义务。保险合同对赔偿保险金的期限有约定的，保险人应当按照约定履行赔偿保险金的义务。保险人依照前款约定作出核定后，对不属于保险责任的，应当自作出核定之日起三日内向被保险人发出拒绝赔偿保险金通知书，并说明理由。

第十九条　保险人自收到赔偿的请求和有关证明、资料之日起六十日内，对其赔偿保险金的数额不能确定的，应当根据已有证明和资料可以确定的数额先予支付；保险人最终确定赔偿的数额后，应当支付相应的差额。

投保人、被保险人义务

第二十条　订立保险合同，保险人就保险标的或者被保险人的有关情况提出询问的，投保人应当如实告知，并如实填写投保单。

投保人故意或者因重大过失未履行前款规定的如实告知义务，足以影响保险人决定是否同意承保或者提高保险费率的，保险人有权解除合同。

投保人故意不履行如实告知义务的，保险人对于合同解除前发生的保险事故，不承担赔偿责任，并不退还保险费。

投保人因重大过失未履行如实告知义务，对保险事故的发生有严重影响的，保险人对于合同解除前发生的保险事故，不承担赔偿责任，但应当退还保险费。

第二十一条　投保人应按约定交付保险费。

约定一次性交付保险费的，投保人在约定交费日后交付保险费的，保险人对交费之前发生的保险事故不承担保险责任。

约定分期交付保险费的，保险人按照保险事故发生前保险人实际收取保险费总额与投保人应当交付的保险费的比例承担保险责任，投保人应当交付的保险费是指截至保险事故发生时投保人按约定分期应该缴纳的保费总额。

第二十二条　被保险人应当遵守国家有关消防、安全、生产操作、劳动保护等方面的相关法律、法规及规定，加强管理，采取合理的预防措施，尽力避免或减少责任事故的发生，维护保险标的的安全。

保险人可以对被保险人遵守前款约定的情况进行检查，向投保人、被保险人提出消除不安全因素和隐患的书面建议，投保人、被保险人应该认真付诸实施。

投保人、被保险人未按照约定履行其对保险标的的安全应尽责任的，保险人有权要求增加保险费或者解除合同。

第二十三条　保险标的转让的，被保险人或者受让人应当及时通知保险人。

因保险标的的转让导致危险程度显著增加的，保险人自收到前款规定的通知之日起三十日内，可以按照合同约定增加保险费或者解除合同。保险人解除合同的，应当将已收取的保险费，按照合同约定扣除自保险责任开始之日起至合同解除之日止应收的部分后，退还投保人。

被保险人、受让人未履行本条规定的通知义务的，因转让导致保险标的危险程度显著增加而发生的保险事故，保险人不承担赔偿责任。

第二十四条 在合同有效期内，如保险标的的占用与使用性质、保险标的的地址及其他可能导致保险标的的危险程度显著增加的、或其他足以影响保险人决定是否继续承保或是否增加保险费的保险合同重要事项变更，被保险人应及时书面通知保险人，保险人有权要求增加保险费或者解除合同。

被保险人未履行前款约定的通知义务的，因保险标的的危险程度显著增加而发生的保险事故，保险人不承担赔偿责任。

第二十五条 知道保险事故发生后，被保险人应该：

（一）尽力采取必要、合理的措施，防止或减少损失，否则，对因此扩大的损失，保险人不承担赔偿责任；

（二）立即通知保险人，并书面说明事故发生的原因、经过和损失情况；故意或者因重大过失未及时通知，致使保险事故的性质、原因、损失程度等难以确定的，保险人对无法确定的部分，不承担赔偿责任，但保险人通过其他途径已经及时知道或者应当及时知道保险事故发生的除外；

（三）保护事故现场，允许并且协助保险人进行事故调查；对于拒绝或者妨碍保险人进行事故调查导致无法确定事故原因或核实损失情况的，保险人对无法核实的部分不承担赔偿责任。

第二十六条 被保险人请求赔偿时，应向保险人提供下列证明和资料：

（一）保险单正本、索赔申请、财产损失清单、技术鉴定证明、事故报告书、救护费用发票、必要的账簿、单据和有关部门的证明；

（二）投保人、被保险人所能提供的与确认保险事故的性质、原因、损失程度等有关的其他证明和资料。

投保人、被保险人未履行前款约定的单证提供义务，导致保险人无法核实损失情况的，保险人对无法核实的部分不承担赔偿责任。

赔偿处理

第二十七条 保险事故发生时，被保险人对保险标的不具有保险利益的，不得向保险人请求赔偿保险金。

第二十八条 保险标的发生保险责任范围内的损失，保险人有权选择下列方式赔偿：

（一）货币赔偿：保险人以支付保险金的方式赔偿；

（二）实物赔偿：保险人以实物替换受损标的，该实物应具有保险标的的出险前同等的类型、结构、状态和性能；

（三）实际修复：保险人自行或委托他人修理修复受损标的。

对保险标的在修复或替换过程中，被保险人进行的任何变更、性能增加或改进所产生的额外费用，保险人不负责赔偿。

第二十九条　保险标的遭受损失后，如果有残余价值，应由双方协商处理。如折归被保险人，由双方协商确定其价值，并在保险赔款中扣除。

第三十条　保险标的发生保险责任范围内的损失，保险人按以下方式计算赔偿：

（一）保险金额等于或高于保险价值时，按实际损失计算赔偿，最高不超过保险价值；

（二）保险金额低于保险价值时，按保险金额与保险价值的比例乘以实际损失计算赔偿，最高不超过保险金额；

（三）若本保险合同所列标的不止一项时，应分项按照本条约定处理。

第三十一条　保险标的的保险金额大于或等于其保险价值时，被保险人为防止或减少保险标的的损失所支付的必要的、合理的费用，在保险标的的损失赔偿金额之外另行计算，最高不超过被施救保险标的的保险价值。

保险标的的保险金额小于其保险价值时，上述费用按被施救保险标的的保险金额与其保险价值的比例在保险标的的损失赔偿金额之外另行计算，最高不超过被施救保险标的的保险金额。

被施救的财产中，含有本保险合同未承保财产的，按被施救保险标的的保险价值与全部被施救财产价值的比例分摊施救费用。

第三十二条　每次事故保险人的赔偿金额为根据第三十条、第三十一条约定计算的金额扣除每次事故免赔额后的金额，或者为根据第三十条、第三十一条约定计算的金额扣除该金额与免赔率乘积后的金额。

第三十三条　保险事故发生时，如果存在重复保险，保险人按照本保险合同的相应保险金额与其他保险合同及本保险合同相应保险金额总和的比例承担赔偿责任。

其他保险人应承担的赔偿金额，本保险人不负责垫付。若被保险人未如实告知导致保险人多支付赔偿金的，保险人有权向被保险人追回多支付的部分。

第三十四条　保险标的发生部分损失，保险人履行赔偿义务后，本保险合同的保险金额自损失发生之日起按保险人的赔偿金额相应减少，保险人不退还保险金额减少部分的保险费。如投保人请求恢复至原保险金额，应按原约定的保险费率另行支付恢复部分从投保人请求的恢复日期起至保险期间届满之日止按日比例计算的保险费。

第三十五条　发生保险责任范围内的损失，应由有关责任方负责赔偿的，保险人自向被保险人赔偿保险金之日起，在赔偿金额范围内代位行使被保险人对有关责任方请求赔偿的权利，被保险人应当向保险人提供必要的文件和所知道的有关情况。

被保险人已经从有关责任方取得赔偿的，保险人赔偿保险金时，可以相应扣减被保险人已从有关责任方取得的赔偿金额。

保险事故发生后，在保险人未赔偿保险金之前，被保险人放弃对有关责任方请求赔偿权利的，保险人不承担赔偿责任；保险人向被保险人赔偿保险金后，被保险人未经保险人同意放弃对有关责任方请求赔偿权利的，该行为无效；由于被保险人故意或者因重大过失致使保险人不能行使代位请求赔偿的权利的，保险人可以扣减或者要求返还相应的保险金。

第三十六条　被保险人向保险人请求赔偿保险金的诉讼时效期间为二年，自其知道或者应当知道保险事故发生之日起计算。

争议处理和法律适用

第三十七条　因履行本保险合同发生的争议，由当事人协商解决。协商不成的，提交保险单载明的仲裁机构仲裁；保险单未载明仲裁机构且争议发生后未达成仲裁协议的，依法向人民法院起诉。

第三十八条　与本保险合同有关的以及履行本保险合同产生的一切争议，适用中华人民共和国法律（不包括港澳台地区法律）。

其他事项

第三十九条　保险标的发生部分损失的，自保险人赔偿之日起三十日内，投保人可以解除合同；除合同另有约定外，保险人也可以解除合同，但应当提前十五日通知投保人。

保险合同依据前款规定解除的，保险人应当将保险标的未受损失部分的保险费，按照合同约定扣除自保险责任开始之日起至合同解除之日止应收的部分后，退还投保人。

第四十条　保险责任开始前，投保人要求解除保险合同的，应当按本保险合同的约定向保险人支付退保手续费，保险人应当退还剩余部分保险费。

保险责任开始后，投保人要求解除保险合同的，自通知保险人之日起，保险合同解除，保险人按短期费率计收保险责任开始之日起至合同解除之日止期间的保险费，并退还剩余部分保险费。

保险责任开始后，保险人要求解除保险合同的，可提前十五日向投保人发出解约通知书解除本保险合同，保险人按照保险责任开始之日起至合同解除之日止期间与保险期间的日比例计收保险费，并退还剩余部分保险费。

第四十一条　保险标的发生全部损失，属于保险责任的，保险人在履行赔偿义务后，本保险合同终止；不属于保险责任的，本保险合同终止，保险人按短期费率计收自保险责任开始之日起至损失发生之日止期间的保险费，并退还剩余部分保险费。

释　义

第四十二条　本保险合同涉及下列术语时，适用下列释义：

（一）火灾

在时间或空间上失去控制的燃烧所造成的灾害。构成本保险的火灾责任必须同时具备以下三个条件：

1.有燃烧现象，即有热有光有火焰；

2.偶然、意外发生的燃烧；

3.燃烧失去控制并有蔓延扩大的趋势。

因此，仅有燃烧现象并不等于构成本保险中的火灾责任。在生产、生活中有目的用火，如为了防疫而焚毁玷污的衣物，点火烧荒等属正常燃烧，不同于火灾责任。

因烘、烤、烫、烙造成焦糊变质等损失，既无燃烧现象，又无蔓延扩大趋势，也不属于火灾责任。

电机、电器、电气设备因使用过度、超电压、碰线、弧花、漏电、自身发热所造成的本身损毁，不属于火灾责任。但如果发生了燃烧并失去控制蔓延扩大，才构成火灾责任，并对电机、电器、电气设备本身的损失负责赔偿。

（二）爆炸

爆炸分物理性爆炸和化学性爆炸。

1.物理性爆炸：由于液体变为蒸汽或气体膨胀，压力急剧增加并大大超过容器所能承受的极限压力，因而发生爆炸。如锅炉、空气压缩机、压缩气体钢瓶、液化气罐爆炸等。关于锅炉、压力容器爆炸的定义是：锅炉或区力容器在使用中或试压时发生破裂，使压力瞬时降到等于外界大气压力的事故，称为"爆炸事故"。

2.化学性爆炸：物体在瞬息分解或燃烧时放出大量的热和气体，并以很大的压力向四周扩散的现象。如火药爆炸、可燃性粉尘纤维爆炸、可燃气体爆炸及各种化学物品的爆炸等。

因物体本身的瑕疵，使用损耗或产品质量低劣以及由于容器内部承受"负压"（内压比外压小）造成的损失，不属于爆炸责任。

（三）雷击

雷击指由雷电造成的灾害。雷电为积雨云中、云间或云地之间产生的放电现象。雷击的破坏形式分直接雷击与感应雷击两种。

1.直接雷击：由于雷电直接击中保险标的造成损失，属直接雷击责任。

2.感应雷击：由于雷击产生的静电感应或电磁感应使屋内对地绝缘金属物体产生高电位放出火花引起的火灾，导致电本身的损毁，或因雷电的高电压感应，致使电器部件的损毁，属感应雷击责任。

（四）暴雨：指每小时降雨量达16毫米以上，或连续12小时降雨量达30毫米以上，或连续24小时降雨量达50毫米以上的降雨。

（五）洪水：指山洪暴发、江河泛滥、潮水上岸及倒灌。但规律性的涨潮、自动灭火设施漏水以及在常年水位以下或地下渗水、水管爆裂不属于洪水责任。

（六）暴风：指风力达 8 级、风速在 17.2 米 / 秒以上的自然风。

（七）龙卷风：指一种范围小而时间短的猛烈旋风，陆地上平均最大风速在 79 米 / 秒 ~ 103 米 / 秒，极端最大风速在 100 米 / 秒以上。

（八）冰雹：指从强烈对流的积雨云中降落到地面的冰块或冰球，直径大于 5 毫米，核心坚硬的固体降水。

（九）台风、飓风：台风指中心附近最大平均风力 12 级或以上，即风速在 32.6 米 / 秒以上的热带气旋；飓风是一种与台风性质相同、但出现的位置区域不同的热带气旋，台风出现在西北太平洋海域，而飓风出现在印度洋、大西洋海域。

（十）沙尘暴：指强风将地面大量尘沙吹起，使空气很混浊，水平能见度小于 1 公里的天气现象。

（十一）暴雪：指连续 12 小时的降雪量大于或等于 10 毫米的降雪现象。

（十二）冰凌：指春季江河解冻期时冰块飘浮遇阻，堆积成坝，堵塞江道，造成水位急剧上升，以致江水溢出江道，漫延成灾。

陆上有些地区，如山谷风口或酷寒致使雨雪在物体上结成冰块，成下垂形状，越结越厚，重量增加，由于下垂的拉力致使物体毁坏，也属冰凌责任。

（十三）突发性滑坡：斜坡上不稳的岩土体或人为堆积物在重力作用下突然整体向下滑动的现象。

（十四）崩塌：石崖、土崖、岩石受自然风化、雨蚀造成崩溃下塌，以及大量积雪在重力作用下从高处突然崩塌滚落。

（十五）泥石流：由于雨水、冰雪融化等水源激发的、含有大量泥沙石块的特殊洪流。

（十六）地面突然下陷下沉：地壳因为自然变异，地层收缩而发生突然塌陷。对于因海潮、河流、大雨侵蚀或在建筑房屋前没有掌握地层情况，地下有孔穴、矿穴，以致地面突然塌陷，也属地面突然下陷下沉。但未按建筑施工要求导致建筑地基下沉、裂缝、倒塌等，不在此列。

（十七）飞行物体及其他空中运行物体坠落：指空中飞行器、人造卫星、陨石坠落，吊车、行车在运行时发生的物体坠落，人工开凿或爆炸而致石方、石块、土方飞射、塌下、建筑物倒塌、倒落、倾倒，以及其他空中运行物体坠落。

（十八）自然灾害：指雷击、暴雨、洪水、暴风、龙卷风、冰雹、台风、飓风、沙尘暴、暴雪、冰凌、突发性滑坡、崩塌、泥石流、地面突然下陷下沉及其他人力不可抗拒的破坏力强大的自然现象。

（十九）意外事故：指不可预料的以及被保险人无法控制并造成物质损失的突发性事件，包括火灾和爆炸。

（二十）重大过失行为：指行为人不但没有遵守法律规范对其较高要求，甚至连人们都应当注意并能注意的一般标准也未达到的行为。

（二十一）恐怖活动：指任何人以某一组织的名义或参与某一组织使用武力或暴力对任何政府进行恐吓或施加影响而采取的行动。

（二十二）地震：地壳发生的震动。

（二十三）海啸：海啸是指由海底地震，火山爆发或水下滑坡、塌陷所激发的海洋巨波。

（二十四）行政行为、司法行为：指各级政府部门、执法机关或依法履行公共管理、社会管理职能的机构下令破坏、征用、罚没保险标的的行为。

（二十五）简易建筑：指符合下列条件之一的建筑：（1）使用竹木、芦席、篷布、茅草、油毛毡、塑料膜、尼龙布、玻璃钢瓦等材料为顶或墙体的建筑；（2）顶部封闭，但直立面非封闭部分的面积与直立面总面积的比例超过10％的建筑；（3）屋顶与所有墙体之间的最大距离超过一米的建筑。

（二十六）自燃：指可燃物在没有外部热源直接作用的情况下，由于其内部的物理作用（如吸附、辐射等）、化学作用（如氧化、分解、聚合等）或生物作用（如发酵、细菌腐败等）而发热，热量积聚导致升温，当可燃物达到一定温度时，未与明火直接接触而发生燃烧的现象。

（二十七）重置价值：指替换、重建受损保险标的，以使其达到全新状态而发生的费用，但不包括被保险人进行的任何变更、性能增加或改进所产生的额外费用。

（二十八）水箱、水管爆裂：包括冻裂和意外爆裂两种情况。水箱、水管爆裂一般是由水箱、水管本身瑕疵或使用耗损或严寒结冰造成的。

附表						短期费率表					
保险期间	1个月	2个月	3个月	4个月	5个月	6个月	7个月	8个月	9个月	10个月	11个月	12个月
年费率的百分比（％）	10	20	30	40	50	60	70	80	85	90	95	100

注：不足一个月的部分按一个月计收。

附录 4　伦敦承保人协会条款 ABI Form

ALL RISKS INSURANCE

The Company agrees（subject to the terms, conditions and exclusions contained herein or endorsed or otherwise expressed hereon which shall so far as the nature of them respectively will permit deemed to be conditions precedent to the right of the Insured to recover hereunder）that if after payment of the premium any of the property insured be accidentally physically lost destroyed or damaged other than by an excluded cause at any time during the period of insurance specified on the schedule or of any subsequent period in respect of which the Insured shall have paid and the Company shall have accepted the premium required for the renewal of this policy.

The Company will pay to the Insured the value of the property at the time of the happening of its accidental physical loss or destruction or the amount of such accidental physical damage（accidental physical loss destruction or damage being hereinafter termed Damage）or at its option reinstate or replace such property or any part thereof provided that the liability of the Company in respect of any one loss or in the aggregate in any one period of insurance shall in no case exceed:

（i）in respect of each item the sum expressed in the schedule to be insured thereon or in the whole total sum insured hereby;

（ii）any limit of liability shown in the schedule or such other sum or sums as may be substituted therefore by memorandum hereon or attached hereto signed by or on behalf of the Company.

EXCLUSIONS

A. EXCLUDED CAUSES

This policy does not cover

1. Damage to the property insured caused by:

（a）（i）faulty or defective design materials or workmanship inherent vice latent defect gradual deterioration deformation or distortion or wear and tear;

（ii）interruption of the water supply gas electricity or fuel systems or failure of the effluent disposal systems to and from the Premises unless Damage by a cause not excluded in the policy ensues and then the Company shall be liable only for such ensuing Damage.

（b）（i）collapse or cracking of buildings;

（ⅱ）corrosion rust extremes or changes in temperature dampness dryness wet or dry rot fungus shrinkage evaporation loss of weight pollution contamination change in color flavor texture or finish action of light vermin insects marring or scratching unless such loss is caused directly by Damage to the property insured or to premises containing such property by a cause not excluded in the policy exit from such building;

（ⅲ）acts of fraud or dishonesty;

（ⅳ）disappearance unexplained or inventory shortage misfiling or misplacing of information shortage in supply or delivery of materials or shortage due to clerical or accounting error;

（ⅴ）cracking fracturing collapse or overheating of boilers economizers vessels tubes or pipes nipple leakage or the failure of welds of boiler;

（ⅵ）mechanical or electrical breakdown or derangement of machinery or equipment;

（ⅶ）bursting overflowing discharging or leaking of water tanks apparatus or pipes when the premises are empty or disused.

unless

（ⅰ）Damage by a cause not excluded in the policy ensues and then the Company shall be liable only for such ensuing Damage;

（ⅱ）such loss is caused directly by Damage to the property insured or to premises containing such property by a cause not excluded in the policy.

（c）（ⅰ）coastal or river erosion;

（ⅱ）subsidence ground heave or landslip;

（ⅲ）normal settlement or bedding down of new structures;

（ⅳ）wind，rain，hail，frost，snow，flood，sand or dust to movable property in the open or in open sided building or to fence and gates;

（ⅴ）the freezing solidification or inadvertent escape of molten material.

2. Damage caused by or arising from:

（a）any willful act or willful negligence on the part of the Insured or any person acting on his behalf.

（b）cessation of work delay or loss of market or any other consequential or indirect loss of any kind or description whatsoever.

3. Damage occasioned directly or indirectly by or through or in consequence of any of the following occurrences，namely:

（a）war invasion act of foreign enemy hostilities or warlike operations （whether war be declared or not） civil war.

（b）mutiny civil commotion assuming the proportions of or amounting to a popular rising military rising insurrection rebellion revolution military or usurped power.

（c）acts of terrorism committed by a person or persons acting on behalf of or in connection with any organization. This Exclusion A3（c）shall not apply to Damage by Fire.

For the purpose of this Exclusion A3（c）"terrorism" means the use of violence for political ends and includes the use of violence for the purpose of putting the public or any section of the public in fear.

（d）（i）permanent or temporary dispossession resulting from confiscation nationalization commandeering or requisition by any lawfully constituted authority；

（ii）permanent or temporary dispossession of any building resulting form the unlawful occupation of such building by any person provided that the Company are not relieved of any liability to the Insured in respect of Damage to the property insured occurring before dispossession or during temporary dispossession which is otherwise insured by this Policy.

（e）the destruction of property by order of any public authority.

In any action，suit or other proceeding where the Company alleges that by reason of the provisions of Exclusions A3（a）（b）and（c）above any loss destruction or damage is not covered by this insurance the burden of proving that such loss destruction or damage is covered shall be upon the Insured.

4. Damage directly or indirectly caused by or arising from or in consequence of or contributed to by：

（a）nuclear weapons material.

（b）ionizing radiation or contamination by radioactivity from any nuclear fuel or from any nuclear waste from the combustion of nuclear fuel. Solely for the purpose of this Exclusion A4（b）combustion shall include any self–sustaining process of nuclear fission.

B. EXCLUDED PROPERTY

This policy does not cover：

1.（a）money cheques stamps bonds credit cards securities of any description jewellery precious stones precious metals bullion furs curiosities rare books or works of art unless specifically mentioned as insured by this policy and then only in respect of the perils specified below.

（b）fixed glass.

（c）glass（other than fixed glass）china earthenware marble or other fragile or brittle objects.

（d）electronic installations computers and data processing equipment.

But this shall not exclude Damage（not otherwise excluded）caused by fire lightning explosion aircraft strikers locked– out workers persons taking part in labour disturbances malicious persons impact by any road vehicle or animals earthquake windstorm flood bursting overflowing discharging or leaking of water tanks apparatus or pipes.

Documents, manuscripts, business, books, computer systems records, patterns, models, moulds, plans, designs explosives.

2. (a) vehicles licensed for road use (including accessories thereon) caravans trailers railway locomotives or rolling stock watercraft aircraft spacecraft or the like.

(b) property in transit other than within the premises specified in the Schedule.

(c) property or structures in course of demolition construction or erection and materials or supplies in connection therewith.

(d) land (including top-soil back-fill drainage or culverts) driveways pavements roads runways railway lines dams reservoirs canals rigs wells pipelines tunnels bridges docks piers jetties excavations wharves mining property underground off-shore property.

(e) livestock growing crops or trees.

(f) property damaged as a result of its undergoing any process.

(g) machinery during installation removal or resisting (including dismantling and re-erection) if directly attributable to such operations.

(h) property undergoing alteration repair testing installation or servicing including materials and supplies therefore if directly attributable to the operations or work being performed thereon unless Damage by a cause not otherwise excluded ensues and then the Company will be liable only for such ensuing loss.

(I) property more specifically insured.

3. Damage to property which at the time of the happening of such Damage is insured by or would but for the existence of this policy be insured by any marine policy or policies except in respect of any excess beyond the amount which would have been payable under the marine policy or policies had this insurance not been effected.

4. Damage to boilers economizers turbines or other vessels machinery or apparatus in which pressure is used or their contents resulting from their explosion or rupture.

UNDERINSURANCE

If the property hereby insured shall, at the commencement of any Damage, be collectively of greater value than the sum insured thereon, then the Insured shall be considered as being his own insurer for the difference, and shall bear a ratable proportion of the loss accordingly.Every item, if more than one, of the Policy shall be separately subject of this Condition.

DEDUCTIBLES

This policy does not cover the amounts of the deductibles stated in the Endorsement in respect of each and every loss as ascertained after the application of all other terms and conditions of the policy including any condition of Average.

Warranted that during the currency of the policy the Insured shall not effect insurance in respect of the amounts of the deductibles stated in the Endorsement.

GENERAL CONDITIONS

1. IDENTIFICATION

This Policy and the Schedule （which forms an integral part of this Policy） shall be read together as one contract and words and expressions to which specific meanings have been attached in any part of this Policy or of the Schedule shall bear such specific meanings wherever they shall appear.

2. MISDESCRIPTION

If there be any material misdescription by the Insured or any one acting on his behalf of any of the property hereby insured, or of any building or place in which such property is contained, or of the business or premises to which this insurance refers or any misrepresentation as to any fact material to be known for estimating the risk or any omission to state such fact, the Company shall not be liable under this Policy for the property affected by any such misdescription, misrepresentation or omission.

3. CANCELLATION

This insurance may be terminated at any time at the request of the Insured, in which case the Company will retain the customary short period rate for the time the Policy has been in force. This insurance may also be terminated at the option of the Company on notice to that effect being given to the Insured, in which case the Company shall be liable to repay on demand a ratable proportion of the premium for the unexpired term from the date of the cancellation.

4. FORFEITURE

All benefit under this Policy shall be forfeited.

（a） if any claim made under this Policy be in any respect fraudulent or if any false declaration be made or used in support thereof, or if any fraudulent means or devices are used by the Insured or any one acting on his behalf to obtain any benefit under this Policy;

or

（b） if any claim be made and rejected and an action or suit be not commenced within three months after such rejection, or （in the case of an arbitration taking place in pursuance of Condition No. 7 of this Policy） within three months after the arbitrator or arbitrators or umpire shall have made their award.

5. SUBROGATION

Any claimant under this Policy shall, at the expense of the Company do, and concur in doing and permit to be done all such acts and things as may be necessary or reasonably required by the Company for the purpose of enforcing any rights and remedies, or of obtaining relief or indemnity from other parties to which the Company shall be or would become entitled or subrogated, upon its paying for or making good any loss or damage under this Policy, whether such acts and things shall be or become necessary or required before or after his indemnification by the Company.

6. CONTRIBUTION

If at the time of any loss or damage happening to any property hereby insured, there be any other subsisting insurance or insurances whether effected by the Insured or by any other person or persons, covering either such loss or any part of it or the same property the Insured shall not be liable to pay or contribute more than its ratable proportion of such loss or damage.

7. ARBITRATION

If any difference shall as to the amount to be paid under this Policy such difference shall arise independently of all other questions be referred to the decision of an arbitrator to be appointed in writing by the parties in difference, or if they cannot agree upon a single arbitrator, to the decision of two disinterested persons as arbitrators, of whom one shall be appointed in writing by each of the parties within two calendar months after having been required to do so in writing by the other party. In case either party shall refuse or fail to appoint an arbitrator within two calendar months after receipt of notice in writing requiring an appointment, the other party shall be at liberty to appoint a sole arbitrator; and in case of disagreement between the arbitrators the decision shall be referred to the decision of an umpire who shall have been appointed by them in writing before entering on the reference and who shall sit with the arbitrators and preside at their meeting. The death of any party shall not revoke or affect the authority or powers of the arbitrator, arbitrators or umpire respectively; and in the event of the death of an arbitrator or umpire, another shall in each case be appointed in his stead by the party or arbitrators (as the case may be) by whom the arbitrator or umpire so dying was appointed. The costs of the reference and of the award shall be in the discretion of the arbitrator, arbitrators or umpire making the award. And it is hereby expressly stipulated and declared that it shall be a condition precedent to any right of action or suit upon this Policy that the award by such arbitrator or umpire of the amount of the loss or damage if disputed shall be first obtained.

8. ALTERATIONS AND REMOVALS

Under any of the following circumstances the insurance ceases to attach as regards the property affected unless the Insured, before the occurrence of any loss or damage obtains the sanction of the Company signified by endorsement upon the Policy, by or on behalf of the Company.

(a) if the trade or manufacture carried on be altered, or if the nature of the occupation of or the circumstances affecting the building or containing the insured property be changed in such a way as to increase the risk of loss or damage.

(b) if the building insured or containing the insured property becomes unoccupied and so remains for period of more than 30 days.

(c) if the property insured be removed to any building or place other than that in which it is stated herein to be insured.

(d) if the interest in the property insured passes from the Insured otherwise than by will or operation of law.

9. CLAIMS

If any event giving rise to or likely to give rise to a claim under this Policy comes to his knowledge the Insured shall

(a) immediately

(i) take steps to minimize the loss or damage and recover any missing property;

(ii) give notice in writing to the Company and

(iii) give notice to the police if the event be theft or suspected theft or willful or malicious damage.

(b) within 30 days or such further time as the Company may in writing allow deliver to the Company:

(i) a claim in writing for the loss or damage containing as particular an account as may be reasonably practical of all the several articles or items of property lost or damaged and the amount of loss or damage thereto respectively, having regard to their value at the time of the loss or damage;

(ii) particulars of all other insurances if any.

The Insured shall at all times at his own expense produce, procure and give to the Company all such, further particulars, plans, specifications, books, vouchers, invoices, duplicates or copies thereof, documents, proofs and information with respect to the claim and the origin and cause of the loss or damage and the circumstances under which the loss or damage occurred, and any matter touching the liability or the amount of liability of the Company as may be reasonably required by or on behalf of the Company together with a declaration on oath or in other legal form of the truth of the claim and any matters connected therewith.

10. COMPANY'S RIGHTS

On the happening of any loss or damage to any of the property insured by this Policy, the

Company may

（a）enter and take and keep possession of the building or premises where the loss or damage has happened.

（b）take possession of or require to be delivered to it any property of the Insured in the buildings or on the premises at the time of the loss or damage.

（c）keep possession of any such property and examine, sort, arrange, remove or otherwise deal with the same.

（d）sell any such property or dispose of the same for account of whom it may concern.

The powers conferred by this Condition shall be exercisable by the Company at any time until notice in writing is given by the Insured that he makes no claim under this Policy or, if any claim is made, unit such claim is finally determined or withdrawn, and the Company shall not by any act done in the exercise or purported exercise of its powers hereunder, incur any liability to the Insured or diminish its rights to rely upon any of the Conditions of this Policy in answer to any claim.

If the Insured or any person acting on his behalf shall not comply with the requirements of the Company, or shall hinder or obstruct the Company in the exercise of its powers hereunder, all benefit under this policy shall be forfeited.

The Insured shall not in any case be entitled to abandon any property to the Company whether taken possession of by the Company or not.

11. REPAIR AND REPLACEMENT

The Company may at its option, repair or replace the property damaged or destroyed, or any part thereof, instead of paying the amount of the loss or damage, or may join with any other Company or Insurers in so doing, but the Company shall not be bound to repair exactly or completely, but only as circumstances permit and in reasonably sufficient manner, and in no case shall the Company be bound to expend more in repair than it would have cost to repair such property as it was at the time of the occurrence of such loss or damage, nor more than the sum insured hereon.

If the Company so elects to repair or replace any property the Insured shall, at his own expense, furnish Company with such plans, specifications, measurements, quantities and such other particulars as the Company may require, and no acts done, or caused to be done by the Company with a view to repair or replacement shall be deemed an election by the Company to repair or replace.

If in any case the Company shall be unable to repair or replace the property hereby insured, because of any municipal or other regulations in force affecting the alignment of streets, or the construction of buildings, or otherwise, the Company shall, in every such case, only be liable to pay such sum as would be required to repair or replace such property if the same could lawfully be repaired to its former condition.

12. TIME LIMIT

In no case whatever shall the Company be liable for any loss or damage after the expiration of twelve months from the happening of the loss or damage unless the claim is the subject of pending action or arbitration.

13. REASONABLE PRECAUTIONS

The Insured shall maintain the property in a proper state of repair and take all reasonable precautions to prevent Damage thereto.

附录5　美国美亚财产保险有限公司（AIG）财产一切险保险条款

总　则

第一条　保险合同

本保险合同条款、投保申请书、报价单、保险单、批单、批注及其他约定书均为本保险合同的构成部分，且前述投保申请书为订立本保险合同的基础。本保险合同应视作一个整体，其中特别释义的词语的意义及解释均一致。

保险责任

第二条　鉴于保险单所载明的投保人已向保险单所载的保险公司（以下简称"本公司"）缴纳约定保险费，本公司同意，如被保险财产或其部分在保险期间内或本公司已同意续保的续展保险期间内，因意外而导致灭失、毁坏或损毁，本公司根据本保险合同的规定向被保险人赔偿被保险财产在发生灭失或损毁时的实际价值或实际损失，或（由本公司选择）对受损毁的被保险财产或其受损毁部分以重置或更换作为赔偿。

但是，在任何情况下，本公司的最高赔偿责任以保险单上列明的或本公司签发的批单所恢复的每一被保险财产的单项保险金额为限。

被保险财产

第三条　本保险合同载明地址内的下列财产可作为被保险财产：

（一）属于被保险人所有或与他人共有而由被保险人负责的财产；

（二）由被保险人经营管理或替他人保管的财产；

（三）其他具有法律上承认的与被保险人有经济利害关系的财产。

第四条　本公司对下列所述各项财产遭受的灭失、损毁或损坏不承担赔偿责任：

（一）在制造过程中的财产，如果造成该财产的灭失、损坏及损毁直接由于本身所受的工序而导致；

（二）在建筑、修建、安装、拆卸、搬运或迁移的过程中的财产；

（三）锅炉、节能器、涡轮机或其他以压力运作者的容器、机器或设备或其容纳之物由于爆炸或破裂造成的损失；

（四）因电流（不包括闪电）引致电器设备及电线系统的损失；

（五）现金、支票、金块、银块、流通票据、有价证券、古玩、艺术品（不包括单件价值人民币 1,500 元以下的制图、绘画及雕塑）、毛皮、饰有毛皮的衣物、珠宝、手表、珍珠、已镶嵌或未经镶嵌之宝石、黄金、白银、白金及其他贵重金属或合金；

（六）动物、鸟类、鱼类、农作物、木材、植物、草坪及灌木；

（七）土地、洞穴、堤坝、水库、码头、防波堤、桥梁或隧道；

（八）任何经核准可在道路上行驶的车辆、起重机、承建商所用的建筑机器设备、铁路机车以及其他所有车辆，以及各种船舶、飞机或其内承载的财产；

（九）不在保险单中所述被保险场所，而在运送途中的财产；

（十）计划书、图纸、设计、设计图样、模型、模具、文件、手稿或原稿、账册或电脑系统记录内所储存资料对于被保险人所代表的价值；

但本公司负责赔偿被保险人有关文件、原稿及电脑记录作为文具材料之价值以及录入、复制以上资料的费用（不包括搜集、生成资料信息有关的费用）；

（十一）便携式电脑、数码相机、摄像机以及其他便携式电子设备，除非保险单内列明承保该类财产且被保险人已缴纳相应的保险费。

（十二）离被保险场所 150 米（不含 150 米）以外的属于被保险人所有或由被保险人负责的运输、传送管道（线）及其支撑结构等财产。

第五条 除本保险单明确承保外，本保险不承保台风、暴风、暴风雨、洪水、冰雹、霜或雪对以下财产造成的损失、毁坏及损毁：

（一）放置在露天的财产（不包括房屋、建筑物及设计在露天安放及操作的机器设备）；

（二）放置在无围墙的建筑物之内的财产。

责任免除

第六条 本公司对下列原因造成的损失不负赔偿责任：

1. 设备、机器或装置发生电气、机械故障或功能紊乱；

2. 由于温度或湿度的变化，或制冷或制热空调系统的故障或工作不足而导致财产的腐败、变质；

3. 地面的下陷、提升、塌方、侵蚀、沉落或开裂引致的损失；但是，如果（I）上述第 1、2、3 项由下列事故引起：

（1）闪电或火灾；

（2）爆炸（不包括涡轮机、压缩机、变压器、整流器、开关器、气缸、液压缸、飞轮或其他有关离心力活动的机件、锅炉、节能器或其他以压力运作的器皿、机械或设备的爆炸或破裂）；

（3）飞机或其他飞行器或由此坠落的物体；

（4）机动车、船舶、铁路机车以及其他所有车辆的撞击；

（5）暴风、暴风雨或洪水。

或者（Ⅱ）上述第1、2、3项导致（Ⅰ）中所列的任何事故发生，在此情况下，本公司仅根据本保险合同规定就以上（1）至（5）项所造成的灭失、损坏或损毁赔偿被保险人。

第七条　本公司对下列原因造成的损失不负赔偿责任：

（一）任何种类的间接损失；

（二）被保险人及其代表的故意行为或重大过失所引起的损失；以及被保险人及其伙伴、高级职员、雇员、董事、受托人或法定代表的不诚实、犯罪行为或欺诈、偷窃行为所造成的损失，无论该行为是独自进行还是与其他人串谋进行；

（三）迟延交货、丧失市场或正常的保养维修费用；

（四）逐渐变质、固有缺陷、潜在瑕疵、动物啮咬、虫咬、飞蛾、虫害、白蚁、污染、正常磨损、气候潮湿或干燥、极端气温或气温升降、烟雾、收缩、蒸发、失重、锈蚀、干湿腐烂、腐蚀、气味、颜色、质地或涂层的变化、光线作用所引致的损失，除非损失或损坏是由于本保险所承保的风险引起的；

（五）定期盘点货物时发现的短缺、神秘或无法解释的失踪；

（六）更换或矫正有缺陷的材料、工艺、设计，或设计、计划或规格的错误或疏漏所发生的费用；

（七）熔化材料的冻结或凝固；

（八）因执行规范建造、维修、拆除任何承保不动产的任何法律法规所引致的损失，以及租赁合同或法令的中止、终止或解除所引致的损失；

（九）由霉、霉菌、真菌或孢子所引致的损失或损坏。

第八条　本公司对下列原因造成的损失不负赔偿责任：

（一）由以下情况直接或间接导致、产生或引起的灭失、毁坏及损毁：

1.

（1）战争、外敌入侵行为、敌对行为或类似战争行为（无论宣战与否）、内战、叛乱、革命、起义、有可能引发暴动的民众骚乱、军事叛乱、政变；

（2）恐怖活动。

本保险亦不承保因任何控制、阻止、镇压或采取任何其他与以上1（1）和/或1（2）有关的措施而直接或间接造成的、或与之有关的损失、损坏、及所产生的费用或支出。

如本公司根据本条的规定，认为有关损失、损坏、费用或支出不属于本保险承保范围的，证明该损失或损坏属于承保范围的举证责任应由被保险人承担。如果本条的任何部分被认定无效或不能得到强制实施，条款的其他部分仍然有效。

2.

（1）因财产被合法设立的当局没收、国有化、征用或征收所造成的永久性或暂时性的剥夺；以及根据检疫或海关规定实施的查封或破坏。

（2）因建筑物被任何人士非法占有所造成的永久性或暂时性的剥夺，但本公司就被保险财产在被剥夺前或本保险另行承保的临时剥夺期间所遭受的损坏，对被保险人承担赔偿责任。

3. 政府或当局命令销毁的财产。

4. 地震、地壳运动和／或海啸，或前述原因引起的海浪所造成的任何损失和费用。

第九条 本公司对以下各项直接或间接造成的损失、或损毁或损坏不负赔偿责任：

1. 任何核武器或核原料；

2. 任何核燃料或核燃料燃烧所产生的任何核废料所导致的电离、辐射或放射性污染。仅为适用本项的规定，燃烧应包括任何自发的核裂变过程。

保险价值、保险金额与免赔额（率）

第十条 保险价值

被保险财产的保险价值可以为出险时的重置价值、出险时的账面余额、出险时的市场价值或其他价值，由投保人与本公司协商确定，并在本保险合同中载明。

第十一条 保险金额

保险金额由投保人参照保险价值自行确定，并在保险合同中载明。保险金额不得超过保险价值。超过保险价值的，超过部分无效，本公司应当退还相应的保险费。

第十二条 免赔额

任何一次事故所造成每一项损失应分别在减去受损财产的残值并适用比例分摊原则后，再减去保险单所载的免赔金额。

保险期间

第十三条 除另有约定外，保险期间为一年，以保险单载明的起讫时间为准。

保险人义务

第十四条 补充索赔证明和资料的通知

本公司认为被保险人提供的有关索赔的证明和资料不完整的，应当及时一次性通知投保人、被保险人补充提供。

第十五条 损失核定

本公司收到被保险人的赔偿请求及完整的索赔资料后，应当及时作出核定；情形复杂的，如无法在法律规定的时限内作出核定，则双方同意适当延长，但延长的时限最长不超过30天。

本公司应当将核定结果通知被保险人。对属于保险责任的，在与被保险人达成赔偿保险金的协议后十日内，履行赔偿保险金义务。保险合同对赔偿保险金的期限有约定的，本公司应当按照约定履行赔偿保险金的义务。本公司依照前款约定作出核定后，对不属于保险责任的，应当自作出核定之日起三日内向被保险人发出拒绝赔偿保险金通知书，并说明理由。

第十六条　先行赔付义务

本公司自收到赔偿保险金的请求和有关证明、资料之日起六十日内，对其赔偿保险金的数额不能确定的，应当根据已有证明和资料可以确定的数额先予支付；本公司最终确定赔偿的数额后，应当支付相应的差额。

投保人、被保险人义务

第十七条　如实告知义务

订立保险合同，本公司就被保险财产或者被保险人的有关情况提出询问的，投保人或被保险人应当如实告知。

如果投保人或被保险人因故意或重大过失对于本公司询问的关于被保险财产或被保险财产所处的建筑物或场所的事项未履行如实告知义务，足以影响本公司决定是否同意承保或提高保险费率的，本公司有权按照相关法律规定即时解除本保险合同。前款规定的合同解除权，自本公司知道有解除事由之日起，超过三十日不行使而消灭。

投保人或被保险人故意不履行如实告知义务，本公司对于本保险合同解除前发生的保险事故，不承担赔偿责任，并不退还保险费。

投保人或被保险人因重大过失未履行如实告知义务，对于本保险合同解除前所发生的保险事故有严重影响的，本公司对于该保险事故不承担赔偿责任，但可按日比例退还已收取的自解除之日起的未满期保险费。

本公司在合同订立时已经知道投保人或被保险人未如实告知的情况的，本公司不得解除合同；发生保险事故的，本公司应当承担赔偿保险金的责任。

第十八条　风险增加

若在本保险合同有效期内发生以下风险程度显著增加的情形，被保险人应当及时通知本公司，本公司有权增加保险费或者即时解除保险合同。本公司解除保险合同的，将并按日比例退还已收取的自解除之日起的未满期保险费。

（1）被保险人所从事的业务或生产发生改变，或影响被保险建筑物或被保险财产所处的建筑物的占有性质或其他情况发生变化从而导致承保风险显著增加；

（2）被保险建筑物或被保险财产所处的建筑物空置三十天以上；

（3）被保险财产搬离被保险建筑物或地点；

（4）其他风险显著增加的情形；被保险人未履行上述通知义务的，因被保险财产的风险程度显著增加而发生的保险事故，本公司不承担赔偿责任。

第十九条　被保险财产转让

在本保险有效期内，如发生被保险财产转让，被保险人或者受让人应当及时通知保险人。因被保险财产转让导致风险程度显著增加的，本公司自收到通知之日起三十日内，可以增加保险费或解除合同。本公司解除保险合同的，将按日比例退还已收取的自解除之日起的未满期保险费。

被保险人未履行通知义务的，因转让导致风险程度显著增加而发生的保险事故，本公司不承担赔偿责任。

第二十条　保护及维护

被保险人在任何时候均应采取合理可行的措施，保护被保险财产并使其处于良好的操作状态，同时被保险人应采取各项措施遵守的法律规定、执行制造商的使用建议以及遵守其他与被保险财产的安全使用、检查有关的法规。

赔偿处理

第二十一条　索赔

发生保险事故时，被保险人应该：

（一）尽力采取必要、合理的措施，防止或减少损失，否则，对因此扩大的损失，本公司不承担赔偿责任；

（二）立即以书面通知本公司，并在发生事故三十日内或经本公司书面同意延长的期限内，自行承担费用向本公司提供书面损失索赔报告，尽可能详细地列明受损财产的所有部件、部分，根据其各自在损失发生时的价值而确定的损失金额，及详述被保险财产在损失发生时是否有其他承保该项财产的保险存在。故意或者因重大过失未及时通知，致使保险事故的性质、原因、损失程度等难以确定的，本公司对无法确定的部分，不承担赔偿保险金的责任，但本公司通过其他途径已经及时知道或者应当及时知道保险事故发生的除外；

（三）保护事故现场，允许并且协助本公司进行事故调查。

（四）按本公司的合理要求提供其所能提供的与确认保险事故的性质、原因、损失程度等有关的证明和资料以及其他本公司认为有必要提供的单证或声明书以证明索赔事项的真实无误。被保险人未履行前款约定的索赔材料提供义务，导致本公司无法核实损失情况的，本公司对无法核实的部分不承担赔偿责任。

（五）若被保险财产发生遗失或盗窃，或怀疑有恶意破坏时，被保险人应立即向警方报案，并应尽力协助警方查处犯罪者，追查并追回被盗或遗失的财产。

第二十二条　单次事故

被保险财产因自然灾害在连续 72 小时内所造成的损失应视为一次事故。

第二十三条　*本公司在损失发生后之权利*

被保险财产发生损失后，本公司可以：

（1）进入并接管发生损失的建筑物或场所；

（2）接管或要求向本公司交付损失发生时被保险人在出险地点的财产；

（3）占有该等财产，并检查、分类、安排，搬运或以其他方式处理该等财产；

（4）代为出售或处理该等财产。除非被保险人书面通知本公司放弃索赔，或提出索赔后撤回索赔要求，本公司可随时行使本条赋予的各项权力；但本公司不会因行使或声称行使本条项下权利而对被保险人承担任何责任，亦不会因此影响其根据本保险合同享有的各项理赔权利。

在任何情况下，不论本公司是否已接管任何财产，被保险人均无权将该财产委付予本公司。

第二十四条　*重复保险*

如保险财产在损失发生时另有其他保险承保该财产，不论该保险是否由被保险人或他人投保，本公司将按比例承担赔偿责任。

第二十五条　*比例分摊*

被保险财产发生损失时，如其总价值高于其投保金额，则其差额应视为由被保险人自保，且被保险人应按相应比例分担损失。

若本保险单所保障的财产不止一项时，每一项财产应分别独立地适用按照本条规定。

第二十六条　*欺诈索赔*

未发生保险事故，被保险人谎称发生了保险事故，向本公司提出赔偿请求的，本公司有权解除合同，并不退还保险费。投保人、被保险人故意制造保险事故的，本公司有权解除合同，不承担赔偿的责任，不退还保险费。保险事故发生后，投保人、被保险人以伪造、变造的有关证明、资料或者其他证据，编造虚假的事故原因或者夸大损失程度的，本公司对其虚报的部分不承担赔偿责任。

第二十七条　*修复*

若本公司选择或有义务修复或更换任何受损的被保险财产，被保险人必须自行承担费用向本公司提供本公司合理要求的设计图、文件、记录以及其他资料。本公司不承担义务修复至与原状丝毫无异，而仅在条件允许的情况下，以实际可行的方式进行修复，且本公司在任何情况下的修复责任不应超过任何受损项目的投保金额。

第二十八条　*代位求偿权*

不论本公司是否已作出理赔，若被保险财产的损失应由第三者负责，被保险人应按本公司的合理要求，并在本公司承担费用的情况下，采取、同意采取或同意促使他人采取一切必要的行动，以便本公司行使其在支付赔偿或补偿本保险项下的损失后已经或将会享有的或代位享有的权利、救济、或向第三方取得救济、补偿的权利。

第二十九条　价值评估

除本保险合同另有相反规定，本公司的赔偿责任应以被保险财产发生损失时的实际现金价值为限，但在任何情况下均不超过以同类的材料和质量进行修复或更换所需的费用。当损失或损坏发生于：

（1）任何属于成对或成套的项目时，本公司的赔偿责任不超过按该受损项目在所属整对或整套项目的总价值中所占的合理、公平的比例计算的金额；

（2）完工待售或待用被保险财产的一部分，本公司将只对受损部分负责赔偿。

计算赔偿金额时应考虑受损物品对于整件或整套保险财产的重要性，但在任何情况下，该部分损失或损坏均不能视作整套或整件保险财产受损。

第三十条　货运保险单

被保险财产遭受损失时，如该损失另有货运保险单承保，或如果没有本保险单的存在将有货运保险单承保，则本保险单不承保该财产损失，但损失数额超过该等货运保险单在没有本保险单存在的情况下应该赔付的部分则除外。

第三十一条　诉讼时效

被保险人向本公司请求赔偿保险金的诉讼时效期间为二年，自其知道或者应当知道保险事故发生之日起计算。

争议处理和法律适用

第三十二条　法律适用

本保险合同的成立、生效、履行及争议的解决均适用中华人民共和国法律（不包括港澳台地区法律）。

第三十三条　争议解决

有关本合同的一切争议或分歧的解决方式，由当事人在合同约定从下列两种方式中选择一种：

（1）因履行本合同发生的争议，由当事人协商解决，协商不成的，提交双方约定的仲裁委员会仲裁；

（2）因履行本合同发生的争议，由当事人协商解决，协商不成的，依法向人民法院起诉。

其他事项

第三十四条　合同解除

投保人可随时书面通知本公司解除本保险合同，若在保险责任开始前解除合同，本公司将按照规定收取保险单所列保费的 5% 作为退保手续费；若在保险责任开始后解除合同，本公司将按照以下所列的短期费率收取已承保期间的保险费。本公司也可随时解除本保险合同，但必须提前 30 天通知被保险人，并退还按日比例计算的从解除之日起的未满期保险费，法律另有规定或本合同另有约定的除外。

被保险财产发生部分损失后，投保人可以自本公司支付保险赔偿金之日起的三十日内解除保险合同；本公司也有权以提前十五日通知投保人的方式解除保险合同。投保人解除保险合同的，本公司将按照附录所列的短期费率收取已承保期间的保险费。本公司解除保险合同的，应当退还投保人按日比例计算从解除之日起的被保险财产未受损失部分的未满期保险费。

释　义

1. 意外：指不可预见的、不受控制的以及突发性的事件。

2. 恐怖活动：指任何个人或群体为了达到政治、宗教、意识形态或类似的目的而使用武力或暴力和 / 或威胁手段，企图影响任何政府和 / 或使公众或部分公众处于恐惧状态，无论该行为是该属于个体行为还是代表任何政府、组织、或与任何政府、组织相关。

3. 事故：指可归因于单一起因的事件或一系列事件。

4. 自然灾害：指雷电、飓风、台风、龙卷风、暴风雪、洪水、水灾、霜冻、冰雹、岩滑、雪崩、火山喷发、地面沉陷以及任何其他非人力所控制的、具有强大破坏力的自然现象。

5. 2000 年问题：指因涉及 2000 年日期变更，或在此前、期间、其后任何其他日期变更，包括闰年的计算，直接或间接引起计算机硬件设备、程序、软件、芯片、媒介物、集成电路及其他电子设备中的类似装置的故障，进而直接或间接引起和导致保险财产的损失或损坏问题。

6. 列明风险：指火灾、闪电、爆炸、飞行器坠落、洪水、烟、车辆碰撞、风暴或暴风雨。

附表　　　　　　　　　　短期月费率

1 个月	2 个月	3 个月	4 个月	5 个月	6 个月	7 个月	8 个月	9 个月	10 个月	11 个月	12 个月
10%	20%	30%	40%	50%	60%	70%	80%	85%	90%	95%	100%

注：保险期间不足一个月的部分，按一个月计算。

附录6 苏黎世保险公司（Zurich）财产一切险条款

请您在收到本保险单后仔细阅读，以确保本保险单符合您的需求。本保险单是一份法律文本，应当妥善保存。

1. 在本保险单中，"被保险人"是指保险单明细表中列明的被保险人，"苏黎世"是指苏黎世保险公司北京分公司，即指保险人，"损失"是指灭失、毁坏、损坏。

2. 被保险人

2.1 已经向苏黎世提出投保本保险单所载明的保险的要求；且

2.2 已经提供了与投保有关的资料；且

2.3 已经支付或同意支付明细表中所列明的保费。

3. 被保险人和苏黎世一致同意：

3.1 "保险单"包括本保险单、明细表和苏黎世以批单形式对保险单所做的修改，以上所有部分应作为一份文本一起进行阅读；

3.2 任何具有特别含义的文字和表述在保险单任何地方出现时均具有相同的含义；

3.3 保险单中所列明的各项不保风险和条件条款，凡在条款含义所允许的范围内，是被保险人根据保险单行使索赔权利的先决条件；

3.4 由被保险人所提供的各种资料将成为保险合同的组成部分。

4. 有鉴于此，因承保风险造成标的坐落地址内保险标的的损失时，凡属于保险期限内，苏黎世将按损失发生时受损财产的价值向被保险人进行赔偿。对受损财产或受损财产的一部分，苏黎世有权选择恢复或替换的方式进行赔偿。

5. 在保险单列明的总保险金额内，苏黎世将赔偿被保险人采取必要措施产生的如下合理费用：为防止保险标的附近任何火灾可能造成的对保险财产的损失而发生的灭火费用；为防止或降低任何保单列明风险对保险财产可能造成的损失而发生的费用，包括开通安全通道，补给灭火用具及设施，以及由于防火设备意外渗漏从而需切断或释放设备中的水或其他物资来源所额外产生的费用。

6. 但是，苏黎世的赔偿责任在任何情况下都不得超过：

6.1 损失发生时的总保险金额；就个别保险项目，不超过其单项的保险金额；

6.2 赔偿同一保险期限内所发生的其他损失后所剩余的保险金额。如果苏黎世同意恢复原保险金额时，则不在此限。

保险标的

7. 只要不属于以下"不保财产"，凡明细表所列明并处于明细表所列明的标的坐落地址内的财产，均由本保险单承保。

不保财产

8.除非在保险单中另有约定，本保险单对以下财产不予承保：

8.1　空气、土地、水；

8.2　飞行器及其内部物品；

8.3　金银、贵重金属、宝石和半宝石、珠宝、珍珠、毛皮、玉器；

8.4　水坝、运河、水库、渠堰、灌溉系统；

8.5　船坞、码头、栈桥、防波堤；

8.6　文件、账簿、业务账册、计算机系统记录；

8.7　图纸、图样、设计图、样本、模型、模具；

8.8　地基、排水沟、位于建筑物最低楼层以下的任何部位；

8.9　信托持有或代为保管的物品；

8.10　玻璃、瓷器、陶器、大理石、其他易碎易损物品，但以下原因所造成的损失不在此限，包括：火灾、雷电、爆炸、飞机、暴乱、罢工人员、被歇业工人、参加劳工骚乱的人员、恶意破坏的人员、车辆碰撞、地震、暴风、洪水、任何储水水罐（包括储水设备和管道）的爆裂、溢流、排水、渗漏；

8.11　任何活体生物（包括但不限于兽类、鸟类、鱼类、林材、农作物、植物或者树木）；

8.12　矿井、洞穴及其内部物品；

8.13　现金，所称现金包括：硬币、纸币、支票、汇款单、邮政汇票、信用卡、信用卡凭单、有价证券、债务凭据、本票、汇票、邮票、邮资券；

8.14　应该领取公路牌照的机动车及其附属物品；

8.15　尚在建筑、安装或装配过程中的财产；

8.16　在损失发生时，已由其他特定保险或者货运险保险单承保的财产，但超出有关特定保险或者货运险保险单赔偿金额的部分不在此限；

8.17　处于搬运过程中的财产，但在明细表中列明的标的坐落地址内进行搬运时不在此限；

8.18　铁路、铁路机车、铁路车辆及其内部物品；

8.19　钻探平台，钻井、离岸财产；

8.20　道路、人行道、桥梁、隧道、管道；

8.21　航天器及其内部物品；

8.22　不属于被保险人场地内的电力和通信输配装置和线路；

8.23　船舶及其内部物品；

8.24　武器、弹药、炸药；

8.25　艺术品（指任何绘画、雕塑、手稿、珍贵书籍或文件、古玩、其他艺术品）、珍玩、古董。

保险责任

9.只要不属于"不保风险"，以下事故发生原因为承保风险：

9.1　任何不可预见的、突发的、意外的物质损失。

不保风险

10.本保险单不承保以下原因所造成的损失或引起的费用：

10.1　锅炉爆炸和坍塌，但由本保险单项下承保的保险事故所引起的损失或费用不在此限，因爆炸和坍塌而造成的其他保险财产的损失也不在此限；

所称锅炉爆炸和坍塌是指：因内部蒸汽或液体压力导致锅炉突然强烈碎裂，或者因蒸汽或液体压力导致锅炉的任何部件发生突然而危险的变形；

所称锅炉，包括蒸汽锅炉、管道、涡轮机、引擎、压力容器；

10.2　机器故障，但由本保险单项下承保的保险事故引起的损失或费用不在此限，因机器故障而造成其他保险标的的损失也不在此限；

所称机器故障是指机器、锅炉、计算机、各种设备因其自身机械或电气故障、过热、失效或紊乱而引起的损失。

所称机器包括各种机器、机具、设施，但不包括皮带、绳索、线、链、橡胶轮胎、模具或其他可更换工具、雕刻滚筒、玻璃制品、毛毡、筛子、过滤器、纺织品；

10.3　工作中断、延期、或丧失市场、或任何其他后果损失或任何情况的间接损失；

10.4　温度、湿度、颜色、重量、质地、外表或化学成分的变化，除非该变化是由本保险单项下承保的保险事故引起的；

10.5　没收，指被合法组成的政府通过没收、国有化、征用而永久或暂时地剥夺占有权；

10.6　设计错误，指设计、规划、规格中存在的错误、不足、缺陷或疏忽，但由于上述原因引起的意外事故导致其他保险标的损失除外；

10.7　财产的拆除；

10.8　雇员的不诚实行为；

10.9　因非法占用土地或建筑物而导致被剥夺占有权；

10.10　电流，但所造成其他保险财产的损失由本保险单承保；

所称电流是指电流对电器设备或线路造成的直接损坏，但不包括雷电；

10.11　电子记录受到电力或者磁场干扰、删除，但因雷电引起的除外；

10.12　不应置于露天的财产曝露于户外；

10.13　敲诈、强迫、恐吓、伪造、假冒、绑架；

10.14　水、燃气、电力或燃油供应中断，除非该中断是因本保险单承保的保险事故造成保险地点内的保险标的损失而引起的；

10.15　被保险人的欺诈、不诚实、故意行为、故意疏忽；

10.16　各种渐变原因，包括但不限于磨损、生锈、腐蚀、发霉、生菌、湿腐、干腐、细菌、病毒、疾病、昆虫、幼虫、害虫、常见变质、腐败、基因变异、光线作用、缓慢发展的变形，但由于上述原因引起的意外事故导致其他保险标的损失除外；

10.17　潜在缺陷或内在缺陷，但由于上述原因引起的意外事故导致其他保险标的损失除外；

10.18　正常保养或维修费用；

10.19　核武器、核原料、核成分、核废料、核燃料；

10.20　污染、污染物、从残骸中提取或中和污染物、搬移或处理被污染的残骸；

所称污染或者污染物是指烟、蒸汽、烟尘、烟气、酸、碱、化学品、液体、气体、废料、其他污染物刺激物的倾泻、散布、释放或者逸出；

10.21　加工过程，但仅限于被加工的财产；

所称加工过程，是指测试、试验、制造、组装、拆卸、清洗、服务、修理、替换；

10.22　被保险人供货或来料中的短缺，清点存货时发现的短少；

10.23　任何软件损失，除非

（a）软件损失是单纯由于承载、处理、保存软件的设备、硬件、媒介、装置发生直接物质损失而引起的；

（b）因软件损失引起火灾或爆炸并造成有形财产的直接物质损失。在本附加条款项下，软件不属于有形财产；

所称软件，是指程序、计算机软件、操作系统、编程指令、数据；

所称软件损失，是指由于失效、故障、失灵、删除、缺陷、病毒、数据损坏或删除、失去使用功能、使用功能降低所造成的软件损失，以及因此引起的成本、费用和责任；

所称软件损失，包括但不限于以下原因所引起的损失：经过授权或未经授权接入或使用计算机、通信系统、文件服务器、网络设备、计算机系统、计算机硬件、数据处理设备、计算机内存、微处理芯片、微处理器（计算机芯片）、集成电路、计算机设备中的其他类似设备、计算机程序、计算机软件、操作系统、编程指令、数据；

所称病毒，是指对计算机、通信系统、文件服务器、网络设备、计算机系统、计算机硬件、数据处理设备、计算机内存、微处理芯片、微处理器（计算机芯片）、集成电路、计算机设备中的其他类似设备、计算机程序、计算机软件、操作系统、编程指令、数据的操作或功能造成影响的软件、数据、编码，包括但不限于各种破坏性的程序、计算机编码、计算机病毒、蠕虫、逻辑炸弹、拒绝服务攻击、史莫夫攻击、故意破坏、特洛伊木马、其他类型数据，在引入电子系统后会引起数据、软件或者电子商务系统的删除、破坏、退化、损坏、故障和对安全的威胁；

10.24　凝固，除非由于火灾或者爆炸引起；

所称凝固，是指熔液（或熔化物质）在容器、输送管道或其他附属装置中的凝固；

10.25　自燃，但由于上述原因引起的意外事故导致其他保险标的损失除外；

10.26　沉陷，指因地面运动、建筑物或地基的收缩或膨胀所引起的下沉下陷、隆起、塌方、侵蚀、塌陷、裂缝；

10.27　为矫正或替换有缺陷的原材料或不良工艺所发生的费用；

10.28　任何公共政府部门的命令；

10.29　盗窃，除非

10.29.1　存在能证明强行进出标的坐落地址的可见证据，或者

10.29.2　被保险人及其雇员遭受袭击、暴力行为、采用袭击或暴力行为的威胁；

10.30　不能解释的失踪，接收、支付或记账时的错误或遗漏；

10.31　非法占有，指因任何人非法占有任何建筑物而永久或暂时性地丧失该建筑物的使用权。

11. 本保险单不承保由于地震、火山爆发及海啸引起的直接或间接的损失及费用。

12. 对以下原因所直接或间接引起的损失或费用，本保险不负责赔偿：

12.1　各种恐怖主义行为（无论是否同时或交替存在其他原因或事件），以及为控制、阻止、镇压、报复或响应恐怖主义行为而采取的任何行动；

在本条不保风险条款项下，所称恐怖主义行为是指：为了政治、宗教、意识形态或类似目的，也包括为了影响任何国家的任何合法或事实上的政府或任何政治派别，由任何个人或团体所采取的任何行动、准备工作、行动威胁，无论是由个人单独行动还是代表任何组织、任何合法或事实上的政府，以便恐吓任何国家的全部或部分公众，而且

12.1.1　涉及针对一人或多人人身的暴力行为；

12.1.2　或涉及对财产的损坏；

12.1.3　或危及采取行动者以外的其他人的生命安全；

12.1.4　或增加全部或部分公众的健康或安全风险；或被设计用于干扰或扰乱电子系统；

12.2　战争，指战争、侵略、外敌行动、敌意行为、其他类似战争的行为，而无论是否宣战；部分属于或相当于民众叛乱、军队叛乱、起义、造反、革命、军事或篡权行动的内战、哗变、民众骚乱。

13. 对以下原因所直接或间接造成的损失或引起的费用，本保险不负责赔偿：

13.1　核燃料或由核燃料燃烧而生成的核废料所产生的核辐射或放射性污染。在本不保风险条款中，所称燃烧是指自发性的持续核裂变链式反应。

13.2　放射性物质、有毒物质、爆炸物、其他含有爆炸性或核成分的危险品。

14. 凡在任何仲裁、诉讼或其他司法程序中，如果根据第 12 条和第 13 条的规定，苏黎世提出某项灭失或损坏不属于保险责任时，则证明有关灭失或损坏属于保险责任的举证责任由被保险人承担。

15. 凡因地下火、台风、洪水、异常大气干扰造成任何灭失、毁减和损坏，在计算保险金额、赔偿限额、单项赔偿限额或免赔额时，应将任何连续七十二（72）小时期间内发生的所有灭失、毁坏和损毁视为由同一起因或缘由引起。未曾在上一个连续七十二（72）小时期间内发生的损失，其首次发生的时间应视为每个期间的开始。本条款适用于以上任何事故原因，无论其影响区域或事故范围是连续的还是不连续的，也无论灭失、毁坏和损毁是否基于同一地质或大气条件。

16. 凡任何保险损失，均应在适用本保险单各项条件和条款后（包括比例赔偿），按保险单明细表的规定，扣除相应的免赔额。

条件条款

17. 保证条款：针对全部或部分保险标的的任何保证，自保证生效时起在本保险单整个期间内持续有效。违反此保证义务则相关财产的全部或部分索赔将得不到赔偿。但如果保险单续保，凡在续保期内发生的索赔，不会由于续保期开始前所违反的保证义务而受到影响。

18. 代位求偿：若本保险单项下负责的损失涉及其他责任方时，不论苏黎世是否已赔偿被保险人，被保险人应立即采取一切必要的措施行使保留向该责任方索赔的权利。在苏黎世支付赔款后，被保险人应将向该责任方追偿的权利转让给苏黎世，移交一切必要的单证，并协助苏黎世向责任方追偿。

19. 索赔与被保险人义务：凡得知导致或可能导致本保险单项下索赔的事件发生时，被保险人应当：

19.1　立即

19.1.1　采取措施降低损失，寻找失踪的财物；

19.1.2　书面通知苏黎世；

19.1.3　凡因蓄意或恶意破坏造成损失时，通知警方；

19.2. 在 30 天内或在苏黎世书面允许延长的时间内，向苏黎世提交

19.2.1　书面索赔报告，并以合理可行的方式提供受损物品的清单，以及所有受损财产项目按出险时的财产价值计算的各自损失金额；

19.2.2　如果有，所投保其他保险的详细情况；

19.3　就有关损失起因和缘由、损失发生的背景、其他涉及苏黎世的赔偿责任和赔偿金

额的情况，自负费用向苏黎世提供所有有关资料及所获得的文件或证据；

如苏黎世要求，还应同时就索赔和相关事宜的真实性提交一份宣誓证明材料或其他法律文本。

20. 保险利益的丧失：凡发生以下情形时，被保险人将丧失本保险单项下的全部保险利益：

20.1 本保险单项下的任何索赔有任何虚假性质，或者被保险人或被保险人的代表为取得本保险单项下的利益采取任何欺骗手段或方式；

20.2 损失是由于被保险人的故意行为或默许所引起的；

20.3 被保险人或被保险人的任何代表阻挠或妨碍苏黎世行使自身权利；

20.4 被保险人提出的任何索赔被拒赔后，未能在拒赔后 24 个月内提起诉讼；

20.5 凡任何索赔，依照本保险单第 29 条进行仲裁并作出裁决后，6 个月内未提起诉讼；

20.6 损失发生之日起 24 个月后所提出的索赔，除非该索赔受到尚未终结的法律行动或仲裁的影响。

21. 占用权：凡发生引起索赔的损失时

21.1 苏黎世和苏黎世授权的任何人员有权采取以下行动，但苏黎世不会由此产生任何责任，也不会由此减损苏黎世在本保险单项下的任何权利：

21.1.1 进入、取得或占有发生损失的场地；

21.1.2 出于合理的目的并以合理的方式，取得任何保险标的或要求将其移交给苏黎世，并对以上财产进行处理；

21.2 无论苏黎世是否取得占有权，任何财产均不得委付给苏黎世。

22. 重置受损财产的选择权：苏黎世有权自主选择对受损财产或其中的任一部分进行修理或更换，而不采用赔偿损失金额的方式；苏黎世也可以连同其他个人、企业或保险公司共同进行重置。但是，苏黎世将只以环境允许且合理有效的方式进行重置，不负责完全按照原样修复。在任何情况下，由苏黎世承担的费用都不应超过将受损财产修复至损失发生时的原状所应发生的费用，更不得超过保险金额。

22.1 如果苏黎世选择修理或更换任何受损财产，被保险人应自负费用向苏黎世提供方案、规格、尺寸、数量和苏黎世所要求的其他技术细节。就苏黎世计划修理或更换而采取或将要采取的行动，不应视为苏黎世已选择进行修理或更换；

22.2 如果依据有关现行街道分布或房屋建筑的法律法规或其他类似规范，导致苏黎世不能修理或更换受损财产，则在此情况下，苏黎世仅须赔付如果法律允许时将受损财产修理至原状所需要的修理或更换费用。

23. 比例赔偿（不足额保险）：保险标的发生损失时，如果其价值合计高于保险金额，则被保险人应按照相应比例分摊所发生的损失及费用。如果保险标的超过一项时，每一项财产应分别适用本条款规定。

24. 重复保险分摊：凡损失发生，如果被保险人或其代表曾经就受损财产投保过其他保险时：

24.1 苏黎世的赔偿责任以其保险金额占各保险人保险金额总和的比例分摊的损失金额为限；

24.2 如果前述其他保险条款规定不能与本保险单共同分摊全部或部分损失或按比例分摊损失，则苏黎世将按照保险金额与财产价值的比例承担赔偿责任。

25. 保险合同解除：可以在任何时候按以下方式解除本保险单：

25.1 由被保险人书面通知苏黎世，自通知到达之日起解除本保险单。苏黎世将依照通常的短期费率（见下表）扣除自保险单生效之日起的保险费；

保险期		年度保险费率的比例
超过	不超过	
……	1 个月	年保费率 10%
1 个月	2 个月	年保费率 20%
2 个月	3 个月	年保费率 30%
3 个月	4 个月	年保费率 40%
4 个月	5 个月	年保费率 50%
5 个月	6 个月	年保费率 60%
6 个月	7 个月	年保费率 70%
7 个月	8 个月	年保费率 80%
8 个月	9 个月	年保费率 85%
9 个月	10 个月	年保费率 90%
10 个月	11 个月	年保费率 95%
11 个月	12 个月	全年保费

25.2 由苏黎世提前七天按照最近所知的被保险人地址书面通知被保险人。苏黎世应根据要求按比例退还自终止之日起计算的未到期部分保险费。

26. 争议处理：因本保险合同所产生的争议，如果无法由当事人协商解决的，双方可协商选择以下方式解决。

26.1 仲裁：提交中国国际经济贸易仲裁委员会按照现行有效的仲裁规则进行仲裁。如被保险人注册地区没有中国国际经济贸易仲裁委员会，则提交双方约定或认可的仲裁机构按照申请仲裁时该仲裁机构现行有效的仲裁规则进行仲裁。仲裁裁决为终局裁决，对双方均有约束力。

26.2　诉讼：双方如协商不成，或不选择仲裁的，可向被告住所地人民法院起诉。

27. 适用法律和管辖权：对本保险单和本保险单的任何文字或词语的解释，应适用中华人民共和国法律。

附录7 中国人民财产保险股份有限公司财产一切险风险问询表（2009年版，包括生产性企业和商业性企业）

中国人民财产保险股份有限公司
财产一切险风险问询表——生产性企业

一、基本概况

企业名称：　　　　　　　　邮政编码：

详细地址：

国有企业□　私有企业□　合资企业□　其他□

保险财产处于　　河（海、湖、水库）边，相距＿＿＿＿米　山坡上□

　　　　　　　　山脚下□　低洼处□　平原□　市区□　郊区□

投产时间　＿＿＿＿年＿＿＿＿月

二、生产过程

产成品：

主要原料：

主要生产设备的制造年份及制造商：（有投保项目清单的可不填）

设备名称	设备型号	制造商或厂地	制造年份

工艺流程图　　随件附上□　无法提供□

生产工艺采取　常温□　高温，最高温度为＿＿＿度□

　　　　　　　常压□　高压，最高压力为＿＿＿MPa□

主要生产过程　自动化□　机械操作□　手工操作□

带明火操作　烤炉□　熔炉□　　干燥机□　　加热器□　　其他□

无尘室　　　有□　　无□

等级　　　100000□　10000□　1000□　　100□　　其他□

三、存货物资

储存方式　　仓储□　露堆□　罩棚□　其他□

存储地点　　如多个地点，需列明

1. _____

2. _____

3. _____

易燃易爆物质　　无□　有□　　　名称_____

　　　　　　　　　独立的符合防火防爆要求的仓库　无□　有□

主要仓储物品　　名称_____　　易燃□、可燃□、难燃或不燃□

　　　　　　　　名称_____　　易燃□、可燃□、难燃或不燃□

　　　　　　　　名称_____　　易燃□、可燃□、难燃或不燃□

液体储罐所储存的可燃物质

　　　　　　　　名称_____　　体积_____

防灭火设施　　　防雷电□　防静电□　防明火□　自动灭火装置□

四、建筑物情况

产权　　　　　　自有□　租用□

有无共用单位　　有□　无□

厂区平面图　　　随件附上□　无法提供□

主体建筑物结构

名称	结构	高度（m）或层数	占用性质

说明：1.建筑物结构：A 钢筋混凝土结构 B 钢结构 C 砖砌 / 石头 D 木材 E 其他，请注明；

　　　2.占用性质：A 办公 B 宿舍 C 仓储 D 生产（要注明类别：如机器加工、热处理、喷漆、装配、电镀、焊接、注塑、印刷、粉碎等）；

　　　3.对于非单一用途的多层建筑物要说明每一层次的使用情况。

避雷设施　　　有□_____套　无□

防火墙、门　　有□　耐火时间____小时　无□

五、防护设施

自动水喷淋系统　　有□　无□

　　　　　　　　　湿式□　干式□　预作用□　雨淋□

消防水箱　　　　　数量_____　储存量_____　其他_____

室外消防栓　　　　数量_____　室内消防栓_____　数量_____

灭火器　　　　　　干粉□　　　二氧化碳□　　　　泡沫□　　　　其他□

数量　　　　　　　_____　　_____　　　　_____　　_____

特殊消防系统　　　无□　有□

　　　　　　　　　二氧化碳系统□　烟烙系统□　水喷雾系统□　泡沫灭火系统□

烟雾抽取系统□　自动喷淋系统□　其他□

火灾探测系统　　　无□　有□

　　　　　　　　　感烟型□　感温型□　采样型□　其他□

防盗警报系统　　　无□　有□

　　　　　　　　　红外线□　录像监控□　门磁□　其他□

警卫人数　　　　　公司雇员□　保安公司雇员□

巡逻　　　　　　　无□　有□　频率_____　记录　有□　无□

厂内全职消防队　　无□　有□　队员人数_____

防洪设施　　　　　与市政雨水管网（河、沟、渠）相连的排雨水系统□

　　　　　　　　　防洪墙□　高度____米　防洪闸门□

　　　　　　　　　沙袋数量____袋　　　汛期堆放位置_____

　　　　　　　　　防洪抽水机□　　　　数量____台

　　　　　　　　　仓储物品加垫板□　　高度____厘米

六、管理

禁烟措施　　　　　全区域禁烟□　固定吸烟点□　无禁烟条例□

防灭火措施　　　　禁止吸烟和使用明火□　良好的静电接地□

　　　　　　　　　使用防爆型的电器设备和照明灯具□

　　　　　　　　　防火分区□　保持工作场所整洁□

动火许可制度　　　无□　有□　　　书面记录　无□　有□

定期消防设施维护　无□　有□　　　书面记录　无□　有□

防火安全责任制　　无□　有□

保安措施　　　　　围墙防护设施□　防盗报警装置□

　　　　　　　　　监控摄像头□　数量____个

　　　　　　　　　专职保安□　　人数____人　门卫□

　　　　　　　　　出入大门登记制度□

　　　　　　　　　夜间、公休日和节假日均有人值班□

七、出险理赔记录

列明以前曾发生的索赔事例

序号	日期	出险情况	索赔金额（元）
1			
2			
3			
4			
5			
6			

中国人民财产保险股份有限公司
财产一切险风险问询表——商业性企业

一、基本概况

邮政编码：_____

企业名称：_____

详细地址：_____

国有企业□　　　私有企业□　　　合资企业□　　　其他□

保险财产处于　　　河（海、湖、水库）边，相距__米□　山坡上□

山脚下□　低洼处□　平原□　市区□　郊区□

保险财产的周围环境

东：距离_____米	南：距离_____米
西：距离_____米	北：距离_____米

开业时间_____年___月　平均日营业额_____

主要经营项目_____　现有员工人数_____

营业时间　每天___小时

二、存货物资

储存方式　仓储□　露堆□　罩棚□　其他□

存储地点　如有多个地点，需列明

1. _____

2. _____

3. _____

易燃易爆物质　无□　有□　名称_____

可燃液体的防灭火设施　防雷电□　防静电□　防明火□　自动灭火装置□

上年度存货量　　　最大值_____　平均值_____

三、建筑物

建筑物概况　　名称_____　占地面积_____

高度_____　层数_____

投入使用时间_____年___月　自有□　租用□

有无共用单位　有□　无□

使用情况：（填项目英文代码）

建筑物名称	结构	层次（含地下层）	用途	保险财产项目

说明：1. 建筑物结构：A 钢筋混凝土结构 B 钢结构 C 砖砌 / 石头 D 木材 E 其他，请注明；

2. 建筑物用途：A 办公 B 住宿 C 饮食 D 商场 E 娱乐场所 F 银行 G 邮局 H 仓库 I 车库 J 小商品批发市场、K 建材城（市场）、L 其他（要注明）；

装修：

电气线路 　　有无穿套保护套管 　　有□ 　无□

　　　　　　有尢可靠的保险装置 　　有□ 　无□

　　　　　　有无乱拉乱接电线？ 　　有□ 　无□

　　　　　　电线是否老化？ 　　　　有□ 　无□

装饰完工时间 　　　　　年　　月

有无足够宽度的消防通道 　　　　　有□ 　无□

消防通道有无被堵塞或占用 　　　　有□ 　无□

装修工程是否经过当地公安消防监督机构的审批 　是□ 　否□

建筑物内有无使用明火 　　　　　　有□ 　无□

所在位置　　　　　　　用途　　　　　　　

四、防护设施

自动灭火装置 　水喷淋灭火□ 　二氧化碳灭火□ 　卤代烷灭火□ 　泡沫灭火□

市政消防供水： 　主管直径 　　　　　压力 　静压　　　　残压　　　　

消防水箱 　　　数量　　　　储存量　　　　其他

消防水泵 　　　总数　　　　柴油□ 　电力□ 　自动□ 　手动□

室外消防栓 　　数量　　　　室内消防栓 　数量　　　　

灭火器 　　　　干粉□ 　二氧化碳□ 　泡沫□ 　其他□

数量 　　　　　　　　　　　　　　　　　　　　　　

特殊消防系统 　无□ 　有□

　　　　　　　二氧化碳系统□ 　烟烙系统□ 　水喷雾系统□ 　泡沫灭火系统□

　　　　　　　烟雾抽取系统□ 　自动喷淋系统□ 　其他□

火灾探测系统 　无□ 　有□

　　　　　　　感烟型□ 　感温型□ 　采样型□ 　其他□

现有消防设施 　是否取得由消防部门签发的《建筑工程消防验收意见书》或其他消防合格证书

有□　无□

《建筑工程消防验收意见书》内说明的使用等级丙类及以下危险等

级_____；超过丙类的危险等级_____

防盗警报系统　无□　有□

红外线□　录像监控□　门磁□　其他□

警卫人数　_____　公司雇员□　保安公司雇员□

组建义务消防队　无□　有□　队员人数_____

一般员工是否会使用灭火器材　是□　否□

最近之消防队距离_____米　反应速度_____

防洪设施　　　与市政雨水管网（河、沟、渠）相连的排雨水系统□

防洪墙□　高度____米　防洪闸门□

沙袋数量_____袋　　汛期堆放位置_____

防洪抽水机□　　　数量____台

仓储物品加垫板□　　高度____厘米

五、管理

禁烟措施　　　全区域禁烟□　　　局部禁烟□

防灭火措施　　禁止吸烟和使用明火□　良好的静电接地□

使用防爆型的电器设备和照明灯具□

装有可燃气体浓度检测报警装置□

装有符合防火安全要求的排烟系统□

防火分区□　装有防雷电装置□

保持工作场所整洁□　防火门□

电气设备和热工设备周围禁止堆放易燃或可燃物品□

定期消防设施维护　无□　有□　　　书面记录　无□　有□

防火安全责任制　　无□　有□

防火安全管理机构　无□　有□

动火许可制度　无□　有□

风险控制预案　无□　有□

消防管理制度　无□　有□　名称_____

保安措施　　　围墙防护设施□　　防盗报警装置□

监控摄像头□　数量____个

专职保安□　人数____人　门卫□

出入大门登记制度□

夜间、公休日和节假日均有人值班□

六、自然灾害

地震灾害记录＿＿＿＿＿＿＿＿＿＿＿＿＿＿＿＿＿＿＿＿＿＿＿＿＿＿＿

　　　　　地震带＿＿＿＿＿　地震等级＿＿＿＿＿

建筑物特殊抗震设计＿＿＿＿＿＿＿＿＿＿＿＿＿＿＿＿＿＿＿＿＿＿＿＿

暴雨、洪水灾害记录＿＿＿＿＿＿＿＿＿＿＿＿＿＿＿＿＿＿＿＿＿＿＿＿

附近水系及离企业距离＿＿＿＿＿＿＿＿＿＿＿＿＿＿＿＿＿＿＿＿＿＿＿

风暴灾害记录＿＿＿＿＿＿＿＿＿＿＿＿＿＿＿＿＿＿＿＿＿＿＿＿＿＿＿

每年风暴发生次数＿＿＿＿＿＿＿＿＿＿＿＿＿＿＿＿＿＿＿＿＿＿＿＿＿

其他＿＿＿＿＿＿＿＿＿＿＿＿＿＿＿＿＿＿＿＿＿＿＿＿＿＿＿＿＿＿＿

七、出险理赔记录

列明以前曾发生的索赔事例

序号	日期	出险情况	损失金额
1			
2			
3			
4			
5			
6			

投保人声明：上述陈述及详细资料均属真实，未错报或隐瞒任何资料的实情。本人（本公司）同意以本调查表连同投保人提供的其他资料成为保险合同成立的基础。

投保人（签章）

年　　月　　日

附录8 风险查勘前的资料准备清单（样本）

Scope of Survey and Pre-Survey Requirements for XXX Ltd
XXX 有限公司查勘范围及查勘所需准备工作

I. Scope of Survey 查勘范围

The survey will have 2 main purposes

现场查勘有以下两个目的：

1. gather underwriting information required for underwriting property all risk，machinery breakdown and business interruption insurance；

为财产一切险、机器损坏保险和营业中断保险收集核保信息；

2. help you in your loss prevention and loss control efforts.

帮助贵公司改善防止损失和控制损失的措施。

Our risk engineers will be evaluating the following

我们的防损工程师将对以下方面作出评价：

1. Discuss plant history，maintenance & operation strategies，process flow，etc.

工厂历史，维护和运行策略及生产流程等。

2. The type of building construction.

被保险财产建筑结构类型。

3. Any external fire exposure to the property.

被保险财产的一切外部火灾风险。

4. Identify all the fire hazards found at the facility and evaluate if adequate fire protection has been provided to mitigate a loss.

识别被保单位内部所有火灾风险，判断消防设施能否减轻火灾损失。

5. Evaluate if the necessary fire protection is provided for the facility. This may include testing of the fire pumps to ensure adequate flow and pressure is available.

判断被保险单位内部是否已经具备完善的消防设施，其中可能包括对消防水泵的测试，以确保其能够提供足够水流和水压。

6. Evaluate if there are exposure from other perils such as liquid damage，smoke damage，theft and burglary，etc.

判断是否有其他危险对被保险财产产生风险，如液体损坏、烟熏损坏、偷窃及盗窃等。

7. Evaluate if there are exposure to natural perils such as flood，earthquake，etc.

判断是否有自然灾害如洪水、地震等产生的风险。

8. Understand the nature of plant & equipment and associated maintenance practices.

了解工厂及设备的具体情况和相关运行维护措施。

9. Potential for Business interruption from the loss of any insured property or from common third party sources such as vendor，utility supply company，etc.

判断由被保险财产损失或由第三方，如材料提供商、公共服务提供商等造成的营业中断风险。

If the evaluation shows that the occupancy is exposed to a possible loss from any of the named hazards，appropriate recommendations will be forwarded to help mitigate the loss.

如果我们发现以上危险可能对被保险财产造成损失，我们将提出相应建议以减小损失。

The agenda of the visit will be basically：

现场查勘的基本内容如下：

1. Brief discussion on your facility – the site layout，number of buildings，what product you make，process flow，what is being done in each building，etc.

简要讨论工厂设施，如现场布置、建筑物数量、生产的产品、生产流程和各建筑物用途等。

2. Tour the facility. This includes visits to all areas including production areas，warehouse，electric and facility equipment rooms，fire pump rooms，etc.

现场设施查勘，包含参观生产区、仓库、电气设施房和消防泵房等所有区域。

3. We will then return to the meeting room for further discussions and review of documents relating to fire protection，safety procedures，material safety data sheet of any hazardous materials or equipment，etc.

在现场查勘完成后，我们回到会议室就有关消防、安全措施、危险材料或设备的材料安全数据表，做进一步的讨论。

4. We would like to discuss the potential of business interruption from third party supplier or utility company and also the details of any business continuity plan，any bottlenecks in your operations and replacement time of key production machinery，etc.

我们将讨论由第三方供应商、公共服务公司造成的营业中断风险、营业持续计划、生产瓶颈及关键生产机械更换时间等。

5. An exit conference will be held during which we will make any necessary recommendations to help improve your plant.

在会议结束前我们将针对贵公司的情况提出防损改善建议。

II. Pre-Survey Information Requirements 查勘前所需要提供的信息

It would be appreciated if the following can be prepared to assist our engineers in gathering the necessary information.

感谢贵公司提供以下资料，这些资料将有助于我们工程师收集必要信息。

Property All Risks

财产一切险

1. Site sketch and plant layout. Preferably the drawings should be to scale. Process flow diagram.

现场简图和工厂布置图。这些图纸以按照比例绘制，并有标注为宜。生产流程图表。

2. The fire protection system. The engineer would like to view all fire protection drawings and specifications. For example, sprinkler plans, layout of fire hydrants and underground pipes, size & specification of fire pump and suction tank, flow test data, etc.

消防系统。工程师希望可以看到全部消防图纸和说明，例如喷淋系统图、消防栓和地下管道的布置图、消防水池的容量及消防泵的技术参数和水流测试记录数据等。

3. List of fire detection systems （smoke, heat, UV, etc）by areas of plant.

工厂各建筑内消防探测系统的清单（感烟探测器、温感探测器、紫外线探测器等）

4. Safety procedures of your facility such as emergency organization, Emergency Response Plan, record of fire safety inspections & audits, permit to work, copy of Hot Work procedures and Fire Protection System Impairment Control procedures, etc. Usually the safety manager will be the best person to answer these questions. The visiting engineer would have to interview the person in charge of these and to review any documentation relating to these procedures.

设施的安全措施，包括紧急救护组织、紧急预案、安全检查记录和管理记录、工作许可、动火作业许可、消防系统修理控制措施等。通常安全经理是最合适回答这些问题的人。现场查勘的工程师需要与相关的负责人交谈，查看相应资料以获取所需信息。

5. We would also like to gather technical and maintenance information relating to your facility equipment, such transformers, boilers, ovens, etc. Usually the facilities engineer will be the best person to answer these questions.

我们也需要收集贵公司设施装备，如变压器、锅炉、烤炉等技术和维护方面的资料。通常设备工程师是最适合回答这些问题的人。

6. If flammable liquid or solvent is present in significant quantity, we would like to review their Material Safety Data Sheet.

如果工厂使用了一定数量的可燃液体和溶剂，我们希望可以看到材料安全数据表。

7. Loss history details & remedial actions or plant modification details in 5 years.

贵公司 5 年内的损失记录和补救措施或者工厂因此进行的技术改进细节。

8. The Business Continuity Plan.

贵公司的营业中断恢复计划。

Machinery Breakdown

机器损坏保险

1. Plant arrangement/layout drawings.

工厂的设备平面布置图。

2. Insured values（or new replacement values）of the top three most expensive equipments.

最昂贵的 3 台机器的保险额或设备更新费用。

3. Technical Specifications or Name Plate Details of all major equipment such as Diesel Engines，Generators，Waste Heat Boilers，Boilers，Transformers，Pumps，Air Compressors，etc.（Please include main equipment relevant to the production）.

主要设备，如柴油机、发电机、废热锅炉、锅炉、变压器、泵、空气压缩机等（请写入与生产相关的主要设备）的技术参数和铭牌标注。

4. Electrical Single Line diagrams showing high voltage system from generator to grid，auxiliary supplies to the main LV and MV distribution boards，including details of all critical transformers，emergency power，DC battery systems，UPS and Essential Service Board.

从发电机到电网的高压配电系统和辅助供电的主要低压配电系统电缆清单；重要变压器、备用发电机、电池直流供电系统、不间断供电系统和关键的系统配电柜参数。

5. Plant utility system details including main fuel，raw water，circulating and cooling water，demineralised water，gas and air systems and the respective system equipment，capacities and storage facilities，if any.

工厂设施系统，包括主要的动力能源，水源，循环水和冷却水、软水、气体和空气系统及各自系统设备，生产能力，储存设施（如有）的详细资料。

6. Operation（performance，efficiency，running hours，availability factor，load factor，etc）records.

运行记录，如性能、工作效率、工作时间、有效因素、荷载系数等。

7. Maintenance（preventive，predictive，minor and major inspections）records.

维护工作（预防的，根据前兆检查的，小修和大修）记录。

8. Routine Equipment and Protection Interlocks Testing records.

日常设备和联动装置测试记录。

9. Pre-emergency program with details of parts suppliers and repair facilities，including critical spare part inventory

紧急预案，包含零件提供商的详细资料，修理工具，包括重要备件的清册。

10. Details of major plant modification.

工厂重大修改的详细记录。

11. Equipment outage history or tripping records.

设备停电历史记录或者跳闸记录。

12. Loss history details and remedial actions or plant modification details.

公司的损失历史记录和改进措施或工厂改进细节。

13. Such commercial information as may be required to properly calculate Business Interruption where that is part of the insurance programme.

如果贵公司有营业中断保险计划，还需要提供一些用于计算营业中断损失的商业信息。

III. Loss Control & Follow-up 损失控制和跟进

1. Summarize all recommendations.

总结所有的建议。

2. Prioritize the recommendations in terms of urgency and potential for loss.

根据防损建议的紧急程度和可能损失大小对各项建议排序。

3. Discuss and ask for client's feedback within 30 days.

和顾客讨论，并在 30 日内获得对防损建议的反馈。

4. Provide technical consultancy as necessary to help them implement the recommendation.

必要时向客户提供技术咨询以帮助他们执行防损建议。

5. Provide any training for loss prevention if necessary.

在需要的情况下对客户提供防损培训。

附录 9　COPE 问询表（样本）

COPE is a short form document intended to provide an overview of:

COPE 是一个简单的问询表，旨在提供以下内容概述：

Construction：The type of construction or mix of construction at a particular locality.

建筑：在某一特定地区的建筑类型或建筑组合。

Occupancy：The occupancy of the premises. In particular, mixed occupancy or especially hazardous occupancy（including in adjoining premises）should be identified.

占用性质：房屋的占用情况。特别是，混合占用或特别危险占用（包括在毗邻处所）应加以识别。

Protection：Set out sprinkler protection； heat or smoke or burglar alarm or detectors； maintenance services； watchmen or other security services or other aspects that mitigate risks of fire, storm or security breaches.

防护：设置自动喷淋防护；热力、烟雾、防盗报警器或探测器；维修服务；看守人员或其他安全服务，或减轻火灾、风暴或安全漏洞风险的其他方面的防护措施。

Environment：Examine risks that arise from the location – flood, water damage, subsidence（e.g. if the location is an area of underground mines）, landslide, earthquake； civil unrest,

周边环境：检查该所在地点的风险——洪水、水损、塌陷（例如，如果该地点有地下矿山）、滑坡、地震；骚乱等。

C.O.P.E. Questionnaire （Insurance Purposes）
风险问询表（供投保用）

Name of Insured or Prospect： _____ Date： _____

投保人名称： _____ 日期： _____

Exact Location of Insured Property：

保险标的地址：

Name of Building Owner _____

物业所有人名称_____

Street Address_____

街道地址_____

Zip/Post Code_____

邮政编码_____

General Information：

一般信息：

If multi–building property，specify building designation（s）used

如果有多栋建筑物，请分开注明用途_____

Kind of business：Warehouse   Mercantile   Manufacturing   Other – Specify

业务性质   仓储_____   贸易_____   制造_____   其他_____

List materials used or stored

存储物_____

Describe your operations by floors occupied

分楼层描述占用性质_____

Describe operations of others

描述其他的占用性质_____

_____

_____

Recorded watch service during non-operating hours   Yes 有   No 没有

非营业时间的监控录制   _____   _____

How often are rounds made

多久进行一次_____

Construction：

建筑：

Please indicate construction type for 请告知建筑类型

A）Roof

屋顶_____

Boards of Joist	Plank on Timber or	Steel on Steel
托梁板_____	木板_____	钢铁_____
Reinforced Concrete	Plank on Steel Beams	
钢筋混凝土_____	钢梁上铺木板_____	

If other，please describe

其他类型_____

B）Floor

楼板

Boards of Joist	Plank on Timber or	Steel on Steel
托梁板_____	木板_____	钢铁_____
Reinforced Concrete	Plank on Steel Beams	
钢筋混凝土_____	钢梁上铺木板_____	

If other，please describe

其他类型_____

C）Wall Construction　　　Wood　　　Metal　　　Masonry　　　Other

墙壁_____　　　木_____　金属_____　砖石_____　其他_____

D）Number of stories including basement　　　Approximate area of first floor

楼层数量（含地下室）_____　首层面积_____

E）Stairs　　　Open　　　Closed

楼梯　　　开放式_____　封闭式_____

F）Elevators　　　Open　　　Closed

电梯　　　开放式_____　封闭式_____

G）Roof Profile（Check One）　Flat　　Sloped　　Pitched　　Stepped

屋顶状态　　　平____　倾斜的____　陡峭的____　阶梯状____

Other（Please Sketch）

其他类型_____

Fire Protection：Check Availability of Fire Protection Features

防火设施

Fire Extinguishers　Yes　　No　　　Automatic Sprinklers　Yes　　No

灭火器　　有____　无____　　自动喷淋　　有____　无____

Water-flow Alarm	Yes	No		Local	Central Station
水流报警器	有____	无____		本地_____	中央控制站_____

Fire Hydrants	Yes	No	Number within 500 feet
消防栓	有____	无____	500 尺距离内的数量_____

Heat or Smoke Detection	Yes	No	Local	Central Station
热感和烟感探测器	有____	无____	本地____	中央控制站____

Fire Dept. Response	Paid（full time）	Volunteer	None
消防局	全职付费____	志愿者____	无
	Distance	Miles	
	距离____	英里	

Describe any other fire protection features （such as a large body of water nearby, that can be used by Fire Department purposes, etc）

描述任何其他的防火措施（例如如附近有大的水体可供消防局使用，等等）

_____

_____

External Exposure：

外部风险：

What is the general construction of the buildings next to your property? 你的财产旁边的建筑物的一般结构是什么?

_____

Are they sprinkled ?	Yes	No	Partially
是否有喷淋	是	否	部分有

Distance to nearest building

离最近建筑的距离_____

General Occupancy

占用性质_____

Additional Perils：

额外风险：

Check Availability of Burglar Protection Features

防盗设施

Fenced-in yard area	Yes	No	Doors and windows protected by iron or grill
有围栏的区域	是____	否____	门窗有铁栅栏

Exterior Lighting	Yes	No
外部照明	是____	否____

Police Patrol   Yes   No

警察巡逻   是____   否____

Burglar Alarms   Local   Central Station Supervised

警铃   本地____   集中监控____

Describe any other protection features 描述其他的防护措施

_____

Loaded trucks stored on premises overnight   Yes   No

装载的卡车在场所内存放过夜   是____   否____

Any prior loss due to Theft or Burglary？   Yes   No

过往是否发生过盗窃   是____   否____

If yes，describe circumstances 如果是，请描述当时的情况

_____

Check Location Site With Respect to the Following Items：

请检查地址的如下项目

Land   Natural   Filled

土地   自然_____   堆填_____

Grade   Nearly Level   Slight Slope   Hillside

等级   平地_____   缓坡_____   山坡_____

Roof Drain   Discharge to Grade   Piped to Cistern   Sewer   None

屋顶排水   排放到地面____   通过管道排放到：蓄水池____   污水管____   无____

Underground Hazards   Sinkholes   Mines/Tunnels   Seepage   None

地下风险____   天坑____   矿井____   渗漏____   无____

Are goods stored on skids pallets or dunnage？   Yes   No

货物是否存放在托盘或垫板上   是____   否____

If you occupy the basement or below–grade floor，describe and list equipment used

如果你占用了地下室或低于地面的楼层，请描述并列出所使用的设备

_____

Any prior loss due to below-grade sewer back-up   Yes   No

以前是否发生过由于下水道水倒灌造成的损失   是____   否____

If yes，give details 如果有，请告知详情

_____

_____

Any safeguards to prevent water accumulation in below-grade areas？　　　　Yes　　　No

有没有防止地面以下区域积水的措施？　　　　　　　　　　　　　　　　　有＿＿　　无＿＿

If yes，describe 如果有，请告知详情

_____

_____

Nearest Body of Water （if any）最近的水体（如果有）

Name	Distance away	Miles	
名称＿＿＿＿	距离＿＿＿＿	英里＿＿＿＿	
Type	Brook or Ditch	River	Lake or Pond
类型＿＿＿＿	溪流或沟渠＿＿	河流＿＿＿	湖泊或池塘＿＿＿

Has there been a prior flood of this property from this source？　　　　Yes　　　No

此前是否有这个水体导致的水淹损失？　　　　　　　　　　　　　　　有＿＿　　无＿＿

If yes，give details

如果有，请告知详情

_____

_____

Signed 签名＿＿＿＿　　　　Title/Position 职务＿＿＿＿

Please attach simple plot sketch，if available and Include photographs，properly labeled indicating the Subject of the photograph.

如果有，请附上简单的地块草图以及照片，并适当标明照片的主题。

附录 10　危险品与特别危险品分类表及说明

危险品与特别危险品分类表

类别	品名
危险品	二级易燃液体 二级遇水燃烧物品　二级自燃物品　助燃气体 二级氧化剂 二级易燃固体 土包装的棉花、植物纤维、破布、碎纸、毛线以及各种废料
爆炸品	一级易燃液体 一级遇水燃烧物品　一级自燃物品 易燃气体　一级氧化剂 一级易燃固体 散包的棉花、植物纤维、破布、碎纸、毛线以及各种废料
备注	以上分类表根据原铁道部颁布的《危险货物运输规则》制定，易燃液体、易燃固体、遇水燃烧物品、自燃物品、氧化剂，属于一级的为特别危险品，属于二级的为危险品，爆炸品为特别危险品，压缩气体及液化气体为两类：易燃气体为特别危险品，助燃气体为危险品。

危险品与特别危险品分类表说明

1. 爆炸物品

易于燃烧和爆炸的物品。当受到高热、摩擦、冲击等外力作用或与其他物质接触，发生剧烈的化学反应，产生大量气体和热量。因气体急剧膨胀而引起爆炸，凡是爆炸物品均属特别危险品。

2. 易燃液体

易于燃烧和挥发的液体，其闪点（引火点）在45℃以下者均为易燃液体。

（1）一级易燃液体：极易燃和挥发。闪点低于28℃。（特别危险品）

（2）二级易燃液体：容易燃烧和挥发。闪点在28℃以上45℃以下。（危险品）

3. 易燃固体

引火点较低，受热、冲撞、摩擦或与氧化剂接触，能引起急剧燃烧和爆炸。燃烧时能放出有毒气体和大量的剧毒气体。分为两类：

（1）一级易燃固体：燃烧点低、易燃和爆炸，燃炸速度快，并能放出大量的剧毒气体。（特别危险品）

（2）二级易燃固体：燃烧性能比一级易燃固体差，燃烧时放出有毒气体。（危险品）

4. 遇水燃烧物品

遇水分解并产生可燃气体和热量而引起燃烧。分为两类：

（1）一级遇水燃烧物品：遇水产生剧烈的反应，产生氢气或其他易燃气体而引起燃烧的。（特别危险品）

（2）二级遇水燃烧物品：遇水产生缓慢的反应，产生可燃气体而引起燃烧的。（危险品）

5. 自燃物品

与空气接触后，能发生猛烈的氧化作用而引起燃烧。如受热即能发出大量的热量，有时即便不补给空气，也能迅速燃烧。分为两类：

（1）一级自燃物品：在空气中剧烈氧化能引起自燃迅速燃烧的。（特别危险品）

（2）二级自燃物品：在空气中缓慢氧化引起燃烧的。（危险品）

6. 压缩气体及液化气体

气体经压缩后成为压缩气体或液化气体而储存于受压容器中的。因受热、撞击或气体膨胀，使容器受损引起爆炸。分为两类：

（1）易燃气体　（特别危险品）

（2）助燃气体　（危险品）

7. 氧化剂

是一种含有多量氧的物质，因如受热、摩擦、推动、撞击、重压而能分解助燃性极强的氧气，与可燃物、油脂类等接触，即能分解引起燃烧和爆炸。分为两类：

（1）一级氧化剂　（特别危险品）

（2）二级氧化剂　（危险品）

危险品表

二级易燃液体：

溶剂油　煤油　丙醇　丁醇　醋酸丁酯　硝酸丁酯　丁醚　苯乙烯　异丙苯　氯化苯　吡啶　松节油　松香水　水醋酸　杀虫剂

二级易燃固体：

普通火柴　硫黄　萘　樟脑　松香　沥青　发泡剂

二级遇水然烧物品：

保险粉（低亚硫酸钠）　氯化硫　五氧化磷　甲基三氯　硅烷　四氯化钛　硅铁　氰化亚矾

二级自燃物品：

油纸　油布　桐油漆布　油绸　浸油的棉花　麻、毛丝及野生纤维　浸油金属屑　硫化铁（活性）　煤

助燃气体：

氧气　氯气　氨气　氟气　液态空气

二级氧化剂：

铬酸　重铬酸铵　重铬酸钠（红矾钠）　重铬酸钾（红帆钾）　过硫酸铵（高硫酸铵）　过硫酸钠（高硫酸钠）　过硫酸钾（高硫酸钾）　亚硝酸钠　亚硝酸钾　硝酸镧　硝酸铁　硝酸亚铈　硝酸铈铵　过氧化铝

特别危险品表

爆炸物品：

导爆线　雷管　三硝基甲苯（Ｔ、Ｎ、Ｔ）　三硝基苯酚（苦味酸）　三硝基氯化苯　三硝基二甲苯　四硝基苯铵　六硝基苯铵　炸药　火药　爆竹　烟火

一级易燃液体：

石油醚　汽油　石脑油　烯烃油　原油　戊烷　乙烷　正庚烷　正辛烷　戊烯　异戊二烯　环戊二烯　苯　甲苯　二甲苯　二氯乙烷　氯丙烷　二氯乙烯　氯丙烯　溴丙烯　乙醛　丁醛　甲醇　乙醇　丙醇　丁醇　丙酮　乙醚　环氧丙烷　甲酸甲酯　甲酸乙酯　甲酸戊酯　醋酸甲酯　醋酸乙酯　醋酸丙酯　丙酸甲酯　硝酸乙酯　丙烯腈　二硫化碳

一级易燃固体：

红磷（赤磷）　二硫化磷　五硫化磷　硫火磷火柴（红头火柴）　硝化棉（火胶棉、硝化纤维、赛璐珞棉、喷漆棉）　二硝基苯　二硝基甲苯　二硝基氯化苯　二硝基苯酚　二硝基苯肼　二硝基萘　烟雾剂

一级遇水燃烧品：

锂　钠　钾　钙　锌　镁　铝　氢化钙　氢化钠　四氢化锂铝　碳化钙（电石）　碳化铝　钾汞剂　硼氢类

一级自燃物品：

黄磷（白磷）　硝化纤维胶片（包括废电影片，Ｘ光胶片）　三乙基铝　三异丁基铝

易燃气体：

氢气　磷化氢　甲烷气（沼气）　乙烯　乙炔（电石气）　丙烯　丁烯　丁二烯　石油气　丙烷　乙烷　丁烷　氯甲烷　氯乙烯　一氧化碳　煤气　光气

一级氧化剂：

过氧化钠　过氧化钾　过氧化钙　过氧化钡　过氧化锶　过氧化氢（双氧水）　高氯酸钾(过氯酸钾)　高氯酸铵（过氯酸铵）　高氯酸钠(过氨酸钠)　高氯酸钡(过氯酸钡)　氯酸铵　氯酸钠　氯酸钾　氯酸锶　氯酸钡　高锰酸钾(过锰酸钾)　高锰酸钠(过锰酸钠)　漂粉清（次亚氨酸钙）　硝酸铵　硝酸钠　硝酸钾（硝石）　硝酸钙　硝酸锶　硝酸钡　发光剂

以上危险品与特别危险是根据公安部、铁道部、化工部有关危险物品的储存及运输

管理的规定分为危险品与特别危险品二类。并且列举了一些常见的易燃易爆物品，便于各地应用。由于化学物品品种繁多，不能全部列举，很可能不全面，遇到表上没有的易燃易爆物品，请查阅公安部、原化工部有关危险品管理规则，参照办理。

附录 11　企业财产保险公估作业规范

中国保险行业协会标准

T/IAC 29—2019

企业财产保险公估作业规范

Survey & Adjustment code of practice for property
insurance

2019- 06- 26 发布　　　　　　　　　　　　　　2019- 08- 26 实施

中国保险行业协会　发布

目　次

T/IAC 29—2019

前 言

本标准按照 GB/T 1.1—2009 给出的规则起草。

本标准由中国保险行业协会提出并归口。

本标准起草单位：民太安财产保险公估股份有限公司、中国人民财产保险股有限公司、中国人寿财产保险股份有限公司、中国平安财产保险股份有限公司、中国大地财产保险股份有限公司、中华联合财产保险股份有限公司、北京华泰保险公估有限公司、北京君恒保险公估有限责任公司、中衡保险公估股份有限公司、上海恒量保险公估有限公司。

本标准主要起草人：杨文明、程伟华、沈丽君、欧鸿春、谢志勇、孙炜、柴钊、王浩、赵大卫、周立兵、骆伟、陈雨、李鑫波、付阳、李生修、涂永华。

T/IAC 29—2019

企业财产保险公估作业规范

1 范围

本标准规定了企业财产保险公估的现场查勘、事故原因分析、保险责任分析及建议、损失核定、损失理算、报告编制等方面的要求。

本标准适用于包括财产一切险、财产综合险、财产基本险等企业财产保险类险种的保险公估作业。

2 术语和定义

2.1

下列术语和定义适用于本文件。

保险公估 insurance loss adjuster/insurance assessment

评估机构及其评估专业人员接受委托,对保险标的或者保险事故进行评估、勘验、鉴定、估损理算以及相关的风险评估。

3 基本原则

独立、客观、公正

严格遵守国家的有关法律、行政法规和中国银保监会有关规定,遵循独立、客观、公正的原则。

4 委托受理

4.1 委托方式

保险公估人(以下简称公估人)可接受保险双方共同委托、保险人单方委托、被保险人单方委托及法院等委托,保险双方委托的保险双方需向公估人出具双方委托书或者签订委托合同,单方委托及法院等委托的委托方需向公估人出具委托书或者签订委托合同。

4.2 接受委托

公估人在接到委托时应根据实际情况对专业能力、独立性和业务风险进行综合分析和评价后明确是否接受委托。

在确认接受委托后,应根据4.1的委托方式要求委托人出具委托书或者签订委托合同。

4.3 指派承办人员

公估人在接受委托后,应立即指派至少两名保险公估从业人员(以下简称公估人员)承办。

4.4 约定查勘事宜

公估人员在接受委派后,应在30分钟之内与被保险人取得联系,告知身份及受委托事项,询问案情,并与其约定现场查勘事宜,在约定好查勘时间后向委托方通报。

4.5 查勘准备

公估人员在接到委派后应准备现场查勘工具、了解保险信息及通过互联网等渠道收集受损标的相关信息。

5 现场查勘

5.1 查勘时效

5.1.1 公估案件在公估人所在市区内的，公估人员宜在 3 小时内赶到现场；

5.1.2 公估案件在公估人所在城市周边地区的，公估人员宜在 6 小时内赶到现场；

5.1.3 公估案件在公估人所在省内其他地区的案件，公估人员宜在 12 小时内赶到现场；

5.1.4 公估案件在公估人所在省份外的，公估人员宜在 24 小时之内赶到现场；

5.1.5 与保险双方约定查勘时间的按照约定时间查勘。

5.2 进场沟通

5.2.1 到达现场后，需自我介绍并提供名片等必要身份证明材料。向被保险人出示客户告知书并对内容进行讲解，取得被保险人签名的书面回执或者客户知悉的电子凭证，否则公估人员应及时告知委托人，并作书面记录。

5.2.2 向被保险人致慰问关心之意，请被保险人介绍案件基本情况（出险经过、损失情况、事故原因、现场证人等）。

5.2.3 向被保险人介绍公估作业程序和需被保险人配合的事项，同时也要表明公估人的公正立场。

5.2.4 施救

a）出具"施救告知书"，向被保险人告知其施救义务，请被保险人做好施救工作；

b）在现场查勘时，若发现损失有扩大的趋势，应积极与委托人沟通，协调相关方制定出有效的应对措施。

5.3 查勘清点

5.3.1 现场查看

a）全面巡视、观察和拍照，必要时进行录像，拍摄查勘人员与被保险人（标志性建筑或保险标的）合影、照片增加日期 / 地理位置信息；

b）对照保险合同，核对被保险人、保险地址、保险标的、保险期限、特别约定、附加条款等；

c）根据巡视情况制定查勘方案，并与被保险人及相关方讨论确认。

5.3.2 现场查勘、清点

a）被保险人须指定专人配合清点工作；

b）根据现场情况，以客观事实为依据，恰当选择清点方法，通过专业技术手段，对标的分项分类进行清点；

c）清点时需详细记录名称、数量及情形。对于损失较大、现场情况较复杂的，要求绘制现场平面图，分区清点；

d）现场清点时，应同时对现场损失标的进行拍照留存，照片需能反映标的物的存放位置、特征及受损状况，并且照片应能与查勘记录相对应；

e）查勘清点一般原则

先整体后局部、先观察后清点、先易变后难损、先重点后一般、先容易后复杂；

f）典型事故存货清点原则

对于暴雨、台风、洪水致损的事故，原则上先清点受损部分，再根据情况选择是否需要清点全厂未损部分的财产；

对于火灾致损的事故，原则上应先清点火灾现场未损部分（如账目清楚或仅在保险合同明细表中单项受损的，可仅清点相应项目）。

g）常用清点方法

查勘清点应采用逐一清点法对所有受损标的进行清点，在不适宜逐一清点的条件下，根据现场情况可采用推算法（称重、测量、抽样等）或替代法（以零部件替代产品、以未损替代受损、以容积替代数量等）等进行清点。

5.3.3　查勘记录确认

现场查勘完毕，应与被保险人进行确认，询问本次事故受损的财产是否全部清点完毕，并在现场查勘记录上明确记录。现场查勘记录应包含的基本内容有：查勘时间、查勘地点、参与人员、损失财产项目及损失状况的客观描述等。

现场查勘记录、询问笔录等需由被保险人代表签字确认并盖章，否则公估人员应及时告知委托人，并作书面记录。

5.3.4　收集资料

a）根据具体案件受损情况，公估人员应向被保险人出具与确认保险事故的性质、原因、损失程度等有关的证明和资料的索赔资料清单，索赔资料清单应由被保险人签收并拍照或复印留存，原件由公估人员留存。

b）若被保险人暂时无法完全提供或来不及提供所有资料，公估人员可先收集部分现场能提供的资料，现场未能收集的资料可要求被保险人在约定时间内提供。

c）有关的证明和资料不完整的，应当及时通知投保人、被保险人或者受益人补充提供。

d）对于被保险人每次提供的材料，公估人均应出具书面理赔资料交接清单。

5.3.5　即时沟通

现场查勘完毕，公估人员应分别与保险双方沟通现场查勘情况及后续处理事宜。

6 保险责任分析及建议

6.1 事故原因调查及分析

6.1.1 收集被保险人关于事故经过及原因的分析报告；

6.1.2 对现场相关人员进行调查问询及了解与事故原因有关的受损情况等；

6.1.3 收集相关机构的分析、鉴定报告；根据上述资料按近因原则对事故原因进行综合分析。

6.2 保险责任分析与建议

6.2.1 核查索赔人是否具有保险利益及具有何种保险利益；

6.2.2 核查出险时间是否在保险合同保险期间内；

6.2.3 核查出险地址是否保险合同约定的地址；

6.2.4 核查出险财产是否保险合同约定的保险标的；

6.2.5 核查出险原因是否属于保险合同约定的保险责任范围；

6.2.6 核查被保险人是否尽到义务。根据上述分析提出本次事故是否属于保险责任的建议。

7 损失核定

7.1 核损数量根据现场查勘记录结合相关资料综合核定。

7.2 核定损失程度应根据财产的损失情形、标的特性、检验报告、相关标准及市场情况等确定。

7.3 核损单价：根据保险合同约定、市场询价、财务账、成本分析表、发票、合同等确定合理的单价。

7.4 残值：采用拍卖、折价出售、折归被保险人等合理的方式，确定残值。

7.5 如发生施救费用，应予以核定。被施救的财产中，含有保险合同未承保财产的，按被施救保险标的的保险价值与全部被施救财产价值的比例分摊施救费用。

7.6 如发生清理残骸费用、检测类费用等其他费用，需核实保险合同是否有相应的附加条款。

7.7 如果保险合同附加承保营业中断保险的，在制定核损方案时应综合考虑。根据上述核定结果计算核损金额。

8 损失理算

8.1 了解是否存在重复保险、保险竞合。

如果存在重复保险或保险竞合，按照保险合同约定及行业惯例进行理算。

8.2 投保比例的计算

8.2.1 根据保险合同约定或《保险法》的相关规定确定保险标的的保险价值；

8.2.2 投保比例＝保险金额 / 保险价值 ×100%，该计算值大于 100% 时按照 100% 核定；

T/IAC 29—2019

8.2.3　如保险合同有多项列明项目投保，需按照保险合同投保项目分项计算投保比例；

8.2.4　计算投保比例时要注意特别约定和附加条款，如自动升值条款、80%共保条款等。

8.3　损失理算：

理算金额 $= \Sigma$（核损金额 $-$ 残值）$\times$ 投保比例 $-$ 免赔额

或

$$= \Sigma（核损金额 - 残值）\times 投保比例 \times（1- 免赔率）$$

9　公估报告

9.1　公估报告应包括案件名称、编号、摘要、正文及附件。

9.2　公估报告正文应包括案件概述（主要包括委托人、评估标的、公估委托范围等信息）、保险合同内容摘要、被保险人及保险公估标的简介、事故经过及索赔情况、保险公估活动依据的原则、手段、评估和计算方法、现场查勘情况及事故原因调查、损失核定、足额投保、重复投保、保险竞合、第三者责任及追偿等情况的分析、保险赔款理算、保险公估结论、保险公估报告使用限制说明、至少 2 名承办该案的公估人员签名、保险公估机构印章、公估报告出具日期、公估报告附件清单。

9.3　公估报告需按照保险公估人内部品质管控流程审核后方可出具并交付委托人。

10　归档

10.1　将公估报告交付委托人并且公估费到账后，保险公估人可对案件结案并归档处理；

10.2　归档资料至少应包括保险公估业务档案（包括保险公估业务所涉及的主要情况、公估工作底稿、公估报告及其他相关资料），公估业务报酬和收取情况，中国银行保险监督管理委员会规定的其他业务信息；

10.3　保险公估人的公估档案应当真实、完整。公估档案应当由保险公估人妥善保存；

10.4　公估档案保存期限不少于 15 年，其中法定公估业务档案保存期限不少于 30 年。

11　附则

本规范如与国家有关法律法规、行政法规及中国银行保险监督管理委员会相关规定冲突，以国家有关法律法规、行政法规及中国银行保险监督管理委员会相关规定为准。

附录 A
（资料性附录）
客户告知书

客户告知书

致被保险人：

尊敬的被保险人：

　　我司为_____有限公司，备案编号：_____，公司地址：_____，邮政编码：_____，投诉邮箱：_____，投诉电话：_____。公司业务范围包括：_____。

　　我司受_____委托，将为您提供公估服务，请您给予协助。我司将秉承依法经营、廉洁从业、诚实守信的经营理念。要求公估师在工作中严格遵守职业规范和职业道德。如您发现我司公估师有不当行为，请及时拨打我司客服电话，向我司举报并提供相应证据。

　　公估过程中各相关方出现争议的，可通过友好协商的方式解决。经协商无法达成一致的，可通过诉讼或仲裁解决。特此函告！

客户签收：（签章）　　　　　公估人：（签章）

_____年___月___日　　　　_____年___月___日

附录 B
（资料性附录）
施救告知书

施救告知书

尊敬的被保险人：

我司受_____委托，对_____年____月____日因_____致使贵单位的财产遭受损失进行保险公估，在此向贵单位表示真切的慰问。

我司将本着独立、客观、公正的原则，依照国家法律和相关保险条款开展本次保险公估工作。

为防止损失进一步扩大，根据保险法第五十七条："保险事故发生时，被保险人应当尽力采取必要的措施，防止或者减少损失"，请及时组织施救，采取有效减损措施防止损失进一步扩大。

被保险人：（签章）　　　　　　　　公估人：（签章）

日期：　　　　　　　　　　　　　　日期：

附录 C

（资料性附录）
企业财产保险索赔资料清单

企业财产保险索赔资料清单

致：_____

　　贵公司于_____年___月___日报称的_____事故，根据保险法及保险单的规定，请及时、准确、真实地提供如下打"√"的资料，资料提供时，请加盖贵司公章：

1. 投保及基础资料

□ 保单、保险协议、批单、投保清单　　　　□ 营业执照、税务登记证、经营许可证

2. 索赔资料

□ 索赔申请书 / 出险通知书　　　　　　　□ 事故现场照片及摄像记录

□ 详细事故报告（详述事故发生时间、经过及发生原因、现场情况、抢救工作）

□ 受损财产报损清单（依投保标的列明品名、项目、数量、单价及总价）

3. 财务账册资料

□ 资产负债表（投保时和出险时）　　　　□ 原始入账凭证

□ 财产目录、固定资产清册　　　　　　　□ 库存明细账

□ 损益表　　　　　　　　　　　　　　　□ 销货成本明细表

□ 成本分析表　　　　　　　　　　　　　□ 期末盘存表、仓库报表

□ 进消存及产销存明细表　　　　　　　　□ 房产证

□ 总分类账、固定资产明细账、固定资产分类账、固定资产卡片（出险设备）

4. 事故证明资料

□ 气象证明或地震监测资料（县级以上气象部门）

□ 消防机构之火灾事故认定书（或法院判决书、起诉书）

□ 消防安全设备配置图、消防合格证

□ 消防报警系统或供电系统记录或信息

□ 公安报案记录、公安调查报告或其他有关部门出具的出险原因鉴定书

□ 供电合同、供电局断电通知或相关公函

□ 第三方鉴定报告

5. 损失及证明资料

□ 受损标的原始采购凭证（发票、合同）

□ 受损标的修复或重置凭证（报价单、修复方案、维修及采购合同、维修及采购发票）

□ 受损标的残值证明、残余物处理方案、残余物处分收益证明、报废记录

□ 受损建筑物：

□ 厂房及装修建造合同、原有设计图、工程图纸、决算书、竣工验收文件、结算凭证

□ 建筑物验收合格证、产权证书、建筑物抗风、专业检验报告

□ 受损设备：

□ 设计图、使用说明书、技术资料、合格证书、易耗件清单

□ 运行及维修记录、交接班记录、值班日志、检测及鉴定报告

□ 受损货物：

□ 生产记录、流程卡、检验／验收记录、正常损耗率、检测标准、合格率及检测报告

□ 库单、库存明细表、正常盘点短缺率、进出货单据、生产工艺制造／销售流程图

6. 支付资料

□ 支付信息（开户行、开户信息等）　　　□ 权益转让书

7. 其他资料（手写添加）

如有其他事宜请与公估人员联系，联系人及电话：＿＿＿＿＿＿＿＿

被保险人知悉确认（签章）：＿＿＿＿＿　　　　　年　　　月　　　日

附录 12　中华人民共和国金融行业标准
——企业财产保险标的分类

JR

中华人民共和国金融行业标准

JR/T 0150—2016

企业财产保险标的分类
Classification of subject–matter insured for enterprise
property insurance

2016 – 12 – 21 发布　　　　　　　　　　2016 – 12 – 21 实施

中国保险监督管理委员会　发布

JR/T 0150—2016

目　次

前 言

本标准按照 GB/T 1.1–2009 给出的规则起草。

本标准由全国金融标准化技术委员会保险分技术委员会提出。

本标准由中国保险监督管理委员会和全国金融标准化技术委员会批准。

本标准由全国金融标准化技术委员会保险分技术委员会归口管理。

本标准起草单位：中国保险行业协会、中国人民财产保险股份有限公司。

本标准主要起草人：贺晨、杨永、王建勇、米长军、颜冰、罗若冰、林苗、周沫、王品、丁霓、张妙红、刘山梅 、刘景青。

JR/T 0150—2016

引　言

根据保险行业业务发展要求，制定本标准。

本标准制定过程中参照了 GB/T 4754–2011《国民经济行业分类》，并根据国民经济行业的火灾风险等级划分，引用占用性质建立的分类方法。

为保持与《国民经济行业分类》的一致性，本标准保留了从 A01 至 T96 的所有门类，但其中部分行业的常规标的是企业财产保险的除外标的，不应使用企业财产保险承保，例如：农业（A01）、林业（A02）、牧业（A03）、渔业（A04）应使用农业保险承保，石油和天然气开采业（B07）应使用石油保险承保，建筑业（E）应使用工程保险承保。但上述行业的客户占有或使用的企业财产保险可保标的，可使用企业财产保险承保并适用于标准。

本标准建立了保险行业企业财产保险标的分类基础，各保险公司可根据自身的业务特点，参照本标准中的分类和代码，开发保险产品，提供保险服务。

JR/T 0150—2016

企业财产保险标的分类

1 范围

本标准规定了企业财产保险标的的分类与代码。

本标准适用于企业财产保险风险管理和经营管理等，不适用于其他险种。

2 规范性引用文件

下列文件对于本文件的应用是必不可少的。凡是注日期的引用文件，仅所注日期的版本适用于本文件。凡是不注日期的引用文件，其最新版本（包括所有的修改单）适用于本文件。

GB/T 4754—2011 国民经济行业分类

JR/T 0031—2015 保险术语 4.1.2.2

JR/T 0031—2015 保险术语 6.1.8

3 术语与定义

下列术语和定义适用于本文件。

3.1 企业财产保险 commercial property insurance

以单位或团体所有、占有或负有保管义务的位于指定地点的财产及其有关利益为保险标的的财产保险。

3.2 保险标的 subject of insurance；subject matter insured

作为保险对象的财产及其有关利益或者人的寿命和身体。

3.3 占用性质 occupancy nature

与保险标的有关的建筑物或场所的使用性质。根据国民经济行业的火灾风险等级划分，它是保险人承保和制定保险费率的主要依据之一。

4 分类原则

本标准以 GB/T 4754—2011《国民经济行业分类》为基础，按照占用性质对保险标的进行分类。对于占用性质涉及几个行业的客户，按最高风险确定行业分类。根据保险实务操作经验，将部分四级行业细分，以附加字母 abcde 表示。

5 代码结构

企业财产保险标的代码采用 2 层 5 位全数字型层次编码，其中：

——第一层以 2 位阿拉伯数字表示，从 01 开始按升序排列至 13；

——第二层以 3 位阿拉伯数字表示，从 001 开始按升序排列，最多至 999。企业财产保险标的代码结构示意图见图 1。

JR/T 0150—2016

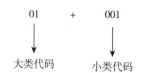

6 保险标的分类及代码表

6.1 大类代码

大类代码及分类如表1所示。

表 1   企业财产保险标的大类代码

大类代码	名称
01	一级工业
02	二级工业
03	三级工业
04	四级工业
05	五级工业
06	六级工业
07	储存一般物资
08	储存危险品
09	储存特别危险品
10	金属，粮食专储
11	石油专储
12	社会团体，机关，事业单位
13	综合商业类

不同类型标的适用的国民经济行业采用 GB/T 4754—2011 中规定的行业名称与代码，具体见 6.2–6.14。

6.2 一级工业

一级工业主要包括：

——以钢铁为原材料的金属冶炼、铸造及各类重型机械、机器设备制造、钢铁制品、部分纯钢铁制品等工业；

——耐火材料、水泥、砖石制品等工业。

一级工业的标的代码及对应的国民经济行业代码如表2所示。

表2 标的代码（一级工业）

代码	名称	对应的国民经济行业代码
01	一级工业	
01001	烟煤和无烟煤开采洗选	B0610
01002	褐煤开采洗选	B0620
01003	其他煤炭采选	B0690
01004	铁矿采选	B0810
01005	锰矿、铬矿采选	B0820
01006	其他黑色金属矿采选	B0890
01007	铜矿采选	B0911
01008	铅锌矿采选	B0912
01009	镍钴矿采选	B0913
01010	锡矿采选	B0914
01011	锑矿采选	B0915
01012	铝矿采选	B0916
01013	镁矿采选	B0917
01014	其他常用有色金属矿采选	B0919
01015	金矿采选	B0921
01016	银矿采选	B0922
01017	其他贵金属矿采选	B0929
01018	钨钼矿采选	B0931
01019	稀土金属矿采选	B0932
01020	放射性金属矿采选	B0933
01021	其他稀有金属矿采选	B0939
01022	石灰石、石膏开采	B1011
01023	建筑装饰用石开采	B1012
01024	耐火土石开采	B1013
01025	黏土及其他土砂石开采	B1019
01026	化学矿开采	B1020
01027	采盐	B1030

JR/T 0150—2016

续表

代码	名称	对应的国民经济行业代码
01028	石棉、云母矿采选	B1091
01029	石墨、滑石采选	B1092
01030	宝石、玉石采选	B1093
01031	其他未列明非金属矿采选	B1099
01032	其他采矿业	B1200
01033	水泥制造	C3011
01034	石灰和石膏制造	C3012
01035	水泥制品制造	C3021
01036	砼结构构件制造	C3022
01037	石棉水泥制品制造	C3023
01038	轻质建筑材料制造	C3024
01039	其他水泥类似制品制造	C3029
01040	黏土砖瓦及建筑砌块制造	C3031
01041	建筑用石加工	C3033
01042	防水建筑材料制造	C3034
01043	隔热和隔音材料制造	C3035
01044	其他建筑材料制造	C3039
01045	石棉制品制造	C3081
01046	云母制品制造	C3082
01047	石墨及碳素制品制造	C3091
01048	其他非金属矿物制品制造	C3099
01049	炼铁	C3110
01050	炼钢	C3120
01051	黑色金属铸造	C3130
01052	钢压延加工	C3140
01053	铁合金冶炼	C3150
01054	铜冶炼	C3211
01055	铅锌冶炼	C3212
01056	镍钴冶炼	C3213
01057	锡冶炼	C3214

续表

代码	名称	对应的国民经济行业代码
01058	锑冶炼	C3215
01059	铝冶炼	C3216
01060	镁冶炼	C3217
01061	其他常用有色金属冶炼	C3219
01062	金冶炼	C3221
01063	银冶炼	C3222
01064	其他贵金属冶炼	C3229
01065	钨钼冶炼	C3231
01066	稀土金属冶炼	C3232
01067	其他稀有金属冶炼	C3239
01068	有色金属合金制造	C3240
01069	有色金属铸造	C3250
01070	铜压延加工	C3261
01071	铝压延加工	C3262
01072	贵金属压延加工	C3263
01073	稀有稀土金属压延加工	C3264
01074	其他有色金属压延加工	C3269
01075	锅炉及辅助设备制造	C3411
01076	内燃机及配件制造	C3412
01077	汽轮机及辅机制造	C3413
01078	水轮机及辅机制造	C3414
01079	风能原动设备制造	C3415
01080	其他原动设备制造	C3419
01081	金属切削机床制造	C3421
01082	金属成形机床制造	C3422
01083	铸造机械制造	C3423
01084	金属切割及焊接设备制造	C3424
01085	机床附件制造	C3425
01086	其他金属加工机械制造	C3429
01087	轻小型起重设备制造	C3431

代码	名称	对应的国民经济行业代码
01088	起重机制造	C3432
01089	生产专用车辆制造	C3433
01090	连续搬运设备制造	C3434
01091	电梯、自动扶梯及升降机制造	C3435
01092	其他物料搬运设备制造	C3439
01093	泵及真空设备制造	C3441
01094	气体压缩机械制造	C3442
01095	阀门和旋塞制造	C3443
01096	液压和气压动力机械及元件制造	C3444
01097	金属密封件制造	C3481
01098	紧固件制造	C3482
01099	弹簧制造	C3483
01100	机械零部件加工	C3484
01101	其他通用零部件制造	C3489
01102	其他通用设备制造业	C3490
01103	矿山机械制造	C3511
01104	石油钻采专用设备制造	C3512
01105	建筑工程用机械制造	C3513
01106	海洋工程专用设备制造	C3514
01107	建筑材料生产专用机械制造	C3515
01108	冶金专用设备制造	C3516
01109	炼油、化工生产专用设备制造	C3521
01110	橡胶加工专用设备制造	C3522
01111	塑料加工专用设备制造	C3523
01112	木材加工机械制造	C3524
01113	模具制造	C3525
01114	其他非金属加工专用设备制造	C3529
01115	食品、酒、饮料及茶生产专用设备制造	C3531
01116	农副食品加工专用设备制造	C3532
01117	烟草生产专用设备制造	C3533

代码	名称	对应的国民经济行业代码
01118	饲料生产专用设备制造	C3534
01119	制浆和造纸专用设备制造	C3541
01120	印刷专用设备制造	C3542
01121	日用化工专用设备制造	C3543
01122	制药专用设备制造	C3544
01123	照明器具生产专用设备制造	C3545
01124	玻璃、陶瓷和搪瓷制品生产专用设备制造	C3546
01125	其他日用品生产专用设备制造	C3549
01126	纺织专用设备制造	C3551
01127	皮革、毛皮及其制品加工专用设备制造	C3552
01128	缝制机械制造	C3553
01129	洗涤机械制造	C3554
01130	电工机械专用设备制造	C3561
01131	电子工业专用设备制造	C3562
01132	拖拉机制造	C3571
01133	机械化农业及园艺机具制造	C3572
01134	营林及木竹采伐机械制造	C3573
01135	畜牧机械制造	C3574
01136	渔业机械制造	C3575
01137	农林牧渔机械配件制造	C3576
01138	棉花加工机械制造	C3577
01139	其他农、林、牧、渔业机械制造	C3579
01140	医疗诊断、监护及治疗设备制造	C3581
01141	口腔科用设备及器具制造	C3582
01142	医疗实验室及医用消毒设备和器具制造	C3583
01143	医疗、外科及兽医用器械制造	C3584
01144	机械治疗及病房护理设备制造	C3585
01145	假肢、人工器官及植（介）入器械制造	C3586
01146	其他医疗设备及器械制造	C3589
01147	环境保护专用设备制造	C3591

代码	名称	对应的国民经济行业代码
01148	地质勘查专用设备制造	C3592
01149	邮政专用机械及器材制造	C3593
01150	商业、饮食、服务专用设备制造	C3594
01151	社会公共安全设备及器材制造	C3595
01152	交通安全、管制及类似专用设备制造	C3596
01153	水资源专用机械制造	C3597
01154	其他专用设备制造	C3599
01155	汽车整车制造	C3610
01156	改装汽车制造	C3620
01157	低速载货汽车制造	C3630
01158	电车制造	C3640
01159	汽车车身、挂车制造	C3650
01160	汽车零部件及配件制造	C3660
01161	铁路机车车辆及动车组制造	C3711
01162	窄轨机车车辆制造	C3712
01163	铁路机车车辆配件制造	C3713
01164	铁路专用设备及器材、配件制造	C3714
01165	其他铁路运输设备制造	C3719
01166	城市轨道交通设备制造	C3720
01167	金属船舶制造	C3731
01168	非金属船舶制造	C3732
01169	娱乐船和运动船制造	C3733
01170	船用配套设备制造	C3734
01171	船舶改装与拆除	C3735
01172	航标器材及其他相关装置制造	C3739
01173	飞机制造	C3741
01174	航天器制造	C3742
01175	航空、航天相关设备制造	C3743
01176	其他航空航天器制造	C3749
01177	摩托车整车制造	C3751

代码	名称	对应的国民经济行业代码
01178	摩托车零部件及配件制造	C3752
01179	脚踏自行车及残疾人座车制造	C3761
01180	助动自行车制造	C3762
01181	非公路休闲车及零配件制造	C3770
01182	潜水及水下救捞装备制造	C3791
01183	其他未列明运输设备制造	C3799
01184	自来水生产和供应	D4610
01185	污水处理及其再生利用	D4620
01186	其他水的处理、利用与分配	D4690

6.3　二级工业

二级工业主要包括：

——一般机械零件制造修配工业；

——以金属为主要原材料，兼用少量塑料及非金属材料的机械零件制造、修配工业；

——兼有少量喷烘漆等工艺的五金零件制造修配工业。二级工业的标的代码及对应的国民经济行业代码如表 3 所示。

表 3　　　　　　　　　标的代码（二级工业）

代码	名称	对应的国民经济行业代码
02	二级工业	
02001	金属家具制造	C2130
02002	金属文具制造	C2411a
02003	金属笔的制造	C2412a
02004	其他金属文化用品制造	C2419a
02005	金属工艺品制造	C2432
02006	金属球类制造	C2441a
02007	金属体育器材及配件制造	C2442a
02008	金属训练健身器材制造	C2443a
02009	金属运动防护用具制造	C2444a
02010	金属体育用品制造	C2449a
02011	金属玩具制造	C2450a

代码	名称	对应的国民经济行业代码
02012	金属结构制造	C3311
02013	金属门窗制造	C3312
02014	切削工具制造	C3321
02015	手工具制造	C3322
02016	农用及园林用金属工具制造	C3323
02017	刀剪及类似日用金属工具制造	C3324
02018	其他金属工具制造	C3329
02019	集装箱制造	C3331
02020	金属压力容器制造	C3332
02021	金属包装容器制造	C3333
02022	金属丝绳及其制品制造	C3340
02023	建筑、家具用金属配件制造	C3351
02024	建筑装饰及水暖管道零件制造	C3352
02025	安全、消防用金属制品制造	C3353
02026	其他建筑、安全用金属制品制造	C3359
02027	金属表面处理及热处理加工	C3360
02028	生产专用搪瓷制品制造	C3371
02029	建筑装饰搪瓷制品制造	C3372
02030	搪瓷卫生洁具制造	C3373
02031	搪瓷日用品及其他搪瓷制品制造	C3379
02032	金属制厨房用器具制造	C3381
02033	金属制餐具和器皿制造	C3382
02034	金属制卫生器具制造	C3383
02035	其他金属制日用品制造	C3389
02036	锻件及粉末冶金制品制造	C3391
02037	交通及公共管理用金属标牌制造	C3392
02038	其他未列明金属制品制造	C3399
02039	轴承制造	C3451
02040	齿轮及齿轮减、变速箱制造	C3452
02041	其他传动部件制造	C3459

代码	名称	对应的国民经济行业代码
02042	烘炉、熔炉及电炉制造	C3461
02043	风机、风扇制造	C3462
02044	气体、液体分离及纯净设备制造	C3463
02045	制冷、空调设备制造	C3464
02046	风动和电动工具制造	C3465
02047	喷枪及类似器具制造	C3466
02048	衡器制造	C3467
02049	包装专用设备制造	C3468
02050	发电机及发电机组制造	C3811
02051	电动机制造	C3812
02052	微电机及其他电机制造	C3819
02053	金属制品修理	C4310
02054	通用设备修理	C4320
02055	专用设备修理	C4330
02056	铁路运输设备修理	C4341
02057	船舶修理	C4342
02058	航空航天器修理	C4343
02059	其他运输设备修理	C4349
02060	电气设备修理	C4350
02061	仪器仪表修理	C4360
02062	其他机械和设备修理业	C4390
02063	水力发电	D4412
02064	核力发电	D4413
02065	风力发电	D4414
02066	太阳能发电	D4415
02067	其他电力生产	D4419

6.4　三级工业

三级工业主要包括：

——以部分金属或一般物资为主要原材料的食品及副食品、轻工、塑料制品、电子、电器、电机仪表、日常生活用品等工业；

——生产过程比较安全，危险性小的日用化学品工业。三级工业的标的代码及对应的国民经济行业代码如表4所示。

表4 **标的代码（三级工业）**

代码	名称	对应的国民经济行业代码
03	三级工业	
03001	谷物磨制	C1310
03002	饲料加工	C1320
03003	非食用植物油加工	C1332
03004	制糖业	C1340
03005	牲畜屠宰	C1351
03006	禽类屠宰	C1352
03007	肉制品及副产品加工	C1353
03008	水产品冷冻加工	C1361
03009	鱼糜制品及水产品干腌制加工	C1362
03010	水产饲料制造	C1363
03011	鱼油提取及制品制造	C1364
03012	其他水产品加工	C1369
03013	蔬菜加工	C1371
03014	水果和坚果加工	C1372
03015	淀粉及淀粉制品制造	C1391
03016	豆制品制造	C1392
03017	蛋品加工	C1393
03018	其他未列明农副食品加工	C1399
03019	糕点、面包制造	C1411
03020	饼干及其他焙烤食品制造	C1419
03021	糖果、巧克力制造	C1421
03022	蜜饯制作	C1422
03023	米、面制品制造	C1431
03024	速冻食品制造	C1432
03025	方便面及其他方便食品制造	C1439

代码	名称	对应的国民经济行业代码
03026	乳制品制造	C1440
03027	肉、禽类罐头制造	C1451
03028	水产品罐头制造	C1452
03029	蔬菜、水果罐头制造	C1453
03030	其他罐头食品制造	C1459
03031	味精制造	C1461
03032	酱油、食醋及类似制品制造	C1462
03033	其他调味品、发酵制品制造	C1469
03034	营养食品制造	C1491
03035	保健食品制造	C1492
03036	冷冻饮品及食用冰制造	C1493
03037	盐加工	C1494
03038	食品及饲料添加剂制造	C1495
03039	其他未列明食品制造	C1499
03040	啤酒制造	C1513
03041	黄酒制造	C1514
03042	葡萄酒制造	C1515
03043	其他酒制造	C1519
03044	碳酸饮料制造	C1521
03045	瓶（罐）装饮用水制造	C1522
03046	果菜汁及果菜汁饮料制造	C1523
03047	含乳饮料和植物蛋白饮料制造	C1524
03048	固体饮料制造	C1525
03049	茶饮料及其他饮料制造	C1529
03050	精制茶加工	C1530
03051	墨水、墨汁制造	C2414
03052	珠宝首饰及有关物品制造	C2438
03053	其他工艺美术品制造	C2439
03054	口腔清洁用品制造	C2683
03055	物理反应的香料、香精制造	C2684a

代码	名称	对应的国民经济行业代码
03056	建筑陶瓷制品制造	C3032
03057	平板玻璃制造	C3041
03058	其他玻璃制造	C3049
03059	技术玻璃制品制造	C3051
03060	光学玻璃制造	C3052
03061	玻璃仪器制造	C3053
03062	日用玻璃制品制造	C3054
03063	玻璃包装容器制造	C3055
03064	玻璃保温容器制造	C3056
03065	制镜及类似品加工	C3057
03066	其他玻璃制品制造	C3059
03067	玻璃纤维及制品制造	C3061
03068	卫生陶瓷制品制造	C3071
03069	特种陶瓷制品制造	C3072
03070	日用陶瓷制品制造	C3073
03071	园林、陈设艺术及其他陶瓷制品制造	C3079
03072	耐火陶瓷制品及其他耐火材料制造	C3089
03073	电影机械制造	C3471
03074	幻灯及投影设备制造	C3472
03075	照相机及器材制造	C3473
03076	复印和胶印设备制造	C3474
03077	计算器及货币专用设备制造	C3475
03078	其他文化、办公用机械制造	C3479
03079	变压器、整流器和电感器制造	C3821
03080	电容器及其配套设备制造	C3822
03081	配电开关控制设备制造	C3823
03082	电力电子元器件制造	C3824
03083	其他输配电及控制设备制造	C3829
03084	电线、电缆制造	C3831
03085	光纤、光缆制造	C3832

代码	名称	对应的国民经济行业代码
03086	绝缘制品制造	C3833
03087	其他电工器材制造	C3839
03088	家用空气调节器制造	C3852
03089	家用通风电器具制造	C3853
03090	家用厨房电器具制造	C3854
03091	家用清洁卫生电器具制造	C3855
03092	家用美容、保健电器具制造	C3856
03093	家用电力器具专用配件制造	C3857
03094	其他家用电力器具制造	C3859
03095	燃气、太阳能及类似能源家用器具制造	C3861
03096	其他非电力家用器具制造	C3869
03097	电光源制造	C3871
03098	照明灯具制造	C3872
03099	灯用电器附件及其他照明器具制造	C3879
03100	电气信号设备装置制造	C3891
03101	其他未列明电气机械及器材制造	C3899
03102	计算机整机制造	C3911
03103	计算机零部件制造	C3912
03104	计算机外围设备制造	C3913
03105	其他计算机制造	C3919
03106	通信系统设备制造	C3921
03107	通信终端设备制造	C3922
03108	广播电视节目制作及发射设备制造	C3931
03109	广播电视接收设备及器材制造	C3932
03110	应用电视设备及其他广播电视设备制造	C3939
03111	雷达及配套设备制造	C3940
03112	电视机制造	C3951
03113	音响设备制造	C3952
03114	影视录放设备制造	C3953
03115	电子真空器件制造	C3961

代码	名称	对应的国民经济行业代码
03116	半导体分立器件制造	C3962
03117	电子元件及组件制造	C3971
03118	其他电子设备制造	C3990
03119	工业自动控制系统装置制造	C4011
03120	电工仪器仪表制造	C4012
03121	绘图、计算及测量仪器制造	C4013
03122	实验分析仪器制造	C4014
03123	试验机制造	C4015
03124	供应用仪表及其他通用仪器制造	C4019
03125	环境监测专用仪器仪表制造	C4021
03126	运输设备及生产用计数仪表制造	C4022
03127	导航、气象及海洋专用仪器制造	C4023
03128	农林牧渔专用仪器仪表制造	C4024
03129	地质勘探和地震专用仪器制造	C4025
03130	教学专用仪器制造	C4026
03131	核子及核辐射测量仪器制造	C4027
03132	电子测量仪器制造	C4028
03133	其他专用仪器制造	C4029
03134	钟表与计时仪器制造	C4030
03135	光学仪器制造	C4041
03136	眼镜制造	C4042
03137	其他仪器仪表制造业	C4090
03138	鬃毛加工、制刷及清扫工具制造	C4111
03139	其他日用杂品制造	C4119
03140	煤制品制造	C4120
03141	核辐射加工	C4130
03142	其他未列明制造业	C4190
03143	火力发电	D4411

6.5　四级工业

四级工业主要包括：

——以竹、木、皮毛或一般可燃物资为原材料或以一般危险品进行化合生产并在生产过程中有一定危险性的工业；

——棉、麻、丝及其制品；塑料、化纤、化学、医药等制造加工工业；

——以油脂为原料的轻工业；

——文具、纸制品工业。

四级工业的标的代码及对应的国民经济行业代码如表 5 所示。

表 5　　　　　　　　　标的代码（四级工业）

代码	名称	对应的国民经济行业代码
04	四级工业	
04001	食用植物油加工	C1331
04002	酒精制造	C1511
04003	白酒制造	C1512
04004	烟叶复烤	C1610
04005	卷烟制造	C1620
04006	其他烟草制品制造	C1690
04007	棉纺纱加工	C1711
04008	棉织造加工	C1712
04009	棉印染精加工	C1713
04010	毛条和毛纱线加工	C1721
04011	毛织造加工	C1722
04012	毛染整精加工	C1723
04013	麻纤维纺前加工和纺纱	C1731
04014	麻织造加工	C1732
04015	麻染整精加工	C1733
04016	缫丝加工	C1741
04017	绢纺和丝织加工	C1742
04018	丝印染精加工	C1743
04019	化纤织造加工	C1751
04020	化纤织物染整精加工	C1752
04021	针织或钩针编织物织造	C1761

代码	名称	对应的国民经济行业代码
04022	针织或钩针编织物印染精加工	C1762
04023	针织或钩针编织品制造	C1763
04024	床上用品制造	C1771
04025	毛巾类制品制造	C1772
04026	窗帘、布艺类产品制造	C1773
04027	其他家用纺织制成品制造	C1779
04028	非织造布制造	C1781
04029	绳、索、缆制造	C1782
04030	纺织带和帘子布制造	C1783
04031	篷、帆布制造	C1784
04032	其他非家用纺织制成品制造	C1789
04033	机织服装制造	C1810
04034	针织或钩针编织服装制造	C1820
04035	服饰制造	C1830
04036	皮革鞣制加工	C1910
04037	皮革服装制造	C1921
04038	皮箱、包（袋）制造	C1922
04039	皮手套及皮装饰制品制造	C1923
04040	其他皮革制品制造	C1929
04041	毛皮鞣制加工	C1931
04042	毛皮服装加工	C1932
04043	其他毛皮制品加工	C1939
04044	羽毛（绒）加工	C1941
04045	羽毛（绒）制品加工	C1942
04046	纺织面料鞋制造	C1951
04047	皮鞋制造	C1952
04048	塑料鞋制造	C1953
04049	橡胶鞋制造	C1954
04050	其他制鞋业	C1959
04051	塑料家具制造	C2140

代码	名称	对应的国民经济行业代码
04052	木竹浆制造	C2211
04053	非木竹浆制造	C2212
04054	纸和纸板容器制造	C2231
04055	其他纸制品制造	C2239
04056	书、报刊印刷	C2311
04057	本册印制	C2312
04058	包装装潢及其他印刷	C2319
04059	装订及印刷相关服务	C2320
04060	记录媒介复制	C2330
04061	塑料文具制造	C2411b
04062	其他文具制造	C2411z
04063	塑料笔的制造	C2412b
04064	其他笔的制造	C2412z
04065	教学用模型及教具制造	C2413
04066	其他塑料文化用品制造	C2419b
04067	其他文化用品制造	C2419z
04068	中乐器制造	C2421
04069	西乐器制造	C2422
04070	电子乐器制造	C2423
04071	其他乐器及零件制造	C2429
04072	雕塑工艺品制造	C2431
04073	漆器工艺品制造	C2433
04074	花画工艺品制造	C2434
04075	天然植物纤维编织工艺品制造	C2435
04076	抽纱刺绣工艺品制造	C2436
04077	地毯、挂毯制造	C2437
04078	塑料、皮革球类制造	C2441b
04079	其他球类制造	C2441z
04080	塑料、皮革体育器材及配件制造	C2442b
04081	其他体育器材及配件制造	C2442z

代码	名称	对应的国民经济行业代码
04082	塑料、皮革训练健身器材制造	C2443b
04083	其他训练健身器材制造	C2443z
04084	塑料、皮革运动防护用具制造	C2444b
04085	其他运动防护用具制造	C2444z
04086	塑料、皮革体育用品制造	C2449b
04087	其他体育用品制造	C2449z
04088	塑料、皮革玩具制造	C2450b
04089	其他玩具制造	C2450z
04090	露天游乐场所游乐设备制造	C2461
04091	游艺用品及室内游艺器材制造	C2462
04092	其他娱乐用品制造	C2469
04093	无机酸制造	C2611
04094	无机碱制造	C2612
04095	无机盐制造	C2613
04096	其他基础化学原料制造	C2619
04097	氮肥制造	C2621
04098	磷肥制造	C2622
04099	钾肥制造	C2623
04100	复混肥料制造	C2624
04101	有机肥料及微生物肥料制造	C2625
04102	其他肥料制造	C2629
04103	化学农药制造	C2631
04104	生物化学农药及微生物农药制造	C2632
04105	油墨及类似产品制造	C2642
04106	颜料制造	C2643
04107	密封用填料及类似品制造	C2645
04108	初级形态塑料及合成树脂制造	C2651
04109	合成橡胶制造	C2652
04110	合成纤维单（聚合）体制造	C2653
04111	其他合成材料制造	C2659

代码	名称	对应的国民经济行业代码
04112	动物胶制造	C2666
04113	肥皂及合成洗涤剂制造	C2681
04114	化妆品制造	C2682
04115	其他日用化学产品制造	C2689
04116	化学药品原料药制造	C2710
04117	化学药品制剂制造	C2720
04118	中药饮片加工	C2730
04119	中成药生产	C2740
04120	兽用药品制造	C2750
04121	生物药品制造	C2760
04122	卫生材料及医药用品制造	C2770
04123	化纤浆粕制造	C2811
04124	人造纤维（纤维素纤维）制造	C2812
04125	锦纶纤维制造	C2821
04126	涤纶纤维制造	C2822
04127	腈纶纤维制造	C2823
04128	维纶纤维制造	C2824
04129	丙纶纤维制造	C2825
04130	氨纶纤维制造	C2826
04131	其他合成纤维制造	C2829
04132	橡胶板、管、带制造	C2912
04133	橡胶零件制造	C2913
04134	再生橡胶制造	C2914
04135	日用及医用橡胶制品制造	C2915
04136	其他橡胶制品制造	C2919
04137	塑料薄膜制造	C2921
04138	塑料板、管、型材制造	C2922
04139	塑料丝、绳及编织品制造	C2923
04140	泡沫塑料制造	C2924
04141	塑料人造革、合成革制造	C2925

JR/T 0150—2016

代码	名称	对应的国民经济行业代码
04142	塑料包装箱及容器制造	C2926
04143	日用塑料制品制造	C2927
04144	塑料零件制造	C2928
04145	其他塑料制品制造	C2929
04146	玻璃纤维增强塑料制品制造	C3062
04147	光伏设备及元器件制造	C3825
04148	家用制冷电器具制造	C3851
04149	金属废料和碎屑加工处理	C4210
04150	非金属废料和碎屑加工处理	C4220

6.6 五级工业

五级工业主要包括：

——以一般危险品及部分特别危险品为主要原料进行化合生产、制氧、挥发性化学试剂及塑料、染料制造等工业；

——大量使用竹、木、草为主要原材料的木器家具、工具、竹器、草编织品制造工业及造纸工业；

——油布、油纸制品工业。

五级工业的标的代码及对应的国民经济行业代码如表6所示。

表6　　　　　　　　　　标的代码（五级工业）

代码	名称	对应的国民经济行业代码
05	五级工业	
05001	锯材加工	C2011
05002	木片加工	C2012
05003	单板加工	C2013
05004	其他木材加工	C2019
05005	胶合板制造	C2021
05006	纤维板制造	C2022
05007	刨花板制造	C2023
05008	其他人造板制造	C2029
05009	建筑用木料及木材组件加工	C2031

代码	名称	对应的国民经济行业代码
05010	木门窗、楼梯制造	C2032
05011	地板制造	C2033
05012	木制容器制造	C2034
05013	软木制品及其他木制品制造	C2039
05014	竹制品制造	C2041
05015	藤制品制造	C2042
05016	棕制品制造	C2043
05017	草及其他制品制造	C2049
05018	木质家具制造	C2110
05019	竹、藤家具制造	C2120
05020	其他家具制造	C2190
05021	机制纸及纸板制造	C2221
05022	手工纸制造	C2222
05023	加工纸制造	C2223
05024	涂料制造	C2641
05025	化学反应的香料、香精制造	C2684b
05026	轮胎制造	C2911
05027	锂离子电池制造	C3841
05028	镍氢电池制造	C3842
05029	其他电池制造	C3849
05030	集成电路制造	C3963
05031	光电子器件及其他电子器件制造	C3969
05032	印制电路板制造	C3972

6.7　六级工业

六级工业主要包括：

——以特别危险品如塞璐珞、磷、醚及其他爆炸品为主要原材料进行化合生产的工业；

——染料工业。

六级工业的标的代码及对应的国民经济行业代码如表7所示。

表7 标的代码（六级工业）

代码	名称	对应的国民经济行业代码
06	六级工业	
06001	赛璐珞文具制造	C2411c
06002	赛璐珞笔的制造	C2412c
06003	其他赛璐珞文化用品制造	C2419c
06004	赛璐珞球类制造	C2441c
06005	赛璐珞体育器材及配件制造	C2442c
06006	赛璐珞训练健身器材制造	C2443c
06007	赛璐珞运动防护用具制造	C2444c
06008	赛璐珞体育用品制造	C2449c
06009	赛璐珞玩具制造	C2450c
06010	原油加工及石油制品制造	C2511
06011	人造原油制造	C2512
06012	炼焦	C2520
06013	核燃料加工	C2530
06014	有机化学原料制造	C2614
06015	染料制造	C2644
06016	化学试剂和助剂制造	C2661
06017	专项化学用品制造	C2662
06018	林产化学产品制造	C2663
06019	信息化学品制造	C2664
06020	环境污染处理专用药剂材料制造	C2665
06021	其他专用化学产品制造	C2669
06022	炸药及火工产品制造	C2671
06023	焰火、鞭炮产品制造	C2672
06024	燃气生产和供应业	D4500

6.8 储存一般物资

储存一般物资的标的代码及对应的国民经济行业代码如表8所示。

表 8　　　　　　　　　　　**标的代码（储存一般物资）**

代码	名称	对应的国民经济行业代码
07	储存一般物资	
07001	棉花仓储	G5912
07002	其他农产品仓储	G5919
07003	一般物资仓储	G5990a

6.9　储存危险品

储存危险品主要包括：

——二级易燃液体、易燃固体、遇水燃烧物品、自燃物品、氧化剂；

——助燃气体；

——土包装的棉花、植物纤维、破布、碎纸、毛线以及各种废料。储存危险品的标的代码及对应的国民经济行业代码如表 9 所示。

表 9　　　　　　　　　　　**标的代码（储存危险品）**

代码	名称	对应的国民经济行业代码
08	储存危险品	
08001	危险品仓储	G5990b

6.10　储存特别危险品

储存特别危险品主要包括：

——一级易燃液体、易燃固体、遇水燃烧物品、自燃物品、氧化剂；

——易燃、可燃气体；

——散包的棉花、植物纤维、破布、碎纸、毛线以及各种废料。储存特别危险品的标的代码及对应的国民经济行业代码如表 10 所示。

表 10　　　　　　　　　　　**标的代码（储存特别危险品）**

代码	名称	对应的国民经济行业代码
09	储存特别危险品	
09001	特别危险品仓储	G5990c
09002	石油专储——其他石油化工企业	G5990f

6.11　金属、粮食专储

金属、粮食专储的标的代码及对应的国民经济行业代码如表 11 所示。

JR/T 0150—2016

表 11 标的代码（金属，粮食专储）

代码	名称	对应的国民经济行业代码
10	金属，粮食专储	
10001	谷物仓储	G5911
10002	金属专储	G5990d

6.12 石油专储

石油专储的标的代码及对应的国民经济行业代码如表 12 所示。

表 12 标的代码（石油专储）

代码	名称	对应的国民经济行业代码
11	石油专储	
11001	石油专储——中国联合石油有限责任公司、国家石油储备中心、中国国际石油化工联合有限责任公司专用	G5990e

6.13 社会团体、机关、事业单位

社会团体、机关、事业单位的标的代码及对应的国民经济行业代码如表 13 所示。

表 13 标的代码（社会团体、机关、事业单位）

代码	名称	对应的国民经济行业代码
12	社会团体，机关，事业单位	
12001	自然科学研究和试验发展	M7310
12002	工程和技术研究和试验发展	M7320
12003	农业科学研究和试验发展	M7330
12004	医学研究和试验发展	M7340
12005	社会人文科学研究	M7350
12006	气象服务	M7410
12007	地震服务	M7420
12008	海洋服务	M7430
12009	测绘服务	M7440
12010	质检技术服务	M7450

代码	名称	对应的国民经济行业代码
12011	环境保护监测	M7461
12012	生态监测	M7462
12013	能源矿产地质勘查	M7471
12014	固体矿产地质勘查	M7472
12015	水、二氧化碳等矿产地质勘查	M7473
12016	基础地质勘查	M7474
12017	地质勘查技术服务	M7475
12018	工程管理服务	M7481
12019	工程勘察设计	M7482
12020	规划管理	M7483
12021	农业技术推广服务	M7511
12022	生物技术推广服务	M7512
12023	新材料技术推广服务	M7513
12024	节能技术推广服务	M7514
12025	其他技术推广服务	M7519
12026	科技中介服务	M7520
12027	其他科技推广和应用服务业	M7590
12028	防洪除涝设施管理	N7610
12029	水资源管理	N7620
12030	天然水收集与分配	N7630
12031	水文服务	N7640
12032	其他水利管理业	N7690
12033	自然保护区管理	N7711
12034	野生动物保护	N7712
12035	野生植物保护	N7713
12036	其他自然保护	N7719
12037	水污染治理	N7721
12038	大气污染治理	N7722

代码	名称	对应的国民经济行业代码
12039	固体废物治理	N7723
12040	危险废物治理	N7724
12041	放射性废物治理	N7725
12042	其他污染治理	N7729
12043	市政设施管理	N7810
12044	环境卫生管理	N7820
12045	城乡市容管理	N7830
12046	绿化管理	N7840
12047	公园管理	N7851
12048	游览景区管理	N7852
12049	学前教育	P8210
12050	普通小学教育	P8221
12051	成人小学教育	P8222
12052	普通初中教育	P8231
12053	职业初中教育	P8232
12054	成人初中教育	P8233
12055	普通高中教育	P8234
12056	成人高中教育	P8235
12057	中等职业学校教育	P8236
12058	普通高等教育	P8241
12059	成人高等教育	P8242
12060	特殊教育	P8250
12061	职业技能培训	P8291
12062	体校及体育培训	P8292
12063	文化艺术培训	P8293
12064	教育辅助服务	P8294
12065	其他未列明教育	P8299
12066	综合医院	Q8311
12067	中医医院	Q8312

代码	名称	对应的国民经济行业代码
12068	中西医结合医院	Q8313
12069	民族医院	Q8314
12070	专科医院	Q8315
12071	疗养院	Q8316
12072	社区卫生服务中心（站）	Q8321
12073	街道卫生院	Q8322
12074	乡镇卫生院	Q8323
12075	门诊部（所）	Q8330
12076	计划生育技术服务活动	Q8340
12077	妇幼保健院（所、站）	Q8350
12078	专科疾病防治院（所、站）	Q8360
12079	疾病预防控制中心	Q8370
12080	其他卫生活动	Q8390
12081	干部休养所	Q8411
12082	护理机构服务	Q8412
12083	精神康复服务	Q8413
12084	老年人、残疾人养护服务	Q8414
12085	孤残儿童收养和庇护服务	Q8415
12086	其他提供住宿社会救助	Q8419
12087	社会看护与帮助服务	Q8421
12088	其他不提供住宿社会工作	Q8429
12089	文艺创作与表演	R8710
12090	艺术表演场馆	R8720
12091	图书馆	R8731
12092	档案馆	R8732
12093	文物及非物质文化遗产保护	R8740
12094	博物馆	R8750
12095	烈士陵园、纪念馆	R8760
12096	群众文化活动	R8770

代码	名称	对应的国民经济行业代码
12097	其他文化艺术业	R8790
12098	体育组织	R8810
12099	体育场馆	R8820
12100	休闲健身活动	R8830
12101	其他体育	R8890
12102	中国共产党机关	S9000
12103	国家权力机构	S9110
12104	综合事务管理机构	S9121
12105	对外事务管理机构	S9122
12106	公共安全管理机构	S9123
12107	社会事务管理机构	S9124
12108	经济事务管理机构	S9125
12109	行政监督检查机构	S9126
12110	人民法院	S9131
12111	人民检察院	S9132
12112	其他国家机构	S9190
12113	人民政协	S9210
12114	民主党派	S9220
12115	社会保障	S9300
12116	工会	S9411
12117	妇联	S9412
12118	共青团	S9413
12119	其他群众团体	S9419
12120	专业性团体	S9421
12121	行业性团体	S9422
12122	其他社会团体	S9429
12123	基金会	S9430
12124	宗教组织	S9440

代码	名称	对应的国民经济行业代码
12125	社区自治组织	S9510
12126	村民自治组织	S9520
12127	国际组织	T9600
12001	自然科学研究和试验发展	M7310
12002	工程和技术研究和试验发展	M7320
12003	农业科学研究和试验发展	M7330
12004	医学研究和试验发展	M7340
12005	社会人文科学研究	M7350
12006	气象服务	M7410
12007	地震服务	M7420
12008	海洋服务	M7430
12009	测绘服务	M7440
12010	质检技术服务	M7450
12011	环境保护监测	M7461
12012	生态监测	M7462
12013	能源矿产地质勘查	M7471
12014	固体矿产地质勘查	M7472
12015	水、二氧化碳等矿产地质勘查	M7473
12016	基础地质勘查	M7474
12017	地质勘查技术服务	M7475
12018	工程管理服务	M7481

6.14 综合商业类

综合商业类主要包括：

——科研院所、住宅写字楼、展览馆、体育场所、综合商业、饮食服务业、商贸；

——石油化工商店、液化石油气供应站、加油站、日用杂品商店、修理行、废旧物资收购站、文化娱乐场所；

——牧场、农场、林场。

综合商业类的标的代码及对应的国民经济行业代码如表14所示。

JR/T 0150—2016

表 14 标的代码（综合商业类）

代码	名称	对应的国民经济行业代码
13	综合商业类	
13001	农业机械服务	A0511
13002	灌溉服务	A0512
13003	农产品初加工服务	A0513
13004	其他农业服务	A0519
13005	林业有害生物防治服务	A0521
13006	森林防火服务	A0522
13007	林产品初级加工服务	A0523
13008	其他林业服务	A0529
13009	畜牧服务业	A0530
13010	渔业服务业	A0540
13011	煤炭开采和洗选辅助活动	B1110
13012	石油和天然气开采辅助活动	B1120
13013	其他开采辅助活动	B1190
13014	电力供应	D4420
13015	热力生产和供应	D4430
13016	谷物、豆及薯类批发	F5111
13017	种子批发	F5112
13018	饲料批发	F5113
13019	棉、麻批发	F5114
13020	林业产品批发	F5115
13021	牲畜批发	F5116
13022	其他农牧产品批发	F5119
13023	米、面制品及食用油批发	F5121
13024	糕点、糖果及糖批发	F5122
13025	果品、蔬菜批发	F5123
13026	肉、禽、蛋、奶及水产品批发	F5124
13027	盐及调味品批发	F5125
13028	营养和保健品批发	F5126
13029	酒、饮料及茶叶批发	F5127

代码	名称	对应的国民经济行业代码
13030	烟草制品批发	F5128
13031	其他食品批发	F5129
13032	纺织品、针织品及原料批发	F5131
13033	服装批发	F5132
13034	鞋帽批发	F5133
13035	化妆品及卫生用品批发	F5134
13036	厨房、卫生间用具及日用杂货批发	F5135
13037	灯具、装饰物品批发	F5136
13038	家用电器批发	F5137
13039	其他家庭用品批发	F5139
13040	文具用品批发	F5141
13041	体育用品及器材批发	F5142
13042	图书批发	F5143
13043	报刊批发	F5144
13044	音像制品及电子出版物批发	F5145
13045	首饰、工艺品及收藏品批发	F5146
13046	其他文化用品批发	F5149
13047	西药批发	F5151
13048	中药批发	F5152
13049	医疗用品及器材批发	F5153
13050	煤炭及制品批发	F5161
13051	石油及制品批发	F5162
13052	非金属矿及制品批发	F5163
13053	金属及金属矿批发	F5164
13054	建材批发	F5165
13055	化肥批发	F5166
13056	农药批发	F5167
13057	农用薄膜批发	F5168
13058	其他化工产品批发	F5169
13059	农业机械批发	F5171

JR/T 0150—2016
续表

代码	名称	对应的国民经济行业代码
13060	汽车批发	F5172
13061	汽车零配件批发	F5173
13062	摩托车及零配件批发	F5174
13063	五金产品批发	F5175
13064	电气设备批发	F5176
13065	计算机、软件及辅助设备批发	F5177
13066	通信及广播电视设备批发	F5178
13067	其他机械设备及电子产品批发	F5179
13068	贸易代理	F5181
13069	拍卖	F5182
13070	其他贸易经纪与代理	F5189
13071	再生物资回收与批发	F5191
13072	其他未列明批发业	F5199
13073	百货零售	F5211
13074	超级市场零售	F5212
13075	其他综合零售	F5219
13076	粮油零售	F5221
13077	糕点、面包零售	F5222
13078	果品、蔬菜零售	F5223
13079	肉、禽、蛋、奶及水产品零售	F5224
13080	营养和保健品零售	F5225
13081	酒、饮料及茶叶零售	F5226
13082	烟草制品零售	F5227
13083	其他食品零售	F5229
13084	纺织品及针织品零售	F5231
13085	服装零售	F5232
13086	鞋帽零售	F5233
13087	化妆品及卫生用品零售	F5234
13088	钟表、眼镜零售	F5235
13089	箱、包零售	F5236

代码	名称	对应的国民经济行业代码
13090	厨房用具及日用杂品零售	F5237
13091	自行车零售	F5238
13092	其他日用品零售	F5239
13093	文具用品零售	F5241
13094	体育用品及器材零售	F5242
13095	图书、报刊零售	F5243
13096	音像制品及电子出版物零售	F5244
13097	珠宝首饰零售	F5245
13098	工艺美术品及收藏品零售	F5246
13099	乐器零售	F5247
13100	照相器材零售	F5248
13101	其他文化用品零售	F5249
13102	药品零售	F5251
13103	医疗用品及器材零售	F5252
13104	汽车零售	F5261
13105	汽车零配件零售	F5262
13106	摩托车及零配件零售	F5263
13107	机动车燃料零售	F5264
13108	家用视听设备零售	F5271
13109	日用家电设备零售	F5272
13110	计算机、软件及辅助设备零售	F5273
13111	通信设备零售	F5274
13112	其他电子产品零售	F5279
13113	五金零售	F5281
13114	灯具零售	F5282
13115	家具零售	F5283
13116	涂料零售	F5284
13117	卫生洁具零售	F5285
13118	木质装饰材料零售	F5286
13119	陶瓷、石材装饰材料零售	F5287

代码	名称	对应的国民经济行业代码
13120	其他室内装饰材料零售	F5289
13121	货摊食品零售	F5291
13122	货摊纺织、服装及鞋零售	F5292
13123	货摊日用品零售	F5293
13124	互联网零售	F5294
13125	邮购及电视、电话零售	F5295
13126	旧货零售	F5296
13127	生活用燃料零售	F5297
13128	其他未列明零售业	F5299
13129	铁路旅客运输	G5310
13130	铁路货物运输	G5320
13131	客运火车站	G5331
13132	货运火车站	G5332
13133	其他铁路运输辅助活动	G5339
13134	公共电汽车客运	G5411
13135	城市轨道交通	G5412
13136	出租车客运	G5413
13137	其他城市公共交通运输	G5419
13138	公路旅客运输	G5420
13139	道路货物运输	G5430
13140	客运汽车站	G5441
13141	公路管理与养护	G5442
13142	其他道路运输辅助活动	G5449
13143	海洋旅客运输	G5511
13144	内河旅客运输	G5512
13145	客运轮渡运输	G5513
13146	远洋货物运输	G5521
13147	沿海货物运输	G5522
13148	内河货物运输	G5523
13149	客运港口	G5531

代码	名称	对应的国民经济行业代码
13150	货运港口	G5532
13151	其他水上运输辅助活动	G5539
13152	航空旅客运输	G5611
13153	航空货物运输	G5612
13154	通用航空服务	G5620
13155	机场	G5631
13156	空中交通管理	G5632
13157	其他航空运输辅助活动	G5639
13158	管道运输业	G5700
13159	装卸搬运	G5810
13160	货物运输代理	G5821
13161	旅客票务代理	G5822
13162	其他运输代理业	G5829
13163	邮政基本服务	G6010
13164	快递服务	G6020
13165	旅游饭店	H6110
13166	一般旅馆	H6120
13167	其他住宿业	H6190
13168	正餐服务	H6210
13169	快餐服务	H6220
13170	茶馆服务	H6231
13171	咖啡馆服务	H6232
13172	酒吧服务	H6233
13173	其他饮料及冷饮服务	H6239
13174	小吃服务	H6291
13175	餐饮配送服务	H6292
13176	其他未列明餐饮业	H6299
13177	固定电信服务	I6311
13178	移动电信服务	I6312
13179	其他电信服务	I6319

代码	名称	对应的国民经济行业代码
13180	有线广播电视传输服务	I6321
13181	无线广播电视传输服务	I6322
13182	卫星传输服务	I6330
13183	互联网接入及相关服务	I6410
13184	互联网信息服务	I6420
13185	其他互联网服务	I6490
13186	软件开发	I6510
13187	信息系统集成服务	I6520
13188	信息技术咨询服务	I6530
13189	数据处理和存储服务	I6540
13190	集成电路设计	I6550
13191	数字内容服务	I6591
13192	呼叫中心	I6592
13193	其他未列明信息技术服务业	I6599
13194	中央银行服务	J6610
13195	货币银行服务	J6620
13196	金融租赁服务	J6631
13197	财务公司	J6632
13198	典当	J6633
13199	其他非货币银行服务	J6639
13200	银行监管服务	J6640
13201	证券市场管理服务	J6711
13202	证券经纪交易服务	J6712
13203	基金管理服务	J6713
13204	期货市场管理服务	J6721
13205	其他期货市场服务	J6729
13206	证券期货监管服务	J6730
13207	资本投资服务	J6740
13208	其他资本市场服务	J6790
13209	人寿保险	J6811

代码	名称	对应的国民经济行业代码
13210	健康和意外保险	J6812
13211	财产保险	J6820
13212	再保险	J6830
13213	养老金	J6840
13214	保险经纪与代理服务	J6850
13215	保险监管服务	J6860
13216	风险和损失评估	J6891
13217	其他未列明保险活动	J6899
13218	金融信托与管理服务	J6910
13219	控股公司服务	J6920
13220	非金融机构支付服务	J6930
13221	金融信息服务	J6940
13222	其他未列明金融业	J6990
13223	房地产开发经营	K7010
13224	物业管理	K7020
13225	房地产中介服务	K7030
13226	自有房地产经营活动	K7040
13227	其他房地产业	K7090
13228	汽车租赁	L7111
13229	农业机械租赁	L7112
13230	建筑工程机械与设备租赁	L7113
13231	计算机及通信设备租赁	L7114
13232	其他机械与设备租赁	L7119
13233	娱乐及体育设备出租	L7121
13234	图书出租	L7122
13235	音像制品出租	L7123
13236	其他文化及日用品出租	L7129
13237	企业总部管理	L7211
13238	投资与资产管理	L7212
13239	单位后勤管理服务	L7213

代码	名称	对应的国民经济行业代码
13240	其他企业管理服务	L7219
13241	律师及相关法律服务	L7221
13242	公证服务	L7222
13243	其他法律服务	L7229
13244	会计、审计及税务服务	L7231
13245	市场调查	L7232
13246	社会经济咨询	L7233
13247	其他专业咨询	L7239
13248	广告业	L7240
13249	知识产权服务	L7250
13250	公共就业服务	L7261
13251	职业中介服务	L7262
13252	劳务派遣服务	L7263
13253	其他人力资源服务	L7269
13254	旅行社服务	L7271
13255	旅游管理服务	L7272
13256	其他旅行社相关服务	L7279
13257	安全服务	L7281
13258	安全系统监控服务	L7282
13259	其他安全保护服务	L7289
13260	市场管理	L7291
13261	会议及展览服务	L7292
13262	包装服务	L7293
13263	办公服务	L7294
13264	信用服务	L7295
13265	担保服务	L7296
13266	其他未列明商务服务业	L7299
13267	专业化设计服务	M7491
13268	摄影扩印服务	M7492
13269	兽医服务	M7493

代码	名称	对应的国民经济行业代码
13270	其他未列明专业技术服务业	M7499
13271	家庭服务	O7910
13272	托儿所服务	O7920
13273	洗染服务	O7930
13274	理发及美容服务	O7940
13275	洗浴服务	O7950
13276	保健服务	O7960
13277	婚姻服务	O7970
13278	殡葬服务	O7980
13279	其他居民服务业	O7990
13280	汽车修理与维护	O8011
13281	摩托车修理与维护	O8012
13282	计算机和辅助设备修理	O8021
13283	通信设备修理	O8022
13284	其他办公设备维修	O8029
13285	家用电子产品修理	O8031
13286	日用电器修理	O8032
13287	自行车修理	O8091
13288	鞋和皮革修理	O8092
13289	家具和相关物品修理	O8093
13290	其他未列明日用产品修理业	O8099
13291	建筑物清洁服务	O8111
13292	其他清洁服务	O8119
13293	其他未列明服务业	O8190
13294	新闻业	R8510
13295	图书出版	R8521
13296	报纸出版	R8522
13297	期刊出版	R8523
13298	音像制品出版	R8524
13299	电子出版物出版	R8525

代码	名称	对应的国民经济行业代码
13300	其他出版业	R8529
13301	广播	R8610
13302	电视	R8620
13303	电影和影视节目制作	R8630
13304	电影和影视节目发行	R8640
13305	电影放映	R8650
13306	录音制作	R8660
13307	歌舞厅娱乐活动	R8911
13308	电子游艺厅娱乐活动	R8912
13309	网吧活动	R8913
13310	其他室内娱乐活动	R8919
13311	游乐园	R8920
13312	彩票活动	R8930
13313	文化娱乐经纪人	R8941
13314	体育经纪人	R8942
13315	其他文化艺术经纪代理	R8949
13316	其他娱乐业	R8990

The Practice of
Property Insurance

企业财产保险
实务

[参考文献]

［1］林德雄.财产保险（非水险实务丛书）[M].厦门：鹭江出版社，1999.

［2］郭振华，熊华，苏燕.工程项目保险 [M].北京：经济科学出版社，2004.

［3］王和.工程保险（工程保险理论与实务）[M].北京：中国财政经济出版社，2011.

［4］詹昊.保险新型疑难判例解析 [M].北京：法律出版社，2016.

［5］乔林，王绪瑾.财产保险（21 世纪保险系列教材）[M].北京：中国人民大学出版社，2003.

［6］张军.刑法（分则）及配套规定新释新解（第 3 版）（上）[M].北京：人民法院出版社，2013.